Marosch
Tschanad
(Cenad)
Perjamosch
(Periam)
Temeswar
(Timişoara)
BATSCHKA
Neuburg an der Bega
(Uivar)
Theiß
BANAT
Rumänien
Lazarfeld
(Lazarevo)
Futok
(Futog)
Neusatz
(Novi Sad)
Serbien
Werschetz
(Vršac)
SYRMIEN
Putinci
Franztal/Semlin
(Zemun)
Kubin
(Kovin)
Belgrad
(Beograd)
Donau

Dorothea Steinlechner-Oberläuter

Vielfältiges Donauschwabien

Wie die zweite Generation ihre Herkunft erlebt
Gespräche und Reflexionen

EDITION TANDEM

„Wo von Donauschwaben die Rede ist,
schwingt zugleich der Begriff der Vielfalt mit,
der vielleicht das wirklich verbindende Element darstellt."
Christian Glas

Und wieder: den Heimatsuchenden von heute

„By the way, I love your dedication to ‚Heimatsuchenenden von heute'
... there are so many of us!"
Olga Nikolic-Litwin

INHALTSVERZEICHNIS

VORWORT – Wie die Geschichte weiterging 7
Wie ich (fast) nicht aufhören konnte,
Gespräche zu führen und darüber nachzudenken 9

DONAUSCHWABIEN – Einladung in eine Erinnerungslandschaft 13
Scheinbar gleich – und doch anders? 15
Wer sind eigentlich diese Donauschwaben? 19
Die Donauschwaben – ein gesellschaftliches Dunkelfeld 24
„There are so many of us" 29
Gefühlserbschaft als Bürde und Chance 31
Nie wieder Vertreibung, nie wieder Krieg 36

GESPRÄCHE – Starke Geschichten aus der zweiten Generation 34
Brigitte Rembt 41
Das Ganze ist eine große Bereicherung
Edith F. 51
Die Herkunft verstehen ist Seelenarbeit
Brigitte van Tijn 55
Die Geschichte der Donauschwaben sollte mehr bekannt sein
Alexandra W. 63
Heimatliche Gefühle für das Banat
Michael Schreckeis 71
Die Liebe zum Multikulturellen als väterliches Erbe
Robert T. 79
Die Wurzeln verstehen wollen
Hilde K. 87
Kindheit im Flüchtlingslager
Karl-Markus Gauß 93
Besonders, aber integriert
Maria M. 103
Ein Schweigegebot und seine Überwindung
Angela F. 109
Nachdenken über Anders-Sein, Heimat und Kreativität

Siegfried Mayer 119
Tradition und Festkultur lebendig halten
Franz Schall 129
Ahnenforschung und Internetpräsenz als Zukunftsprojekt
Günther Gessert 135
Engagement für Erinnern und Verstehen
Gertrud B. 141
Die Spaltung überwinden
Alfred Oberläuter 151
Reflexion über Desinteresse und Verdrängung
Michaela E. 161
Vom Mut des Hinschauens
Roland Bieber 167
Dankbarkeit für Stabilität und Frieden
Werner R. 177
Idealismus und Ernüchterung
Anton Thiel 187
Über Traumata und die Kraft des Trotzdem
Johann Arzt 197
Einsatz für Rehabilitation und Gerechtigkeit
Maria K. Zugmann-Weber 205
Starke Wurzeln und ein starker Auftrag
Silke Grabinger 217
Geborgte Sehnsucht – Ein Beitrag aus der dritten Generation

THEMENFELDER – Prägungen in Familie und Gesellschaft 223
Immer diese Geschichten von „dahom“ 227
Die verlorene Heimat als Sehnsuchtsort
Es wurde geschwiegen 231
Über Gesagtes und Ungesagtes
Apfelpitta und Krumbira 233
Das kulinarische Erbe
„Ich bin eine Balkanmischung“ 237
Der Bezug zu den südosteuropäischen Wurzeln

Ausgegrenzt, anders, besonders? 242
Über das Gefühl des Anders-Seins
„Wir sprechen so ein komisches Deutsch" 250
Über Dialekt und Hochdeutsch
Trachtengruppe und Bratwurstessen – Oder doch lieber nicht? 256
Die Anbindung an Vereine
„Eine unsichtbare Wand" 261
Der Weg zur Beschäftigung mit der Herkunftsthematik
Reisen nach „unten", Reisen nach „dahom" 264
Die Verbindung zur alten Heimat
Flucht und Vertreibung als Trauma 270
Der „Traumaschatten" der Elterngeneration
Aufarbeitung und integrative Prozesse 274
Mit dem „Traumaschatten" umgehen
„Worauf ich stolz bin!" 281
Über Ressourcen, Dankbarkeit und Stärken

ZUSAMMENFASSUNG UND AUSBLICK – Bausteine für die Zukunft 285
„Es gibt etwas, das verbindet" 279
Einige Bausteine für ein Verstehen
der donauschwäbischen Gefühlserbschaft
„Es gibt etwas, das weiterführt!" 294
Der Brückenschlag zu anderen Vertriebenen-Gruppen
„Es gibt etwas, das bleibt" 294
Einige Mosaiksteine aus der dritten Generation
Mein – dein – unser Donauschwabien 299

ANHANG 301
Endnoten 302
Glossar 304
Ortsverzeichnis 305
Literaturverzeichnis 306
Dank 310
Autorin 311

VORWORT

Wie die Geschichte weiterging

Wie ich (fast) nicht aufhören konnte, Gespräche zu führen und darüber nachzudenken

Begonnen hat alles mit dem Ausdruck „Donauschwabien". Dieser Begriff ist mir während der Auseinandersetzung mit meiner donauschwäbischen Herkunft (Steinlechner-Oberläuter, 2018) zugeflogen und hat damals mein Schreiben inspiriert. „Donauschwabien" steht für eine Art Erinnerungslandschaft, in der historische und sachliche Recherche genauso Platz finden wie Gefühlslagen aus der Kindheit und Reflexionen als Erwachsene. Wie die Rückmeldungen zeigen, haben sich viele Angehörige der zweiten Generation – das sind jene Menschen, die donauschwäbische Wurzeln haben, aber schon im Aufnahmeland Österreich geboren sind – von diesem Wort angesprochen gefühlt und intuitiv verstanden, was damit gemeint ist. Es war schön zu erleben, wie sich Menschen, die ich gar nicht kannte, durch mein Buch angeregt fühlten, über ihre Herkunft nachzudenken. Und hatte man einmal ins Gespräch gefunden, fand das Erzählen und Vergleichen kein Ende. So entstand der Gedanke, diese Gespräche systematisch zu führen und für ein Buch aufzubereiten. Was ich damals noch nicht wusste: wie schwierig es für mich sein würde, damit auch wieder aufzuhören – so bereichernd fand ich den Austausch, so fesselnd die Inhalte und den Versuch, diese als gemeinsame Themen einer Generation zu bündeln und zu verstehen.

Zuerst suchte ich Gesprächspartner*innen im Rahmen einer Studie mit wissenschaftlichem Anspruch[1], anschließend mit der veränderten Zielsetzung, einen gut und interessant zu lesenden Sammelband mit Darstellungen von Repräsentanten der zweiten Generation zu erstellen. Bei jedem Gespräch, das ich führte, tauchte ich ein in ein neues Universum, in das – wenn man so will – persönliche „Donauschwabien" des jeweiligen Gesprächspartners oder der Gesprächspartnerin. Diesen höchstpersönlichen Geschichten Raum zu geben ist das Hauptanliegen des vorliegenden Buchs.

Doch es gab noch eine andere Seite, die mich von Anfang an beschäftigte: *„Ich hatte beim Lesen immer wieder das Gefühl, in diesem Buch geht es um mich"*, schrieb mir eine Leserin. *„Alles anders, und doch so vertraut"*, bemerkte ein anderer fast verwundert. Diese Worte haben mich damals sehr berührt und nicht mehr losgelassen. Was könnte denn dieses Vertraute anderes sein, überlegte ich damals, als das Emotionale, das in den Erzählungen mitschwingt und für Wiedererkennen sorgt? Das wollte ich unbedingt erkunden. Dies war die Motivation, nicht nur Gespräche mit Angehörigen der zweiten Generation zu führen, sondern mich auch an eine Auswertung und Zusammenfassung zu wagen.

Mehrere der Befragten brachten in Bezug auf ihre Biografiearbeit das Bild eines Puzzles ein – wie Puzzleteile hätten sie die Aspekte ihrer familiären Vergangenheit und deren Bedeutung für ihr Leben gesucht und zusammengesetzt. So ging es nun auch mir, als ich mich daran machte, eine Ebene der Auswertung und Zusammenfassung einzuziehen, und als es galt, die Fülle von Themen, Zitaten und Theorien zu strukturieren. Mit einer gewissen Hartnäckigkeit verfolgte ich das Ziel, aus individuellen Aspekten übergeordnete Themenfelder herauszuarbeiten und in der ganzen Bandbreite aufzuzeigen. Immer fand ich es herausfordernd, das Wechselspiel von Gemeinsamkeit und Differenz, das mich so sehr interessierte, zu verstehen und mit einer gewissen Stringenz und Logik darzustellen. Letztendlich ist es aber – so hoffe ich – gelungen, aus den vielen Puzzleteilen ein schlüssiges Gesamtbild zu erstellen, eine Art Panorama der zweiten donauschwäbischen Generation oder vielmehr: ein Generationenbild von Österreicher*innen mit donauschwäbischen Wurzeln.
Dieses Panorama ist jedoch weder objektiv noch vollständig, es ist – um es positiv zu formulieren – subjektiv geprägt und erweiterbar.
Schon die Auswahl der Gesprächspartner*innen entsprach bewusst nicht den Kriterien einer repräsentativen Stichprobe, sondern folgte einer eigenen Logik von Zufall, Mundpropaganda und gezieltem Aufsuchen. Die Interviews selbst setzten bei vielen Personen eine Dynamik in Gang, die manchmal überraschte: *„Insgesamt berührt mich unser Gespräch, wenn ich es so lese, mehr, als ich es mir vorher vorgestellt hätte“*, formulierte es eine Gesprächspartnerin, und sie spricht damit für viele – und auch für mich. Wir trafen uns ja nicht als Personen, die sich distanziert über ein Thema austauschten, sondern durch gemeinsame Erfahrungen Verbundene. Ich war nicht die distanzierte Wissenschafterin oder Journalistin, sondern bin selbst betroffen, interessiert und berührt. Was ich daher in dieses Projekt eingebracht habe, ist eine besondere Sensibilität für die donauschwäbischen Themen, mein Kontextwissen, meine Motivation, mein „Dranbleiben“, sowie eine von meiner Profession kommende psychologische Reflexion – die sich allerdings nie auf Einzelne, sondern immer auf Themenfelder und Aspekte einer gemeinsamen Gefühlserbschaft bezogen hat.
Ich habe die mir anvertrauten Inhalte wie Rohdiamanten erlebt, mit denen ich sorgsam umgehen wollte. Ein Austausch im Hinblick auf meine Gestaltungskriterien bei der Bearbeitung der Gespräche war mir sehr wichtig. Fast immer entwickelte sich zwischen Interview und Veröffentlichung des Gesprächsprotokolls eine mehrfache Schleife von Nachfragen, Ergänzen und Präzisieren. Auch hoffe ich, dass mir im Abschnitt „Themenfelder“ eine erkennbare Unterscheidung zwischen deskriptiver Darstellung und hinterfragender Reflexion gelungen ist.
Trotzdem ist es ein subjektives, ein persönliches Buch geworden. Es beinhaltet meine Anliegen, meine Art, Gesprächspartner*innen zu finden, die Gespräche zu führen und die Interviewtexte zu bearbeiten sowie meinen spezifischen Zugang,

Ordnung und Systematik in die Aussagen zu bringen und gewisse Themenfelder zu formulieren und auszuarbeiten – oder eben nicht. Ich stehe auch hier mit den unvermeidlichen blinden Flecken und Einseitigkeiten und würde mir wünschen, dass diese als Anlass und als Einladung zu Vervollständigung, zu Dialog und Diskurs aufgefasst werden können.
Letztendlich hätte es noch lange so weitergehen können. *„300 Seiten sind genug!"*, meinte jedoch mein Verleger und auch ich wollte irgendwann dieses Projekt zu einem Abschluss bringen. Aber ich empfinde Bedauern darüber, nicht noch viel mehr Menschen – mit anderen Rahmenbedingungen, Entwicklungsverläufen und Blickwinkeln – in diesen Entwurf eines Bildes der zweiten donauschwäbischen Generation einbezogen zu haben. Der Strich, den ich ziehen musste, ist mir nicht leichtgefallen. Viele Menschen aus meinem Umfeld oder aus der donauschwäbischen Community, die ebenfalls berührende und bedenkenswerte Perspektiven einbringen könnten, sind hier nicht zu Wort gekommen. Aber ich bin überzeugt davon: Es gibt noch viele, noch unzählige „starke Geschichten" in einer „starken Geschichte", für die dieser Band auch Türöffner sein möchte.

Differenz, Gemeinsamkeit, Vielfalt: Die Reise der Leserinnen und Leser zu Menschen und Themen der zweiten Generation kann beginnen.

DONAUSCHWABIEN

Einladung in eine Erinnerungslandschaft

Scheinbar gleich – und doch anders?

Kinder donauschwäbischer Eltern – Salzburg, 1971

Es sind die frühen Siebzigerjahre. Man hat diese sechs Cousins und Cousinen im Hof eines schicken Neubauviertels in eine Reihe gesetzt, um ein Fotos von allen zu machen. Denn oft kommt es nicht vor, dass alle drei Familien zusammen sind. Ihre Eltern sind donauschwäbische Einwanderer, die im Banat oder in der Batschka in Südosteuropa im heutigen Serbien aufgewachsen sind. Im Herbst 1944 war in ihren Heimatdörfern an der Donau nichts mehr wie vorher. Als Folge nationalistischer Zuspitzung eines „dunklen Jahrzehnts" (Thiel, 2012, S. 12) waren sie als Angehörige der deutschen Minderheit zu Feinden im eigenen Land geworden. Sie waren allein oder mit langen Trecks eilig und unter großen Gefahren nach Westen gezogen und hatten als junge Erwachsene im Nachkriegsösterreich oder -deutschland mit Fleiß, Ehrgeiz und Glück begonnen, sich eine neue Existenz aufzubauen. Vom Status der Heimatvertriebenen, zu denen sie geworden waren, arbeiteten sie sich mühsam die gesellschaftliche Leiter hinauf. Zunächst hielten sie sich mit Hilfsarbeitertätigkeiten über Wasser, dann folgten Ausbildung, Erlangung der Staatsbürgerschaft, beruflicher Aufstieg, Ehe, Kinder, das erste Eigenheim. Dies waren die Meilensteine ihrer Biografie.

Die Kinder, die bereits hier geboren waren, die sollten es gut haben. Zum Zeitpunkt, als das Foto entstanden ist, liegen Flucht und Vertreibung bereits 25 Jahre zurück, man bewohnt längst elegante Eigentumswohnungen oder Eigenheime in modernen Stadtvierteln, ist beruflich etabliert und sozial bestens integriert, die Kinder besuchen gute Schulen und haben österreichische bzw. deutsche Freunde. Sie ahnen – so hoffen die Eltern – nichts mehr von Flucht und Krieg, vom Schmerz der Vertreibung und den Schwierigkeiten einer „kalten Heimat" (Kossert, 2008), die die neue Umgebung für sie, die Volksdeutschen, die Flüchtlinge aus dem Osten, die Staatenlosen, zunächst bereitgehalten hatte.
Oder?
So, wie sie nun da sitzen, unterscheidet sie äußerlich nichts von den Freunden und Freundinnen in der Nachbarschaft, deren Eltern keine eingewanderten Donauschwaben sind. Dennoch, davon kann man ausgehen, wissen sie um ein diffuses Anders-Sein. Im Umfeld der Großeltern tauchen immer wieder Frauen auf, die lange schwarze Röcke und ein schwarzes Kopftuch tragen, oder sogenannte Landsleute, die einen seltsamen Dialekt sprechen und der Familie offenbar nahestehen. Die Großmutter sagt „Krumbira", wenn sie Kartoffeln meint, und auch Herrlichkeiten wie Apfelpitta oder Grammelpogatschn, die sie aus dem Backrohr zieht, sind Speisen, die die österreichischen Familien nicht kennen.
Die Eltern, das wissen die Heranwachsenden, denn davon wurde oft erzählt, haben ihre Kindheit und Jugend in einem fernen Land verbracht, das sie immer nur als „alte Heimat" bezeichnen, als ein geheimnisvolles „Unten". Banat, Donau– mit diesen Begriffen sind sie aufgewachsen. Aber auch mit Vertreibung, Hungerlager, Tito. Erst in späteren Jahren werden sie sich genauer dafür interessieren, was diese Begriffe für ihre Familie und damit auch für sie selber bedeuten. Aber noch sagen sie Tata zu ihrem Vater und Ota zu ihrem Großvater – obwohl sie bald merken, dass die Freunde das befremdlich finden. Tata? Nein, er soll der Papa sein, wie in anderen Familien auch! Aber sie merken, dass ihr Vater nie ganz ein Papa werden kann, und auch, dass die Menschen ihrer Umgebung die Rede von „den Donauschwaben", die die Familienzusammenkünfte beherrscht, so gar nicht kennen. Ein „komisches Deutsch" würden sie sprechen, hat man ihnen in Kindergarten und Schule auch immer wieder zu verstehen gegeben.
Sie werden es später oft schwierig finden, Worte für die Besonderheiten ihrer Herkunft zu finden. Ihre Suche nach den verlorenen Worten und Gefühlen wird nicht sehr spektakulär und für viele einsam verlaufen, denn „Donauschwaben" wird auch später kein prominentes Thema im öffentlichen Diskurs sein. Die Kinder auf dem Foto, sie stehen für eine ganze Generation. Sie stehen für die zweite, bereits im Aufnahmeland geborene Generation donauschwäbischer Herkunft.
Was hat sie geprägt?
Was die Kinder der sogenannten deutschen Heimatvertriebenen, zu denen auch die Donauschwaben gehören, erlebt haben und wie sie heute ihre Herkunft

reflektieren, ist erst in den letzten Jahren Thema in Literatur und Wissenschaft geworden. Mittlerweise gibt es eine Anzahl von Berichten der zweiten Generation[2], die von einem „langen Abschied“ (Friese, 2000) und von einer Spuren- und Identitätssuche im Rahmen ihres schwierigen, weil weithin unbekannten und unbenannten Migrationshintergrunds berichten und erzählen. Mein eigenes Buch „Mein Donauschwabien“ gehört auch dazu.

Erste, zweite und dritte Generation: Begriffsklärung[3]

Information

Die erste Generation bezieht sich im Folgenden auf die Menschen donauschwäbischer Herkunft, die noch „unten“, d. h. in einem donauschwäbischen Siedlungsgebiet geboren wurden. Es sind dies die Eltern und Großeltern meiner Befragten. In donauschwäbischen Kontexten werden sie gern als „Erlebnisgeneration“ bezeichnet.
Die zweite Generation umfasst jene Menschen, die mindestens einen Elternteil mit donauschwäbischer Herkunft haben, aber selbst bereits in Österreich geboren sind. Meine Gesprächspartner*innen für dieses Buch gehören mit einer Ausnahme zu dieser Personengruppe.
Die dritte Generation ist die der Enkel der Vertriebenen.
Es handelt sich dabei um Kategorien, die Verständnis und Zuordnung ermöglichen sollen, nicht jedoch um homogene Gruppen.

In der umfangreichen psychologischen und soziologischen Literatur über die „Kriegskinder“ und die „Kriegsenkel“[4] – das sind die zwischen zirka 1960 und etwa 1975 Geborenen – wurde seit 2010 der Fokus ebenfalls auf die Gefühlswelt der zweiten Generation gelegt. Es wird aufgezeigt, wie Kriegserlebnisse in die zweite und dritte Generation hineinwirken können und das Lebensgefühl der Nachkommenden prägen. In diesem Diskurs waren die Töchter und Söhne der deutschen Vertriebenen zwar mitgemeint, die spezielle Situation der familiären Vertreibungserfahrungen wurde jedoch nicht immer gesondert herausgearbeitet. Hier steht die Forschung erst am Anfang.
Mit vorliegendem Band, der genau diese Erlebensweisen in den Mittelpunkt stellt und den höchstpersönlichen Geschichten einzelner Betroffener Raum gibt, wird also durchaus Neuland betreten. Die von mir befragten Personen sind verbunden durch das gemeinsame Merkmal „Kind von Donauschwaben“, was – wie im Abschnitt „Themenfelder“ aufgefächert ist – durchaus zu sich deckenden Themen geführt hat. Dennoch sind die Zugänge sehr unterschiedlich und das durch die Gespräche entstandene donauschwäbische Panorama der zweiten Generation ist charakterisiert von einer großen Bandbreite.
Da ist zum Beispiel die Skeptikerin, die ihre Herkunft tunlichst verschweigt und eher Scham und Distanz als Stolz und Zugehörigkeit empfindet; der Freund

donauschwäbischer Tradition im Sinne von Volks- und Festkultur; die Psychotherapeutin, die sich mit der Frage der generationalen Weitergabe erlebter Traumata befasst; die Künstlerin, die in ihrer Tanzperformance und ihren Tanzworkshops die historische Verstrickung mit dem Nationalsozialismus aufgreift; die Lebensfrohe, die donauschwäbische Gastlichkeit und Kulinarik in besonderer Weise in ihr Leben integriert hat; der Nachdenkliche, der über die Gründe seiner Zurückhaltung und Distanziertheit gegenüber seiner Herkunft reflektiert; die multikulturell Ausgerichtete, die das Erbe des interethnischen Zusammenlebens besonders in den Fokus genommen hat; der Sachliche, der die europäische Perspektive der donauschwäbischen Geschichte bedenkt; der Hartnäckige, der für Restitution und Rehabilitation seiner Mutter kämpft; die Frau, die den donauschwäbischen Dialekt noch beherrscht und im Ringen um ihre Identität zwischen zwei Kulturen bemerkt: *„Ich will beides!"*

Im Nachschlagwerk „Die Donauschwaben" (Seewann/Portmann, 2018, S. 10) wird dargelegt, dass es die Donauschwaben als homogene Gruppe gar nicht gibt und dass die Differenzierung eine unbedingte Voraussetzung darstellt, um Donauschwaben zu verstehen. Schon die Herkunftsländer und Einwanderungsbedingungen der Kolonisten waren sehr heterogen, ebenso wie die Lebensbedingungen in ihren Dörfern und Städten in Südosteuropa sowie dann die Umstände der Flucht, der Vertreibung und der nachfolgenden Integration in den Aufnahmeländern. So ist es nach Ansicht der Autoren diese „Vielfalt", die das wirklich verbindende Element darstellt.

Dies ist auch für die zweite Generation anzunehmen. Die Vielfalt kam in den Gesprächen eindrucksvoll zum Ausdruck, was in den Gesprächsprotokollen in diesem Band nachzulesen ist.

Wer sind eigentlich diese Donauschwaben?

Wenn ich über meine Herkunft spreche, habe ich es im Wesentlichen mit zwei Reaktionen zu tun. Die einen werden verlegen: Klar, von den Donauschwaben habe man schon einmal etwas gehört ... Meist ist noch eine ungefähre Zuordnung zur Gruppe der Volksdeutschen oder der Heimatvertriebenen aus Südosteuropa möglich. Die zweite Reaktion, die ich sehr häufig erlebe, ist eine Art „Bekenntnis“: Ja, mein Vater ... aus der Batschka ... meine Mutter ... Banat ... Lächelnd und nickend, hat man nun jede Menge Gesprächsstoff.

Doch auch in den Reihen der donauschwäbischen Nachgeborenen selbst ist das Wissen um den historischen Kontext ihrer Familiengeschichte oft kein sehr profundes. Einer meiner Gesprächspartner meinte sogar, er habe lange Zeit seine Herkunft verschwiegen, weil er befürchtet habe, auf weiterführende Fragen keine Antworten zu wissen. Er hätte vermutlich die Geburtsorte seiner Eltern benennen und ohne Probleme die unzähligen, oft wiederholten Familienanekdoten und Erzählungen „von unten“, „von dahom“ wiedergeben können, vielleicht auch einige der donauschwäbischen Geschichtsmythen, mit denen er so wie die meisten seiner Generation aufgewachsen ist. Wie bei vielen waren ihm aber vermutlich die teils liebevoll, teils traurig, teils stolz vorgetragenen Geschichten der Eltern und Großeltern wie aus der Zeit gefallene Märchen erschienen und die sehnsuchtsvoll beschriebenen Orte als Nabel einer versunkenen Welt, sodass die Einordnung in einen politischen und zeitgeschichtlichen Zusammenhang nicht auf der Hand lag.

Es scheint jedenfalls ein Charakteristikum der zweiten Generation zu sein, dass die Auseinandersetzung mit der donauschwäbischen Herkunft von vielen wie eine emotional und intellektuell aufwendige Expedition in ein unbekanntes Land erlebt wird. Wie in den anschließenden Gesprächsprotokollen deutlich wird, sprechen viele von einer „Nebelwand“, einem „Luftraum‘“ oder von einer unsichtbaren Schranke, die überwunden werden musste, oder von einem Puzzle, das nur mühsam zusammengesetzt werden konnte. Alle meine Gesprächspartner*innen für dieses Buch sind diesen Weg gegangen.

Wer das Album der emotional getönten familiären Erinnerung mit dem Lexikon der geschichtlichen Fakten zusammenzubringen möchte, benötigt jedoch eine fundierte geschichtliche Basis.

Aus der umfangreichen Literatur[5] sei das fünfbändige Werk zur Geschichte der Donauschwaben von Georg Wildmann (1935-2022) herausgehoben. Der Autor führt seine Leser*innen nicht nur durch die Hauptstraßen der donauschwäbischen Geschichte, sondern auch durch deren Nebenwege, Pfade und Sackgassen. Sein Werk ist eine schier unerschöpfliche Basisliteratur für jedwedes donauschwäbisch-historische Einzelthema. Es sei allen, die aus geschichtlichem oder

persönlichem Interesse die Expedition in ihr persönliches „Donauschwabien" unternehmen möchten, als Nachschlagwerk empfohlen.
Auch um die in diesem Buch zu Wort kommenden Menschen verstehen zu können, ist historisches Hintergrundwissen vonnöten. Folgender Überblick basiert – wenn nicht anders angegeben – auf dem Handbuch „Donauschwaben" von Seewann und Portmann, die eine faktenbasierte Darstellung in europäischer Perspektive vorgelegt haben (Seewann/Portmann, 2018).

Information

Die Donauschwaben – eine zweifache europäische Migrationsgeschichte[6]

Ansiedlung und Kolonisierung bis zum Ersten Weltkrieg

Das Ende der Türkenkriege markiert den Beginn der Geschichte der Donauschwaben – wobei diese Bezeichnung erst rund 200 Jahre später geprägt wurde. Der habsburgische Staat und private Grundherren benötigten Arbeitskräfte, um nach Jahrzehnten der osmanischen Herrschaft das kriegsgebeutelte Land wieder zu bewirtschaften und aufzubauen. Anwerber suchten arbeitsfähige und qualifizierte Menschen. Viele folgten diesem Ruf und verließen in der Hoffnung auf ein besseres Leben ihre angestammte Heimat in Richtung „Ungarland". Im 18. Jahrhundert fuhren in mehreren Auswanderungswellen Zehntausende „Kolonisten" genannte Menschen – meist von Ulm oder anderen Einschiffungshäfen aus – über die Donau nach Ungarn. Diese Siedler waren weder ethnisch noch sprachlich einheitlich, sondern sehr heterogen, konfessionell vielfältig und kamen aus unterschiedlichen sozialen Schichten und Herkunftsländern. Obwohl nur eine Minderheit der eingewanderten Kolonisten schwäbischer Herkunft war, nannte man sie in Ungarn alle „Schwaben".
Die Siedlungsgebiete lagen entlang der Donau: im ungarischen Mittelgebirge westlich von Budapest in der sogenannten Schwäbischen Türkei sowie südöstlich davon in der Batschka und im Banat. Insgesamt ließen sich im 18. Jahrhundert ungefähr 400.000 Migranten aus unterschiedlichen Herkunftsregionen dort nieder. Im Lauf des 19. Jahrhunderts wurden noch Slawonien und Syrmien kolonisiert.
Die Ansiedlung erfolgte unter regional sehr unterschiedlichen Bedingungen, sodass sich die Siedler selbst bis ins 20. Jahrhundert keiner Gemeinsamkeit bewusst waren.
Nach dem Ersten Weltkrieg und dem Zerfall der Österreichisch-Ungarischen Doppelmonarchie wurden die Grenzen auch in Südosteuropa neu gezogen. Die neuen Staatsgrenzen durchtrennten zahlreiche deutsche Siedlungsgebiete, sodass viele Deutsche nun nicht mehr Schwaben im „Ungarland" waren, sondern zur deutschen Minderheit vor allem in Rumänien und Jugoslawien zählten. Aus diesem Erleben von Herrschaft einer anderen Nation entstand ein neues

Gemeinschaftsbewusstsein, das nach einer neuen Bezeichnung verlangte. 1923 entstand der Name „Donauschwaben", der erst Ende der Dreißigerjahre von der deutschen Minderheit Jugoslawiens als Eigenbezeichnung verwendet wurde. Er gilt bis heute als Sammelbegriff für die Nachkommen der früheren Kolonisten. Vor dem Zweiten Weltkrieg lebten in den betroffenen Staaten zirka 1,5 Millionen Donauschwaben.

Flucht und Vertreibung der deutschen Bevölkerung

Flucht und Vertreibung der donauschwäbischen Bevölkerung ist im Rahmen der durch die NS-Politik ausgelösten immensen Bevölkerungsverschiebungen zu sehen. *„Die Grundvoraussetzungen für Flucht und Vertreibung schuf das nationalsozialistische Deutschland mit der Auslösung des Zweiten Weltkriegs und seiner Besatzungs-, Umsiedlungs- und Vernichtungspolitik"* (Beer, 2011, S. 67).

Die donauschwäbische Geschichte nach 1918 steht im Spannungsfeld von Staat (Jugoslawien, Rumänien, Ungarn) und Ethnie bzw. der Existenz als deutsche Minderheit, die in den zunehmend nach Homogenität strebenden Nationalstaaten als fremd oder als Last gesehen wurde. Minderheitenschutzverträge wurden vielfach missachtet, sodass die ethnopolitische Mobilisierung der deutschen Gruppen und die Gleichsetzung von „deutsch" und „nationalsozialistisch" in allen drei Staaten nach der Machtübernahme Hitlers vielfach, jedoch nicht überall, auf Resonanz stieß. Häufig kam es zu Kollaborationen mit

dem Nazi-Regime. Nach der Machtübernahme durch russische Truppen und Tito-Partisanen wurden nach dem Motto „deutsch bleibt deutsch" auch jene verhaftet oder exekutiert, die sich im Widerstand gegen die deutschen Machthaber befunden hatten oder sogar desertiert waren. In Ungarn, Rumänien und Jugoslawien wurde die donauschwäbische Bevölkerung pauschal für die Verbrechen des Dritten Reichs verantwortlich gemacht und kollektiv bestraft. Am Ende und nach dem Zweiten Weltkrieg kamen Zehntausende Donauschwaben infolge von Massakern, Flucht, Vertreibung, Internierung und Deportation ums Leben. Bezüglich der heutigen Einschätzung dieser Vorgänge kommen auch serbische Historiker zu einer klaren Aussage:
„Der Exodus der deutschen Minderheit und das Verhältnis ihr gegenüber am Ende des Krieges kann als beispielloser und unzivilisierter Akt kollektiver Bestrafung bezeichnet werden" (Končar, 2009, S. 216).

Die Flüchtlinge und Vertriebenen aus Ungarn, Rumänien und Jugoslawien, den Siedlungsgebieten der Donauschwaben, bildeten nur einen kleinen Teil der insgesamt 12,7 Millionen Menschen, die von Evakuierungen, Flucht und Ausweisungen betroffen waren (Beer, 2011, S. 85). Von 18 Millionen Reichsdeutschen in den Ostprovinzen des Reichs und Volksdeutschen in den außerhalb der Reichsgrenzen gelegenen weiträumigen Siedlungsgebieten in Ost-, Ostmittel- und Südosteuropa waren in der Endphase des Kriegs 14 Millionen in Richtung Westen geflüchtet bzw. nach Kriegsende vertrieben worden.

Schon zwischen 1939 und 1943 war es zu NS-Umsiedlungen von Volksdeutschen auf vertraglicher Basis gekommen. Aus den Baltischen Staaten, Bulgarien, Südtirol, Jugoslawien (z. B. Gottscheer, Krainer), Polen und Rumänien (z. B. aus Bessarabien, Bukowina, Dobrudscha) waren mehr als 624.000 Volksdeutsche umgesiedelt worden (Beer, 2011, S. 41).

Ein wesentlicher Teil der deutschen Zwangsmigration fand jedoch in der letzten Kriegsphase statt. Aber erst der im Februar 1943 ausgerufene „totale Krieg" schuf die katastrophalen Bedingungen, unter denen Evakuierung, Flucht, Vertreibung und Umsiedlung der deutschen Bevölkerung stattfanden. Das Kriegsende unterschied sich im Osten und Westen fundamental, sodass von „zweierlei Kriegsende" (Beer, 2011, S. 67) gesprochen wird. Der historische Ort von „Flucht und Vertreibung" ist der Osten. Beim „Osten" handelt es sich um die Ostgebiete des Deutschen Reichs (u. a. Ostpreußen, Pommern, Schlesien) und Polen, die Tschechoslowakei und Südosteuropa, der Siedlungsregion der Donauschwaben.

Art und Ergebnis der Zwangsmigration der deutschen Minderheiten aus Südosteuropa unterscheiden sich bei allen Gemeinsamkeiten von den Vertreibungsvorgängen aus den Ostgebieten des Deutschen Reichs, aus Polen und der Tschechoslowakei. Selbst innerhalb dieser Region weisen Flucht und Vertreibung ein breites Spektrum an Erscheinungsformen auf. Rumänien hat seine deutsche Bevölkerung nicht ausgewiesen. Daher existierte hier bis in die jüngste Vergangenheit noch eine deutsche Minderheit. Jugoslawien dagegen ist – der Kollektivschuldthese folgend – radikal gegen seine deutsche Bevölkerung vorgegangen, deren Leben sich ab 1945 fast durchwegs in Lagern mit hoher Todesrate abspielte, bevor die Menschen flüchten oder auswandern konnten und es zu einem „Verschwinden" der deutschen Minderheit kam (Glas/Kossert, 2016). Ungarn wurde von den Alliierten im Potsdamer Abkommen ermächtigt, die deutsche Bevölkerung in ordnungsgemäßer und humaner Art auszusiedeln, nur etwa die Hälfte wurde ausgewiesen (Beer, 2011, S. 86).

In Ungarn wurden etwa 200.000 Schwaben enteignet und vertrieben. Aus Rumänien und Jugoslawien wurden 70.000 bis 80.000 Deutsche zur Zwangsarbeit in die Sowjetunion verschleppt, viele kamen nicht mehr zurück. In Jugoslawien wurde die deutsche Zivilbevölkerung, die nicht geflohen war, in Lagern interniert, in denen zwischen 1944 und 1948 etwa 50.000 Menschen vor allem an Krankheiten und Unterernährung starben. Die Deutschen in Rumänien und Jugoslawien wurden kollektiv enteignet, in Ungarn verloren drei Viertel von ihnen Haus und Hof. Mit Ende des Kriegs waren die donauschwäbischen Gemeinschaften und ihre durch Jahrhunderte gewachsene Lebenswelt in den Ländern Südosteuropas für immer zerstört (Glas/Kossert, 2016).

Österreich und Deutschland als Aufnahmeländer

Die Aufnahmeländer der Geflüchteten waren zunächst Österreich und Deutschland, wo sich die Flüchtlinge und Vertriebenen – wenn sie nicht in andere Länder weiterzogen – so schnell wie möglich zu integrieren versuchten. Die Politik der Alliierten förderte diesen Prozess, um Radikalisierungen zu verhindern (Beer, 2011, S. 99 f.). Die Donauschwaben lebten zunächst vielfach in Barackenlagern, deren letzte erst in den Sechzigerjahren aufgelassen wurde (Oberläuter, 1979). Die Staatsbürgerschaft konnten sie nach Jahren als staatenlose Arbeiter, meist im Niedriglohnbereich, erst zwischen 1951 und 1955 erwerben. Durch ihren Einsatz haben sie maßgeblich zum Wirtschaftswunder der Fünfziger- und Sechzigerjahre beigetragen. Heute sind sie in allen Bevölkerungsschichten vertreten. Donauschwäbische Traditionen – Dialekt, Küche, Festlichkeiten – werden aber meist nur mehr im Familienverband oder in den donauschwäbischen Vereinen gepflegt.

Die Donauschwaben – ein gesellschaftliches Dunkelfeld

Mit dem Sammelbegriff „Flucht und Vertreibung der Deutschen“ wird ein bedeutender Teil der europäischen Geschichte benannt, der viele Familien betrifft und auch die wirtschaftliche Entwicklung der Aufnahmeländer Deutschland und Österreich maßgeblich beeinflusst hat. Trotzdem wurde die Thematik lange Zeit kaum rezipiert. Gesamtgesellschaftlich lag zum Thema „Vertreibung der Deutschen“ so wenig Allgemeinwissen und Interesse vor, dass der Autor Arno Surminski noch im Jahre 2012 konstatiert:

„Es ist eines der erstaunlichsten Phänomene der vielen Jahre, die seither vergangen sind, dass ein so gewaltiger Stoff, ein Drama von biblischen Ausmaßen, das nahezu jede Familie in Mittel- und Osteuropa direkt oder indirekt berührt hat, nur am Rande behandelt wurde“ (Surminski, 2012, S. 6).

In einem Buch wie dem vorliegenden, das das Dunkelfeld etwas ausleuchten und aus den „stummen Zonen“ (Peters, 2018, S. 97) herausführen möchte, indem Vertreter*innen der Nachfolgegeneration – hier ausschließlich der Gruppe der Donauschwaben – zu Wort kommen, empfiehlt es sich, zunächst auch die gesellschaftlichen Hintergründe des Schweigens und Verstummens zu beleuchten. Was also könnten Ursachen dafür sein, dass die Donauschwaben mehr noch als die anderen Vertriebenengruppen sehr lange ein gesellschaftliches Dunkelfeld geblieben sind?

„Kalte Heimat“

Als die Heimatvertriebenen oder Aussiedler vor und nach Ende des Zweiten Weltkriegs in die westlichen Aufnahmeländer strömten, trafen sie auf eine Bevölkerung, die selbst von den Strapazen des Kriegs verarmt, traumatisiert und gedemütigt war. Die aus dem Osten oder aus Südosteuropa eintreffenden Menschen wurden mit Misstrauen betrachtet. Als „Volksdeutsche“, aufgrund ihres Anders-Seins und ihrer Eigenarten in Dialekt, Tracht und Lebensweise, eigneten sie sich auch als Projektionsfläche für Fremdenangst (Hopf, 2014, S. 21). Wahlweise wurde ihnen entweder eine Nähe zum Balkan oder aber zum Nationalsozialismus unterstellt. Ob als „Rote“ oder als „Hitlers 5. Kolonie“, suspekt waren sie auf jeden Fall. Die Forschung spricht von einer „kalten Heimat“ (Kossert, 2008), der die Vertriebenen ausgesetzt waren. Keiner wollte ihre Geschichte oder Geschichten hören. Von Anfang an legte sich gesellschaftliches Schweigen über die Herkunftskultur und das Schicksal der deutschen Minoritäten aus Ost- und Südosteuropa.

Volksdeutsche und Reichsdeutsche

Information

„Volksdeutsche" ist eine in der NS-Zeit geprägte Bezeichnung, welche die nicht innerhalb der Grenze des Deutschen Reichs lebenden Angehörigen des deutschen Volks meinte. *„Am Vorabend des Zweiten Weltkrieges gehörten nach NS-Kriterien unter anderem Staatsbürger der Tschechoslowakei (3,3 Millionen), Frankreichs (1,5 Millionen), der Sowjetunion (1,2 Millionen), Rumäniens (750.000), Polens (740.000), Ungarns (600.000), Jugoslawiens (550.000) und Italiens (200.000) zu dieser Personengruppe"* (Seewann/Portmann, 2018, S. 209).
Unter diesen Begriff, der eine Fremdzuschreibung ist und mit dem sich die wenigsten Betroffenen identifizierten, fielen auch die sehr unterschiedlichen Gruppen der Donauschwaben, Sudetendeutschen und der Siebenbürger Sachsen, die am Ende des Zweiten Weltkriegs aus ihren Herkunftsländern größtenteils nach Deutschland und Österreich strömten. Aus Ungarn kamen 200.000 Menschen, aus Jugoslawien knapp 300.000, aus Rumänien 130.000 (Oltmer, 2016, S. 50).
Trotz des bei den Betroffenen weithin bestehenden Unbehagens mit der Terminologie bürgerte sich der Begriff „volksdeutsch" dennoch ein und wurde auch von den landsmannschaftlichen Vereinen lange Zeit verwendet.[7]

Politik der Landsmannschaften

Auch den volksdeutschen Landsmannschaften ist es trotz unermüdlicher Versuche nicht gelungen, in der Gesellschaft Verständnis für die spezifische Situation der Heimatvertriebenen zu erwirken. Durch die oftmals rückwärtsgewandte, revisionistische Zielrichtung haben sie – entgegen ihrer Intention – letztendlich eher zu Misstrauen und Ablehnung durch die einheimische Bevölkerung oder auch in den eigenen Reihen beigetragen, was teilweise auch von den für dieses Buch befragten Personen bestätigt wird. Daran konnte auch die im Jahr 1950 von allen Vertriebenenverbänden unterschriebene „Charta der deutschen Heimatvertriebenen" nichts ändern. In diesem bemerkenswerten Dokument sprechen sich die Unterzeichner für den Verzicht auf Rache und Vergeltung, für eine Beteiligung am Wiederaufbau sowie für ein geeintes Europa aus.

Privatisierung des Leids

Der Beitrag der volksdeutschen Vertriebenen am Wiederaufbau in den Aufnahmeländern Deutschland und Österreich wird heute als sehr hoch eingeschätzt (Scheuringer, 1984). Die Volksdeutschen arbeiteten jahrelang ohne staatsbürgerschaftliche Rechte im Niedriglohnbereich, passten sich den neuen Bedingungen flexibel an und konnten so relativ bald wirtschaftlich reüssieren und gesellschaftlich aufsteigen. Die rechtliche Gleichstellung erfolgte in Schritten und war erst 1954 abgeschlossen (Machunze, 1977). Anpassung und Unauffälligkeit dürften diesen Weg begünstigt haben – was auch ein Grund dafür war, dass vor allem die jüngere Generation der Einwanderer selbst bald wenig Interesse zeigte, jenseits der vereinsmäßigen Zusammenkünfte ihre Herkunft zu betonen oder zur Schau zu tragen. Manche meiner Interviewpartner*innen haben dies bestätigt. So gingen Anpassungsbereitschaft und Konfliktscheu der Vertriebenen eine Allianz mit dem gesellschaftlichen Desinteresse ein. Manche Autoren (Kossert, 2014) bezeichnen es heute als eine Hauptzumutung des Aufnahmelandes Deutschland – und Österreich steht da nicht viel anders da –, dass die Vertriebenen einerseits als Arbeitskräfte im Niedriglohnbereich akzeptiert wurden, andererseits aber Stillsein und Anpassung verlangt wurde. Das heute geringe gesellschaftliche Wissen über die Donauschwaben wurzelt auch in dieser „Privatisierung des Leids".

Das Schweigen der Eltern und Großeltern

Wie in den Familien der Kriegskinder wurde auch in Vertriebenenfamilien über vieles geschwiegen. Eltern und Großeltern konnten oder wollten nicht über ihre Erlebnisse an der Front, auf der Flucht oder im Hungerlager, auch nicht über ihre politische Ausrichtung, ihre Stellung zum Nationalsozialismus und das Erleben des Zusammenbruchs dieser Ideologie sprechen. Zeitrisse und sprachliche Lücken, die auf erlittene Traumata zurückgehen, haben den Umgang der Generationen untereinander geprägt (Kindler, 2013, S. 168) und oftmals ins Schweigen geführt.

Ausdruck gelungener Integration

Die Donauschwaben haben sich in der neuen Heimat assimiliert, ohne dass es zu Ghettobildungen oder Radikalisierungen gekommen ist. Ihr „Verschwinden" kann also auch als Ausdruck einer gelungenen Integration gesehen werden. Sie sind keine am Rand der Gesellschaft stehende Gruppe geblieben, vielmehr sind die Menschen mit donauschwäbischen Wurzeln vollständig in der Mitte der Gesellschaft angekommen und haben, wie bereits aufgezeigt, den Wiederaufbau nach dem Krieg mitgetragen und die Entwicklung bereichert. Einige meiner Gesprächspartner*innen betonen diese Perspektive ausdrücklich.

Opferkonkurrenz

Ein weiterer Grund für das Schweigen, das sich über das Schicksal der volksdeutschen Gruppen und somit auch der Donauschwaben legte, ist, dass es nicht gesellschaftsfähig war, sich Deutsche auch als Opfer des Kriegs vorzustellen, geschweige denn, darüber zu sprechen. Wann immer man über Zwangsarbeit, Verschleppungen, Willkürtaten und Erschießungen, über Enteignungen und Internierungslager für Deutsche sprach, schien gleichzeitig der Vorwurf der Verharmlosung der von Deutschen verursachten Schrecken im Raum zu liegen. Es herrschte „Opferkonkurrenz". Erst heute, fast 80 Jahre nach den Ereignissen, wird die Vertreibung der Donauschwaben in einen historischen Kontext und eine europäische Perspektive gestellt und auch in internationalen Forscherkooperationen jenseits des Aufrechnens differenziert beurteilt (Glas/Kossert, 2016).

Vertriebene, Heimatvertriebene, Umsiedler – Terminologie

Der Begriff „Vertriebene" oder „Heimatvertriebene" wurde in der Nachkriegszeit durch polemische Verwendung und mangelnde Einordnung in einen historischen Zusammenhang oft negativ konnotiert. Genau dies ist auch die Kritik, die sich die Vertriebenendebatte der ersten Nachkriegsjahrzehnte von der aktuellen wissenschaftlichen Migrationsforschung gefallen lassen muss (Bandes D., 2010, S. 698). In Bezug auf die deutsche Vertreibung sei es nötig, den Begriff aus dem Kontext von Opferthese und ahistorischer Beschreibung herauszulösen und in eine europäische Perspektive zu stellen. In neueren Werken der Vertriebenenforschung[8] wurde dieser Paradigmenwechsel vorgenommen. Der Terminus „Vertreibung" wird zwar weiter verwendet, aber als eine Form der „Gewalt- oder Zwangsmigration" gesehen, einer Migration also, *„die sich alternativlos aus einer Nötigung zur Abwanderung aus politischen, ethno-nationalen, rassistischen oder religiösen Gründen ergibt (Flucht, Vertreibung, Deportation, Umsiedlung)"* (Oltmer, 2014, S. 129). Diese einerseits neutralere, andererseits komplexere Sichtweise und Definition des Ausdrucks „Vertreibung" ist auch der vorliegenden Arbeit zugrunde gelegt.
Im aktuellen wissenschaftlichen Kontext wird der Begriff definiert als *„räumliche Mobilisierung durch Gewalt ohne Maßnahmen der Wiederansiedlung"* (ebd.). Damit unterscheidet sich „Vertreibung" von der nur als vorübergehend gedachten „Evakuierung", von der „Flucht", die ein Ausweichen vor einer lebensbedrohlichen Zwangslage aufgrund von Gewalt ist, und von „Umsiedlung" als Zwangsmaßnahme von zielgerichteter Verlagerung der Siedlungsschwerpunkte von Bevölkerungsgruppen (ebd.).
Bei der Vertreibung liegt der Fokus auf der Zerstörung der (rechtlichen, wirtschaftlichen, menschlichen) Lebensgrundlagen von Personen(gruppen), sodass für sie keine realistische Handlungsalternative besteht. Evakuierung, Flucht und Vertreibung gehen ineinander über, weshalb der Ausdruck „Flucht und Vertreibung" oft als Einheit verwendet wird.

Information

Der Diskurs zur Vertreibung der Deutschen
Seit dem berühmten Buch „Die Unfähigkeit zu trauern" (1967) von Alexander und Margarete Mitscherlich haben Autoren, die sich mit dem Gelingen von Aufarbeitungsprozessen beschäftigt haben, immer wieder betont, dass auch im psychologischen Kontext die historische Aufklärung und Einbettung nicht vernachlässigt werden dürfen. Ausgrenzung und Missachtung durch die

Allgemeinheit könnten sogar zur Verlängerung der traumatischen Situation von Betroffenen führen. Auch in späteren Studien (Adam/Walter, 2012, S. 588) wird festgestellt, dass Gerechtigkeit und die Anerkennung von Würde besonders bei von Menschen verursachten Katastrophen eine Voraussetzung dafür sind, den Verlauf von psychischen Problemen positiv beeinflussen zu können.

„Deshalb kann es dem Einzelnen nur dann gelingen, die traumatische Erfahrung in ein übergeordnetes Narrativ einzubinden, wenn auch ein gesellschaftlicher Diskurs über die historische Wahrheit des traumatischen Geschehens und über dessen Verleugnung und Abwehr vorhanden ist" (Peters, 2018, S. 36).

Ein Diskurs zur Vertreibung der Deutschen wurde – aus oben dargelegten Gründen – jedoch lange Zeit nur zögerlich oder gar nicht geführt. Eine Aufarbeitung, die gesellschaftliche Anerkennungsformen der erlittenen Belastungen beinhaltete, war vielfach nicht oder nur erschwert möglich.
Der donauschwäbische Historiker Georg Wildmann hat den Ausdruck „zweite Vertreibung" geprägt. Dies bezeichnet den Umstand, dass die gesellschaftliche Nicht-Wahrnehmung donauschwäbischer Schicksale und Geschichte den Betroffenen wie eine Wiederauflage der eigentlichen Vertreibung erscheinen muss. Es sei nicht nur Unrecht geschehen, sondern es ist erneutes Unrecht, wenn dies ignoriert wird. Viele Angehörige der zweiten Generation, mit denen ich gesprochen habe, engagieren sich für die gesellschaftliche Wahrnehmung des Schicksals ihrer Angehörigen. Sie scheinen zu spüren, dass es heilsam sein kann, wenn individuelle Leidenssituationen in einen gesellschaftlichen Diskurs eingebunden werden.
Erst im Jahr 2015 war der jährliche Weltflüchtlingstag den nach dem Zweiten Weltkrieg vertriebenen Deutschen gewidmet. Dass endlich Empathie mit den vielen deutschen Opfern möglich sei, bezeichnete der damalige deutsche Bundespräsident Joachim Gauck in einer Ansprache als etwas zwar längst Überfälliges, aber *„Wunderbares"* (Gauck, 2015). Leid muss nun nicht mehr mit Leid aufgerechnet werden in dem Bewusstsein, dass eine persönliche, familiäre oder ethnische Katastrophe eine andere nicht schmälern kann. Im Sprechen darüber werden nicht – wie man vielleicht meinen könnte – längst überholte Themen und Positionen wiederholt, sondern es kann ein innerer und äußerer Versöhnungsprozess beginnen, der letztlich ein Friedensprozess ist.
Nichts ist derzeit wichtiger.

„There are so many of us“

Zur bestürzenden Aktualität von Flucht und Vertreibung

„Den Heimatsuchenden von heute“ lautete das Motto, das ich meinem Buch „Mein Donauschwabien“ vorangestellt hatte. Meine serbische Freundin Olga reagierte darauf und schrieb mir: *„There are so many of us!“* Sie, die Tochter einer Kinderärztin und eines serbisch-orthodoxen Priesters, eines Jugendfreunds meines Vaters im multikulturellen Banat, war als Serbin in Kroatien aufgewachsen, bis der dortige Nationalitätenkonflikt und letztendlich Krieg die junge Frau veranlasste, nach New York auszuwandern. Ich war überrascht, dass sie sich auch fast 30 Jahre später noch der Gruppe der Heimatsuchenden zurechnete.

Aus vielen Weltgegenden wird aktuell in verstörenden Bildern von Krieg, Terror, Gewalt und Vertreibung berichtet, von Ereignissen, die in der Psyche der betroffenen Menschen abermals tiefe Spuren hinterlassen werden. Auch diese werden noch Generationen später weiterwirken, selbst dann, wenn die Ereignisse im Außen längst abgeschlossen sind.

Jahrelang hatte ich mich bemüht, neben all dem Schweren auch die Ressourcen und Stärken einer Familiengeschichte, die durch Flucht und Vertreibung geprägt ist, zu sehen und zu benennen. Dabei haben mir viele meiner Gesprächspartner*innen geholfen, da ich bei ihnen diese Ausrichtung auf das Positive erleben und erlernen konnte. Letztendlich wurde das Kapitel „Ressourcen“ jenes, das mir als das wichtigste erschien, und „Resilienz“ zum hilfreichen Blickwinkel in Bezug auf Verarbeitung von Traumata. „Reichtum trotz Verlusts“ war eine Überschrift, die ich für eine biografische Erzählung geplant hatte. Könnte diese Sichtweise – eingeholt von der aktuellen Situation von Menschen mit Kriegs- und Vertreibungserfahrung – nicht als bodenloser Zynismus erscheinen?

Wir, Angehörige der zweiten donauschwäbischen Generation, trafen uns als Menschen, die durch das Generationenereignis der Vertreibung der deutschen Minderheit im Rahmen des Zweiten Weltkriegs miteinander verbunden waren, aber eben auch durch eine donauschwäbische Herkunft, die – wie sich herausstellte – für jede*n etwas anderes bedeutet, aber letztendlich über die Dimension „Vertriebene“ hinauswies. Es beinhaltet den Blick auf eine ganz spezifische Lebensweise, Geschichte, Kultur und Sprache[9] sowie die Auseinandersetzung und Verschmelzung mit der Aufnahmegesellschaft Österreich.

Statt vom „Flüchtling“ spricht man heute von dem oder der „Geflüchteten“ oder vom „Menschen mit Fluchterfahrung“. In dieser Konzeption wird die Identität

eines Menschen nicht mehr durch ein – wenn auch dominierendes – singuläres Ereignis oder Einzelmerkmal definiert. Geflüchtete sind auch Mütter, Väter, haben einen Beruf, Visionen, Erfahrungen und Kompetenzen. Niemand möchte nur Flüchtling sein oder eine Opferidentität haben. Eine Psychologin aus der Ukraine, mit der ich einige Monate zusammenarbeiten durfte, ging noch einen Schritt weiter, als sie sagte: *„I don't like the word ‚refugee'. I feel like ... ‚vorübergehend vertrieben'."*
Unter dieser Sichtweise erscheint ein Reflektieren über Bewältigungsmechanismen und Resilienz im Rahmen von Zwangsmigration auch in Zeiten wie den gegenwärtigen legitim. Darüber wird meine ukrainische Kollegin jedoch frühestens dann nachdenken können, wenn sie ihre in der Ukraine zurückgebliebenen Nächsten in Sicherheit weiß, aber auch erst dann, wenn sie als Geflüchtete zur Ruhe gekommen ist und einen sicheren Ort gefunden hat. Dazu können die Menschen des Aufnahmelandes einen wichtigen Beitrag leisten:

„Ob geflüchtete Menschen die Möglichkeit haben, sich zu erholen, ihre Erfahrungen zu bewältigen und neue Perspektiven zu entdecken oder aber langanhaltende traumatische Dynamiken entwickeln, hängt [...] wesentlich von den Bedingungen ab, die sie nach den traumatischen Erlebnissen im Aufnahmeland vorfinden, von Stabilität, Sicherheit, empathischem Zuhören und einer Teilhabe am gesellschaftlichen Prozess" (Mlodoch, 2017, S. 102).

Auf jeden Fall, so hoffe ich, öffnet sich durch die in vielen österreichischen Familien noch sehr lebendige Erinnerung an früher die Tür zur Empathie mit den durch Kriegsereignisse Vertriebenen von heute. *„Wer bist du?"* Diese Frage hätten die Geflüchteten im Nachkriegseuropa gerne gehört und die wünschen sich die Heimatvertriebenen von heute.

Gefühlserbschaft als Bürde und Chance

Das emotionale Fluchtgepäck der zweiten Generation

„Warum schaust du eigentlich immer so traurig?", haben mich früher Freunde oft gefragt. Mir war das gar nicht bewusst und ich habe lange keine Antwort gewusst. Erst als ich mich tatsächlich mit dem Schicksal meiner Familie im Banat beschäftigt habe, habe ich verstanden, warum das so ist. Meine Mutter hat in ihrer Jugend viel verloren: die Heimat, allen Besitz, den Status, aber auch ihre liebsten Menschen. Geredet wurde nie darüber. Aber ich habe diese Trauer aufgenommen und in meinem Herzen getragen. Sicher hat meine Mutter gewollt, dass ich glücklich bin, und das bin ich ja irgendwie auch. Aber dadurch, dass sie das Erlittene und das erlebte Unrecht nie verarbeitet und überwunden hat, dadurch bin auch ich in diese Gefühlslagen eingetaucht. Ich wollte es lange nicht wahrhaben. Aber nun sehe ich das als einen Teil von mir. Ich kann anerkennen, dass die Herkunftsgeschichte mich geprägt hat. Und tatsächlich ist ja nicht alles schlecht. Meine Mutter und Teile ihrer Familie haben überlebt und sie haben weitergemacht und in Österreich ganz etwas Neues angefangen. Diese Stärke und diesen Lebensmut habe ich auch in mir.

Herr N. hat mir in einem Telefonat erzählt, wie er die Atmosphäre in seinem Elternhaus erlebt hat und wie er heute darüber denkt. Besser könnte man nicht beschreiben, was man in der Psychologie unter „Gefühlserbschaft" versteht. Der Begriff geht auf Sigmund Freud[10] zurück und bezeichnet die transgenerationale Wirksamkeit von Übertragungsprozessen, wodurch die Beziehung zwischen den Generationen in positiver oder negativer Weise entscheidend beeinflusst wird. Wer diese emotionale „Erbschaft" verstehen möchte, kann sich also fragen: Welche meiner Werte, Einstellungen, Überzeugungen, die ich in mir trage, sind – bewusst oder unbewusst – durch die Biografie meiner Eltern oder Großeltern beeinflusst? Was beflügelt, stärkt, gibt Kraft? Was hindert, erschwert, belastet? Wo trage ich – bildlich gesprochen und bezogen auf den Vertreibungshintergrund – einen Koffer, der nicht mein eigener ist?

Transgenerationale Studien haben meist die generationsübergreifende Wirkung und psychologische Verarbeitung von traumatischen Erfahrungen im Blick. Es hat dies mit der Entstehungsgeschichte dieses Forschungszweigs zu tun, als im Rahmen der Traumaforschung Mitte der Achtzigerjahre die psychischen Verheerungen, welche der Holocaust für die nachkommende Generation verursacht hatten, in den Fokus gestellt wurden. Man „entdeckte" – oder auch: es trat in den Wahrnehmungshorizont –, wie gravierend der Holocaust auch die nachkommende(n) Generation(en) psychisch belastet. Peu à peu wurde der Blick-

winkel erweitert und man verstand: Das Denk- und Wahrnehmungsmodell einer transgenerationalen Sichtweise lässt sich auch auf andere vom Zweiten Weltkrieg betroffene Gruppen anwenden. Allmählich war die Zeit reif, eine „integrierte Geschichte von Krieg und Nachkrieg" (Kindler, 2013) zu schreiben, in die alle beteiligten Gruppen und Perspektiven, also die der Opfer wie auch der Täter und Mitläufer und der Folgegenerationen einbezogen werden konnten.
Und, so möchte man ergänzen, auch die Perspektiven der deutschen Vertriebenen. Denn diese waren in diesen Forschungsdesigns meistens nicht extra ausgewiesen.
Seit dem Erscheinen des Buchs „Kriegskinder" (Bode, 2004) hat sich die transgenerationale Forschung verstärkt der Fragen um die Kriegskindheiten in deutschen (und österreichischen) Familien angenommen. Seit etwa 2010 werden auch die Kriegsenkel thematisiert (Schneider, 2015, S. 145) und es wird aufgezeigt, wie Erfahrungen von Krieg und Nachkrieg tiefe Spuren in der Psyche der Menschen, aber auch der nachfolgenden Generationen hinterlassen haben.
Es ist das große Verdienst von Sabine Bode, *„ein längst überfälliges Thema aufgegriffen, Einzelschicksale dokumentiert, psychohistorische Zusammenhänge aufgezeigt und ein öffentliches Bewusstsein für die Verletzungen der Kriegs- und Nachkriegs- beziehungsweise der Kriegsenkel-Generation geschaffen zu haben"* (Lorenz-Rogler, 2015, S. 214).
Sabine Bode hat mit ihren Thesen im deutschsprachigen Raum einen regelrechten Boom an Selbsthilfegruppen, Kongressen und Veröffentlichungen ausgelöst, das Buch selbst liegt inzwischen bereits in der 20. Auflage vor. In vielen autobiografischen Berichten[11] haben die Nachkommen von damaligen Kriegs- und Flüchtlingskindern eindrucksvoll geschildert, wie sie versucht haben, ihr Leben vor dem Hintergrund der Erfahrungen ihrer Familiengeschichte zu verstehen. Motiviert waren sie meist durch einen persönlichen Leidensdruck: psychosomatische Symptome, Getriebenheit und Rastlosigkeit, das Gefühl von Heimatlosigkeit und davon, nie irgendwo „anzukommen", durch äußere Umstände nicht erklärbare Depressionen, Erschöpfungs- oder Angstzustände – was häufig der Anlass war, sich den nicht zur Sprache gekommenen Dramen im Leben der Eltern anzunähern und hinter das Schweigen zu blicken. Viele konnten ihre Leidenszustände als Ausdruck des „Traumaschattens" der Eltern- und Großelterngeneration nachvollziehen. Sie wagten es, durch Schmerz und Trauer hindurchzugehen – vielfach psychotherapeutisch begleitet oder mit einem der inzwischen zahlreich vorliegenden Ratgebern[12] in der Hand. Sie versuchten, das „Story-Board" (Meyer-Legrand 2016) ihres Lebens zu verstehen und auf dieser Basis neu zu entwerfen. Berichtet wird von einer besseren Beziehung zu den Eltern, von einem vertieften Kontakt zu Freunden und Ehepartner, von einem Mehr an Ruhe und einem Weniger an Schuldgefühlen – kurz, von einem besser im Hier und Jetzt verankerten Leben.

Ich vermute, dass durch das biografische Faktum „Vertreibung" die für die Kriegsenkel beschriebene Grundsituation eine zusätzliche Verstärkung erfahren kann. So haben sich diese Menschen neben den Belastungen, die auf den Krieg zurückzuführen waren, auch mit im Familienkreis erzählten oder verschwiegenen Erfahrungen von Flucht, Vertreibung, Enteignung, Heimatverlust und Internierung in Lagern auseinanderzusetzen. Und es kam erschwerend hinzu, dass all diese Themen der nicht-donauschwäbischen Öffentlichkeit so gut wie unbekannt waren, sodass auch hier die familiären Erfahrungen und Erinnerungen nicht aufgehoben und strukturiert werden konnten.
Vielen Nachkommen von Donauschwaben widerstrebt es, sich als Kinder von Heimatvertriebenen zu fühlen. Nicht, weil es ihnen um Leugnung der Geschichte ihrer Familie und deren Herkunft aus Südosteuropa geht, sondern weil für viele dieser Ausdruck entweder mit nostalgisch-bitterer Wehmut aufgeladen ist oder mit Assoziationen von Opferthese und nicht aufgearbeiteter Verstrickung in den Nationalsozialismus. Vielleicht spüren auch viele, dass sie ein Paket aufnehmen müssen, das gar nicht ihr eigenes ist, sondern dass es sich um „freie Seelenanteile, die kein Zuhause gefunden haben" (Wüstel, 2017, S. 12) handelt, wie es einmal etwas pathetisch bezeichnet wurde. Wahrscheinlich ist es tatsächlich so, dass die Nachkommen für die Kriegsgeneration und für die ehemaligen Flüchtlinge Integrationsarbeit leisten müssen, die diese damals selbst nicht bewältigen konnten (Wüstel, 2017, S. 12).
Um im eigenen Leben anzukommen, geht es für Angehörige der zweiten Generation daher darum, einen Bogen zwischen zwei zunächst unvereinbar scheinenden Anliegen zu spannen: das emotionale Fluchtgepäck der Eltern und Großeltern abzustellen, ohne die empathische Verbindung zu ihnen und damit zur eigenen Geschichte zu verlieren; Respekt vor dem schweren Schicksal der Familienangehörigen zu haben, aber sowie trotzdem zu sagen: *„Es ist nicht meins."*

Auch Herr N., so lassen sich seine Worte deuten, konnte aufgrund seiner inneren Wahrnehmung und Reflexion nun der Mutter diese Trauer „zurückgeben", bzw. besser zwischen seinem und ihrem Anteil differenzieren und dies in sein Leben integrieren. Gleichzeitig wurde der Blick frei für die Stärke und den Lebensmut seiner Mutter und daher auch in seiner Gefühlserbschaft.[13]
Ihm wie vielen anderen konnte es gelingen, *„die traumatischen Erfahrungen in einen Gesamtkontext zu integrieren, sodass auf der narrativen Ebene eine sinnvolle Lebens- und Familiengeschichte geschaffen wird, die den Schmerz und die Bedrohung gerade nicht ausblendet, sondern mit einbezieht"* (Klütsch, 2012, S. 579).

Sind wir alle Traumatisierte? – Über „posttraumatic growth"

Lebensereignisse wie Flucht, Vertreibung und einem Neubeginn unter dem Leitstern von Schweigen, Anpassung und Funktionieren-Müssen haben vermutlich bei vielen Betroffenen zu einem Trauma geführt, welches es anzuerkennen gilt, um nicht weiter an der Verleugnung von Leid teilzuhaben. Doch nicht alle, die Krieg und Vertreibung erlebt haben, sind traumatisiert. Ob in einem biografischen Zusammenhang ein Trauma vorliegt, wie es durchgearbeitet wurde und ob und wie dieses an die nachfolgende Generation „weitervererbt" wurde, hängt von den Schutz- und Resilienzfaktoren vor und nach dem Traumaereignis ab. Es ist also problematisch, allein aus der Tatsache, dass jemand den Krieg erlebt hat und geflohen ist bzw. vertrieben wurde, automatisch zu schließen, dass er traumatisiert wurde (Peters, 2018, S. 61). Das bedeutet auch, dass nicht zwangsläufig alle Angehörige der nachfolgenden Generationen tiefgreifende Nachwirkungen von traumatischen Einflüssen bewältigen müssen. Vermutlich aber lassen sich spezifische, mit der Vertreibungsdynamik zusammenhängende Belastungen definieren, die für die Nachfolgegeneration typische Fragestellungen aufwerfen:

Die alte Heimat würdigen und die Sehnsucht danach im Familiengedächtnis bewahren und trotzdem im Hier und Jetzt die eigene Heimat gestalten – wie kann das gelingen? Einerseits voll integriert zu sein, andererseits die Herkunft und das Schicksal der Eltern und Großeltern nicht vergessen dürfen oder wollen – wie kann das gehen? Das Leid und die Schicksalsschläge der Vorgängergenerationen anerkennen und gleichzeitig das eigene Leben selbstbestimmt, vital und ohne Schuldgefühle in die Hand nehmen – wie ist das möglich? Das Ringen nach Lösungsmöglichkeiten für diese Ambivalenz ist auch in den Gesprächen, die in diesem Buch dokumentiert sind, angeklungen: *„Ich will beides!"* Dieser Ausruf mag als Motto für viele gelten.

Eine Auseinandersetzung mit den belastenden Seiten der Herkunft ist für die nachfolgende Generation eine Aufgabe, die nicht immer und in jeder Lebensphase zu bewältigen ist, die aber – wenn sie gelingt – hohe integrative Kraft hat. Um sich diesem Prozess zu stellen, können nicht-defizitorientierte, sondern auf Ressourcen und Sinnstiftung ausgerichtete Sichtweisen hilfreich sein. Dazu gehören die Konzepte der Salutogenese und der Resilienzforschung (Harms, 2017), die jene Faktoren in den Fokus nehmen, durch die trotz belastender Ereignisse im Leben von Menschen positive Identitätsbildungsprozesse möglich werden. Unter „Resilienz" versteht man eine psychische Widerstandskraft und die Fähigkeit, schwierige Lebenssituationen ohne anhaltende Beeinträchtigungen zu überstehen.

„Posttraumatic growth" (Peters, 2018, S. 105) besagt, dass durch traumatische oder belastende Erfahrungen auch Wachstums- und Reifeprozesse angestoßen

werden können, die sich positiv auf das Selbstkonzept, auf soziale Beziehungen oder grundlegende Einstellungen zum Leben auswirken. Dies gilt sowohl für vom Trauma direkt Betroffene als auch für dessen „Erben". Einem Trauma wird Macht genommen, wenn schwere Lebensereignisse in eine kohärente Geschichte von Weiterentwicklung eingebettet werden und wenn es gelingt, seine Deutungshoheit über das Leben der Familie einzugrenzen, ohne es zu ignorieren.
Durch ein „gerahmtes Trauma", das belastende Lebensereignisse nicht leugnet, aber ihre Bedeutung eingrenzt und durch das individuelle Leidenssituationen in einen gesellschaftlichen Diskurs eingebunden werden, kann auch ein anderer, ein neuer Blick auf die ehemals Vertriebenen möglich werden. Es kann sichtbar werden, dass der Erfahrungsschatz der Kriegs- und Flüchtlingskinder, der Eltern meiner Befragten, nicht nur aus Leid und diskriminierenden Erfahrungen bestanden hat. Die Kriegskinder-Eltern – so auch die Sichtweise einiger Forscher*innen in diesem Bereich – waren nicht nur Opfer, *„sondern sie verfügten über enorme Kräfte und Ressourcen und Strategien, mit denen sie die strapaziöse Nachkriegszeit bis in die 1960er hinein nicht nur überstanden,sondern mitgestaltet haben. Sie waren ausdauernd, gewitzt im Alltag, zuversichtlich, schlau"* (Meyer-Legrand, 2016). Darüber hinaus waren sie zielstrebig, humorvoll, solidarisch – und es gelang ihnen in hohem Ausmaß, ihre Kinder – die hier befragte zweite Generation – ohne Loyalitätskonflikte in die neue Gesellschaft zu entlassen.

Im Achten dieser Fähigkeiten und in der Identifikation damit wird nicht nur eine Entlastung der zweiten Generation von emotionalen Verantwortungsgefühlen erreicht, sondern viel mehr: Man gibt den ehemaligen Vertriebenen ihre Würde, die sie im umfassenden Verlustgeschehen und im Anpassungskampf oft verloren hatten, wieder zurück (Meyer-Legrand, 2016).

Nie wieder Vertreibung, nie wieder Krieg

Vielleicht mag es verwundern, dass ein Buch wie dieses, das sich mit längst vergangenen Ereignissen und deren Bedeutung für eine Generation befasst, die selbst schon fast im Pensionsalter angekommen ist, in den Kontext eines Friedensprozesses gestellt wird. Auch hört man oft: Sollte man diese Geschichten, die nunmehr 80 Jahre zurückliegen, nicht lieber ruhen lassen? Ich vertrete die Ansicht, dass nun, sehr spät, auch in Bezug auf die Nachfolgegenerationen der Donauschwaben ein Zeitpunkt gekommen ist, an dem diese persönlichen Geschichten endlich erzählt und gehört werden können, an dem ihnen erstmals Raum gegeben wird. Für Familien mit Flucht- und Vertreibungserfahrungen, die mit Brüchen und herben Verlusterfahrungen umgehen mussten und die meiste Zeit darüber geschwiegen haben, kann beides heilsam sein: das Erzählen als auch das Gehört-Werden. *„Etwas in mir kann gut werden"*, hat mir eine Interviewpartnerin fast verwundert rückgemeldet.
„Gut werden" bedeutet: bisherige Brüche im Inneren ansehen und überwinden, den „Traumaschatten" (Firus, 2018; Ustorf, 2010) der Elterngeneration für sich auflösen oder – bildlich gesprochen – das „emotionale Fluchtgepäck" der Eltern- und Großelterngeneration abstellen, Ausgeblendetes integrieren, die Stärken und Ressourcen, die eine Familiengeschichte mit Flucht und Vertreibung auch bietet, wertschätzen und in den Lebensschatz integrieren, in innerer Freiheit zur eigenen Herkunft stehen. Wie immer, wenn Vergangenheit verstanden, Gegensätze integriert, Stereotype aufgelöst und Dialog und ein neuer Diskurs möglich werden, ist dies ein Prozess des Friedens.

„Nie wieder Vertreibung, nie wieder Krieg", benannte auch die Vorsitzende der Donauschwäbischen Arbeitsgemeinschaft, Maria K. Zugmann-Weber, am Oberösterreichischen Erinnerungstag der Heimatvertriebenen 2023 die Zielrichtung von Erinnerungs-und Aufarbeitungsprozesse.

„Selbstbewusst sein, also sich selbst und seines Platzes bewusst sein, das ist eine der großen Aufgaben der Kriegsenkel-Generation. Vergeben und versöhnen sind zwei weitere. Wo auch nur eine der dreien angegangen wird, ist Frieden möglich."
(Meyer-Legrand, 2016)

GESPRÄCHE

Starke Geschichten
aus der zweiten Generation

Dores Beckord-Datterl, *We had a dream*, 2021

Ein Bekannter, von Beruf Lehrer, erzählte mir einmal, dass er am Ende eines jeden Schuljahres die Schüler*innen einer Klasse informell befrage, was ihnen denn von Stoff des vergangenen Jahres besonders wichtig gewesen sei und daher besonders in Erinnerung bleiben werde. Es sei sehr erstaunlich gewesen, meinte er, dass in jeder Jahrgangsklasse zwar kein einziger Schüler den gesamten Lehrstoff erinnert habe, in Summe das Pensum des vergangenen Jahres fast zur Gänze abgebildet gewesen sei.
So ähnlich ging es mir mit meinen Interviews: Obwohl die Auswahl der Gesprächspartner*innen zufällig erfolgt war und dem kein Kalkül und keine besonderen Überlegungen zu einem repräsentativen Sample zugrunde lagen, waren letztendlich in den Gesprächen mit elf Frauen (eine davon aus der dritten Generation) und elf Männern wie durch Zauberhand die meisten relevanten Aspekte donauschwäbischer Thematik im Hinblick auf die Nachfolgegeneration(en) aufgetaucht.
Von Anfang an hatte ich einen thematischen Leitfaden – allerdings nicht im Sinne einer vorgegebenen Abfolge von Fragen, sondern dahingehend, dass ich am Ende des Gesprächs einige Themen unbedingt angesprochen haben wollte. Ansonsten war ich offen für Neues. Nachträglich würde ich sagen: Mein eigentlicher Leitfaden war letztlich mein Staunen über die oft unerwarteten Inhalte des Erzählten, das emotionale Begleiten der Aussagen sowie der Respekt vor der je eigenen Art, Themen aufzugreifen. Anders als in anderen Forschungsvorhaben, für welche Interviewpartner*innen prototypisch für bestimmte Themen gesucht werden, haben hier die Personen diese zu mir gebracht. Ein Anspruch auf Vollständigkeit der möglichen Themen der zweiten Generation wird daher nicht gestellt.
Die Gespräche wurden von mir aufgenommen, transkribiert, zusammengefasst und – im Sinne einer leserfreundlichen Nutzung – behutsam redigiert. Dabei war es mir wichtig, den umgangssprachlichen Duktus beizubehalten und die jeweilige Form des Erzählens nicht zu vereinheitlichen. Vom Format her sind es „Protokolle" der geführten Gespräche. Diese wurden von den jeweiligen Personen zur Veröffentlichung freigegeben. Manche Namen und Ortsangaben sind auf Wunsch anonymisiert oder abgekürzt.
Ich war und bin sehr dankbar für den Reichtum an Gedanken und für die Offenheit, die mir meine Gesprächspartner*innen entgegengebracht haben. Ihre Erlaubnis zur Veröffentlichung ermöglicht es, auch meine Leser*innen zu den Gesprächen mitzunehmen und an der jeweiligen Stimmung und den anschließenden Gedanken teilzuhaben.
„Starke Wurzeln, ein starker Auftrag, eine starke Geschichte!", hat eine Befragte ihr Grundgefühl in Bezug auf ihre donauschwäbische Herkunft zusammengefasst. In diesem Sinne lassen sich auch die folgenden Gespräche als „starke Geschichten" lesen und verstehen.

Brigitte Rembt besuchte ich an einem jener schönen Sommertage, die ohnehin Lust auf einen Ausflug machen. Sie hatte sich telefonisch bei mir gemeldet, nachdem sie über eine donauschwäbische Landsmannschaft davon erfahren hatte, dass Interviewpartner*innen gesucht würden. *„Wir wohnen in der Nähe des Schlosses“*, hatte es verheißungsvoll geklungen. Die 60 km lange, gemütliche Route zieht sich über wenig befahrene Landstraßen, die von üppigen Wiesen und Kukuruzfeldern gesäumt sind, und durch schmucke Orte führen, die jetzt, zur Mittagszeit, beschaulich und verschlafen wirken. Ich fühle mich glücklich zurückversetzt in meine Kindheit, als wir, eine Paradefamilie der Sechzigerjahre, im weißen VW durch ähnliche Landschaften fuhren, um meine donauschwäbischen Großeltern in Bayern zu besuchen.
Allzu weit ist es auch diesmal nicht entfernt, dieses Bayern. Man müsste nur über den Inn fahren, der hier Grenzfluss ist und etliche Kilometer flussabwärts in die Donau, den Schicksalsfluss der Donauschwaben, münden wird. Aber diesmal liegt mein Ziel in einem Ort in Oberösterreich. Das Schloss, dem ich eigentlich zuerst einen Besuch abstatten wollte, ist nicht so leicht zu finden. Wie um mir noch eine zusätzliche Rundfahrt durch den Ort gönnen zu wollen, schickt mich das Nawi zunächst in die Irre, bis ich letztendlich bei der angegebenen Adresse ankomme und von Frau Rembt auf einer wunderbaren, von einem großen Weinstock eingerahmten Terrasse begrüßt werde.
„Syrmien, meine Mutter kommt aus Syrmien“, sagt sie lachend und berichtet, dass sie mit dieser märchenhaften wie rätselhaften Auskunft auch die einheimischen Nachbarn früher regelmäßig verblüffen konnte.
Vor uns liegt die Weite der oberösterreichischen Felder, die – so eines der ersten Statements von Frau Rembt – doch durchaus an die pannonische Weite der Heimat ihrer Mutter erinnere, obwohl sie im Vergleich zur dortigen Ausdehnung nicht mehr als kleine Puzzlestücke seien. Auch der Weinstock, unter dessen reichem, schattenspendendem Blattwerk wir den idealen Platz für unser sommerliches Gespräch gefunden haben, ist – so erfahre ich – als Setzling in Syrmien beheimatet gewesen. Hier entfalten Frau Rembts Erzählungen über ihren Bezug zur Herkunft ihrer donauschwäbischen Mutter und ihres oberösterreichischen Vaters eine ganz eigene Wirkung.

Brigitte Rembt

Das Ganze ist eine große Bereicherung

Brigitte Rembt wurde im Jahr 1957 in Ranshofen geboren und arbeitete bis zu ihrer Pensionierung als Vertragsbedientete in einem Bauamt.
Ihre Mutter wurde im Jahr 1925 in Lowas in Syrmien, jetzt Kroatien, geboren. Die mütterliche Familie nannte Ländereien, ein Gasthaus und eine Hanffabrik ihr Eigen. Die Mutter kam im November 1944 mit einem Fluchtwagen nach Österreich. Der Vater, Jahrgang 1928, ist gebürtiger Ranshofner und stammt aus einer Kleinbauernfamilie.

Zum Wort „Donauschwaben" fällt mir als Erstes ein ...

... Herzlichkeit, Fleiß, Großzügigkeit, Zusammenhalt, Hilfsbereitschaft, Feste feiern, Straßen gesäumt von weiß blühenden Akazienbäumen, Weinbau, Anbauflächen so groß und weit, wie das Auge sehen kann.
Breite, geradlinige Straßen in den Dörfern, gesäumt von schattenspendenden Nussbäumen, liebliche Häuser links und rechts aufgereiht, mit langen, schattenspendenden Arkadengängen und fruchtbringende Wurzgärten samt einiger Zeilen bepflanzt mit Weinreben.

Die Herkunft der Eltern

Meine Großeltern, also die Vorfahren, waren sehr reiche Bauern. Sie sind zu Zeiten Kaiser Josephs II. mit dem Schiff auf der Donau nach Lowas gekommen. Lowas liegt 50 km nördlich von Belgrad, nahe der Donau. Sie haben zuerst, als alle Häuser gebaut haben, eine Ziegelfabrik gehabt. Nachdem die Häuser gebaut waren, war die Ziegelfabrik nicht mehr ertragreich. Die Familie begann mit dem Hanfanbau. Es wurde eine Fabrik gebaut, im Sommer haben bis zu 200 Menschen Arbeit gefunden. Sie haben einen Mähdrescher gehabt und einen Traktor.
Meine Mutter hat in Lowas die Volksschule besucht, in Belgrad die Hauptschule, und dann ist sie nach Stuttgart ins Gymnasium gekommen. Nach vier Jahren war Schluss, weil dann der Krieg begonnen hat. Ein Jahr hat ihr noch gefehlt. Während des Kriegs ist sie dann nach Hause gekommen. Mein Vater ist hier in Ranshofen in die Volksschule gegangen. Obwohl die Verhältnisse sehr ärmlich waren, wurde er aufgrund seiner Lernerfolge auf die Bürgerschule nach Braunau am Inn geschickt. Er war 15 Jahre alt, als in Ranshofen das Aluminiumwerk (VAW) errichtet wurde. Da hat mein Vater dann eine Lehre als Schlosser beginnen dürfen. Er hat auch noch den Meister gemacht. Später hat er noch einmal umgelernt und dann als Angestellter im Bereich Verzollung im Büro gearbeitet.

So war der Beginn in Österreich

1944 musste meine Oma mit ihren drei Kindern flüchten. Sie sind auf einem Planwagen aus Lowas weggefahren. Zum Abschied haben alle Kirchenglocken geläutet. Sie sind innerhalb kürzester Zeit zu einem Treck zusammengestellt worden, bekamen einen Treckleiter und sind dann nach Österreich gekommen. Nur Einzelne sind zurückgeblieben. Was die auf der Flucht erlebt haben! Mein Onkel Stefan war damals 14 Jahre alt und konnte sehr gut mit Pferden umgehen. Die Strecke führte über die Strengberge, das war schwer. Manche Pferde der Gespanne waren schon so schwach und schafften es nicht mehr hinauf. Nachdem unser Wagen oben war, ist der Onkel mit den Pferden wieder hinunter, hat bei den anderen vorgespannt und so manchen weiteren Wagen nach oben gezogen.

Einmal waren sie zur Übernachtung bei einer Familie in St. Pölten untergebracht. Meine Mutter hat erzählt, dass die Frau, während sie geschlafen haben, in der Nacht die ganze Wäsche gewaschen und so lange gebügelt hat, bis sie wieder trocken war, sodass sie am nächsten Tag frische Wäsche gehabt haben. Sohn und Mann der Frau waren an der Front. Das war eine Österreicherin, die so geholfen hat!

Oder der Onkel, der hat den Großvater dann nach einigen Jahren Aufenthalt in Ranshofen, ich weiß nicht wie, irgendwie nach Deutschland geschmuggelt. Sie sind auch illegal über die Grenze, das ist ganz das Gleiche wie heute, nur haben die Unseren Deutsch gekonnt. Aber eine direkte Freude werden die Einheimischen damals auch nicht gehabt haben, denn die Flüchtlinge sind verschiedenen Familien einfach zugeteilt worden. Aber meine Leute hatten immer Glück.

Die Bauern, bei denen sie dann untergekommen sind, waren sehr nett, wobei meine Tante und die Oma natürlich fleißig mit angepackt haben. Der Kontakt ist eng gewesen, bis ins Alter.

Da gibt es eine lustige Geschichte. Sie sind ja mit Pferden angekommen, diese hatten ein sehr schönes Rossgeschirr gehabt. Die Pferde hat man nach der Ankunft gleich enteignet für das Militär, Pferde samt Rossgeschirr waren also weg. Viel später hat meine Mutter alte Bauernkästen restauriert und bemalt. Einmal hat sie wieder einen Auftrag bekommen und hat sich den Kasten bei den Leuten angeschaut. Und da hing ein Rossgeschirr! „Woher habt ihr das?" „Das haben wir dort und da gekriegt" ... Es war das Rossgeschirr unserer Familie! Da hat meine Mutter gesagt: „Ich bemale euch den Kasten und ihr gebt mir das Rossgeschirr." Das ist jetzt bei meinem Onkel, er hat tatsächlich über Umwege das Geschirr von dem Pferd wieder bekommen, mit dem er so abenteuerlich nach Österreich kommen ist.

Die Mutti hat witzige Sachen mitgenommen aus Lowas, nämlich Stickvorlagen, nach denen hat sie bei uns gestickt. In Deutschland hatte es vor dem Krieg Stickverlage gegeben, und so hat sie immer die neuesten Stickmuster bekommen. Und die hat sie mitgenommen auf der Flucht. Ich habe gesagt: „Mutti, wieso gerade eine Stickvorlage?" „Ja, das hatte ich grade in Arbeit ..." Dass man so etwas mitnimmt ...

Die Familie ist hier im Schloss einquartiert worden und hat wieder großes Glück gehabt, als meine Mutter sofort am nächsten Tag in einem Krankenhaus zu arbeiten begonnen hat, da das Gymnasium in Stuttgart eine hauswirtschaftliche Ausbildung dabei gehabt hat, aber auch Krankenpflege. Alle haben sofort Arbeit gehabt, die Tante und die Oma bei einem Bauern, und mein Onkel hat den Gemeindearzt mit der Kutsche von Patient zu Patient gefahren. In das Schloss, wo das Massenlager war, ist eine gewisse Frau P. gekommen, und die hat Leute gesucht, die sie unterbringen wollte. Und sie hat meine Oma gesehen mit den drei Kindern, meine Mutter war schön, noch schöner die Tante, und da hat sie gesagt, diese Familie würde sie gerne nehmen, und hat ihnen ein Zimmer zur Verfügung gestellt, das war ein großes Glück.

Die Frau hatte, glaube ich, auch ihren Sohn im Krieg verloren, also da war auch ein Schicksal dahinter, und die hat dann meine Familie aufgenommen. Ich sage es immer wieder: Sie haben Glück gehabt. Mein Onkel hat sogar in die Handelsschule gehen können und meine Mutter war eben im Krankenhaus. So war der Beginn.

Die Geschwister meiner Mutter sind dann mit dem jeweiligen Partner nach Deutschland ausgewandert, gemeinsam mit meiner Oma. Meine Mutter wollte zuerst mit, aber sie ist da geblieben wegen der Beziehung zu meinem Vater, den sie damals schon gekannt hat.

Immer die Rede von „dahom" – donauschwäbisch und innviertlerisch

Die donauschwäbische Herkunft war mir als Kind nicht klar. Wir haben da gelebt, und fertig. Was nur unterschiedlich war: dass meine Mutter oft von „dahom" gesprochen hat, und das war für mich nicht erklärbar, ich habe den Subtext hinter diesem Wort nicht verstanden, weil das immer mit Leid verbunden war. Mit Leid.

Von der Flucht hat meine Mutter nichts erzählt. Ich habe sie auch nicht gefragt, weil ich das alles lange Zeit nicht wissen wollte. Mein Sohn, der hat später sehr viel mit ihr geredet, den hat das interessiert. Gott sein Dank.

Ich war in den Ferien sehr viel und sehr gerne bei meinen Verwandten (Onkel und Oma) in Deutschland, die alle auch Donauschwaben sind und nach der Flucht weiter nach Deutschland ausgewandert sind. Auch dort war der Tenor immer „dahom", und wenn man etwas nicht hat hören dürfen, haben sie kroatisch geredet. Also es war irgendwie anders für mich als bei den anderen Kindern, die einfach Innviertler Eltern beiderseits gehabt haben. Regelrechte Ablehnung wegen der donauschwäbischen Herkunft habe ich aber nie erlebt.

Mein Vater hat da auch Probleme gehabt, weil es immer geheißen hat: Ja, dahom, dahom, dahom war alles besser als da jetzt. Das ist ihm schon auf die Nerven gegangen, aber mir auch!

Das war das Einzige, was ich mir nicht erklären konnte, weil ... Sie ist eh dahom, was ist jetzt? Erst als ich das erste Mal selber nach Lowas gekommen bin, habe ich verstanden, was das alles heißt für meine Mutter.

Es gibt hier viele Donauschwaben, auch einige aus Lowas. Aber der Kontakt meiner Mutter zu der donauschwäbischen Gemeinschaft in Braunau war nicht sehr eng, weil mein Vater das nicht unbedingt wollte. Es wird mir erst jetzt immer mehr bewusst, wie verblüffend und prägend diese Verschiedenheit ist. Mein Papa war ein Innviertler und die Mutti war eine Donauschwäbin. Und obwohl beide deutsch sprechen und sich von der Sprache her verstanden haben, wird mir immer mehr diese Kluft zwischen dem Innviertel und der anderen Kultur bewusst.

Meine Mutter hätte vielleicht gerne mehr Anschluss an die anderen Donauschwaben gehabt. Sie ist natürlich dann – in den ersten Jahren immer mit ihrem Mann gemeinsam – zu den Verwandten gefahren. Die sind im Laufe der Zeit immer reicher geworden. Besonders mein Onkel hat das Gen, das sie da unten gehabt haben: Der Großvater hat einfach geschickt gewirtschaftet, das hat mein Onkel meiner Meinung nach geerbt. Er ist in Deutschland sehr wohlhabend geworden, durch Fleiß und Geschick, durch Kaufen, Verkaufen, alles Aufgeben und wieder neu Anfangen. Das Gen hat er drinnen.

Mein Vater hat meine Mutter sehr bewundert, weil sie viele Talente hatte und viel gemacht hat. Das ist etwas, was ich an den Donauschwaben sehr schätze: die Arbeitsleistung. Meine Mutter hat gehäkelt, gestickt, gemalt – was die alles an Fertigkeiten gehabt hat, unglaublich. Mein Vater hat gesagt, da im Innviertel ist keine, die das kann, was sie kann. Das hat er oft gesagt.

Für mich war das Donauschwäbische völlig normal. Ich habe auch donauschwäbische Freundinnen oder Bekannte, die das abgelehnt haben und sich für den Dialekt geschämt haben. Aber meine Mutter hat zeit ihres Lebens hochdeutsch gesprochen, sie hat schon irgendwie anders gesprochen, aber nicht donauschwäbisch. Es ist vielleicht ein Unterschied, wenn beide Elternteile Donauschwaben sind und den Dialekt reden und du dann mit dem Dialekt in die Schule kommst. Die sind dann gehänselt worden, aber das war ja bei mir nicht so. Ich bin „geswitcht“, ich habe innviertlerisch geredet da und donauschwäbisch mit den Verwandten. Die Verwandten haben zwar immer wieder gesagt: „Hei Modelie, jetzt schwätz doch mal innviertlerisch!“ Aber mir hat der donauschwäbische Dialekt so gefallen.

Was mich aber schon ärgert, ist, dass wir nicht Serbokroatisch gelernt haben. Die Erwachsenen konnten es sprechen und uns haben sie es nicht beigebracht. Leider

.

Reisen nach Lowas

Bei mir ist das erst ungefähr im Alter von 40 Jahren gekommen, dass ich begonnen habe, mich für meine Herkunft zu interessieren. Mein Onkel hat schon sehr bald damit angefangen, wieder nach Lowas zu fahren. Das war damals noch gar nicht so einfach, denn die Menschen unten haben ja Angst gehabt, dass die Deutschen vielleicht auch etwas zurückfordern würden. Aber so war es nicht und der Onkel hat eine enge Beziehung zu Lowas aufgebaut.

Auch ich war mittlerweile fünf oder sechs Mal unten. Und meine Kinder waren auch schon unten, und mit den Kleinen, den Enkeln, fahre ich auch, damit sie das alles einmal sehen. Mein Onkel hatte mit den neuen Eigentümern Kontakt aufgenommen, das hat gut gepasst. Aber dann war unten auch der Krieg, dann mussten diese wiederum flüchten, dann waren andere dort, das waren Serben, und jetzt sind wieder andere in dem Haus. Als wir das letzte Mal unten waren, da war nur eine Frau da in dem Haus, die den Mann geheiratet hat, dem es jetzt gehört, das ist ein jüngerer Kroate.

Die Großeltern haben auf dem Friedhof 1938 eine Kapelle gebaut, wo einige Gedenktafeln an die verstorbenen Familienmitglieder erinnern, und diese Kapelle hat der Onkel immer wieder hergerichtet und Geld hinuntergeschickt für die Instandhaltung. Jetzt ist sie wieder in einem schlechten Zustand, so wie das restliche Lowas auch. Wenn wir hingekommen sind, hat der Onkel immer viel mitgenommen für die Menschen. Zur „Kerweih" sind wir hingefahren und das war immer sehr schön. Und ältere Leute, die früher auf dem Bauernhof oder im Haus gearbeitet haben, die haben uns bei „Kerweih" zum Essen eingeladen, du meine Güte, die Mehlspeisen! Die Kroaten haben auch sehr gute Backwaren. Zum Abschluss, aber vorher noch Suppe und dann noch ein Spanferkel …

In Lowas leben teilweise noch Bedienstete, die früher am Hof und in der Fabrik gearbeitet haben. Den Leuten ist es damals offensichtlich gut gegangen, denn sie waren immer sehr freundlich zu uns. Ich war immer mit dem Onkel unterwegs, der die Leute gekannt hat. Der Onkel hat auch, als unten Krieg war, eine Familie bei sich in Deutschland aufgenommen, die zwei oder drei Jahre bei ihm gewohnt hat. Er hat viele unterstützt, er hat mit dem Pfarrer und dem Bürgermeister und mit allen das beste Verhältnis gehabt. Er hat unten auch geholfen, und wenn wir hinuntergekommen sind, waren wir immer bestens aufgehoben, beim Bürgermeister zum Essen eingeladen und beim Pfarrer.

Wenn ich mit meinen Enkelkindern fahre, würde ich ihnen gerne zeigen oder vermitteln: Erstens die Lebensart, einfach, wie man miteinander umgeht. Dann das Haus, die Donau, die Kirche, das Gemeindeamt, das früher das Haus der Großeltern gewesen ist, die Kapelle, da steht ja noch alles, und auf der Kapelle steht unser Name, der Friedhof, da liegen die Toten, das zeige ich ihnen alles. Und die Felder. Den Bauernhof gibt es nicht mehr, aber das Wohnhaus, das Gasthaus, das jetzige Gemeindehaus war Großvaters Haus. Also da ist schon noch einiges zum Anschauen.

Und die Weite! Die Felder und die Weite! Ja, das hier in Oberösterreich ist auch schön, aber gar nichts gegen das, was es da unten für Felder gegeben hat! Als ich das erste Mal dort war, war es gleich so schön, entlang der Straßen haben überall die Akazienbäume geblüht, da bist du durch eine weiße Wand durchgefahren, also so schön. Ich hab die Mutti dann verstanden wegen „dahom". Als Junger versteht man das ja nicht.

2015: Meiner Familie ist geholfen worden und jetzt helfe ich

Im Jahr 2015 sind dann Flüchtlingsströme auf dem Stadtplatz gewesen, die ganze Brücke war voll von Menschen, die nach Deutschland wollten, über die Grenze. Wir sind ein Grenzort. Sie sind tagelang auf der Brücke gesessen. Das hat mich so aufgeregt ... Ich habe dann eine irakische Flüchtlingsfamilie bei mir aufgenommen. Das ist eine sehr liebe Familie, der Mann ist so alt wie mein Sohn. Wir haben in unserem Haus eine abgeschlossene Wohnung, da haben sie gewohnt. Sie waren elf Monate da. Es war aber auch schwierig, wiederum wegen der verschiedenen Kulturen und Religionen.

Ich habe meine Meinung in den letzten Jahren dazu total ändern müssen. Ich vergleiche es mit meinen Verwandten, mein Urgroßvater hat es anscheinend auch abgelehnt, Kroatisch zu lernen. Das haben also unsere Leute damals in Kroatien auch so gemacht, dass sie sich nicht integrieren wollten. Es ist Integration wahnsinnig schwierig. Das Schwierige ist, dass sie vielfach anders denken, ein anderes Ehrgefühl haben, einen anderen Witz, ein anderes Verständnis von Ehrlichkeit, von Arbeit usw. Wie gesagt, es ist nicht leicht. Wenn sogar „Innviertler und Donauschwabe" schwierig ist, dann mit dem Irak umso mehr. Das wird mir immer mehr bewusst.

Die Familie hat noch ein Kind gekriegt, sie haben einen positiven Asylbescheid bekommen und der Mann hat jetzt auch eine Arbeit. Trotz allem ist das eine schöne Vorstellung: Meiner Familie ist geholfen worden und jetzt helfe ich auch.

Ich bin in zweiter Ehe mit einem Deutschen verheiratet, einem bayerischen Schwaben, die grenzen sich wiederum von den Baden-Württemberger Schwaben ab. Ja, das gibt es alles.

Das Ganze ist eine große Bereicherung

Meine Mutter war sehr dankbar, als ich endlich bereit war, mich für meine Vorfahren und meine Herkunft zu interessieren. Heute sage ich: Das Ganze ist eine große Bereicherung. Ich stehe zu dem Ganzen. Denn das verbinde ich mit Donauschwaben: den absoluten Familiensinn. Ob diese Gemeinschaft mit der Flucht zusammenhängt, weiß ich nicht. Jedenfalls ist es ausgehend von der Oma. Sie war die Bescheidenheit in Person, sie hat nie Besitz gehabt, sie hat alles hergeschenkt und nur gelebt für die Kinder. Dafür ist sie aber auch von allen hoch geehrt gewesen. Das war ein einzigartiger Mensch. Immer, wenn man sie angerufen hat, hat sie gesagt: „Hajo, ich bin zufrieden."

Das war ein zentraler Satz. Es ist auch immer ums Zusammenhelfen gegangen. Das verbinde ich auch mit donauschwäbischer Lebenskultur, dass man in der Familie total zusammenhilft.
Ich bin sehr stolz auf meine Herkunft. Ich versuche, meinen Enkelkindern das alles näherzubringen, auch das Kochen und den Dialekt. Ich kann den Dialekt sehr gut reden, weil der bei den Verwandten in Deutschland immer gesprochen wurde. Der Dialekt ist für mich kein Problem.

Kochen, die Oma, meine Mutter, die Tante – alle waren hervorragende Köchinnen. Ich koche auch gerne donauschwäbisch. Das Liebste ist allen aber die Nusspitta. Dazu gibt es eine Geschichte: Meine Oma hat erzählt, dass sie 15 Jahre alt war, als sie von zu Hause weg ist und geheiratet hat. Sie hat in eine reiche Familie hineingeheiratet, worüber ihre Eltern sehr froh waren. Der Opa war 17 Jahre alt. Als sie geheiratet haben, ist aus Vukovar eine Köchin gekommen und die hat eine ganze Woche lang für die Hochzeit gekocht und gebacken. Und da haben sie zum ersten Mal in der Familie diese Nusspitta bekommen. Das war das absolute Highlight. Ich kann inzwischen auch die Nusspitta backen.
Und dann die langen Paprikawürste, die schmecken mir schon. Die Tante in Deutschland hat die auch immer gehabt, dort hat es einen Metzger gegeben, der sie noch machen konnte. Dann die Bäckereien, die sie gemacht haben, die Kugler-Würfel, die Weihnachtskekse …

Ich sehe mein Glück täglich

Meine donauschwäbische Oma war und ist für mich das größte Vorbild, denn diese Frau hat nicht einmal, nie, über irgendetwas geschimpft, über irgendetwas geklagt, nichts. Sie hat sehr viel verloren. Aber sie hat nie gejammert, hat immer das Positive gesehen.
Die Oma, die ist hergekommen mit ihren drei Kindern und hat folgenden Satz gesagt: „Ich meine, ich bin im Paradies. Am Tag scheint die Sonne und am Abend regnet es." Also für sie war das da ganz außergewöhnlich, weil sie ja zu Hause die Felder bewässern mussten. Und hier schien untertags die Sonne und in der Nacht, also abends, gab es öfter Regen. Also ist alles von allein gewachsen. Und da war es nicht wichtig, dass ihr das alles nicht gehörte.

Meine Familie hat immer Glück gehabt oder das Glück angezogen. Auch ich sehe mein Glück täglich. Man kann sagen: „Das ist mir alles genommen worden." Oder man kann sagen: „Das habe ich alles gehabt." Das war in unserer Familie so. Verstehen Sie mich? Es war keine Verbitterung, es war Stolz.

Wenn ich noch einmal kurz zusammenfasse

Meine Mutter kommt aus einer sehr reichen Familie. Sie ist hierhergekommen. Als Kleinkind war für mich diese Diskrepanz spürbar als eine Wehmut von „dahom", das hat sich aber dann erklärt im Laufe meines Lebens. Es gibt keinen Bruch mehr. Meine Kinder interessieren sich auch dafür. Mein Sohn mehr als meine Tochter. Meine Mutter hat bei meiner Tochter den Lebensabend verbracht, das war auch recht schön.

Ich habe immer gesagt: „Meine Mutter ist aus Syrmien." Wenn sie gesagt haben: „Deine Mutter ist auch a Banaterin", habe ich gesagt: „Nein, sie kommt aus Syrmien." „Wo ist denn das?", waren alle erstaunt. „Fünfzig Kilometer oberhalb von Belgrad."

Ich bin halbe Donauschwäbin. Das Innviertel, die Landschaft ist auch total meins und ich lebe sehr gern hier. Und ich bin eine halbe Donauschwäbin.

„Das Positive! Suchen und sammeln Sie das Positive!", das hat mir Brigitte Rembt zum Abschied noch einmal nachgerufen. Dieser Fokus auf das Positive ist nun doch etwas, was vielen donauschwäbischen Nachkommen nicht so ohne Weiteres zugefallen ist. Wie die folgenden Gespräche zeigen werden, stand das Heitere, das Optimistische für viele nicht immer im Vordergrund des Donauschwäbischen ihrer Herkunft. „Verluste" scheint teilweise die Überschrift zu sein, die für die erlebten emotionalen Gefühlslagen ihrer Eltern und vor allem Großeltern gefunden werden könnte.

Diese Balance zwischen einer verlust- und vergangenheitsorientierten Sichtweise und einer die Gegenwart akzeptierenden und zupackenden Sichtweise mag von Familie zu Familie anders gewesen sein. Das Thema Verlust und welche Bedeutung der familiäre Umgang damit für das eigene Lebensgefühl hat, wird in fast jedem der nachfolgenden Gespräche reflektiert.

Auch meine nächste Gesprächspartnerin hat sich damit auseinandergesetzt.

Banat, September 2023

Edith F.

Es ist am Rande einer Tagung, als Frau F. auf mich zukommt, um mit mir über das Erleben ihrer donauschwäbischen Herkunft zu sprechen. Im Nachhinein, als mir klar war, dass das, was sie zu erzählen hatte, von Schwere geprägt war, fand ich das durchaus mutig von ihr. Die ruhige Hotellobby, in der wir uns später zum Gespräch zusammensetzen, ist fern von Alltag und Trubel der Veranstaltungen und wie gemacht für Austausch und Reflexion. Wir treffen uns als zwei Personen, die sich gerade erst kennengelernt haben, und werden uns im Bewusstsein von vielen Gemeinsamkeiten, von weiterem Gesprächswunsch und einer unerwarteten Vertrautheit verabschieden.

Edith F.

Die Herkunft verstehen ist Seelenarbeit

Edith F. ist Jahrgang 1961 und von Beruf Gymnasiallehrerin.
Ihr Vater ist im Jahr 1939 in einem Dorf im heutigen Slawonien geboren, er stammt aus einer Bauern- und Handwerkerfamilie und ist seit Oktober 1944 in Österreich. Die Mutter, Geburtsjahr 1932, kommt ebenfalls aus Slawonien, jedoch aus einem anderen Ort, die Eltern haben sich erst in Österreich kennengelernt. Auch sie stammt aus einer Bauern- und Handwerkerfamilie und lebt seit 1958 in Österreich.

Zum Wort „Donauschwaben" fällt mir als Erstes ein ...
... die Kindheit, meine Volksschulzeit, weil ich da immer dieses Gefühl des Anders-Seins gehabt habe.

Das Gefühl des Anders-Sein
Ich hab darüber nachgedacht, was die Ursache dafür gewesen sein könnte, und bin auf drei Gründe gekommen:
Erstens: Ich hatte andere Wurzeln als meine Mitschülerinnen. In der Familie war immer die Rede von einem „Daheim". Das hat mich befremdet, weil ich dachte mir: „Wieso ist das woanders? Wir sind doch hier daheim."
Der zweite Grund war die Sprache. Zu Hause wurde der donauschwäbische Dialekt geredet und außerhalb der Familie habe ich mich dafür geschämt. Das ging so weit, dass ich dachte: Wenn meine Volksschullehrerin das hört und davon erfährt, dann darf ich womöglich nicht mehr in die Schule gehen. Ich dachte, nur die Kinder, die das nicht sprechen, dürfen in die Schule gehen.
Der dritte Grund war meine Konfession. Ich war evangelisch und dadurch auch anders. Evangelisch-Sein hat bedeutet, dass man am Nachmittag Unterricht hatte, dass man keine Erstkommunion hatte, und das ging so weit, dass jemand mal gefragt hat: „Glaubt ihr an Mohammed?" Heute sehe ich das natürlich auch als ein Versagen des katholischen Religionsunterrichts, aber damals war es schlimm, weil mich meine Mitschülerinnen deshalb mieden.

Insgesamt hat mich das alles sehr gehemmt. Ich dachte immer, ich muss das alles verheimlichen, damit die anderen Kinder das ja nicht erfahren von mir. Dabei hat es keine schlimmen Erlebnisse gegeben oder so, das war einfach so in mir.

Meine ganze Kindheit war erfüllt von einer bedrückenden Atmosphäre von Verlust, Wehmut, Schmerz und Melancholie. Irgendwie spüre ich das noch heute in mir.

Belastungen in der Elterngeneration

Beide Eltern stammen aus Slawonien. Ich denke, dass sie beide traumatisiert sind, aber vor allem mein Vater. Es gab ja jahrelange Kriegserfahrungen. Als Neunjähriger hat er Deutsche gesehen, die aufgehängt wurden, und er erzählt auch, dass er Leichen gesehen hat. Außerdem hat er eine schlimme Flucht mitgemacht, die wohl auch ein Schockerlebnis war. Es gab Fliegerangriffe und Bomben und Todesangst. Als erst 14-Jähriger war er für die Schweine verantwortlich gewesen, also dafür, die Schweine auf der Flucht mitzutreiben. Das ging natürlich nicht so einfach, dabei hatte er die Eltern verloren und musste sie suchen und wieder Anschluss finden an die anderen. Also diese Generation hat Furchtbares mitgemacht.

Was auch immer wieder erzählt wird: Sie wollten Wein anbauen und es dauert natürlich einige Jahre, bis der erste Wein tatsächlich in den Flaschen ist. Und als es endlich so weit war, sind genau dann die Partisanen gekommen und sie mussten fliehen. Die Weinflaschen sind zurückgeblieben, und das heißt: Sie haben gesät und der Feind hat geerntet.

Als Kind habe ich mich immer traurig und auch hilflos gefühlt, wenn das alles erzählt wurde. Es gab halt immer diese Rede von daheim. Daheim. Einmal habe ich gesagt: „Ja sag doch, was ist das für ein Daheim?“ Dann hab ich gehört, dass man da nicht mehr hin kann. Ich dachte mir: „Was ist das für ein Land, wo man nicht hinreisen kann?“ Es war für mich so ein Gefühl, wie wenn es gar nicht auf dieser Erde liege, wie wenn es ein anderer Planet wäre. Denn überall kann man hinfahren, nur nicht in das Land, wo meine Großeltern her sind? Kann man das verstehen? Ich fand das richtig unheimlich. Unheimlich ist das richtige Wort.

Reise in die alte Heimat als Seelenarbeit

Im Rahmen einer Psychotherapie wurde mir nahegelegt, doch einmal selbst in die alte Heimat der Eltern zu fahren. Das sei Seelenarbeit, habe ich gehört. Leider wollten die Eltern nicht mitfahren. Aber dann bin ich im Jahr 2007 mit 46 Jahren gemeinsam mit meinem Bruder hinuntergefahren. Als ich zurückgekommen bin, sah ich etwas ganz Besonderes im Gesicht meiner Mutter, ich würde es als „stille Freude“ bezeichnen. Sie hat sich erkannt und gesehen gefühlt, so auf die Art: Jetzt siehst du, wo ich herkomme. Es war eine neue Verbindung da, die sich beglückend angefühlt hat.

Von dieser Reise habe ich Heimaterde mitgebracht. Ich habe sie der Schwester meines Vaters gezeigt. Sie sagte: „Heimaterde!‘“und hat geweint.

Ich bin nicht die Einzige und ich bin nicht schuld

Lange dachte ich, dass es nur mir allein so geht. Und nun, auch auf dieser Tagung, sehe ich: Es geht anderen auch so. Ich erkannte, dass gewisse Probleme einen Ursprung haben, und ich konnte das zuordnen. Vorher fragte ich mich die ganze Zeit: Was mache ich falsch? Was ist mit mir los? Zum Beispiel, dass ich nicht so belastbar bin, während meine Eltern extrem belastbar sind. Auch das war mir irgendwie unverständlich. Und auf einmal fand ich dafür eine Zuordnung und eine Erklärung und ich merkte auch: Ich bin nicht die Einzige und ich bin nicht schuld.

Meine Herkunft sehe ich inzwischen auch als Ressource, ich sehe den weiten Horizont. Es gibt eine Offenheit, ich interessiere mich für andere Kulturen, war immer reisefreudig und abenteuerlustig. Ich glaube, ich habe diese Freude am Aufbruch in meinen Genen.

Ich hatte hier eine Gesprächspartnerin gefunden, die wie kaum eine andere das Gefühl des Anders-Seins, das auch in anderen Gesprächen immer wieder diffus-atmosphärisch aufgetaucht war, thematisierte und auf den Punkt brachte. Es ist damit eine Grundthematik im Aufwachsen als Kind donauschwäbischer Eltern angesprochen, die – je nach individuellem Umstand – mehr oder weniger für Irritationen und Gefühle von Gespaltenheit sorgen konnte. Manchmal – wie im folgenden Gespräch – wird beschrieben, dass der Umgang mit dem Donauschwäbischen in der eigenen Biografie auch ohne das Gefühl von Zerrissenheit erfolgt war.

Brigitte van Tijn kannte ich flüchtig seit meiner Kindheit. Unsere Eltern waren Teil der legendären donauschwäbischen Stammtischrunde gewesen, die sich über Jahrzehnte hinweg jeden Mittwoch in einem Salzburger Kaffeehaus getroffen hatte. Zu jener Zeit – es waren die späten Sechziger- und Siebzigerjahre – hatte der Herr Franz, seines Zeichens Oberkellner, alle Hände voll zu tun, genügend Tische für die zahlreichen Stammtischbesucher*innen aneinanderzureihen. Es war eine illustre Runde, die sich da unter dem kleinsten gemeinsamen Nenner „Donauschwaben" zusammenfand und indirekt aufzeigte, dass die ehemaligen Flüchtlinge es inzwischen zu sozial und gesellschaftlich anerkannten Positionen gebracht hatten: Ein Architekt war dabei, mit Gattin, gleich zwei Obmänner von Wohnbaugesellschaften – einer davon mein Vater – mit Gattinnen, ein Händler für Friseurbedarf mit Gattin, ein Dentist mit Gattin, ein Journalist mit Gattin. Ja, es war die Zeit, als Frauen noch hauptsächlich Hausfrauen waren und sich durch den Beruf ihres Mannes mitdefinierten; lediglich dem Herrn Medizinalrat stand eine Ehefrau mit ebenfalls medizinischer Ausbildung und einem Doktortitel zur Seite.

Trotzdem, oder vielleicht deshalb, waren es die Damen, die bei den wöchentlichen Treffen den Ton angaben, lediglich am Monatsersten waren auch die dazugehörigen Ehemänner eingeladen. Das sei auch gut so, meinte meine Mutter einmal, denn dadurch herrsche doch eine gewisse Leichtigkeit und Freiheit von den eher politisch ausgerichteten Themen, die die Herren beizusteuern hätten. In späteren Jahren, als bereits ein Tisch ausreichend für alle war, hielt man es mit der Monatsregelung nicht mehr so genau, und als das Stammcafé verkauft und renoviert werden sollte und auch der Herr Franz sich verabschieden musste, suchte sich der verbliebene Rest der Stammtischrunde eine neue Heimat in einem anderen Kaffeehaus, aber es war nicht mehr dasselbe. Vom letzten Treffen im alten Café gibt es ein Foto, auf dem fünf Damen – alle mit Hut – und ein Herr, Brigittes Vater, zum Abschied lächelnd in die Kamera blicken.

Brigitte van Tijn empfängt mich mit Kaffee und Kuchen, sowie einem aufgeschlagenen Buch über den Herkunftsort ihres Vaters, Hodschag.

Brigitte van Tijn

Die Geschichte der Donauschwaben sollte mehr bekannt sein

Brigitte van Tijn wurde im Jahr 1952 in Salzburg geboren und arbeitete bis zu ihrer Pensionierung mit ihrem Bruder in der von den Eltern gegründeten Firma. Ihr Vater, geboren 1922, stammt aus Hodschag in der Batschka im heutigen Serbien, aus einer Familie von Handwerkern und Geschäftsleuten. Er kam 1943 als schwer Kriegsversehrter nach Österreich. Die Mutter, Jahrgang 1926, war Österreicherin mit friaulischem Hintergrund.

Wenn ich „Donauschwaben" höre, fällt mir als Erstes ein ...

... dass es für meinen Vater so wichtig war, dass er Donauschwabe ist. Es war selbstverständlich, es war als Thema einfach da. Ich habe erst als Erwachsene angefangen nachzufragen und mein Vater hat auch erst in späteren Jahren darüber gesprochen. Als wir kleiner waren, war das Donauschwäbische da als selbstverständliche Tatsache.

Donauschwäbisches Leben in Salzburg

Mein Vater hatte einen guten Bezug zum Haus der Donauschwaben. Er war bei der Gründung dabei. Es gab Fischgulaschessen, Bratwurstessen – das haben wir alles mitgemacht. Der Donauschwabenball war auch immer ein Jahresereignis, wo man dabei sein musste. Und dann gab es die Frauengruppe mit den wöchentlichen Kaffeekränzchen, und nur ein Mal im Monat waren die Männer dabei. Das war bis zum Schluss so.

Später als junges Mädchen waren das Bratwurstessen und das Fischgulasch nicht mehr so interessant für mich. Aber es war mir nie unangenehm, dass mein Vater Donauschwabe war, und ich habe es teilweise auch erwähnt, ohne dass ich danach gefragt worden bin. Die meisten waren interessiert und haben nachgefragt. Und ich erzähle das dann immer gern, es ist Geschichte! Man vergisst so viel, und wir könnten ja aus der Geschichte lernen. Ich finde, unsere Wurzeln prägen uns auch.

Ich habe nie Ablehnung oder Vorurteile erlebt oder mein Donauschwabentum irgendwie negativ empfunden. Da meine Mutter auch keine Salzburgerin war, hat sie sich über die Arroganz der Salzburger manchmal schon auch geärgert. Das habe ich als Kind gar nicht so verstanden, denn wir sind in die Schule gegangen, wir haben halt unsere Schulfreunde gehabt. Da hat niemand so etwas gesagt wie: Das ist ein donauschwäbisches Kind. Wir haben Anschluss gehabt. Für meinen Bruder war das Donauschwäbische nicht wichtig, er erwähnt das auch nie, er fühlt sich als Salzburger. Aber meine Mutter hat schon gesagt, dass sie schwer Anschluss gefunden haben in Salzburg. Die Nachbarn sind aus Wien gekommen, mit denen haben sie sich angefreundet, weil sie auch Zugereiste waren. Die haben es auch nie negativ empfunden, dass mein Vater Donauschwabe war. Obwohl meine Mutter keine Donauschwäbin war, hat sie da immer mitgemacht. Andere Frauen, die Österreicherinnen waren und mit donauschwäbischen Männern verheiratet waren, haben immer ein wenig gelästert über die Donauschwaben.

Vom Kulinarischen her ist bei uns das Fischgulasch im Vordergrund. Hin und wieder kaufe ich auch heute noch die donauschwäbische Wurst.

Erzählungen vom Krieg

Mein Vater und mein Großvater haben immer erzählt, dass sie es unten gut gehabt haben. Sie haben sich deutschstämmig gefühlt, sind aber gut ausgekommen mit den anderen Nationalitäten. Das hat sich erst mit dem Zweiten Weltkrieg geändert.

Mein Großvater hat gefürchtet, dass es Krieg geben wird, und hat ganz bewusst meinen Vater, der damals 17 Jahre alt war, nach Leipzig in Deutschland geschickt, um dort zu arbeiten. Dort musste er dann zum deutschen Militär und wurde im Dezember 1942 bei Stalingrad schwer verletzt, wo genau, konnte er dann gar nicht sagen, weil sie als Soldaten gar nicht gewusst haben, wohin sie marschieren. Anschließend wurde ihm ein Fuß abgenommen. Er hat oft erzählt, wie das zugegangen ist. Eigentlich war er von den Medizinern schon aufgegeben worden. Er hat gesagt, er hat gehört, sie wollten ihn nicht operieren, weil sie die Medikamente und die Narkose und alles für die anderen sparen wollten, die keine hoffnungslosen Fälle waren.
Aber er hat drauf bestanden: „Und ihr nehmt mir den Fuß ab, wenn es schon sein muss." Das haben sie dann gemacht. Er hat sich eigentlich selber das Leben gerettet. Das hat er immer wieder erzählt.
Da war er einfach stark. Im Jahr 1943 war er dann in Wien stationiert. Als Kriegsversehrter haben sie ihn in die Wiener Oper gebracht, da hat er von der Kaiserloge aus zuschauen können. Er war in der Oper! Diese wurde erst 1944 zerstört.
Er war in Wien im Innendienst und wurde 1944 vom Militärdienst entlassen. Er hat dann erfahren, dass die Partisanen seinem Heimatort immer näher gekommen sind. Er hat gewusst, dass seine Mutter und seine Schwester dort sind, da hat er sich einen Jeep geschnappt, ist hingefahren und hat sie rausgeholt. Auf der einen Seite ist er mit ihnen aus dem Ort rausgefahren und auf der anderen sind die Partisanen einmarschiert.
Der Großvater meines Vaters ist in Hodschag geblieben. Er hat gesagt: „Ihr könnt mich nicht mehr umpflanzen, das tut nicht gut, was soll ich woanders? Das kann ich nicht mehr."

Er wurde dann zu Tode geprügelt, weil er nicht gesagt hat, wo sein Geld versteckt war. Daraufhin ist die Schwester meiner Oma doch noch geflüchtet. Sie hat das noch erlebt, wie die Partisanen gekommen sind, hat gesehen, wie die Partisanen alle Männer versammelt haben und sie ihr eigenes Grab schaufeln mussten. Aber sie hat großes Glück gehabt. Aber was meine Tante erzählt hat, wie es denen gegangen ist auf dem ganzen Fluchtweg ... Furchtbare Geschichte.

Meine Großmutter hat ein Gebetsbuch aus der alten Heimat mitgenommen. hat. Man muss alles zurücklassen, aber das Gebetsbuch nimmt man mit?

Positive Einstellung in schwerer Zeit

Meine Großeltern und mein Vater sind dann zuerst in Wien gewesen, wo sie bei Verwandten unterkamen. Die hatten eine Kellerwohnung und ein Lebensmittelgeschäft. Sie haben getauscht, was sie halt so gehabt haben. Es hat nicht lange gedauert, dann haben sie wieder Gulasch gemacht, dann haben sie wieder Musik gemacht, dann haben sie getanzt und haben auch Spaß gehabt. Es ist schön, dass man in so einer fast aussichtslosen Situation auch noch lustig sein kann. Das Positive hat mein Vater geerbt und das habe auch ich irgendwie mitgekriegt.

Als Wien bombardiert wurde, ist die Familie nach Kärnten gegangen. Meine Großeltern und auch mein Vater waren in Mühldorf bei Bauern untergebracht. Da konnten sie sich eine Scheune ausbauen und dort wohnen. 1945 war der Krieg aus, 1947 hat mein Vater schon die Meisterprüfung gemacht, obwohl er noch staatenlos gewesen ist. Bald hat mein Vater meine Mutter kennengelernt. Es war wahrscheinlich Liebe auf den ersten Blick und hat ein Leben lang gehalten. Er hat damals gesagt: „Du bist tüchtig, du hast in der Kammer gearbeitet, so eine Frau brauche ich, du gefällst mir, ich liebe dich, ich heirate dich." Nach drei Monaten waren sie verheiratet. Meine Mutter war ganz selig wegen der Wohnung. Sie hatte mit ihrem damaligen Verlobten keine Wohnung bekommen, aber der heimatvertriebene Flüchtling hat eine gehabt.

1948 haben sie geheiratet und 1949 ist mein Bruder auf die Welt gekommen. Da waren sie schon in Salzburg und haben die eigene Firma gehabt. Aufgrund der Versehrtheit hatte mein Vater einen Kredit bekommen zum Hausbauen und eine positive Bilanz hatten sie auch schon.

Die Familie meiner Mutter stammt eigentlich aus dem Friaul, jetzt Italien. Nach dem Ersten Weltkrieg ist ja laut Vertrag von St. Germain ein großer Teil von Österreich Italien zugesprochen worden, teils auch als Belohnung, weil sie Österreich den Krieg erklärt haben. Da haben die Großeltern meiner Mutter gesagt: Wir sind keine Italiener, wir sind Österreicher, wir gehen. Sie haben nach dem Ersten Weltkrieg Grund und Boden verkauft, noch vor der Zeit, als Hitler und Mussolini ein Abkommen geschlossen haben, entweder Italiener werden oder gehen. Sie haben sich in Klagenfurt eine große Gärtnerei gekauft. Bei den Donauschwaben und den ganzen Heimatvertriebenen gab es keine Entschädigung und sie konnten auch nichts verkaufen

„… ich meine, die waren halt auch tüchtig!"

Nach der Heirat sind meine Eltern nach Salzburg übersiedelt und haben mit dem Hausbauen begonnen. Mein Vater hat meine Großeltern geholt, und die haben fest mitgeholfen. Mein Vater war Messerschmied von Beruf und mein Großvater ist mit dem Auto alle Friseure abgefahren und mein Vater hat deren Werkzeug hergerichtet. Man hat damals nichts Neues gekriegt, die waren froh, dass er die Messer und Scheren schleifen konnte.

Mein Vater hat sich hingesetzt, hat die Maschinen selber zusammengebaut, im Keller noch in dem Haus, wo sie zuerst zur Untermiete gelebt haben. Der Vermieter hat immer gesagt: „Hören Sie eigentlich irgendwann einmal auf zu arbeiten, um 10 Uhr in der Nacht wenigstens, damit wir schlafen können?" Also ich meine, die waren halt immer recht tüchtig.

Die Großeltern in Amerika

Die Großeltern haben nichts Trauerndes gehabt, gar nicht. Die Oma hat immer nur stolz erzählt, was sie gehabt haben. Und die Weinberge, und wie schön es war, und dass sie den Opa beim Wasserholen kennengelernt hat und wie sie verliebt waren … Solche Sachen hat die Oma erzählt. Also immer positiv, die schönen Erinnerungen wurden hochgehalten, nicht der Jammer. Aus, vorbei, eine neue Zeit.

Die Großeltern haben meinem Vater also geholfen. Aber eigentlich wollte er nach Amerika, was nicht genehmigt wurde, weil er ja kriegsversehrt war, das wollten die Amerikaner nicht, Krüppel und so … Als er in Österreich die Firma schon gehabt hat, hätte er die Genehmigung bekommen, aber da hat er gesagt: „Jetzt, wo ich das Haus habe, brauch ich nicht mehr nach Amerika. Jetzt bleib ich da." Aber seine Schwester ist nach Amerika ausgewandert. Allerdings ist sie dort mit ihrem Mann nicht weitergekommen. Also sind meine Großeltern nach Ame-

rika und haben denen dort „Gas gegeben". Denn wie die Oma immer erzählt hat, war der Onkel ein bissl ein Kommoder und nicht unbedingt arbeitswütig, was ja die Donauschwaben schon waren, die haben gleich mal angepackt und gemacht und gewerkelt. Meine Oma ist ja fast nie ruhig gesessen, und wenn sie nur Sockerl gewaschen hat, aber Hauptsache, sie hat etwas gemacht.

„What have er denn?"

Sie sind in Amerika geblieben, haben ein Sechsfamilienhaus gekauft und haben mit der Miete, die sie dadurch erhalten haben, das Haus abbezahlt, ganz schlau eigentlich. Ich kann mich an eine Szene erinnern, als ich bei ihnen zu Besuch war: Bei der Anlegestelle für Motorboote ist ein Imbisstand gewesen, wo man Kleinigkeiten zum Essen kaufen konnte. Da ist meine Großmutter hingegangen und hat gesagt: „What have er denn?" Das darf nicht wahr sein, donauschwäbisches Englisch! Aber sie hat eine Antwort gekriegt.

Haben wollen, was man braucht, sich durchsetzen, egal wie. „What have er denn?" Irgendwie geht es dann schon. Beide haben in der Fabrik gearbeitet und mit Akkordarbeit gutes Geld gemacht. Der Opa auch. Meinem Onkel und meiner Tante haben sie im Zuckerlgeschäft geholfen. Dann haben sie Kekserl gemacht und Bonbons. Die haben tatsächlich ein Zuckerlgeschäft aufgemacht, zuerst in Delaware, dann in New York. „Homemade Candy ..."

Meine Großmutter hat einmal erzählt, dass sie in Amerika noch keine Klimaanlage gehabt haben, es war heiß und sie konnten nicht schlafen. Da haben sie sich vor dem Haus auf die Stiege gesetzt, weil das ist ja auch so typisch donauschwäbisch, in Amerika natürlich gar nicht, aber sie haben sich hingesetzt, eingehängt und gesagt: „Geht es uns gut!"

Sie haben es schon schade gefunden, dass sie alles von unten verloren haben, aber nicht so Trübsinn blasend, sondern: Ich hatte einmal. Und jetzt ist es anders. Es kann schon sein, wenn du umgeben bist mit Eltern und Großeltern, die sagen, wir sind die Armen, dass einen des hinunterzieht und dass dann dieses Selbstwertgefühl nicht wirklich wachsen kann.

Emotionale Momente – Die Reise nach unten

Dinge und Gegenstände von unten gibt es gar nicht. Mein Vater hat nur irgendwann einmal ein Bild gekauft oder machen lassen, und zwar von dem Haus, das sie gehabt haben.

Mein Vater ist einmal mit den Großeltern runtergefahren. Einmal war er allein unten und da wollte er gerne ins Haus hinein. Die Besitzer wollten ihn zuerst nicht hineinlassen, aber da er ihre Sprache spricht, sind sie doch ins Reden gekommen und er hat gesagt, er will ihnen nichts wegnehmen, sondern nur schauen, wie es war.

Ursprünglich war eigentlich eine Familienreise in die Batschka geplant, aber dann habe ich eine Reise für eine größere Gruppe organisiert, zu der sich etliche Personen angemeldet haben.

Novi Sad war ja auch Kulturhauptstadt, das war ein guter Anknüpfungspunkt. Die Reiseroute habe ich nach den Wünschen der mitfahrenden Personen ausgerichtet, die natürlich auch die Heimatorte ihrer Eltern besuchen wollten.

In Hodschag war es so, dass wir mit dem dortigen Pfarrer ausgemacht hatten, in der katholischen Kirche eine Andacht zu halten. Er hat uns erzählt, dass er eine Erbschaft gemacht hat, sodass die katholische Kirche wunderschön hergerichtet und renoviert ist. Das findet man sonst in Serbien nicht. Da sieht man überall verfallene katholische Kirchen – das tut weh.

Mein Bruder und ich sind aus dem Bus ausgestiegen und wollten uns sofort aufmachen, das Haus unserer Großeltern zu finden. Das war nicht so einfach, denn wir wollten uns an einer Karte von früher orientieren, wo verschiedene kleine Weiher eingezeichnet waren, aber die hat es nicht mehr gegeben. Da stehen jetzt Wohnblocks.

Aber wir haben das Haus gefunden, glaube ich. Die Oma hat ein Lebensmittelgeschäft gehabt. Die paar Stufen hinauf sind noch da, aber ein Portal gibt es nicht mehr. In der hinteren Einfahrt saß ein großer, gefährlicher Hund, der hat uns auch abgeschreckt. Wir konnten nicht sehen, wie weit das doch hinten noch weitergegangen wäre. Alle Rollläden waren zu, also es hat eher unbewohnt gewirkt, aber es war ordentlich und sauber.

Insgesamt waren wir dann doch etwas enttäuscht. Meinem Bruder ist dann eingefallen, dass unsere Großmutter bei ihrem ersten Besuch ganz überrascht gesagt hat: „In so einem kleinen Haus haben wir gewohnt?“ In ihrer Erinnerung hatte sie alles verherrlicht, und als sie wieder hingekommen ist, war sie selber enttäuscht. In Amerika haben sie zu diesem Zeitpunkt schon ein Sechsfamilienhaus gehabt. Dagegen war das eine kleine Hütte.

Als wir zurück zur Kirche kamen, gab es eine sehr berührende Szene. Zwei der mitfahrenden Frauen, die auch aus Hodschag stammten, wollten ihre Großtante dort treffen. Sie sind genauso schnell ausgestiegen wie wir und wollten noch vor der Andacht das Haus aufsuchen, sie hatten die genaue Adresse. Genau in der Zeit sind jedoch die alten Herrschaften zur Kirche gekommen, damit sie rechtzeitig da sind. Vor der Kirche haben sie sich dann getroffen und umarmt – uns sind allen die Tränen gekommen. Die Tante war deutscher Herkunft, ihr Mann war Serbe. Am Stock und händchenhaltend sind sie da dahergekommen ...

Eine Dame wollte in Rudolfsgnad stehenbleiben. In Rudolfsgnad war zwischen 1945 und 1947 eines der Internierungslager für die deutsche Bevölkerung. Kirche und Friedhof sind total verfallen, vom dortigen Bürgermeister, den wir dann zufällig kennenlernten, haben wir erfahren, dass für die Renovierung das Geld fehle. Ich habe dort auch ein wunderschönes altes Haus gesehen, mit Verzierungen bei den Fenstern – aber total eingebrochen und beschädigt. Das tut so weh, das zu sehen. Steht leer und verfällt.

Sehr gut gefallen hat mir in Ungarn in Baja das deutsche Gymnasium, denn da haben Schüler in Originalgröße die Ulmer Schachteln nachgebaut. Man kann erleben, wie wenig Raum dort eigentlich war.

Und die Zukunft?

Die Geschichte der Donauschwaben sollte in der Öffentlichkeit viel mehr bekannt sein. Wenn das Wort fällt, sagen die meisten: „Was ist das eigentlich?" Wenn man dann mehr dazu erzählt, finden es die meisten sehr interessant. Leute, die die Donauschwaben negativ kategorisieren, die wissen über sie gar nicht richtig Bescheid. In der Schule hat unsere Generation darüber nichts gelernt. In den Archiven liegen viele Unterlagen, Erfahrungsberichte und Dokumente. Es wäre wichtig, das alles zu digitalisieren und der Allgemeinheit zugänglich zu machen.

Ich weiß, dass im donauschwäbischen Verein Leute gesucht werden, die mitmachen. Was könnte ich machen? Ich habe mich angeboten, Fischgulasch zu kochen, weil die bisherige Köchin oder der Koch das nicht mehr machen können. Das traue ich mir jetzt schon zu und das wäre vielleicht auch ganz lustig. Dann käme vielleicht von uns Jüngeren auch einmal jemand hin. Das ist aber gerade jetzt im Sommer nicht möglich, Fischgulasch darf man nur machen, wenn ein „r" im Monatsnamen ist. Ja, das ist ganz wichtig, das gehört dazu zum Fischgulasch. Da habe ich schöne Erinnerungen, wenn die Familie beim Bruder meines Großvaters, der in Kärnten geblieben ist, Fischgulasch gekocht hat.

Ich bin glücklich.

Ungefähr zweieinhalb Jahre nach dem Interview war es dann so weit: Brigitte hat im Salzburger Haus der Donauschwaben für die kleine Runde der Vorstandsmitglieder ein hervorragendes Fischgulasch auf den Tisch gebracht, in zwei verschiedenen Schärfegraden je nach Geschmack, aber in jedem Fall mit dem obligaten Gläschen Schnaps schon vor dem Essen. Es war dies als Probedurchlauf für eine größere Gästerunde im Herbst gedacht – was dann bedingt durch die Coronapandemie jedoch in eine ungewisse Zukunft verschoben werden musste.

Schon die Fahrt macht glücklich: durchs Salzkammergut tingeln, Fuschlsee und Wolfgangsee hinter mir lassen, zum Attersee hinüberwinken, um dann vor der prächtigen Kulisse des Traunsteins das Traunsee-Ufer entlang dem Wasser ganz nah fast bis zum Ende der Straße zu fahren – dort wartet meine Freundin aus Kindheitstagen, die meine heutige Gesprächspartnerin ist. Unsere Väter waren im Dorf ihrer Kindheit, in Kubin im Banat, beste Freunde gewesen. Diese Freundschaft überdauerte Kriegsjahre, Kriegsgefangenschaft und den mühsamen Neuanfang in Österreich. Beide konnten in Salzburg beruflich Fuß fassen, beide fuhren als frischgebackene Staatsbürger mit ihren jungen Ehefrauen mit dem VW nach Italien ans Meer, beide wurden unabhängig voneinander im Lauf der Jahre Chefs von Wohnbaugesellschaften. Ich frage mich, ob es Zufall ist, dass sie, die vorher jahrelang in Flüchtlingslagern, Baracken und prekären Unterkünften gelebt hatten, sich beruflich der Schaffung von Wohnraum verschrieben haben. Beide hatten eines in den Sechzigerjahren so beliebten Wochenendhäuser gebaut – mein Vater am Berg, sein Freund am Traunsee. Als Jugendliche hatte ich ein paar Sommer lang jeweils ein paar Tage oder sogar Wochen in diesem Haus am See verbringen dürfen, in einem herrlichen Flow aus Badevergnügen, Spielrunden, Ruderpartien, Beatles-Begeisterung und abendlichem Singen am Lagerfeuer. Mittags setzte man sich nach all den Sommerfreuden einfach an den gedeckten Tisch und aß gefüllte Paprika, „Bohnschoten", Ribiselkompott, Djuvec, Ćevapčići, Schneenockerl. Im Nachhinein lässt sich darin ein kreatives Crossover von donauschwäbischen, serbischen und steirischen Gerichten erkennen. Mutter und Großmutter meiner Freundin brachten die steirische Küche ein, da sie diese nach ihrer Vertreibung aus dem benachbarten Slowenien schätzen gelernt hatten, sie liebten jedoch auch kulinarische Ausflüge auf den Balkan, die dem Vater wichtig waren. Damals war mir der „Migrationshintergrund" dieser Menüfolgen nicht bewusst, es hat einfach wunderbar geschmeckt.

Auch als ich diesmal eintreffe, riecht es verlockend. *„Ich habe extra Kisela čorba gekocht!"*, ruft meine Freundin begeistert. Aber zuerst wollen wir reden. Dabei stellen wir, die langjährigen Freundinnen, fest, dass wir von den gemeinsamen donauschwäbischen Themen zwar immer gewusst, uns aber nie systematisch darüber ausgetauscht haben. Nun staune ich über all die bisher unbekannten Details aus Alexandras Biografie. Und was Kisela čorba ist, das erfahre ich am Ende unseres Gesprächs dann auch.

Alexandra W.

Heimatliche Gefühle für das Banat

Alexandra W. ist im Jahr 1961 geboren. Sie studierte Architektur und arbeitete vorwiegend im Hochschulbereich.
Die Mutter, Jahrgang 1936, stammt aus St. Leonhard im heutigen Slowenien und kam 1944 nach Österreich. Ihr Vater ist im Jahr 1926 in Kubin im Banat im heutigen Serbien geboren. Er kam 1946 nach Österreich.

Zum Wort „Donauschwaben" fällt mir als Erstes ein ...

... das Haus der Donauschwaben, neben dem ich aufgewachsen bin. Die Erinnerung ist: ältere Herren, die irgendwie altmodisch ausschauen.
Als Zweites: all das, was ich die ganze Kindheit über vom Banat mitbekommen habe. Allerdings habe ich all das gar nicht unter „Donauschwaben" abgespeichert, das war erst eine spätere Zuordnung. Das Banat habe ich als die Heimat meines Vaters gesehen, und die war aus meiner damaligen Sicht serbisch geprägt.

„Bei den Reisen ins Banat ist mir das Herz aufgegangen"

Ich habe mich als Kind in Österreich nie beheimatet gefühlt. Denn so richtig das Herz aufgegangen ist mir bei diesen Reisen ins Banat.
Vom vierten bis zu meinem zwölften Lebensjahr waren wir jedes Jahr mindestens ein Mal oder öfter in Kubin und vor allem in Smederevo, wo meine Tante gewohnt hat. Dort haben wir die noch unten lebenden donauschwäbischen Verwandten, aber auch serbische Freunde getroffen. Da sind sie beieinander gesessen und haben stundenlang über Kriegserlebnisse debattiert und erzählt und dadurch vermutlich das alles auch wiederbelebt. Es wurde – vor allem, wenn ich etwas nicht mitbekommen sollte – oft in serbokroatischer Sprache gesprochen, so habe ich nicht verstanden, worum es ging – aber dann eigentlich doch, denn das Emotionale habe ich aufgenommen. Oft ist natürlich auch deutsch gesprochen worden und ich erinnere mich da an dieses seltsam singende Deutsch der Verwandten. Ich habe es geliebt, daneben zu sitzen und zuzuhören. Ich bin dann eingeschlafen nebenbei und es hat nichts Schöneres gegeben als die brabbelnden Leute daneben. Das hat mich unglaublich fasziniert. Das war etwas Besonderes. Und diese Welt war eine versunkene Welt, weil es die vergangene Welt meines Vaters war. Mein Vater war ein Kind des Banats. Die Landschaft und die Berge in Österreich waren ihm immer ein wenig fremd. Seins war die Ebene, die Donau, die Weite ... Deshalb war immer auch ein wenig

Wehmut dabei. Ich habe meinen Vater dort immer sehr authentisch erlebt, deshalb habe ich das wahrscheinlich alles auch so stark empfunden und aufgenommen.

Es war auch aufregend! Wir mussten uns in Smederevo behördlich anmelden und wir sind – so habe ich es in Erinnerung – drei Tage hintereinander auf der Meldestelle herumgesessen, bis wir diese notwendigen Scheine gehabt haben. Der Aufenthalt hat eine Woche gedauert und wir sind drei Tage in diesem dunklen Gang gesessen und haben gewartet. Diese Bürokratie war eben notwendig. Und mein Vater hatte auch Angst, dass sie ihn irgendwie doch wieder einziehen, ich wusste damals gar nicht, was das bedeutet.

Diese Stimmung, die sich aus alldem ergeben hat, dieses Besondere, dieses Ambiente und diese andere Kultur – ich habe das alles geliebt. Da waren Straßen, die nicht asphaltiert waren, Pferdefuhrwerke, alles Dinge, die es bei uns nicht gegeben hat, zumindest nicht in Städten. Als dann später Leute von dort als Gastarbeiter zu uns gekommen sind, da war mir durch die dortigen Erfahrungen ihre Mentalität vertraut. Ich hatte immer das Gefühl gehabt, ich kenne sie.

Und dann war da diese Sprache, dieses donauschwäbische Deutsch, dieses singende Deutsch der Verwandten. Das ist mir später aufgefallen, dass das bei mir Heimatgefühle auslöst. Das ist auch heute noch so: Wenn ich jemanden höre, der so spricht, dann fühle mich gleich irgendwie verbunden.

Erinnerungen an den Vater

Mein Vater ist Jahrgang 1926. Er ist nach der Volksschule nicht in Kubin geblieben, er ist nach Smederevo ins Gymnasium gegangen und hat bei seiner Tante gewohnt. Das war diese Tante, die wir später sehr oft besucht haben. Er stammt aus einem bürgerlichen Milieu. Der Vater meines Vaters war Bankangestellter und die Mutter war Hausfrau. Ich weiß nur, dass beide aktiv am dortigen Kulturleben teilgenommen und sogar selbst in Operetten gesungen haben.

Im Jahr 1944 war mein Vater fast 18 Jahre alt. Er hat oft erzählt, dass er es als fürchterlich empfunden hat, dass alle Männer eingezogen waren, aber er noch nicht. Er wollte sich auch beteiligen an diesem großen Geschehen, er wollte nicht mehr Kind sein. Kurz vor Kriegsende wurde er dann doch noch eingezogen. Nach Kriegsende kam er in russische Gefangenschaft, wo er bis nach Odessa marschieren musste. In dieser Zeit hat er ganz fürchterliche Dinge erlebt und überlebt. Denn er wurde sehr krank und wäre einmal fast gestorben. Vor lauter Durst hatte er aus einer Wasserlache getrunken und daraufhin Typhus bekommen. Er war sehr geschwächt. Einmal, so hat er es wiederholt erzählt, hat es geregnet, er konnte vor Schwäche nicht mehr mitmarschieren und ist einfach liegengelassen worden. Wenn ihn nicht zufällig ein Berliner Arzt gesehen hätte und auch bemerkt hätte, dass er noch lebt, und wenn er nicht erkannt hätte, dass er Typhus hat und ihm nicht Kohle zu essen gegeben hätte, dann wäre mein Vater dort gestorben. Das waren natürlich sehr eindrückliche Erlebnisse voller Todesnähe. Das hat ihn schon für sein Leben geprägt. Er hat mir diese Begebenheit oft erzählt und ich wollte diese Geschichte als Kind auch immer wieder hören. Warum das so war? Vielleicht, weil ich mich ihm in dieser Situation nah gefühlt habe und einen ganz existenziellen Teil von ihm gespürt und verstanden habe?

Neuorientierung und Identität in der neuen Heimat

Mein Vater hat aber immer betont, dass er schon dankbar ist, dass er in eine neue Situation gekommen ist und noch einmal etwas ganz Neues anfangen konnte. Da wurde nicht gejammert. Im Vordergrund stand bei ihm Weltoffenheit, Aufbau. Anders als andere, die ich gekannt habe, sind er und auch meine Mutter nicht an Dingen gehangen, die schon längst vergangen waren.

Die Donauschwaben, so wie ich sie in diesem Haus erlebt habe, mit denen habe ich mich nicht identifiziert. Sie hatten etwas Altvaterisches, das ich nicht verstanden habe. Auch die Donauschwabentreffen hatten für mich als Kind das Flair einer rückwärtsgewandten Welt, damit konnte ich nichts anfangen. Mit den Rückwärtsorientierten hatten wir in unserer Familie nicht viel zu tun.

Das Donauschwäbische als Teil meiner Biografie war immer weit weg. Es hätte mich ohnehin niemand darauf angesprochen, ob ich eine Donauschwäbin bin; aber wenn, so hätte ich mich auch niemals so gefühlt.

Aber natürlich änderte sich die Sichtweise und Wertschätzung später auch teilweise. Es gab eine Tante in Graz, mit deren Söhnen ich noch immer in Kontakt bin. Natürlich, auch hier war es so, dass dieses „Heimat und Heimat und Heimat“ das große Thema war. Aber sie hat in den Sechzigerjahren zwei Kinder allein großgezogen, hat auch Serbisch gekonnt und als Dolmetscherin gearbeitet. Sie war zum Beispiel eine tolle Persönlichkeit, diese Donauschwäbin.

Meine Mutter stammte aus Slowenien. Die Familie meiner Mutter gehörte in Slowenien zur wohlhabenden Minderheit und hat eine ganze Fabrik verloren. Das ist auch eine Vertreibungsgeschichte, aber unter anderen Bedingungen. Oder ist das im Kern doch das Gleiche? Sie waren auch deutschsprachig und sind auch von den Partisanen vertrieben worden.

Das multikulturelle Erbe

Ich habe immer stolz erzählt, dass mein Vater aus Serbien kommt, ich habe das nicht als Makel empfunden, im Gegenteil, das war für mich identitätsstiftend. Ich habe gemerkt, dass das etwas Besonderes ist. Auch hätte das niemand erwartet, weil mein Vater blauäugig und blond war, und das hat in Österreich viele erstaunt. Mein Bruder und ich haben manchmal bedauert, dass wir nicht Serbokroatisch erlernt haben, aber das wollte mein Vater dann doch nicht. Er war ja froh, hier in Österreich zu sein..

Ich habe immer stolz erzählt, dass mein Vater aus Serbien kommt, ich habe das nicht als Makel empfunden, im Gegenteil, das war für mich identitätsstiftend. Ich habe gemerkt, dass das etwas Besonderes ist. Auch hätte das niemand erwartet, weil mein Vater blauäugig und blond war, und das hat in Österreich viele erstaunt. Mein Bruder und ich haben manchmal bedauert, dass wir nicht Serbokroatisch erlernt haben, aber das wollte mein Vater dann doch nicht. Er war ja froh, hier in Österreich zu sein.

Es wurde in der Familie auch oft erzählt, dass das gemeinsame Leben im Banat vor dem Krieg ein friedliches Zusammenleben war. Serben, Deutsche, Juden, Kroaten, Roma, jeder hatte seinen Platz und eigentlich gab es eine große multikulturelle Offenheit und ein gutes Miteinander. Das ist natürlich durch den Zweiten Weltkrieg und durch die Aktionen der Deutschen unter Hitler, die dann auch dort hinkamen, anders geworden. Die Deutschen haben fürchterliche Gräueltaten verübt, umgekehrt die Partisanen dann auch, da sind die Gräben aufgegangen, aber vorher gab es das nicht.

Mein Vater hatte immer auch serbische Freunde gehabt. Meine Tante in Smederevo hatte einen Serben geheiratet, und zwar schon vor dem Krieg, das war ungewöhnlich. Sie hat immer betont, wie glücklich sie waren und dass unterschiedliche Kulturen nicht verhindern, dass man eine gute Ehe führt. Aber im Krieg später war es nicht einfach, mit einem Serben verheiratet zu sein. Aber sie war auch eine mutige Frau und sie und ihr Mann haben sowohl Deutsche als auch Serben versteckt. Diese Geschichten, die sie erzählt haben, wie sie Menschen versteckt und ihnen das Leben gerettet haben, das waren heroische Geschichten, die habe ich als Kind natürlich gerne gehört.

Erst später habe ich verstanden, dass das auch eine sehr patriarchale Welt war, und ich habe erlebt, dass auch im Verwandtenkreis unter Milošević nationalistische Gefühle aufgelebt sind. Man darf es nicht idealisieren.

Was ist Heimat?

Interessanterweise kann ich das gar nicht so trennen, wo ich heimatliche Gefühle habe und was die Heimat meines Vaters ausgemacht hat. Diese Reisen nach Smederevo und Kubin, die wir unternommen haben, als ich ein Kind war, haben bei mir so etwas wie einen Heimataspekt ausgemacht.

Ich habe als Kind oder Jugendliche oft darüber nachgedacht: Was ist für mich Heimat? Wir haben in Salzburg gelebt und da gab es eben die Salzburger. Meine Mutter hat immer irgendwie hervorgehoben, dass wir keine Salzburger sind. Eher schon Steirer, aus Graz, aber auch das nicht wirklich. Also, das ist in unserer Familie doch ganz klar betont worden, dass sie nicht in Österreich groß geworden sind. Ich habe das schon als Heimatlosigkeit empfunden. Noch dazu bin ich als kleines Kind zwischen Graz und Salzburg gependelt. Vor der Schulzeit bin ich bei meiner Großmutter in Graz aufgewachsen und war nur manch-

mal bei meinen Eltern in Salzburg, so habe ich es zumindest in Erinnerung, also ich habe keine Heimat gehabt. Und die einzige Stelle, wo ich gedacht habe, da ist der Nabel der Welt, das war in Serbien, und deshalb ist das für mich das Gefühl gewesen, das ist die wahre Heimat. In Salzburg habe ich mich immer auch fremd gefühlt. Und ich habe wahrscheinlich auch gespürt, dass meine Eltern heimatlos waren in Salzburg, sie haben sich nie so richtig eingelebt. Sie waren nie wirklich integriert. Sie haben auch immer betont, wie schwierig es in Salzburg ist, Leute kennenzulernen. Mein Vater hat dann die „Weltbekanntschaften" gesucht, weil er ja beruflich auf der ganzen Welt unterwegs war.

Meine Familie spricht keinen Dialekt, wir sprechen so ein komisches Deutsch. Alle haben mich darauf hingewiesen und erwähnt: „Du sprichst ja so schön." Ich habe dann herausgefunden, dass diese Familiensprache dem großbürgerlich-altösterreichischen Deutsch ähnelt.

Ein intensives Erlebnis habe ich in Prag gehabt. Da habe ich gedacht, das ist die Kultur, wo ich zu Hause bin. Die Architektur, alles. Ich bin hingekommen und alles war ganz nahe. Dabei gibt es in der Familie keine Beziehung zu Prag, das war nur so ein Erlebnis.

Ich habe lange Zeit gar nicht gewusst, welche Art von nationaler Identität ich habe. Heute, eigentlich seit meinem Studium, fühle ich mich schon als Österreicherin. Dann habe ich ja auch eine Zeitlang in der Schweiz gelebt, nachdem ich geheiratet habe. Dort war ich ganz klar die Österreicherin.

Meine Töchter haben an dieser Geschichte mit Slowenien und dem Banat weniger Interesse. Aber die sind ja wegen ihres Vaters auch Schweizerinnen. Die zieht es beide eher in die Schweiz.

Was bleibt von „unten"?

Es gab in meiner Familie schon immer auch diese Rede über diesen Verlust. Aber mehr noch über das Schöne von früher und über das Multikulturelle, das in der Familie weitergetragen worden ist. Die Idee einer multikulturellen Gesellschaft.

Irgendwelche Gegenstände von unten gibt es nicht. Ich glaube, dass das alles dort geblieben ist. Sie haben nichts mitgebracht.

Ich möchte mit meinem jetzigen Partner einmal eine Radtour nach Serbien machen und gerne auch mit meinen Töchtern. Meinem Partner habe ich gar nicht so viel von dieser Seite meiner Herkunft erzählt, nur, dass mein Vater aus dem Banat kommt, dass ich die Gegend gut kenne, dass ich beeindruckt war. Dass ich diese Gegend liebe. Ich erinnere mich, dass meine Familie, als ich 15 Jahre alt war, einmal eine Reise über die dalmatinische Küste gemacht hat. Wir sind mit dem Auto gefahren, meine Eltern, meine Cousine, mein Bruder und ich. Dann sind wir über die Crna Gora, die schwarzen Berge, nach Serbien gefahren, das war so eine tolle Reise! Das hat mit den Donauschwaben gar nichts zu tun, eher mit den landschaftlichen Schönheiten

Jugoslawiens. Aber wahrscheinlich ist das auch deshalb so positiv konnotiert, weil wir das auch genutzt haben, um etwas zu sehen und dann die Verwandten zu besuchen.
Mein Vater hat es gern gehabt, dass meine Mutter das Essen aus seiner Heimat gekocht hat: Duvec, Đulbastije, Kisela čorba, serbische Krautsuppe, Paprikahuhn und Nockerl, sie hat viele Rezepte von meiner Tante bekommen. Diese Kisela čorba habe ich selber auch sehr oft gekocht. Einmal habe ich diese Suppe in Dalmatien bei einer Freundin gekocht. Sie ist Kroatin und da ist auch ein Freund gewesen, ein Bosnier mit einer serbischen Mutter. Und der hat von meiner Suppe etwas mit nach Hause genommen. Und er hat dann erzählt, dass seine Mutter gefragt hat, wer diese Suppe gemacht hat. Sie war dann erstaunt: Eine Österreicherin? Denn diese Kisela čorba kennt man bei uns nicht, auch nicht in serbischen Restaurants.

Wir haben in meiner Kindheit und Jugend gerne und oft serbische Gerichte gegessen. Ich suche schon seit Langem Slatko, das haben wir immer wieder bei der Tante bekommen, das kommt eigentlich aus Siebenbürgen, aber Serben essen das auch. Das ist köstlich, das sind Früchte, ganz süß in Sirup eingelegt, die nimmst du mit einem Löffel in den Mund und dann trinkst du eiskaltes Wasser danach. Das ist eine der größten Köstlichkeiten, die ich kenne. Man isst so süß, damit man dann dieses herrlich klare und frische Wasser, das wertvollste Gut, besonders genießt.

Diese Herkunft ist bereichernd

Ich habe es immer sehr bereichernd empfunden, dass ich schon früh eine völlig andere Welt kennenlernen durfte – die aber doch auch meine Welt war. Das dortige Gesellschaftssystem kennenzulernen und zu erleben, wie sich die Menschen, die dort waren, damit zurechtfinden, das war für mich immer interessant. Diese andere Welt hat in Österreich niemand gekannt. Dadurch habe ich später die Gastarbeiterwelt nie abgelehnt, es war ein Teil meines Erfahrungshorizonts. Ich habe von klein auf die Erfahrung gemacht: Es gibt eine Welt, die anders tickt als die in Österreich, es gibt eine andere Mentalität, eine andere Sprache. Und doch hat alles doch auch mit mir zu tun.

Das Gespräch hat lange gedauert. Leicht erschöpft löffeln wir anschließend die köstliche, gehaltvolle Suppe, die meine Freundin nach einem serbischen Rezept gekocht hat. Natürlich ließ ich mir die Anleitung für Kisela čorba mitgeben und kochte zu Hause diese wunderbare Speise.

Rezept

Kisela čorba

Zutaten

- Suppengemüse (1 kleine Stange Lauch, 1 bis 2 Karotten, 1 mittelgroßes Stück Knollensellerie, 1 Petersilwurzel), klein geschnitten
- 1 geschälte Zwiebel im Ganzen
- 1 Huhn zerteilt mit Hühnerklein
- 2 Lorbeerblätter
- 10 bis 15 Pfefferkörner ganz

Alles zusammen in einen Topf geben, mit Wasser (1,5 bis 2l) auffüllen und 45 Minuten kochen.

Einbrenn: Je nach Menge der Suppe: 1 bis 2 EL Öl, 1 bis 2 Bund Dill, 1 bis 2 EL Mehl, 1 bis 2 EL Süßpaprikapulver

Zuerst Dill in Öl anrösten, dann Mehl zugeben und anschwitzen, Paprika zugeben und max. 1 Minuten rösten. Mit kaltem Wasser aufgießen und kräftig rühren, eindicken, bis es eine zähflüssige Masse ist.
Einbrenn der Suppe zufügen und diese kurz aufkochen.
Zum Schluss ½-¾ Becher Sauerrahm einrühren (nicht mehr aufkochen).

Ganz wichtig: Wenn die Suppe im Teller serviert wird, wird die Portion noch individuell mit frisch gepresstem Zitronensaft abgeschmeckt.

Alexandra W.s Sicht- und Erlebensweise hat den Fokus des Multikulturellen eingebracht, das das Zusammenleben und die Kultur der damaligen Dorfgemeinschaften in Südosteuropa gekennzeichnet hatte. Es ist naheliegend, dass auch die nachfolgende Generation sich mit diesem „Erbe" der Eltern in irgendeiner Form auseinanderzusetzen hat.

Unsere beiden Väter waren im donauschwäbischen Kulturverein sehr engagiert gewesen. Trotzdem lernte ich Michael Schreckeis erst als Erwachsene im Rahmen von psychotherapeutischen Fortbildungsveranstaltungen kennen. Einmal ging es um das Thema „Migration und Trauma“, da saßen ungefähr 20 Teilnehmer*innen in einem Halbkreis zusammen. Nach dem Vortrag ging ich kurz hinaus und versäumte so die ersten Wortmeldungen. Als ich wieder zurückkam und mich auf meinen Platz setzte, schauten mich alle an, lächelnd irgendwie, und viel hätte nicht gefehlt, dass mir jemand zugezwinkert hätte. Was war geschehen? Die Diskussion nahm ihren Lauf, aber meine Sitznachbarin flüsterte mir zu: Michael Schreckeis habe über seinen familiären Migrationshintergrund gesprochen und bedauert, dass ich hinausgegangen sei, denn gerade ich hätte doch genau Bescheid gewusst über die fabelhaften donauschwäbischen Würste, die er auch so schätze. Denn – so die dahinterstehende allgemeine These – jede Gruppe von Migranten suche auch in der nächsten Generation positiv besetzte verbindende Elemente, und dies sei eben sehr oft das Kulinarische.

Michael Schreckeis hatte sich in Salzburg jedoch nicht nur durch die Würste – die er, wie ich später erfuhr, auch selbst produzierte – einen Namen gemacht, sondern auch durch sein Engagement für geflüchtete Menschen. Ich freute mich über seine Zusage, ein Gespräch mit mir zu führen.

Michael Schreckeis

Die Liebe zum Multikulturellen als väterliches Erbe

Michael Schreckeis, Jahrgang 1961, ist Psychoanalytiker und engagiert sich für Psychotherapie für Menschen mit Fluchterfahrungen.
Der Vater wurde im Jahr 1905 in Vukovar im heutigen Kroatien geboren. Er stammt aus einer bäuerlichen Familie. Johann, das älteste von drei Kindern, konnte studieren und wurde Gynäkologe und Chirurg. Er kam im Jahr 1945 nach Österreich. Die Mutter, Jahrgang 1921, war Tirolerin.

Zum Wort „Donauschwaben" fällt mir als Erstes ein ...

... „Schwowische Sache zum Schmunzle un Lache." Das ist ein Buch mit donauschwäbischen Witzen, das es bei uns zu Hause gab.

Und ich denke an unser Stiegenhaus. Da hingen Bilder, so wie in vielen donauschwäbischen Haushalten, die zeigen, wie Menschen in donauschwäbischer Tracht mit dem Pflug auf dem Feld arbeiten. Sie tragen die Inschrift „Den Ersten der Tod, den Zweiten die Not, den Dritten das Brot".

Donauschwäbische Tradition im Alltag der Familie

Bei uns wurde die donauschwäbische Tradition durch meinen Vater, der in donauschwäbischen Vereinen sehr engagiert war, hochgehalten. Als Kind und Jugendlicher war ich viel im Haus der Donauschwaben in Salzburg, wir waren bei der jährlichen Wallfahrt nach Altötting und bei der monatlichen Wallfahrt nach Maria Plain dabei. Durch die Funktionärstätigkeit meines Vaters waren wir bei den Feiern zu Allerheiligen nicht nur bei den Donauschwaben, sondern auch bei den Siebenbürger Sachsen und bei den Sudetendeutschen dabei. Ich war auch in der Volkstanzgruppe, da war ich dabei, bis ich studieren gegangen bin.

Wir haben den Schwabenball eröffnet und waren viel in donauschwäbischer Tracht unterwegs. Meine Zwillingsschwester ist einmal in Altötting mit ihrem Dutzend Unterröcken, die Teil der Tracht waren, während des Gottesdiensts in Ohnmacht gefallen.

Der ganze Freundeskreis meiner Eltern war donauschwäbisch. Wir haben mit einigen Familien auch gemeinsam Urlaube verbracht.

Donauschwäbische Themen, Bräuche und Gemeinschaften prägten unser Familienleben, waren also Teil meines Lebens. Ich habe mich als Kind mehr donauschwäbisch gefühlt als „salzburgisch". Die Salzburger Tracht wäre für mich ein No-go gewesen. In der Schule bin ich draufgekommen, dass nicht alle Salzburger Donauschwaben sind. Ich kann mich aber an keine diesbezügliche Fremdheitserfahrung erinnern. Wenn man heute das Bild von der Volksschulklasse anschaut, sieht man, dass die halbe Klasse im Leiberl von der Sportunion war, die andere vom STV (Salzburger Turnverein, wohl ein ursprünglich national orientierter Verein), und ich war einer der wenigen, der ein normales Leiberl angehabt hat.

Es war mir peinlich, als ich bei der Erstkommunion eine Lederhose aus der Requisitenkammer des Landestheaters getragen habe. Meine Eltern haben diese für mich ausgeborgt, weil ich keine gehabt habe. Das war für mich beschämend. Lederhose war halt die Salzburger Tracht. Das war dann doch so etwas wie eine Fremdheitserfahrung.

Mein Vater war Donauschwabe, meine Mutter Tirolerin. Mein Vater hat aber auch Hochdeutsch gesprochen und nur manchmal als Bonmots Dialektworte einfließen lassen. Zum Beispiel: donauschwäbische „Werscht", also Würste.

Stichwort Würste: Ich mache mit einer anderen Donauschwäbin ein Mal im Jahr diese Würste noch selber. Das haben meine Eltern auch immer gemacht, immer vor Weihnachten. Am Heiligen Abend hat es diese Würste gegeben. Auch in meiner Kindheit sind diese ein Mal im Jahr gemacht worden. Das Donauschwäbische war also lange Zeit positiv präsent. Eine donauschwäbische Musik spielte sogar bei meiner Hochzeit.

Häufige Besuche in der alten Heimat

Mein Vater wurde 1905 geboren. Er besuchte in Vukovar zuerst die deutsche Schule. Ein Lehrer hat dann vorgeschlagen, er solle diese Klasse noch einmal in der kroatischen Schule wiederholen. So konnte er studieren, da Deutsch im königlichen Jugoslawien eine Minderheitensprache war. Vukovar war ein ethnisch gemischter Ort. Mein Vater hatte auch serbische Klassenkollegen. Ich erinnere mich noch, dass wir, als ich Kind war, Studienfreunde in Belgrad besuchten. Die Herkunft war also damals kein Thema bzw. nichts Trennendes. Wahrscheinlich war das in den homogenen Dörfern, wo die Deutschen unter sich waren, nicht so.

Wir haben auch einige Verwandte, die im ehemaligen Jugoslawien geblieben sind. Dadurch haben wir dort viel Zeit verbracht und die ganze Küche dieser Gegend wurde und wird bei uns zu Hause auch gekocht. Bei uns gehören Krautwickel, also Sarma, nach wie vor zur familiären Küche. Ich habe mit 20 bis 22 Jahren in Sprachkursen im ehemaligen Jugoslawien Serbokroatisch gelernt und ein Semester in Zagreb studiert.

Mein Onkel wurde von den Partisanen erschossen. Meine Großmutter verhungerte im Lager in Bački Jarek. Das ist in der Vojvodina, etwas nördlich von Novi Sad. Diese Todesfälle wurden nicht verschwiegen, aber – ich glaube, das ist auch ein Grund, warum ich mich beruflich so viel mit Flucht und Traumatisierungen beschäftige – es war so, dass mein Vater ein seltsamer Optimist war. Er hat vieles mit Humor gesehen. Wir haben gewusst, dass seine Mutter im Lager gestorben ist, das wurde schon erzählt. Aber dass man bei ihm Trauer gespürt hat, das kann ich nicht sagen. Ein Beispiel dazu: Als ich mit meinen Kindern auf dem Balkan unterwegs war, haben wir zum ersten Mal in Bački Jarek den Friedhof besucht, 50 bis 70 km von Vukovar entfernt. Mittlerweile gibt es dort ein Denkmal, aber damals war es nur ein zwei Meter hoher Erdhügel mit einem Holzkreuz. Wir haben dort zum ersten Mal im Gedenken an meine Großmutter eine Kerze angezündet. Aber ich war mit meinem Vater vorher sicher fünf oder sechs Mal in Vukovar gewesen. Ich kann mich aber nicht erinnern, mit ihm je dort gewesen zu sein. Ich rätsle bis heute, warum er, soweit ich das weiß, nie zum Grab seiner Mutter gefahren ist. Man stelle sich das vor: Es war seine Mutter und er ist nie hingefahren!

Mit meinen Kindern besuchte ich auch den Dudik, das ist ein Maulbeerwäldchen bei Vukovar, wo auch im letzten kroatischen Krieg viele Menschen erschossen worden sind, und auch damals, 1945, war es Hinrichtungsstätte. Es gibt eigentlich nichts zu sehen, aber wir waren dort. Mein Vater nicht. Ich habe viel darüber nachgedacht, warum mein Vater das so abspalten konnte. Es ist für mich noch immer rätselhaft.

Ich kann mich noch gut erinnern, wie wir zum ersten Mal nach Kroatien gefahren sind, als ich ein Volksschulkind gewesen bin. Das muss so Ende der Sechzigerjahre gewesen sein, als Aleksandar Ranković, der Geheimdienstchef, entmachtet worden war. Das hat man als Liberalisierung gesehen und daher sind wir damals zum ersten Mal nach Kroatien gefahren. Da haben sie meinen Vater aus dem Auto geholt, er ist eine halbe Stunde oder Stunde untersucht und verhört worden, weil im Pass als Geburtsort Vukovar angegeben war. Er ist überprüft worden, aber wir konnten den Urlaub unbehelligt antreten und zuerst ans Meer fahren. Danach sind wir praktisch jedes Jahr nach Jugoslawien gefahren.

Die Familie meines Vaters hatte früher in Vukovar eine Landwirtschaft, am Schwabenberg. Wir haben diesen Ort besucht, eine Zeitlang haben ukrainische Klosterschwestern dort gewohnt, aber die Besitzer haben oft gewechselt. Mein Vater hat immer gesagt:

„Bei fremdem Eigentum gibt es keinen Segen." Das Anwesen haben zuerst Partisanen bekommen, dann hat es mehrmals den Eigentümer gewechselt. Ich war dann mit ihm ein paar Mal in diesem Haus.
Mein Vater hat ja dann nicht mehr in Vukovar gelebt, sondern in Zagreb, aber ich kann mich auch erinnern, dass wir durch Vukovar spaziert sind, und da hat ihn eine Frau angeschaut und hat gesagt: „Johann, Johann, bist es du?" Nach so vielen Jahren wurde er also noch von einer Frau erkannt, die mit ihm in die Schule gegangen ist und noch in Vukovar gelebt hat.
Wir haben oft die Schwester meines Vaters besucht. In die Kirche in Vukovar sind wir gegangen, weil da in der Kirchenbank das Namensschild seiner Eltern war. Er aber nicht rührselig, im Gegenteil. In seiner donauschwäbischen Heimat, in Serbien oder Kroatien, hat er ausgelassen lachen können wie in Österreich nicht. Hier war er immer der zurückgezogene und ein wenig distanzierte „Sir". Dass er lustig und ausgelassen war, erlebte ich nur auf jugoslawischem Boden. Da ist etwas in ihm in Bewegung gekommen. Er hat die alte Heimat sehr idealisiert. Und ich war sehr identifiziert, sonst hätte ich später nicht die Sprache gelernt. Bei meiner Zwillingsschwester ist das ganz anders, für die waren die, die vom Balkan gekommen sind, die „Jugos". Sie hat das alles nicht so gemocht. Aber das Essen schon! Wenn sie zu mir kommt, muss ich donauschwäbische Würste besorgen, also die Kulinarik ist nach wie vor erhalten.
Leider ist der Kontakt zur jugoslawischen Verwandtschaft, den mein Vater noch sehr gepflegt hat, großteils abgebrochen. Er war das Zentrum der Großfamilie, und viele, die nach Australien, Brasilien und Kanada ausgewandert sind, haben bei uns, als er noch gelebt hat, immer wieder Station gemacht und wurden unterstützt. Er war die Anlaufstelle.

Offenheit und multikulturelle Aufgeschlossenheit

Mein Vater war nicht revisionistisch, sondern repräsentierte Offenheit. Schon früh begleitete ich ihn auf Reisen nach Serbien und in den Kosovo. Er verfasste ein Buch über Vukovar, bei dem auch ich viel mitgearbeitet habe. Er war nicht, wie vielleicht viele andere Donauschwaben, deutschnational eingestellt, er war an den anderen Nationen sehr interessiert und offen. Feinddenken hat er nicht gehabt.

Mein Vater hat mir das Interesse und die Liebe zum Multikulturellen mitgegeben. Er hat selber das Revisionistische abgelehnt. Er hat gesagt: „Wir zahlen die Zeche für das, was der Hitler verbrochen hat." Er hat immer vom friedlichen Zusammenleben der Serben, Kroaten, Juden, Ungarn, Deutschen gesprochen. Das kommt in seinem Buch wie ein Mantra vor. Er hat es wohl auch idealisiert, das friedvolle Zusammenleben. Die Zäsur war dann der Nationalsozialismus, der das alles zerstört hat, und die Donauschwaben haben dann die Zeche bezahlt, durch Vertreibung und Vernichtung.

Ich bin stolz, dass ich bei meinem Vater eine antinationale Einstellung erlebt habe, die ich übernommen habe. Er hat immer gesagt, dass er vier verschiedene Staatsbürgerschaften gehabt hat und dass er immer der gleiche Mensch gewesen ist. Wenn man die Jahre der Staatenlosigkeit rechnet, sogar fünf: Er war Bürger von Österreich-Ungarn, vom Unabhängigen Kroatischen Staat, vom Königreich Jugoslawien und dann von Österreich. Grenzen und staatliche Zugehörigkeit sind eigentlich etwas sehr Fluides. Identität setzt sich aus anderen Dingen zusammen.

Die donauschwäbische Geschichte differenziert sehen

In meiner Jugend war ich noch nicht so politisiert, da habe ich einige Aspekte, die „am Donauschwäbischen" schwierig oder problematisch sein könnten, noch nicht so wahrgenommen. Das kam später. Zu der Zeit, als Tito gestorben ist, hatte ich einmal eine Begegnung mit einem der Patienten meines Vaters. Viele der Patienten meines Vaters waren Donauschwaben. Ich sagte zu ihm: „Es ist schon arg, der Tito liegt im Sterben und sie haben ihm schon einen Fuß amputiert." Da sagte der Mann: „Wenn es nach mir geht, schneiden sie nicht nur den linken Fuß ab, sondern auch den rechten, dann den linken Arm, dann den rechten Arm und dann noch die Nase und die Ohren ..." Er war voller Hass und Rachegefühl, was mich total schockiert hat.

Mein Sohn hat in Zagreb gelebt und studiert Slawistik. Er schreibt seine Bachelor-Arbeit über den donauschwäbischen Autor Slobodan Šnajder, der zuerst bei der SS war, dann bei der Roten Armee. Er gehört zu denen, die nach dem Zweiten Weltkrieg eine alternative Geschichte erzählten, in der nicht – wie im kommunistischen Jugoslawien üblich – automatisch die Donauschwaben die Nazi-Kollaborateure waren, sondern wo die Zusammenhänge differenzierter betrachtet werden. Ähnliches würde man sich auch von den Donauschwaben wünschen: dass es nicht nur das nationale Mainstream-Narrativ von den bösen Partisanen und den bösen Serben gibt, sondern dass die Geschichte differenziert gesehen wird.

Ich hatte als 20-, 22-jähriger Slawistik inskribiert, um Serbokroatisch zu lernen. Ich hatte die Gelegenheit, ein Stipendium zu bekommen, und war im Sommer drei Wochen in Belgrad. Inkludiert war eine einwöchige Reise in den Kosovo und nach Südserbien, unter anderem waren wir in Kragujevac. Ich war einer der wenigen Österreicher, die anderen Studierenden kamen aus der Sowjetunion, aus den USA, aus allen möglichen Ländern dieser Welt. Und ich also mit Wurzeln aus dem ehemaligen Jugoslawien. Am Denkmal von Kragujevac, das wegen der 200 von den Nazis ermordeten Gymnasiasten errichtet wurde, gab es eine Dichterlesung. Beim Abendessen stand eine Amerikanerin auf und schlug vor, dass die ganze Gruppe, die aus 50 bis 100 Personen bestand, einen Tag lang nicht mit den Österreichern und den Deutschen spricht, sie also mit Schweigen dafür bestrafen soll, was die Nazis den anderen angetan haben.

Ich war nun von der Kollektivschuld getroffen. Und dachte mir, dass ich nicht sagen darf, dass meine Oma im Lager verhungert ist und mein Onkel erschossen worden ist. Es ist das Schicksal der Donauschwaben und auch von meiner Familie, dass das, was war, angesichts der Gräuel des Zweiten Weltkriegs lange nicht besprechbar war. Das war tatsächlich sehr lange der Fall.

Derzeit habe ich eine Distanz zu den Aktivitäten der donauschwäbischen Vereine in Salzburg. Die empfinde ich als sehr national eingefärbt, das ist mir fremd.

Ich wurde einmal vom Vorstand eingeladen zu einer Herrenrunde mit viel Schnaps, bei der man darüber spricht, wann das nächste Fischpaprikasch-Essen sein wird und wann man die nächste Ausstellung zur Vertreibung organisiert. Das interessiert mich nicht. Eine sinnvolle Nutzung des Hauses und anderer Ressourcen im Kontext von Flucht würden mich interessieren, da würde ich mitarbeiten. Bei der letzten Ausstellung über die Lager in Jugoslawien, die kürzlich gezeigt worden ist, war leider nichts Neues dabei.

Flucht und Vertreibung als Familiennarrativ

Mein Vater war 40 Jahre alt, als er nach Österreich gekommen ist. Ich glaube, dass er sich deshalb so für die Flucht interessiert hat, weil dieser Neuanfang sehr schwierig war. Er war zuerst bei einem Bauern in Oberösterreich, dann im Flüchtlingslager beim Bahnhof in Salzburg. Er war Arzt, aber er durfte nicht arbeiten, weil die Österreicher schon damals Ausländer ungern akzeptiert haben. Das ist ein sensibler Punkt. Er hat gesagt, dass er zehn Jahre gebraucht hat, bis er die Staatsbürgerschaft bekommen hat. Er war in Zagreb Gynäkologe und Chirurg und hätte dort Karriere gemacht. Hier hat er als Arzt für die amerikanische Besatzungsmacht im sogenannten Russenlager arbeiten können. Erst nach vielen Jahren hat er einen Vertrag als praktischer Arzt bekommen. Das war für ihn eine große Kränkung. Er hat erzählt, dass er mit einem Chirurgen befreundet war, sodass er in einem Krankenhaus operieren durfte, aber er ist mit Zigaretten bezahlt worden. Diese hat er jemandem gegeben, der sie für ihn verkauft hat. Er durfte offiziell nicht arbeiten, hatte aber eine Familie zu ernähren. Diese Jahre der Diskriminierung als Flüchtling waren für ihn eine große Kränkung. Er hat die Veränderung vom Chirurgen zum praktischen Arzt als Abstieg erlebt. „Banatler" war ja auch ein Schimpfwort.

Das Thema Flucht und Vertreibung ist Familiennarrativ. Auch die Jahre in der Baracke, im Flüchtlingslager in der Paracelsusstraße, sind im Familiennarrativ enthalten gewesen. Mein Vater war auch im Flüchtlingsbeirat der Republik Österreich. Da hat er das Ganze nicht nur als individuelles Schicksal gesehen, so „wir als Opfer". Sondern er hat ge-

sehen, dass Flucht ein Phänomen ist, das viele Völker betrifft, als ein weltumspannendes Ereignis.
An den Bemühungen um Restitution habe ich mich nicht beteiligt, was ich heute ein wenig bedauere. Zum Zeitpunkt eines möglichen Ansuchens hatte ich drei kleine Kinder und wenig Zeit. Mein Vater hatte aber einen Baugrund in Zagreb besessen, da steht heute ein Hochhaus drauf. Der wäre sicher relativ wertvoll gewesen. Mir wäre ein Sechstel oder ein Zehntel zugestanden. Es hätte mich interessiert, wie ein solches Verfahren abgewickelt wird. Ich habe es aber auch deshalb nicht gemacht, weil ich mir gedacht habe – das war kurz nach dem Krieg in Kroatien –, dass die Leute unten arm sind und es uns gut geht. Was will man da herauspressen? Das wäre für mich nicht okay gewesen. Heute sehe ich das ein wenig differenzierter.
Es ist ja schon so, dass die meisten Leute wenig über die Donauschwaben wissen. Früher ist mir aufgefallen, dass ich nur einer von wenigen der zweiten Generation war, der sich dafür interessiert und sogar im Volkstanzverein tanzt. Da hat mein Vater mir einmal gesagt: „Du brauchst dich nicht grämen. Das ist ein Zeichen der gelungenen Integration, dass dieses Thema verschwindet.“ Nach dem Krieg haben die Donauschwaben durch das Wirtschaftswunder Wohlstand erreicht. Er sah es als ein Zeichen von Erfolg, wenn die Leute nicht mehr zu den Veranstaltungen kommen, weil es ihnen in der Gegenwart, in der neuen Heimat gut geht. Bei den Palästinensern leben Menschen schon in der fünften Generation im Flüchtlingslager und verehren das Dorf, das sie nie gesehen haben. Das ist bei den Donauschwaben nicht so.

Während Michael Schreckeis’ Vater im Jahr 1945 als 40-jähriger Facharzt nach Österreich kam, war der Vater meines nächsten Gesprächspartners damals gerade einmal drei Jahre alt. Dadurch ergeben sich für die nächste Generation völlig unterschiedliche Themen, Einschätzungen und Erinnerungen.

Robert T. treffe ich in seinem Büro. Das geht ganz einfach. Ich schnappe mir mein Aufnahmegerät und meine vorbereiteten Notizen, trete aus der Tür, gehe zehn Meter nach rechts – et voilà. Wir sind im weitesten Sinn Kollegen. Obwohl wir in der Bildungsdirektion unterschiedliche Arbeitsbereiche haben, befinden sich unsere Büros schon seit etlichen Jahren am selben Gang. In zahlreichen Kaffee- und Mittagspausen haben wir uns über Gott und die Welt unterhalten, über Sport, über unsere langsam erwachsen werdenden Kinder und über den nächsten Urlaub. Jahrelang blieb unbemerkt, dass uns etwas Essenzielleres verbindet als die Vorliebe für bestimmte Mittagsmenüs: nämlich unsere donauschwäbische Herkunft. Im Zuge der Vorbereitung der Präsentation meines ersten Buchs, von der ich nebenbei erzählte, wurde evident: Er auch! In der Folge beugten wir uns über Landkarten, verglichen Entfernungen und Jahreszahlen, lachten über gewisse Wortspiele und Dialektausdrücke, die die anderen nicht verstanden, und tauschten aus, mit welchen Köstlichkeiten uns unsere donauschwäbischen Großmütter seinerzeit verwöhnt hatten. Spannenderweise schloss sich dem Treiben noch eine Kollegin an, mit der mich eine jahrzehntelange Freundschaft verband, ohne dass wir auch nur ein einziges Mal die Herkunft unserer Eltern thematisiert hätten. Auch sie outete sich nun mit einem donauschwäbischen Vater.

Donauschwaben! *„Jetzt reden sie wieder über die alte Heimat“,* äußerte einmal unsere Sekretärin, als wir alle in der Küche beinandersaßen. Es lag Wohlwollen in ihrer Stimme, aber wir konnten nicht aufhören zu lachen. Die alte Heimat? „Unsere“ alte Heimat?

Es tat gut, Robert als Repräsentanten meines beruflichen Kontexts bei meiner Buchpräsentation von „Mein Donauschwabien“ anwesend zu wissen. Er wiederum überlegte, die immer wieder verschobene Reise mit seinem Vater in diese alte Heimat doch noch zu machen. Als ich mich auf der Suche nach Interviewpartnern befand, war es naheliegend, auch ihn um ein Gespräch zu bitten.

Robert T.

Die Wurzeln verstehen wollen

Robert T. ist im Jahr 1967 in Saalfelden im Pinzgau geboren und absolvierte ein Lehramtsstudium für Bewegung und Sport und für Mathematik.
Der Geburtsort seines im Jahr 1941 geborenen Vaters ist Putinci in der Batschka im heutigen Serbien. Er kam im Alter von drei Jahren mit einem Flüchtlingstreck nach Österreich. Die Mutter, Jahrgang 1948, ist Österreicherin.

Zum Wort „Donauschwaben" fällt mir als Erstes ein ...

... Papa, Familie, Oma, Verwandte. Verwandte aus Deutschland. Die Putinci-Treffen, das fällt mir ein, meine Oma hat immer davon erzählt. Ob das noch immer stattfindet, das weiß ich nicht so genau. Ich war leider noch nie dabei, und der Papa, da müsste ich nachfragen, ob der einmal dabei war.

Mein Vater war drei Jahre alt bei der Flucht. Sein Vater ist im Krieg gefallen, meine Oma ist mit meinem Vater und der Verwandtschaft 1944 aus Putinci geflohen. Die Oma war noch sehr jung, sie ist mit 16 Jahren schon verheiratet worden. Damals hat man sich das nicht aussuchen können, sondern ist zugewiesen worden, aber sie hat uns immer auch erzählt, dass sie ein Riesenglück gehabt hat, denn sie hat sich schnell in den Mann verliebt und das hat super gepasst. Sie war jung, also ich schätze Ende 20, als sie nach Österreich gekommen ist.

„... bis man sich als Erwachsener überlegt: Okay, wo kommst du her?"

Bei uns war die Herkunft nur intern in der Familie ein Thema, nie nach außen. Man hat gewusst, die Vorfahren kommen von da unten, und ich als Junger habe das zur Kenntnis genommen, ohne weiter drüber nachzudenken. Es war interessant, besonders wenn meine Großmutter so ihre Geschichten erzählt hat. Aber für mich hat das Thema eigentlich erst vor einigen Jahren Bedeutung bekommen, wenn man sich überlegt: Woher kommst du, was war mit deinen Vorfahren? Bei mir hat es vieler Jahre bedurft, dass ich mich damit auseinandersetze. Als Kind, Jugendlicher, junger Erwachsener ist dir das egal.

Mir hat das zu dämmern angefangen so vor ungefähr zehn Jahren, da war ich so um die 40 Jahre alt. Da hat es mich interessiert. Ich habe zufällig ein Buch vom Putinci-Treffen und hineingeblättert, das war der Auslöser. Gleichzeitig habe ich von anderen Menschen meines Umfelds erfahren, dass sie auch Ahnenforschung betrieben haben, dadurch ist das Interesse geweckt worden.

Ich würde von mir eigentlich nicht sagen: „Ich bin Donauschwabe."

Irgendwann habe ich mich aber mit meinem Nachnamen beschäftigt. Der ist ja sehr selten, wir sind die Einzigen in Österreich, die so heißen. Die Verwandten haben eine andere Schreibweise, mit „dt" am Ende. Die Oma hat es uns so erzählt, dass diejenigen, die nach Deutschland gegangen sind, den Namen angepasst haben. Wir sind eigentlich beim ursprünglichen Namen geblieben. Woher der Name kommt, war aber unklar, ein Mysterium. Und da habe ich mich vor vielen Jahren auch einmal hingesetzt und habe verschiedene Leute mit diesem Namen kontaktiert, gefragt, ob sie wissen, woher der Name kommt, und da gibt es die verschiedensten Vermutungen. Einer hat mir geschrieben, dass man den Namen auf ungarischen Gräbern vorgefunden hat, was ja nicht weit weg war vom damaligen donauschwäbischen Siedlungsgebiet – allerdings in anderer Schreibweise. Man könnte also denken, dass sich die Oma mit einer ungarischen Linie vereint hat. Aber genau weiß ich es nicht.

Sprache, Kost und Kleidung – Erinnerungen an die Großeltern

Die Urli-Oma, die Mama von meiner Oma, ist auch mitgeflüchtet, sie sind irgendwann in den Pinzgau gekommen, haben bei uns im selben Haus gewohnt, und ich habe das kurz miterleben dürfen, dass alle zu ihr „Ihra" gesagt haben. „Wie geht es Ihra?" Wir waren dann die erste Generation, die du zu ihr gesagt hat oder hat sagen dürfen.

Trachten wurden bei uns gar nicht getragen, nicht einmal von der Oma. Von meiner Großmutter habe ich in Erinnerung, dass sie mit ihren Händen immer das Kopftuch zurechtgerückt hat, sie hat immer herumgezupft ... Und auch wenn man die Fotoalben anschaut aus der Kindheit, sieht man sie in der typischen Haltung, dass sie ihr Kopftuch zurechtrückt.

Andere Erinnerungen: das Essen, der Garten, die Natur. Das waren die Kulturgüter. Und ein paar Redewendungen. Meine Großmutter hat Dialekt gesprochen. Einige typische Ausdrücke waren: „Krumbira" und „G'gschossen hat's in Belgrad". Wenn man geistesabwesend war und dann wissen wollte, was gesprochen wurde, aber der andere es nicht sagen wollte, weil man ja selber schuld ist, wenn man unaufmerksam war, dann hat es das geheißen. Oder wenn es Dinge gab, die man nicht wissen sollte, aber wo man trotzdem neugierig nachgefragt hat, dann haben sie gesagt: „G'schossen hat's in Belgrad."

Und die Kost ist auch in Erinnerung, also die typischen dicken Knödel, diese Germknödel mit Sauerkraut und Speck. Da hat die Mama natürlich das Rezept von der Oma übernommen. Und die Schupfnudeln waren auch etwas Typisches.

Bei der Oma hat der Garten einen großen Stellenwert gehabt. Sie ist gerühmt worden, dass sie den schönsten Garten hat. Da ist viel angebaut worden, so in Richtung Selbstversorgung: Salat, Gemüse, Kartoffeln. Und ich bin immer geschimpft worden, wenn ich im Garten Fußball gespielt habe. Dann ist der Ball versteckt worden, aber ich habe ihn doch fast immer gefunden. Oder das Radieschen-Herausziehen und zur Regentonne gehen und abwaschen und reinbeißen ... Stachelbeeren, alle Ribiseln, weiße, rote, schwarze, Apfelbaum, Zwetschkenbaum, Marillenbaum ... Das hat sie, glaube ich, schon von unten so mitgenommen, dieses Selbst-Anbauen von Gemüse, Blumen, Früchten. Da hat sie sich sehr darum gekümmert und es war auch sehr ertragreich.

Und die Haartracht! Oder war das eine spezielle Tracht mit den Kranzerln? An das denke ich, wenn ich an meine Tante denke. Aber das hat man im Pinzgau auch gehabt. Dieses Geflochtene. Das haben meine Großmutter und meine Tante so getragen, dass das oben so ganz schön geflochten war.

Eine Flüchtlingsfamilie

Die Oma war sehr jung bei der Flucht. Sie und die Urli sind über Umwege in den Pinzgau gekommen. Sie sind zuerst nach Amstetten gekommen, dann nach Puch, da war so ein Flüchtlingslager, und von Puch sind sie in den Pinzgau gekommen, wo auch ein Flüchtlingslager war. Dort haben sie gelebt.

Mein Vater hat sein Aufwachsen überhaupt nicht dramatisch erlebt, ganz im Gegenteil. Wenn mein Vater davon spricht, erzählt er eigentlich immer sehr schöne Kindheitserinnerungen: dass viele Kinder dort waren, viel Spielen, viel Natur, auch Akzeptanz in der Bevölkerung, weil das habe ich ihn auch einmal gefragt. Und auch die Sprache ist die gleiche gewesen, vielleicht ein bisserl Dialekt, die Religion ist die gleiche, von daher war die Basis gegeben, dass man mit der Bevölkerung schnell liieren kann. Also ich höre von ihm nur Positives. Die Oma hat ein zweites Mal geheiratet, einen Mann aus der Saalfeldener Gegend, und sie hat noch ein Kind gekriegt, sie hat nie gejammert. Man hat sich einfach eingestellt auf die neue Situation und war froh, dass es jedem gut gegangen ist.

Natürlich war auch Bildung ein wichtiges Thema. Weil er ein guter Schüler war, ist ihm empfohlen worden, ins Gymnasium zu gehen, aber das hat sich die Oma bzw. die Familie nicht leisten können. Das hätte einiges gekostet, daher hat er die normale Pflichtschulausbildung gemacht. Eine Lehre.

Wenn ich die Fotos vom Papa im Flüchtlingslager anschaue, sehe ich, wie sauber und schön sie alle angezogen waren. Da ist sehr viel Wert drauf gelegt worden, und auf Hygiene. Das hat er jetzt noch. Ich weiß nicht, ob das so was Donauschwäbisches ist. Das ist ja in anderen Familien auch so, das muss ja nicht diesen Ursprung haben. Aber grade, wenn man in einem Lager lebt, war es wichtig, dass man ordentlich daherkommt.

Erzählungen von unten

Es ist schon immer wieder von unten erzählt worden. Sie haben früher einen großen Bauernhof gehabt mit vielen Pferden und Tieren. Das alles aufzugeben war schon ein Schicksalsschlag, aber da ist nie gejammert worden. Auch dass man etwas zurückhaben möchte, war nie ein Thema.

Dass es in Salzburg ein Haus der Donauschwaben gibt, weiß ich erst seit Kurzem. Selber dort war ich noch nicht. Ich kenne auch nicht diese Trachtenvorführungen und die Atmosphäre, wo dieser Verlust und das Unrecht im Mittelpunkt gestanden sind. Überhaupt nicht. Das hat wahrscheinlich auch damit zu tun, dass wir in unserem Ort im Pinzgau zu dem Zeitpunkt, als ich auf die Welt gekommen bin, nur wenige mit diesem Hintergrund waren. Vorher im Flüchtlingslager waren es natürlich schon sehr viele.

Erzählt wurde von den Pferden und Fuhrwerken, mit denen sie geflüchtet sind, mit Sack und Pack, die Kinder rauf, die wichtigsten Sachen rauf, und dann sind sie halt weggefahren. Vom Papa kommt dazu wenig bis gar nichts. Und ich bin mir nicht sicher: Verdrängt er es? Oder war er wirklich noch zu jung? Er war erst drei Jahre. Ich kann mich auch an keine Geschichten erinnern, als ich drei Jahre alt war. Ich habe vor einigen Jahren einmal bei meinem Vater nachgefragt, wie das alles entstanden ist, und er hat mir ein Buch gegeben, ein Buch über Putinci. Das ist eine kleinere Ortschaft, und ich hab auch im Internet einmal geschaut, wo das ist. In diesem Buch war auch die Geschichte der Donauschwaben nachzulesen, eben dass zur Zeit Maria Theresias die deutschsprachige Bevölkerung dort angesiedelt worden ist, um die Landwirtschaft zu kultivieren und natürlich auch die Kultur Österreichs hinzubringen, also das waren verschiedenste Motive, die dahintergesteckt sind.

Nachfragen und verstehen

Mein Vater hat von sich aus nie etwas erzählt. Einmal habe ich ihn gefragt: „Sollen wir dahin fahren, nach Putinci?" Er hat gesagt, nein, da fährt er nicht mit. Ich habe schon überlegt, wieso er nicht dort hinfahren möchte, wo er geboren ist. Da bin ich doch wieder bei der einen These, dass vielleicht ein Verdrängen dabei ist. War das Erlebnis doch so schlimm, dass er damit nicht konfrontiert sein will? Vielleicht hat er Angst, es könnte etwas emotional schwierig sein, wenn er da unten ist? Oder er hat es irgendwie gelöscht, das könnte auch sein.

Diese Meinung hat sich aber vor einigen Jahren geändert. Jetzt wäre er bereit, hinunterzufahren. Mein Vater ist jetzt 76 Jahre alt. Seit einigen Jahren ist so die Idee da, dass wir, also mein Bruder und meine Kinder gemeinsam, dass wir gemeinsam alle nach Belgrad fliegen, dann ein Auto ausborgen, denn von Belgrad ist es ja nur eineinhalb Stunden bis Putinci. Ich habe im Internet nachgeschaut, da siehst halt nur, es ist eine Straße und ein paar Häuser. Der Papa hat auch gesagt, dass da ja nichts mehr ist. Er hat auch gemeint, wenn wir schon hinfahren, sollte jemand mitfahren, der etwas zum Erzählen hat. Weil sonst bist unten und dann siehst es und dann fährst wieder heim. Denn Verwandte gibt es keine mehr unten.

Als ich vor ein paar Jahren begonnen habe, mich mit meiner Herkunft zu beschäftigen, habe ich überlegt, wem ich davon erzähle. Den Kindern, natürlich. Bei Freunden war ich am Anfang vorsichtig. Ich wollte nicht in die Schiene reingeschoben werden: Du bist aus dem Ausland oder du bist, ich sag es mal so, ein Jugo. Das hat schon manchmal mitgeschwungen, also das hat man gehört, „Du bist a Jugo", und das hat einen dann schon getroffen, weil man hat ja die österreichische Kultur, auch damals war es so. Aber ich glaube, es war eher die Angst, es könnte so sein, als dass ich das direkt erlebt habe.

Ich bin vom Geografischen ausgegangen. Ich habe mir das angeschaut und habe mir gedacht, puh, das ist ja gleich in der Nähe von Belgrad. Da bist du ja mitten in Serbien, im heutigen Serbien! Vom Geografischen her. Wenn man weiß, dass der kulturelle Background ein ganz anderer ist, dann passt es wieder.

Der Papa hat immer von den Volksdeutschen gesprochen, wenn er davon erzählt hat. Ich selber habe immer, wenn ich die Sorge gehabt habe, dass ich als Jugo abgestempelt werde, gleich dazugesagt: Das ist volksdeutsch, das sind die Donauschwaben. Das war eine Aufwertung sozusagen vom Erzählen her. Der Opa, der gefallen ist, war in der Prinz-Eugen-Garde, das zeigt schon, dass da möglicherweise auch eine nationalistische Einstellung war. Auch da habe ich immer gleich beschwichtigt, indem ich gesagt habe: Die Donauschwaben, das waren Volksdeutsche.

Ich war dann aber auch sehr überrascht zu merken, dass es viele Menschen mit diesem Hintergrund in Österreich gibt und dass man auch im Bekanntenkreis lange nichts voneinander weiß, weil das eigentlich kein Thema ist.

Meine Mutter ist Pongauerin. Ich bin im Pinzgau aufgewachsen, ohne Pinzgauer Wurzeln zu haben. Drum habe ich auch nie den dortigen Dialekt gesprochen. Der Papa hat nicht gewollt, dass ich pinzgauerisch spreche. Er selbst hat eine sehr gepflegte Sprache gehabt, nicht Hochdeutsch, schon ein bissl Dialekt, aber eher so, wie man in Ostösterreich spricht. Überhaupt nichts Pinzgauerisches. In der Familie ist das eher unterdrückt worden. Meine Freunde haben den Dialekt schon gesprochen. Aber ich wurde nicht gehänselt oder so. Das hat vielleicht auch damit zu tun, dass ich mit zehn Jahren in ein Sportgymnasium gegangen bin, da waren Schüler aus ganz Österreich. Da ist man eher gehänselt worden, wenn man einen Pinzgauer Dialekt gesprochen hat. Und der Papa hätte auch gesagt: „Rede nicht so arg!"

Worauf ich stolz bin

Ich bin mit guten moralischen Werten aufgewachsen und hatte von Kindheit an einen engen Bezug zur Natur. Ich durfte besondere kulinarische Köstlichkeiten genießen, die meine Großmutter eingebracht hat.

Inzwischen schätze ich den interessanten kulturellen Background meiner

Herkunft und dass meine Familie früher Teil eines Vielvölkerstaates gewesen ist. In der Auseinandersetzung damit konnte ich viel über die geschichtlichen Zusammenhänge lernen und auch die österreichische Geschichte besser verstehen.

Robert T. gehörte zu meinen jüngeren Gesprächspartner. In seinem Geburtsjahr 1969 schienen sowohl Flucht und Vertreibung als auch die Kriegsereignisse weit in der Vergangenheit zu liegen und er repräsentiert jene Gruppe von Nachkommen, die bereits in eine Phase beruflicher und sozialer Stabilität der Eltern hineingeboren sind. Es werden dadurch tendenziell andere Erlebensweisen eingebracht als von Personen, die zehn oder 15 Jahre älter sind und denen die Flucht- und Integrationserfahrungen der Eltern noch direkter vermittelt wurden.

Dies wird auch im Gespräch mit Hilde K. deutlich, die mit Geburtsjahr 1945 meine älteste Gesprächspartnerin war. Sie ist mehr als zwei Jahrzehnte älter als Robert T. Trotzdem gehört sie per definitionem noch zur zweiten Generation und damit zur Gruppe meiner Befragten.

Hausfassade in der Batschka, September 2023

Hilde K. rief mich nach Erscheinen meines ersten Buchs an und erzählte mir, dass sie in einem Radiointerview meinen Namen gehört habe und sofort kombinieren konnte, dass sie meinen Vater gekannt habe. Ihm sei es zu verdanken, dass sie nach ihrer Kindheit und Jugend in einem Tiroler Flüchtlingslager als junge Ehefrau mit ihrem Mann in Salzburg ein eigenes Heim beziehen konnte. Als Mitarbeiter einer Wohnbaugenossenschaft habe er ihr die nötigen Informationen dazu gegeben und sie sehr ermutigt, diesen Schritt zu wagen. Schmunzelnd musste ich daran denken, dass ich es öfter erlebt hatte, dass nunmehr stolze Besitzer von Reihenhäusern sich an die mentale Unterstützung meines Vaters erinnerten. Dieser hatte ihr Zögern vor diesem finanziellen Wagnis mit dem Ausruf *„Krautsuppe, dann müsst ihr halt Krautsuppe essen!“* vom Tisch gefegt.

Ich freue mich auf unser Gespräch, das in ruhiger Umgebung in der Stadtbibliothek stattfindet und zu dem sie zahlreiche Landkarten und Fotos mitgebracht hat.

Hilde K.

Kindheit im Flüchtlingslager

Hilde K. ist am 12. September 1945 in Tirol geboren. Von Beruf war sie Sekretärin. Ihre Mutter, Jahrgang 1913, stammt aus Tschanad im heutigen Rumänien und kam im Oktober 1944 nach Österreich. Der Vater, Jahrgang 1910, kam erst im Jahre 1947 aus der Gefangenschaft nach. Beide Elternteile stammen aus bäuerlichen Verhältnissen.

Zum Wort „Donauschwaben" fällt mir als Erstes ein ...

... die Donauschwaben haben so viele Werte. Die schätzen alles so. Jeder wird genommen, wie er ist und was er hat. Darauf bin ich stolz.

Lagerkindheit

Ich bin im Lager aufgewachsen und habe die ersten zwölf Lebensjahre dort verbracht. Ich hatte eine schöne Kindheit. Ich empfinde es als ein großes Glück, dass wir alle zusammen waren. Das Lager war wie ein großes Dorf. Alles ist so gepflegt worden wie früher. Es war eine große Geborgenheit da.

Wir haben aber nichts gehabt, gar nichts. Als Bett gab es nur einen groben Strohsack. Im Herbst, wenn der Kukuruz geerntet war, sind die trockenen Blätter eingesammelt worden und das Innere wurde ausgewechselt. Als der Vater im Jahr 1947 aus der Kriegsgefangenschaft gekommen ist und das gesehen hat, war er sehr enttäuscht. Zu Hause hat er alles gehabt und jetzt nichts.

In der Familie wurde Dialekt gesprochen. Ich tät es jetzt auch so gerne! Aber alle meine Verwandten sind schon verstorben, Ich habe eine Tante in Deutschland, mit der ich schwowisch rede. Und manche Ausdrücke verwende ich auch im Alltag, zum Beispiel Lekvár, also Marmelade. Oder Krumbira.
Wir haben es im Lager nie zu einer Tracht gebracht. Wir haben rein nichts gehabt. Aber wenn dann doch einmal der Fotograf gekommen ist, waren wir sehr adrett angezogen. Der kleine Bruder hat bei der Hose eine Bügelfalte gehabt. Vielleicht nur für den Fotografen? Ich habe viele Fotos aus dieser Zeit, z. B. das meiner Großmutter, sie hat als Kopftuch ein großes Seidentuch gehabt und dazwischen ein Stück Seidenpapier, damit das hält. Die Oma, die ist immer in Schwarz gegangen.
Da war nie ein Neid oder so, eher eine Hilfsbereitschaft, weil es ja allen gleich gegangen ist. Es war eine große Anteilnahme. Wenn die Mama allein geflüchtet wäre, ich weiß nicht, wie das gegangen wäre. Und Gott sei Dank gab es immer hilfreiche Leute. Es

waren Herr Bruno Oberläuter von der Wohnbaugesellschaft und der Flüchtlingsseelsorger Pater Stefan von den Franziskanern, die uns zu einem Eigenheim verholfen haben.

Das Lager war sehr groß und es gab verschiedene Teile. Wenn ein Siebenbürger und eine Donauschwäbin oder umgekehrt gut waren miteinander und geheiratet haben, war das nicht gefragt. Mein Cousin hat eine Siebenbürgerin geheiratet. Es hat dann alles wunderbar gepasst, aber die Eltern waren zuerst gefühlsmäßig eher skeptisch.

Die Ablehnung war schon groß

Der Inn ist ja ein sehr breiter Fluss und in Wörgl kommt die Brixentaler Ache dazu. An diesem Zusammenfluss, weit weg von allem, haben sie im Krieg ein Lager für Zwangsarbeiter errichtet, das nach dem Krieg das Flüchtlingslager war. Somit haben alle einen weiten Weg gehabt, in die Ortschaft, in die Schule, zum Bahnhof. Als Mama ein Fahrrad bekommen hat, war das eine große Hilfe.

Die Ablehnung in Wörgl war groß. Mein Bruder hat sie besonders gespürt, weil er noch in Rumänien geboren ist. Es gab einen Lehrer, wenn der das nur gehört hat, Rumänien ... Da hat es mein Bruder schwer gehabt, er hat sehr gelitten. Ich aber habe wieder sehr großes Glück gehabt mit meinen Lehrern und meinen Mitschülerinnen, mit denen bin ich jetzt noch befreundet. Ich habe es nicht erlebt, ausgeschlossen oder gehänselt zu werden. Es gab eine Mädchenklasse, eine Bubenklasse und gemischte Klassen, und ich war die einzige Ausländerin. Ich habe schon Deutsch gesprochen, aber manche Ausdrücke haben sie nicht gekannt. Aber das hat den Mädchen eher gefallen, die waren eher behilflich.

Wir, die Kinder, mussten oft Milch holen gehen. Manche Bauern waren halt gegen die Ausländer, besonders einer, da bin ich mit meinem Cousin immer gemeinsam gegangen, wir haben uns bei der Hand genommen. Und einmal, als wir am Abend hingekommen sind, kommt der Bauer aus dem Stall und sagt: „Na, bist du a Gschtierschte." Und ich habe nicht gewusst, ist das jetzt gut oder nicht? Es ist positiv. Gschtierschte, a Liabe oder so. Das hat es auch gegeben.

Aber meine Mutter hat viel mitgemacht, sie sind abgelehnt worden eigentlich. Im Herbst sind sie auf die Felder gegangen, da waren die Äcker schon fertig abgeerntet und sie haben die Erdäpfel, die noch in der Erde waren, mühsam herausgeholt. Der Rucksack war voll, da kommt der Bauer und nimmt sie ihnen ab. Das hat die Mama immer erzählt, das war furchtbar.

Schwere Arbeit

Die Oma hat auf uns aufgepasst und die Mama ist arbeiten gegangen. Wäsche waschen, Boden schrubben ... Mein Vater war noch in Gefangenschaft. In Wörgl gab es einen Bahnhof und da ist sie nach der Arbeit immer hingegangen, um zu schauen, ob ein Zug kommt, wo er drinnen ist. Und einmal war er dann dabei – die Freude war unbeschreiblich.

Die Männer, die vom Krieg heimgekommen sind, haben dann gleich Arbeit gehabt, sie wurden zum Wiederaufbau eingesetzt. Mein Vater wollte aber zuerst zurück in die alte Heimat, er war unglücklich. „Wie kann man alles im Stich lassen und hierher kommen!", hat er gesagt.

Langsamer Aufstieg

Wir haben dann im Jahre 1957 eine Doppelhaushälfte in der Friedensiedlung beziehen können, das war näher zum Zentrum und zu den Schulen. Es waren noch keine Türstöcke drinnen, vieles war noch nicht fertig. Aber alle haben mitgeholfen. Es waren alle gleich, es ist niemandem besser gegangen. Nebenan war ein großer Bauernhof, und die Bauerntochter und ich haben uns angefreundet. Wir haben uns sehr gut verstanden. Sie ist oft zu uns gekommen und ihr hat das gut gefallen, weil die Mama Kekserl gehabt hat. Oder der Papa hat ihnen beim Heuen geholfen. Also nein, ich könnte das überhaupt nicht sagen, dass da etwas Negatives war. Ich habe sicher auch Glück gehabt, wie gesagt.

Im Haus der Donauschwaben in Salzburg war ich noch nie und mit den hiesigen Donauschwaben hatte ich keinen Kontakt. Aber als wir in Wörgl waren, sind meine Eltern ganz gern zum Donauschwabenball nach Salzburg gefahren. Das war eine Aufregung! Die Mama hat mit der Wellenschere so Wellen ins Haar gemacht.

Als ich größer war, bin in die Handelsschule gegangen. Ich habe damals Ansuchen um Förderung mit der Maschine schreiben dürfen – das waren so Bestrebungen, dass man eine Entschädigung erhält. Und da hat ein Nachbar für den anderen als Bürge unterschrieben, aber viel hat da nicht herausgeschaut.

Die alte Heimat

Mein Opa mütterlicherseits war beim Grafen Batthyány beschäftigt. Auf der Geburtsurkunde meiner Mama steht, dass ihr Vater beim Batthyány als Schlosser gearbeitet hat.

Von den Verwandten ist niemand unten geblieben. Es leben nun alle in Österreich, wobei einige erst später, Anfang der Achtzigerjahre, legal ausgewandert sind.

Mein „Dada" hat immer von früher erzählt. Das Dorf war ein kleines Dorf eigentlich. Es gab die Katholischen, die Evangelischen, die Orthodoxen und die Jüdischen. Und die Obersten, also die Priester und der Rabbi, haben sich gut verstanden, sie sind am Abend zusammengekommen und haben Billard gespielt miteinander. Wo gibt es denn das heute? Multikulti und Gemeinschaft. Wenn jemand gestorben ist, sind alle zum Begräbnis gegangen, jeder hat einen Löffel mitgenommen. Und da hat es Bohnensuppe gegeben und sie haben miteinander gegessen. Sie haben so Fixpunkte gehabt, die verbunden haben.

Die Mama hat 1963 die alte Heimat besucht, das war eine große Aufregung, der Papa wollte nicht mitfahren. Wir haben Verwandte, die jetzt noch hinunter nach Rumänien fahren. Es gab dann Bestrebungen, am Friedhof unsere Gräber wieder herzurichten, aber ich glaube, da ist nichts draus geworden. Im Ort gibt es ein besonderes Haus: weiß getüncht, Blumen vor der Haustür, sehr ordentlich. Da lebt eine deutsche Frau, die nicht wegzieht und bleiben wird, so lange sie kann.

Fluchterzählungen

Die Oma hat während der Flucht ein Tagebuch geschrieben. Sie ist 1892 geboren, sie hat ein kleines Bücherl gehabt und sie hat genau die Stationen aufgeschrieben und wie viele Tage sie mit dem Zug gefahren sind und all das. Sie haben nicht gewusst, wo sie letztendlich hinkommen werden. Sie schreibt immer nur die Stationen. Sie schreibt immer nur von ihrem Kummer, dass ihr Mann so früh gestorben ist und dass sie von daheim hat weg müssen und von der Sorge um die Söhne. Dass ich auf die Welt gekommen bin, das erwähnt sie gar nicht.

Zusammenhalt

Ich habe erst spät begonnen, diese Dinge zu sammeln und mich damit zu beschäftigen. Das war viel später. Als wir ins Haus eingezogen sind, sind die Verwandten ins Nebenhaus eingezogen, und das ist dann so familiär weitergegangen. Manche aus dem Lager sind nach Kanada oder Amerika ausgewandert. Und das war so nett, viele haben sie dann zum Zug begleitet und haben ihnen etwas mitgegeben.

Und was da noch für Verhältnisse waren ... Wir haben die älteren Familienmitglieder in der dritten Person

anreden müssen, die Tante und den Onkel, die haben wir nicht mit Du anreden dürfen. Also wenn ich zu ihnen Du gesagt hätte, das wäre unmöglich gewesen. Diese Traditionen sind dort im Lager weitergeführt worden.

Wenn einer Namenstag gehabt hat, sind alle zusammengekommen, man ist zusammengesessen und hat erzählt. Da ist man zu dieser Familie hingegangen und die hat bewirtet. Und zu Neujahr war es auch so. Wir haben uns gefreut, es gab zumindest Kekse oder etwas Süßes. Bei der Oma hat es auch immer was Gutes gegeben, Lángos und Krautwickel und zu Weihnachten die Würste mit Kren.

Meine Eltern haben außer Deutsch natürlich Ungarisch, Serbisch und Rumänisch gekonnt. Und immer, wenn es etwas gab, was die Kinder nicht hören sollten, haben sie ungarisch gesprochen. Aber untereinander ist im Lager nur schwowisch geredet worden, nur schwowisch.

Fotos

Das ist unser Eingang. Da sind wir alle da. Da lächelt die Oma, ich habe sie nie lächeln gesehen.

Ein Foto im Kindergarten, da haben wir von den Amerikanern einen Luftballon aus Seide bekommen, damit die Kinder nicht so in der Sonne sitzen müssen …

Ja, das ist unsere Vergangenheit.

Geboren im Lager, hat Hilde K. die alte Heimat nicht mehr erlebt und Flucht und Vertreibung nicht selbst mitgemacht. Dennoch unterscheiden sich ihre Erfahrungen einerseits von denjenigen, die diese bewusst oder auch als Kleinkinder miterlebt hatten, andererseits auch von denjenigen die etwa ein Jahrzehnt später schon in eine Phase beruflicher und sozialer Stabilität der Eltern hineingeboren waren. Vielleicht könnte man von einer „Generation dazwischen" sprechen, wo die Flucht zwar real schon zu einem Ende gekommen war, die Eltern gefühlsmäßig jedoch noch von Orientierungslosigkeit, Entwurzelung und Existenzsorgen geprägt waren und meist auch noch in prekären Wohnverhältnissen lebten.

Die Thematik des Dazugehörens, des Anders-Sein, und des Unterschieds zu den einheimischen Österreicher*innen zieht sich durch alle Gespräche und beschäftigt auch meinen nächsten Gesprächspartner, der mein Cousin ist.

Meine Mutter und ihre Schwester hatten eine gewisse Eigenheit in der Aussprache von Konsonanten: Neben einem besonders rollenden „R" wurde beispielsweise das „K" weich wie ein „G" ausgesprochen. Bis heute weiß ich nicht, ob dies etwas typisch Donauschwäbisches ist oder ob es sich um eine innerfamiliäre Spielart desselben handelt. Wenn bei den alljährlichen Weihnachtstreffen beide Familien beieinander saßen, wurde demnach über die „Ameriganer" gesprochen und es gab für uns Kinder „Goga-Gola" und „Gegse".

Der Jüngste des Cousin-Quartetts war demnach eben „Garli". Jedes Mal wurde er von den Erwachsenen aufgefordert, mit mir, der um vier Jahre jüngeren Cousine, Memory zu spielen, ein Ansinnen, das er in kürzestmöglicher Zeit hinter sich brachte, um diese Verpflichtung seinem nächstältesten Bruder zu überlassen.

Dabei wären derartige Bespaßungsversuche gar nicht nötig gewesen. Denn ähnlich wie ich – so entnahm ich seinen späteren Schilderungen – saß auch mein Cousin bei den Gesprächen der Erwachsenen einfach gerne dabei und ließ die Stimmungen, die sich um Worte wie Donau, Donauschwaben, Vertreibung und Heimat rankten, auf sich wirken. Er wie ich beobachteten, wie unsere Väter und andere manchmal zu Gast weilenden Landsleute mit jedem Glas Wein noch wehmütiger, zorniger, leidenschaftlicher über ihr Salzburger Donauschwabentum diskutierten und wie unsere Mütter mit Platten voller Würste und Käsegebäck, von denen sie sich offenbar einen mäßigenden Einfluss auf die allgemeine Stimmungslage erhofften, hin und her eilten.

Allmählich wuchsen wir ohnehin aus dem „artigen" Alter heraus, als wir verpflichtet werden konnten, uns mit Brett- und Gesellschaftsspielen nett zu beschäftigen. „Garli" hatte auf einmal längere Haare und aus dem Zimmer, wo wir früher Memory gespielt hatten, drang der Geruch von Räucherstäbchen und der Gitarre-Sound einer Band, die – wie ich auf Nachfragen erfuhr – Beatles hieß.

Wieder einige Jahre später erzählte mein Vater einmal beim Mittagessen, mit der Zeitung wedelnd, halb erbost und halb anerkennend, dass mein Cousin nun Maoist sei und bei einer Demonstration gegen Nixon am Flughafen vor der Polizei davongelaufen sei und dabei einen Schuh verloren habe.

Da aber war aus dem „Garli" schon längst ein Karl-Markus geworden. In den folgenden Jahren und Jahrzehnten verringerte sich die Bedeutung des Altersunterschieds zwischen uns – und scheint nun, als ich an einem verregneten Samstag im August in seinem Wohnzimmer mein Aufnahmegerät zwischen uns stelle, gänzlich geschrumpft. Nun darf ich seine rückblickende Sichtweise auf sein Aufwachsen als Kind donauschwäbischer Eltern erfahren.

Karl-Markus Gauß

Besonders, aber integriert

Karl-Markus Gauß, Jahrgang 1954, lebt als Schriftsteller und Autor in Salzburg. Sein Vater ist im Jahr 1912 in Batschka Palanka geboren, seine Mutter, Jahrgang 1919, stammt aus Futok in der Batschka. Beide sind seit 1945 in Österreich.

Zum Wort „Donauschwaben" fällt mir als Erstes ein ...

... dass wir etwas Besonderes waren. Dieses Besondere war etwas Positives.

Integriert, aber trotzdem besonders

Ich bin im Aiglhof – einem Stadtteil von Salzburg – in einer Siedlung aufgewachsen, die ursprünglich für Südtiroler Optanten gedacht war, in der aber außer Südtirolern auch viele Aussiedler aus verschiedenen Ländern lebten, vor allem Sudetendeutsche und andere Volksdeutsche. Wir waren aber die einzigen Donauschwaben. Wir waren etwas Besonderes. Das haben meine Eltern immer hervorgehoben. Ich habe daher zu meinem Donauschwabentum immer eine positive Beziehung gehabt.

Ich habe schon in der Zeit vor der Schule gewusst, dass wir Donauschwaben waren, und habe schon damals „Donau" als ein mythisches Wort empfunden – wobei mir dieser Begriff damals natürlich nicht bekannt war. Aber es war etwas Märchenhaft-Legendenhaftes dabei. Dennoch war auch immer ein gewisses Leid damit verbunden, das mich persönlich allerdings nicht direkt getroffen hat. Das Leid betraf einerseits die Vertreibung, andererseits Diskriminierungen in Österreich. Meine beiden ältesten Geschwister erzählten manchmal von feindseligen Äußerungen in der Schule, von Lehrern oder Schülern: Sie wurde als Nicht-Hiesige, als Zugezogene gesehen, die den Einheimischen etwas wegnehmen.

Ich selber, zwölf bzw. zehn Jahre jünger als meine beiden ältesten Brüder, habe solche bitteren Erfahrungen nicht machen müssen und mich immer völlig integriert gefühlt. Ich habe tatsächlich nie eine negative Erfahrung oder Zurückweisung erfahren. Was vielleicht als kleine Abweichung aufgefallen ist, war die Sprechweise innerhalb der Familie. Wenn mich meine Schulfreunde angerufen haben, so haben meist mein Vater oder meine Mutter das Telefon abgehoben. Am nächsten Tag wurde dann ein wenig gespöttelt, aber durchaus liebevoll: „Wenn man bei dir anruft und der Vater abhebt, dann sagt er: ‚Garli gommt gleich.'" Oder es ist meinen Freunden bei uns zu Hause aufgefallen, dass meine Mutter gesagt hat: „Jetzt bringe ich euch ‚Gegse'." Das war aber kein Ausschließungsgrund.

Außerhalb des familiären Rahmens habe ich erst im Gymnasium einen anderen gleichaltrigen Donauschwaben kennengelernt. Aber wir haben uns darüber, soweit ich mich erinnere, nicht ausgetauscht oder als Angehörige einer gemeinsamen Gruppe definiert.

Wie jedes Kind und jeder Jugendliche wollte ich natürlich in den Peergroups anerkannt sein, habe aber nicht mehr diesen Druck verspürt, von dem mir meine älteren Geschwister erzählt haben: so sein zu wollen wie die anderen. Dabei spielt vielleicht eine Rolle, dass es Mitte der Sechzigerjahre schon Vorboten dieser 68er-Bewegung gegeben hat, wo etwas Besonderes zu sein nichts mit Missachtung zu tun hatte.

Ich habe nie eine Phase gehabt, in der ich die Ambition gehabt hätte, zu den donauschwäbischen Trachtenfesten, Tanzfesten oder Bällen zu gehen. Die waren mir zu spießig oder provinziell, wenn ich das etwas arrogant aus der Sicht des damaligen Jugendlichen sagen darf. Diese Seite hat mich – aller-dings nicht als Identitätsmoment – eher gestört. Aber eigentlich hatte das weniger mit dem Donauschwabentun an sich zu tun, sondern es war allgemeiner, ich wäre auch auf keinen Salzburger Trachtenball gegangen. Wir haben Popmusik gehört und ab einem gewissen Punkt war Salzburg und Österreich ein Mief für uns, wir haben lieber amerikanische Musik gehört und wollten in einen Partykeller gehen und uns nicht im elterlichen Bannkreis bewegen. Das war die Atmosphäre der 68er-Generation.

Verschiedenen Identitätsänderungen

Erinnerung ist etwas, was sich konstruiert. Aber ich persönlich habe meine donauschwäbische Herkunft nie als Problematik gesehen oder gedacht, dass ich mich jemand anderem gegenüber anders präsentieren muss, als ich mich fühle.

Gleichzeitig habe ich mich immer als Salzburger empfunden bzw. lange Zeit eher noch als Aiglhofer. Das war ursprünglich meine Hauptidentität, die Salzburger und die donauschwäbische Identität waren irgendwie darübergewölbt. Das Gefühl, Österreicher zu sein, kam viel später. Heute würde ich sagen, dass ich ein Aiglhofer Donauschwabe und ein Europäer mit Salzburger und österreichischen Konnotationen bin.

Ich empfinde mein Donauschwabentum auch als etwas europäisch Interessantes. Es ist etwas europäisch Exemplarisches, das es in vielen Varianten gibt: eine Minderheit in einem Land zu sein, dort lange zu leben, sich anzupassen, aber trotzdem nicht ganz dazuzugehören und dann sogar noch vertrieben zu werden – das gehört zur europäischen Geschichte. Die Donauschwaben sind in diesem Sinn meine vorbildliche, also exemplarische Gruppe, wie man ähnliche aber auch in anderen Regionen finden kann. Einige habe ich für meine Bücher ja aufgesucht. Etwa die bosnischen Sepharden (das sind aus Spanien stammende Juden, die vor der spanischen Inquisition vor Jahrhunderten auf den Balkan geflohen sind und deren Nachfahren im jugoslawischen Zerfallskrieg 500 Jahre

später in die USA oder nach Israel ausgewandert sind) für mein Buch „Die sterbenden Europäer"; oder die Assyrer in Schweden (das sind christliche Orientalen, die ihre Länder verlassen mussten) für mein Buch „Die fröhlichen Untergeher von Roana". Und viele andere. Es geht dabei um Menschen, die durch Not, nicht durch Idealismus oder Abenteuerlust, in die Fremde gezogen sind, sich dort etwas aufgebaut haben, gemischte Identitäten gebildet haben, was durch die Zeitläufte und Verbrechen des letzten Jahrhunderts vielenorts auch wieder zerstört wurde, sodass die Menschen neuerlich woandershin gespült wurden.
Eines meiner Bücher heißt „Die unaufhörliche Wanderung". Der Titel trifft gerade auch auf die Donauschwaben zu.

Der Vater – Verbitterung und Größe

Mein Vater war innerhalb des österreichischen donauschwäbischen Vereinswesens bekannt oder prominent und auch für mich eine prägende Figur. Er war eine widersprüchliche Erscheinung. Er war sehr gebildet, hat aber eine gewisse Verbitterung gehabt, die hauptsächlich donauschwäbisch vermittelt war. Er hat einen lebenslangen Kampf gegen die donauschwäbischen Finanzgeber seiner Zeitschrift, dem „Neuland", geführt. Das war für ihn hart, aber trotzdem hat er andere, angesehenere berufliche Angebote, die es durchaus gegeben hat, ausgeschlagen. Denn er war absolut fixiert auf die Donauschwaben und auf das für ihn so verheerende Klischee, dass die Donauschwaben selbst schuld wären an ihrer Vertreibung. Das wollte er sein ganzes Leben lang widerlegen und dazu hat er ja auch sehr interessante Sachen publiziert. Das Klischee ist befeuert worden von Jugoslawien, aber auch von einer linken Szene in Deutschland. Er wollte dem widersprechen, aber seine Tragik und dann auch seine Verbitterung war die, dass es natürlich innerhalb der Volksgruppe eben tatsächlich doch auch echte Nazis gegeben hat. Er wollte seine Volksgruppe freisprechen und hat gerade dafür viel Gegenwind von real vorhandenen Reaktionären und revanchistisch ausgerichteten Leuten bekommen.

Offenheit der Elterngeneration

Wenn ich an die Salzburger Szene denke: der Oberläuter, der Gauß, der Schreckeis ... die waren alle keine Revanchisten. Das ist an und für sich erstaunlich im Hinblick darauf, dass ihre eigene Vertreibung ja noch nicht lange zurücklag. Sie, und wohl auch andere Donauschwaben, waren offen für – heute würde man sagen: multikulturelle – Sichtweisen und auch für Begegnungen mit Menschen aus diesem Raum. Auch die Sprachen des Balkans haben sie gesprochen, und als in den Sechzigerjahren die Gastarbeiter zu uns kamen, haben sie mit ihnen Kontakt gehabt. Der Dr. Schreckeis war der einzige praktische Arzt in Salzburg, der auch Serbokroatisch gesprochen hat, also gingen die ersten Gastarbeiter alle zu ihm. Meine Mutter hat an der Volkshochschule Deutschkurse für die erste Generation von Gast-

arbeitern gehalten, es gäbe noch viele weitere Beispiele. Mein Vater wurde von jugoslawischen Historikern – wie etwa dem in Serbien hochangesehenen Josip Mirnić, der eine Geschichte der Partisanen geschrieben hat – aufgesucht und befragt.

Sie waren Menschen, die sich dem Neuen durchaus kritisch zuwandten, sich ihm gegenüber aber auch öffnen konnten. Zum Beispiel auch meine Mutter: Sie hat ihre Stellung in Österreich zunächst als extrem deprimierend und demütigend empfunden, wenn man diese nur mit ihrer Rolle unten als Tochter aus reichem Hause verglichen hat. Aber beide Eltern haben verstanden, dass sie sich hier eine größere Freiheit erobern konnten und der soziale Druck des Dorfs mit dieser unglaublichen Überwachung hier doch abgemildert war, selbst im rigiden Klima der Fünfzigerjahre.

In einem Text habe ich es einmal ein wenig pathetisch formuliert: Von meinen Eltern habe ich gelernt, in verschiedenen Kulturen zu denken. Sie haben mir vermittelt, dass „die Jugoslawen", die als Gastarbeiter zu uns gekommen sind, nicht nur die ungebildeten Hackler sind, als die sie bei uns galten, sondern auch einer hochstehenden Kultur entstammten. Es bezeugte durchaus Respekt vor denen, die von anderen vielleicht einseitig als „die Vertreiber" oder gar „die Bösen" gesehen wurden. Die mir bekannten Donauschwaben um die erwähnten Repräsentanten haben die Augen nicht vor der Tatsache verschlossen, dass es in ihrer eigenen Volksgruppe genügend Ereignisse gegeben hat, auf die kein Donauschwabe stolz sein kann: Kollaboration mit den Nationalsozialisten, Teilnahme an rassistischen Zwangsmaßnahmen. Ich habe von klein auf vermittelt bekommen, dass die Vertreibung ein Unrecht war, die donauschwäbische Volksgruppe aber nicht nur aus Opfern bestand. Das war häufig ein Thema unserer Familiengespräche.

Es hat melancholische Momente gegeben, in denen die Eltern von früher geschwärmt haben, von der Weite der Ebene, von der Donau, sogar der aufgewirbelte Staub, wenn ein Bus durch das Dorf gefahren ist, wurde verklärt. Aber: Weder Vater noch Mutter haben je die Ambition gehabt, wieder in die alte Heimat zurückzukehren. Und zwar nicht nur aus historischen, sondern auch aus gegenwärtigen Gründen, sie haben ja in Österreich Entfaltungsmöglichkeiten vorgefunden. Deswegen: Sympathie für die verlorene Welt, aber auch eine Zugewandtheit zu der neuen.

Ein Ewigkeitsmoment in Futok

Meine Frau und ich haben mit Freunden 2009 eine Reise nach Novi Sad und Belgrad gemacht. Von Novi Sad sind wir zwei Mal nach Futok gefahren, dem Heimatort meiner Mutter. Es gab dort Erlebnisse, die für mich so eindrücklich waren, dass ich sie auch in einem meiner Bücher beschrieben habe. Ein Beispiel: Meine Mutter hat mir oft erzählt, wie sie mit der Kommunionskerze in der Futoker Kirche den Gang hinuntergegangen ist. Als ich dort war, habe ich mir das zu ver-

gegenwärtigen versucht, und auf einmal habe ich sie und ihre Freundinnen tatsächlich in die Kirche einziehen gesehen.
Ich bin erst nach ihrem Tod in diese Gegend gefahren. Sie war ein wenig gekränkt, dass ich so viele Länder bereist habe, nur nicht die Batschka. Ich glaube, ich wollte nicht hinfahren, weil sie mir so viele idyllische Geschichten von ihrer Jugend in dieser Gegend erzählte, dass ich sie nicht mit der Realität konfrontieren wollte. Ich wollte ihre Kindheitswelt nicht enger und provinzieller vorfinden als in den idealisierenden Erzählungen. Die Pointe aber ist, dass sich diese märchenhaften Geschichten letztendlich, als ich tatsächlich dort war, sogar erfüllt haben. Folgende Szene hat meine Mutter wiederholt erzählt: Sie und ihre Freundinnen und Freunde sind im Sommer alle Tage an die Donau gegangen, haben sich im Fluss ein paar Kilometer hinuntertreiben lassen, sind dann auf dem aufgeschütteten Weg an der Donau zurückgegangen und dann kamen die albanischen Eisverkäufer vorbei, haben mit der Glocke gebimmelt und „Sladoled" gerufen und die Kinder sind von allen Seiten hingelaufen, um Eis zu kaufen. Das war für meine Mutter der Inbegriff ihrer herrlichen Kindheit im Sommer. Als wir dort waren, hatte ich genau das meinen Freunden vorher im Auto erzählt. Und als wir zur Donau kamen, waren dort lauter Kinder, und plötzlich fährt ein Eisverkäufer mit Rad und Anhänger vor, bimmelt, ruft „Sladoled" und alle Kinder stürmen zu ihm. Das war ein Ewigkeitsmoment.

Die donauschwäbische Küche

Die donauschwäbische Küche ist durch den Balkan geprägt. Als ich mit 25 Jahren mit gleichaltrigen Salzburgern zum ersten Mal in ein chinesisches Restaurant gegangen bin, waren alle sehr überrascht, dass es etwas gibt, das scharf und süß zugleich ist. Wir Donauschwaben haben das gekannt. Wir haben scharfe serbische Bohnensuppe und dazu leicht gesüßte Buchteln gegessen. Meine Mutter hat oft auch Sarma gemacht und insgesamt haben wir sicher schärfer gegessen als die Nachbarn.
Ob das etwas spezifisch Donauschwäbisches ist oder nicht, kann ich nicht sagen, aber es war so: Wenn Gäste gekommen sind oder wir selbst bei Donauschwaben eingeladen waren, dann wurde stets richtig aufgekocht und die Gäste waren dazu angehalten, reichlich zu essen. Es durfte aber nicht zum Trinkgelage ausarten, dafür haben die Frauen der Familie gesorgt, die das kräftige Trinken von Alkohol stets missbilligten.
Ich hatte ein handgeschriebenes Kochbuch meiner Großmutter, das irgendwie abhandengekommen ist. Sie war eine Frau, die einen großen Haushalt geführt und oft für 16 Leute gekocht hat, für die große Familie, aber auch für das Gesinde und die Angestellten. Von besonderen Köstlichkeiten bis zu alltäglichen Gerichten ist alles in diesem Büchlein aufgeführt worden. Die besondere Pointe war elf Arten von Gulasch. Die hätte ich gerne einmal alle nachgekocht. Bei einem Rezept waren Sardellen dabei. Das ist für mich

ein fernes Indiz dafür, dass sie damals einen gewissen weltläufigen Wohlstand gehabt haben. Denn Sardellenringerl im nächsten Geschäft kaufen, das war dort sicher nicht möglich.

„Aber so was von zu Hause!"

Meine Eltern sind nie wieder in die alte Heimat gefahren. Allerdings waren beide sowieso erstaunlich reiseunwillig und sind sonst auch fast nie weggefahren. Meine Mutter war doch ein paar Mal mit Freundinnen in Jesolo oder auf Korfu. Mein Vater ist lediglich ein oder zwei Mal nach Wien gefahren, sonst hat er Salzburg so gut wie nie mehr verlassen. Einen einzigen Familienurlaub haben wir gemacht. Da sind wir eine Woche nach Werfenweng gefahren, weil dort ein Donauschwabe eine kleine Ferienwohnung hatte. Wir haben, erschlagen von den Bergen, diesen Urlaub abgedient und waren froh, als wir wieder zurück konnten. Ich weiß nicht, ob dahinter nicht doch ein Trauma lag. Also: Einmal vertrieben werden genügt!

Der Traum meiner Mutter war, dass einer ihrer Söhne so etwas wie Landeshauptmann oder Bürgermeister von Salzburg wird – als Beweis, dass wir keine Landstreicher sind, dass wir eine großartige Kultur haben und dass wir hier so was von Hause sind! Sie hat es dann noch erlebt, dass ich den Österreichischen Staatspreis für Kulturpublizistik bekommen habe. Das hat mich natürlich auch gefreut, aber für sie war es ein unglaubliches Ereignis. Österreich ehrt ihren Sohn!

„Der Minderheiten-Gauß"

Ich werde öfter gefragt, warum ich ein so großes Interesse an Minderheiten habe. Ich habe das lange selber nicht beantworten können. Andere haben mich darauf aufmerksam gemacht, dass das in der Geschichte meiner Familie quasi vorgeprägt ist, und wahrscheinlich kommt es wirklich von daher.

Meine Eltern hatten Ende der Fünfzigerjahre vorgehabt, nach Amerika auszuwandern. Es gab mehrere Pläne, aber einer war am weitesten fortgeschritten: Mein Vater hätte in Brooklyn schon einen Job als Sportreporter bei einer Zeitung gehabt. Meine Mutter wäre Hausmeisterin in einem größeren Wohnblock geworden, in dem hauptsächlich Ungarn, Donauschwaben und andere Flüchtlinge aus dem Balkan untergebracht gewesen waren. Ich habe einmal vorgehabt, diese Geschichte weiterzuspinnen und eine fiktive Familiengeschichte zu verfassen: Was wäre gewesen, wenn wir nach Brooklyn ausgewandert wären? Meine Mutter hat oft ausgerufen: „Gott sei Dank sind wir nicht in die USA gegangen, dann hätten meine zwei älteren Söhne in den Krieg nach Vietnam gehen müssen." Ich habe mir für mich persönlich aber überlegt: Sollte ich dort auch Schriftsteller geworden sein, was wäre dann anders gewesen? Vermutlich hätte ich so ziemlich das Gleiche geschrieben wie jetzt. Ich bin hier von der Minderheitensituation geprägt, dort wäre ich aber auch in einer ungarisch-rumänisch-balkanesisch-deutschen Insel aufgewachsen und wahrscheinlich hätte ich mich wieder für das Gleiche interessiert. Vielleicht wäre ich nach Europa gefahren oder hätte angefangen, die Minderheiten in Amerika aufzusuchen – aber im Prinzip wäre es dasselbe gewesen. Der einzige Vorteil: Was für einen österreichischen Autor eine Auflage von 10.000 Stück ist, das ist für einen amerikanischen eine von 100.000!

Kern meiner Identität ist vielleicht wirklich diese Minderheitenliebe und das Minderheitengefühl – aber nicht im Sinn eines Minderwertigkeitsgefühls und auch nicht im Sinne eines exklusiven Lebensprogramms.

Vor 20 Jahren hat jemand geschrieben, ich sei der „Minderheiten-Gauß", weil ich so viele Bücher über Minderheiten geschrieben habe. Das habe ich damals als Auszeichnung empfunden. Heute ist das nicht mehr so, weil sich der Charakter dessen, was man Minderheiten nennt oder was sich als Minderheiten präsentiert, völlig geändert hat. Viele Minderheiten heute versuchen in extremer Weise nichts als ihre eigenen Identitätspolitik zu betreiben und zerstören dadurch meiner Meinung nach die Gesellschaft. Jede stellt ihren Opfercharakter ins Zentrum, um damit einen besonderen Status zu beanspruchen. Das Verbindende ist nicht mehr da. Insofern fühle ich mich als „Minderheiten-Gauß" ganz und gar nicht mehr positiv angesprochen.

Ressourcen, Fähigkeiten und Stolz

Ich empfinde kein Minderwertigkeitsgefühl als Donauschwabe, eher einen gewissen Stolz auf etwas Abweichendes, Besonderes, minimal Anderes. Vielleicht kommt von meiner Herkunft mein Interesse für die Vielfalt der Welt, was natürlich auf andere Weise genauso hätte entstehen können.

Vielleicht meine Fähigkeit, Dinge von verschiedenen Warten aus sehen zu können. Man spricht mir ja zu, dass ich in meinem genuin literarischen Werk wechselnde Perspektiven einnehme, also Geschichte von der einer und der anderen Seite darstelle. Ich nehme die Menschen auch als rundum gemischte Charaktere wahr.

Dadurch, dass ich in meiner Umgebung immer ein Anderer, ein Besonderer war, habe ich eine relativ hohe Fähigkeit entwickelt, mich mit ganz verschiedenen Menschen ganz gut zu verstehen, und auch, mich in verschiedenen Milieus zu behaupten. Zum Beispiel beim Fußballspielen. Fußball war ungefähr bis zu meinem 16. Jahr mein Leben selbst. Ich habe im UFC gespielt, der noch den Beinamen „UFC Danubia" gehabt hat. Da haben zu meiner Zeit hauptsächlich heimatvertriebene Donauschwaben gespielt, aber auch Menschen aus verschiedenen osteuropäischen Ländern, zum Beispiel waren auch Ukrainer und Bulgaren dabei. Es war ein katholischer Verein, aber auch osteuropäisch-multikulturell. Die Leute kamen aus eher proletarischen Vierteln von Salzburg und wir waren nur drei Spieler, die ins Gymnasium gingen. Die anderen waren mir zum Teil körperlich überlegen, aber ich bin gut ausgekommen mit ihnen – natürlich durch den Schmäh, den ich führen konnte. Auch im Aiglhof war ich der meist der Jüngste in der Freundesgruppe und ich habe immer den Wunsch gehabt, mit den Größeren mitzuhalten. Da kann man sich nur behaupten, wenn man mit der „Gosch'n" stärker ist als andere.

Damals begann mein abenteuerliches Leben als „Maulheld". Das ist doch eigentlich etwas sehr Edles: in der Sprache und mit Witz Schlachten zu schlagen, und nicht mit den Fäusten.

„Wir sind so was von zu Hause!" Über diesen Ausspruch musste ich nach dem Gespräch immer wieder schmunzeln. Dazugehören im Bewusstsein der Besonderheit: Die meisten Gesprächspartner*innen wünschen sich diese Form der Integration.

In vielen Fällen stand am Anfang jedoch eine Erfahrung von Ausgrenzung, Irritation oder – wie im Falle meiner nächsten Gesprächspartnerin – Schweigen.

Kirche in Futok, September 2023

Maria M.

Als ich vor einigen Jahren meiner Kollegin Maria mein soeben erschienenes Buch „Mein Donauschwabien" zeigte, war ich über ihre Reaktion sehr überrascht: Donauschwaben? War diese Volksgruppe nicht im Banat daheim? Könnte es sein, dass ihr Vater auch zu dieser Gruppe gehörte? Ich war erstaunt, dass sie, die als Familientherapeutin zweifellos auf eine fundierte Auseinandersetzung mit der eigenen Herkunft zurückblicken kann, dennoch im Hinblick auf donauschwäbische Aspekte gewisse Unsicherheiten und Irritationen aufwies. So zumindest kam es mir vor. Als ich Jahre später in ihrer Praxis sitze, um mit ihr genau über diese Themen ins Gespräch zu kommen, bin ich sehr neugierig, was sie mir erzählen wird.

Maria M.

Ein Schweigegebot und seine Überwindung

Maria M. im Jahr 1963 geboren und ist von Beruf Psychologin und Psychotherapeutin.
Der Vater, Jahrgang 1939, stammt aus Mitrowitz in der Provinz Vojvodina, im heutigen Serbien, die Mutter, Jahrgang 1943, ist Oberösterreicherin.

Zum Wort „Donauschwaben" fällt mir als Erstes ein ...

... es fallen mir spontan Besuche der Verwandten meines Vaters ein sowie der donauschwäbische Akzent, an dem ich als Kind erkannt habe, dass die Verwandten von woandersher kommen. Wir waren auf einer Hochzeit eingeladen. Ich war damals ungefähr sechs Jahre alt. Bei dieser Hochzeit waren viele Donauschwaben. Dort habe ich ein sprachliches Idiom erlebt, welches ich von meinem Vater und meinem Onkel nicht gekannt habe. Auch bei meinem Großvater habe ich dieses sprachliche Idiom nicht so bewusst wahrgenommen. Also nehme ich an, dass sie auch unten diesen Dialekt nicht gesprochen haben.

Mir war das damals fast ein bisschen peinlich. Aber ich nehme an, dass das eher die Gefühle meines Vaters waren, die ich da aufgenommen oder übernommen habe. Das Peinliche ist das Anders-Sein. Es ist peinlich, dass es hörbar ist, dass man von woandersher kommt.

Diskriminierungen in Österreich

Ich war noch gar nicht in der Volksschule, als mein Vater mir gesagt hat, ich dürfe niemandem erzählen, wo er geboren ist. Ich denke, dass es seine Diskriminierungserfahrungen als Flüchtlingskind waren oder dann auch als Erwachsener, warum er nicht wollte, dass ich das sage. Ich habe mich daran gehalten, auch meine beste Freundin, die ich seit dem Kindergarten kenne, hat bis vor sieben Jahren nicht gewusst, woher mein Vater ursprünglich kommt.

Es gibt eine Geschichte, die ich mitbekommen habe: Mein Vater hatte eine HTL besucht und war Konstrukteur im Landmaschinenbau. Er hat als solcher auch Erfindungen gemacht. Nach ein paar Praxisjahren kann man um den Ingenieurtitel ansuchen. Er hat aufgrund seiner Dokumente aus der alten Heimat große Schwierigkeiten bekommen. Jemand hat bemerkt, dass die Schreibweise seines Familiennamens anders ist als in seiner Geburtsurkunde. Er hätte noch einmal nach Mitrowitz fahren sollen. Jedenfalls hat er diese richtigen oder korrigierten Dokumente nicht nachbringen können und hat daher seinen Ingenieurtitel nicht erhalten. Er hat Diskriminierung erlebt.

Er hat mir auch erzählt, dass er im Pinzgau in der Volksschule einen Lehrer gehabt hat, der ihn grundsätzlich diskriminiert hat. Er war dort das Flüchtlingskind. Der Pfarrer allerdings hat seine Begabung gesehen und hat sich dafür eingesetzt, dass er dann in Salzburg das Gymnasium im Borromäum besuchen konnte.

Traumatisierungen

Ich habe eine Familienrekonstruktion gemacht. Es war eine neuntägige intensive Selbsterfahrung im Rahmen meiner Ausbildung zur Systemischen Familientherapeutin und ich habe vorher natürlich in beide Richtungen meiner Familiengeschichte genau recherchiert. Aber ich war dort sehr überrascht, dass die Lehrtherapeuten die Geschichte meines Vaters eher als Schwerpunkt gewählt haben. Das war dann eine emotional sehr intensive Aufstellung der Fluchtgeschichte. Schon bei den Recherchen habe ich gemerkt, dass es da sehr viele Traumatisierungen gegeben hat. Als die Familie im Jahr 1943 geflüchtet ist, war mein Vater gerade einmal vier Jahre alt. Die Großmutter meines Vaters ist auf der Flucht im Zug gestorben. Man konnte sie nicht beerdigen. Sie ist dort einfach neben den Geleisen abgelegt worden. Die Mutter meines Vaters ist im Dezember 1945 im Flüchtlingslager in Zwentendorf verstorben. Sie war schwanger zum fünften Kind. Dann waren die vier Kinder mit dem Vater allein. Die älteste Schwester meines Vaters, damals zwölf Jahre alt, hat sich um die jüngeren Geschwister gekümmert. Mein Vater war das jüngste der vier Kinder und damals sechs Jahre alt. Mein Großvater ist mit einer entstellenden Kriegsverletzung aus Russland zurückgekommen. Der Großvater mütterlicherseits ist psychisch krank geworden und war im Wagner-Jauregg-Krankenhaus. Die Familie hat über das alles geschwiegen. Durch die Rekonstruktion habe ich dann verstanden, warum. Die Traumatisierung hat bedingt, dass man über das Erlebte nicht reden wollte.

„Es ist wenig tradiert worden."

Auch von den schönen Seiten von früher ist nichts erzählt worden. Mein Vater war vier Jahre alt, als sie weggegangen sind, mein Onkel wollte nicht darüber sprechen, die beiden Schwestern meines Vaters haben in Kanada gelebt. Nur die älteste Schwester meines Vaters hätte mir mehr erzählen können. Aber diese vor meiner Familienrekonstruktion zu treffen war leider nicht möglich. Sie ist verstorben, bevor ich mehr hätte nachfragen wollen. So etwas wie ein Sehnsuchtsgefühl in Bezug auf eine alte Heimat gibt es gar nicht, weder bei meinem Vater noch bei mir. In Familien, wo die Eltern bei der Flucht älter waren und vorher dort wirklich eine Geschichte gehabt haben, wurde das den Kindern vermutlich auch als Sehnsuchtsort vermittelt. Das war bei meinem Vater nicht der Fall. Auch Stolz auf die Herkunft gibt es daher nicht. Mein Vater wollte Österreicher sein. Mit meinem Großvater hatte ich wenig

Beziehung, er hätte mir aber sonst auch nicht viel erzählt. Und so ist da sehr wenig tradiert worden.
Welchen Stand meine Familie väterlicherseits gehabt hat, das weiß ich gar nicht. Es gibt ein Foto von einem Haus, ich glaube, dass mein Vater die ersten Lebensjahre dort aufgewachsen ist. Aber auch das weiß ich nicht genau. Ich vermute, dass sie Kleinbauern waren. Mein Großvater hat Schlosser gelernt.
Das Donauschwäbische war im Alltag nicht präsent. Auch über das Essen ist nichts vermittelt worden. Meine Großmutter väterlicherseits – oft wird ja über die Großmütter das Kulinarische vermittelt – habe ich nie kennengelernt. Zu den donauschwäbischen Vereinen hat es überhaupt keine Verbindung gegeben. Zwei Mal, so kann ich mich erinnern, war vor meinem zehnten Lebensjahr Besuch von Verwandten da, die von unten waren. Das waren Cousinen meines Vaters. Sie haben mir ein sehr schönes Lesezeichen aus Leder geschenkt, da war ein kleiner Puppenkopf aus Pappmaché darauf mit einem Trachtenkopftuch. Dieses Lesezeichen habe ich lange gehabt. Das war etwas Besonderes. Es war das Einzige, was ich von unten, der alten Heimat meines Vaters, gehabt habe.

Lebensstationen meines Vaters

Es gibt ein einziges Foto, das meinen Vater in seinem Geburtsort zeigt. Es ist das einzige Foto, das ich von meinem Vater in seiner ursprünglichen Heimat habe. Er dürfte darauf zwei oder drei Jahre alt sein. Es ist im Innenhof, wo

sie gewohnt haben, aufgenommen worden. Da ist ein junger Baum gepflanzt, um den er gerne herumgelaufen ist. Das hat er erzählt. Es gibt insgesamt sehr wenige Fotos. Aber doch eines von meiner Großmutter Ana, da steht hinten etwas in serbokroatischer Sprache, ich vermute zumindest, dass es serbokroatisch ist.
Es gibt noch ein Foto von meinem Vater im Pinzgau, auf dem er in der Internatstracht des Borromäums zu sehen ist. Dieses Bild war sicher während eines Heimaturlaubs aufgenommen worden. Die Internatszöglinge durften ja nur ganz selten nach Hause fahren. Er trägt eine für den Pinzgau ganz untypische Kleidung. Es sieht spätherbstlich aus, vermutlich war es Allerheiligen, sodass er nach Hause fahren durfte.
Die Familie hat im Stubachtal gewohnt, wo ein Tauernkraftwerk gebaut wurde und wo mein Großvater nach dem Krieg als Schlosser Arbeit gefunden hat. Sie haben dort in einer Arbeiterbaracke gelebt. Später haben der Großvater und mein Onkel in Kaprun

gearbeitet. Dann sind sie nach Marchtrenk gezogen, wo mein Vater die Hauptschule abgeschlossen hat. Warum gerade nach Marchtrenk, weiß ich nicht genau. Vielleicht hat es eine Rolle gespielt, dass sich dort viele Donauschwaben angesiedelt haben. Der Großvater hat dort einen Baugrund bekommen und hat so ein typisches kleines Siedlungshaus gebaut. Seine Arbeit an den Tauernkraftwerken war vorbei und er hat dann bei den Donaukraftwerken weitergearbeitet.

Meine Eltern waren sehr jung, als sie mich bekommen haben, und haben in einem kleinen Anbau dieses Siedlungshauses gewohnt. Es war eine einfache Zweizimmerwohnung. Als ich ein Baby war, war ein sehr kalter Winter und die Mutter hat oft erzählt, wie das war mit Brunnen im Garten und Windelwaschen bei Eiseskälte und Heizdecke im Bett. Zum Glück hat mein Vater sehr bald eine Betriebswohnung in Wels bekommen, wo ich dann ab dem zweiten Lebensjahr aufgewachsen bin.

Mein Vater hat zwei Mal mit seinem Vater den Heimatort besucht. Sie waren gemeinsam auf den Spuren von früher unterwegs. Ich weiß davon, aber erzählt hat er wenig. Ich selbst habe das Bedürfnis, hinunter zu fahren, nicht. Ich hätte es schön gefunden, einmal mit meinem Vater gemeinsam dorthin zu fahren. Aber ich habe das Gefühl, dass es jetzt zu spät ist, also zu strapaziös. Mein Vater ist schon 84 Jahre alt. Das ist auch schade. Mit ihm gemeinsam hätte es Sinn gemacht, aber allein nicht. Ich wäre sehr verloren dort, weil ich nichts Näheres weiß.

„Ich gehe jetzt offen mit der Thematik um"

Ich bin stolz, wie es meinem Vater gelungen ist, mit diesem Bruch und diesen Traumatisierungen umzugehen und dass er trotz alledem ein sehr empathischer Mensch geblieben ist. Er hat auch immer Empathie und Hilfsbereitschaft gegenüber anderen Menschen mit Migrationshintergrund gezeigt. Das hat sicherlich auch etwas mit seiner Geschichte zu tun. Manche mit ähnlichen Erfahrungen werden dann ausländerfeindlich, das war er nie. Er war unterstützend und einfühlsam und hat sich für die Migranten in seiner Umgebung eingesetzt. Darauf bin ich stolz.

Ich habe mich durch das Gebot, nicht sagen zu dürfen, woher er ist, früher auch belastet gefühlt. Das habe ich so erlebt, wie wenn auch ich einen Makel hätte. An dieser Stelle habe ich etwas von seinem Minderwertigkeitsgefühl übernommen, das er als Flüchtlingskind gehabt hat. Wenn du nicht sagen darfst, wo dein Vater geboren ist, weil das quasi schlecht ist, dann macht das schon etwas. Es war nicht nachvollziehbar für mich. Ich habe nur gespürt, das ist ein Nachteil, dass da etwas ist, was man nicht herzeigen soll. Das habe ich lange nicht hinterfragt.

Die Sache mit den Dokumenten habe ich direkt mitbekommen, ich habe erlebt, dass er sich sehr geärgert und gekränkt und sich ohnmächtig gefühlt hat. Von den Diskriminierungen in der Schule habe ich erst später erfahren.

Der donauschwäbische Teil spielt in meiner Identität insofern eine Rolle, als ich jetzt offen damit umgehe. Ich kann das Schweigegebot jetzt überwinden. Ich spreche auch mit meinem Vater offen darüber. Jetzt macht es mir nichts mehr aus, wenn ich von anderen doch ein Ressentiment spüre.

Ich habe vor Kurzem im Pinzgau mit einer Frau, die etwa in meinem Alter war, gesprochen. Wir waren wie schon öfter mit meinem Vater dort auf Urlaub und sie hat es toll gefunden, dass wir mit ihm immer noch in den Ort seiner Kindheit und Jugend fahren. Ich habe gesagt, ja, das ist ein Teil seiner Kindheit, er ist hier aufgewachsen und war gerne da. Dann habe ich erzählt, dass sie geflüchtet waren und Donauschwaben waren. Und da hat sich plötzlich etwas mir gegenüber verändert. So auf die Art „Aha, so eine Herkunft also". Da habe ich ein wenig nachvollziehen können, was mein Vater erzählt hat. Stimmungsmäßig war es nämlich vorher ganz anders. Es wurde mir spürbar, dass es nicht selbstverständlich ist, dass dem Woandersher-Kommenden mit Wertschätzung begegnet wird. Jetzt denke ich: „So what!" Es belastet mich nicht.

Worauf ich auch stolz bin, ist, wie sich mein Vater durch seine Leistungen beruflich letztendlich in Österreich einen guten Platz erobert hat. Diese Strebsamkeit bewundere ich. Er ist hiergeblieben, sein Bruder auch, die Schwestern sind weitergegangen nach Kanada. Er ist hier angekommen, zum Glück für mich, sonst wäre ich in Kanada geboren. Das kann man sich nicht vorstellen. Es ist gut, wie es ist.

Diese unsichtbare Herkunft

Das andere sehe ich ambivalent. Das ist diese ganz große Anpassungsbereitschaft, die mir auch vermittelt worden ist. Das hat mich als Jugendliche lang genervt: Ja nicht auffallen. Sich anpassen. Sich unsichtbar machen. Das ist sicher ein Wesenszug, der lange Zeit von meinem Vater sehr stark gelebt worden ist. Da sehe ich den Zusammenhang zu dieser verborgenen Identität, zu dieser verborgenen Herkunft. In seinen schlechten, depressiven Phasen habe ich oft das Gefühl gehabt, dass er sich immer mehr unsichtbar macht. Das hat sich gut gewandelt. Jetzt lebt er sehr gerne Jetzt ist er wieder sichtbar und spürbar. Das war schon ein Sog: am liebsten unsichtbar werden und dann verschwinden. Das war lange eine Sorge von mir. Es ist spannend. Je nachdem, wie die Geschichte weitergegeben wird, nimmt man sie auf, in den jeweiligen emotionalen Färbungen. Selbst wenn darüber geschwiegen wird.

Heimat ist heute für mich meine sichere Beziehung. Da ist es zweitrangig, wo diese gelebt wird. Aber wenn es eine Gegend sein soll, ist es das Alpenvorland, wo ich auch jetzt lebe. Das habe ich bewusst als meinen Lebensmittelpunkt gewählt. Aber es gibt auch Wahlheimaten, Frankreich zum Beispiel.

Wie der Umgang mit Ausgrenzung und Anpassung zu einer positiv besetzten donauschwäbischen Identität führen kann, erfahre ich auch im nächsten Gespräch.

Angela F.

Das Gespräch mit Angela F. findet auf ihre Einladung hin in ihrem Haus in Oberösterreich statt. Ihre Familie stammt aus Slawonien, was für mich zunächst einmal einer Klärung bedarf, da mir die regionale Zuordnung nicht geläufig ist – ein Beispiel dafür, wie schwierig es ist, den Überblick über die Vielfalt der Regionen, die wechselnden historischen Grenzziehungen und die sprachlichen und nationalen Zugehörigkeiten und Verschiebungen im donauschwäbischen Siedlungsgebiet zu bewahren, geschweige denn, sie zu verstehen. Gemeinsam machen wir uns vor dem Gespräch über eine Landkarte gebeugt kundig: Slawonien erstreckt sich wie Syrmien zwischen Donau, Save und Drau.
Der Weg, den die deutsche Bevölkerung ab Herbst 1944 auch hier hatte antreten müssen, war also nicht so weit wie jener für die Menschen aus dem weiter entfernten Banat oder aus der Batschka. Allerdings nur im Außen, denn im Inneren wurden – wie ich im Gespräch erfahren und verstehen konnte – die Themen Heimatverlust, Neubeginn und Integration mitgenommen und an die nächste Generation weitergegeben.

Angela F.

Nachdenken über Anders-Sein, Heimat und Kreativität

Angela F. ist Jahrgang 1968, sie ist kaufmännische Angestellte und freischaffende Künstlerin.
Ihre Mutter wurde 1938 in Gorjani in Slawonien im heutigen Kroatien als Tochter von Bauern geboren. Die Familie kam 1944 mit dem Zug nach Österreich. Der Vater wurde im Jahr 1936 in Donja Motičina in Slawonien geboren, er flüchtete im Jahr 1944 mit seiner Familie mit dem Pferdekonvoi nach Österreich.

Zum Wort „Donauschwaben" fällt mir als Erstes ein ...

... Generationen, in alle Winde verstreut.

Die Großmutter war eigentlich im Garten zu Hause

Das ist der Gegenstand, den hat mein Herz ausgesucht, denn es gäbe viele. Das sind drei blaue Emailschüsselchen von der Oma. Mit diesen haben wir immer den Mohn geerntet. Ein Mal im Jahr haben wir die Mohnkapseln aufgeschnitten und in diese Schüsselchen den Mohn rein rieseln lassen, die Oma in die große und ich in die kleine. Das war immer ein ganz wunderbarer Tag mit der Oma. Und dann haben wir auf den Wind gewartet, oft tage- oder wochenlang. Wenn der Wind endlich gekommen ist, haben wir den Mohn von einer Schüssel in die andere geleert, so lange, bis alle Holzspäne rausgeflogen waren.
Und da hat es ja diese wunderbare Spezialität gegeben, diese Mohnstrudel, wir haben „gužvara" dazu gesagt. Die hat sie selber gemacht. Sie hat das alles gehabt im Garten, Obst, Gemüse und Blumen, auch Hühner und Eier. Das war ihre Existenzgrundlage. Und die Blumen hat sie am Markt verkauft. Das war ihre Lebensfreude.
Symbolisch stehen Mohnblumen ja für gefallene Soldaten. Weil eines ist in unserer Familie spürbar: dass jemand fehlt, ja dass im Laufe der Generationen mehrere fehlen.

Die Oma war im Garten zu Hause. Sie hat drei Sprachen gesprochen, Ungarisch, Kroatisch und Deutsch. Aber eigentlich hat sie sehr wenig gesprochen, also sie hat kein Wort zu viel gesprochen. Auch von Flucht und Vertreibung hat sie kaum erzählt. Der Papa hat gesagt, dass die Oma der alten Heimat viel nachgeweint hat, was mich nicht wundert: Sie haben ja dort so wunderschöne Häuser gehabt mit blumengeschmückten Laubengängen. Und Paradeiser, die nach Paradeiser schmecken. Und Tiere, die im Hof mitwohnen: Hühner, Gänse, Schweine und Pferde. Und sie haben ja auch noch einen großen Weingarten gehabt und Obstbäume, Zwetschken zum Schnapsbrennen. Bis weit in den Oktober hinein konnten sie barfuß laufen. Hier war sie halt, kann man sagen, im Garten zu Hause.

Sie ist sich selbst total treu geblieben. So wie sie war, so war sie, es hat ein Sonntagsgewand gegeben und ein Wochentagsgewand, und wenn sie raus ist, hat sie das Kopftuch aufgesetzt. Für mich war das ganz einfach so. Für manche meiner Freundinnen war das komisch. Sie hat ganz, ganz einfach gelebt und sehr unbeeindruckt von allem. Was kann einen Menschen noch beeindrucken, wenn man seinen eigenen Sohn verliert und einem alles Mögliche versprochen worden ist? Wenn man niemandem mehr trauen kann rundherum? Wenn über Nacht Freunde zu Feinden werden?

Sie haben in der Familie unten kroatisch gesprochen, also sie hatten sich schon assimiliert. Die Großeltern haben auch hier miteinander kroatisch gesprochen. Die Oma hat aber noch Deutsch gekonnt, aber nicht den typischen donauschwäbischen Dialekt, den gar nicht. Sie hat auch so Wörter verwendet wie „diskurrieren", so alte Wörter aus der Monarchie, da habe ich als Kind gesagt, Oma, das Wort gibt es nicht.

Flucht und steiniger Neubeginn

Von meinem Vater, der bei der Flucht acht Jahre alt war, habe ich einige Dinge erfahren. Sie sind von Slawonien zuerst südlich nach Belgrad verfrachtet worden, nach Novi Banovci, es hat geheißen vorübergehend, und von dort hat es wiederum geheißen, sie können die Stadt nicht mehr halten. Dann hat mein Opa seine Pferde aus Slawonien geholt und sie sind mit einem Pferdekonvoi über Ungarn geflüchtet. Es war eine Zeit, als die Felder noch in Frucht waren, also für meinen Vater war es auch abenteuerlich. Und die Familie war ja zusammen, mein Vater und seine Geschwister, die Oma, der Opa und die Urgroßeltern waren auch noch dabei. Das war ihr Weg. Mit dem Pferdekonvoi nach Westen.

Sie sind in Wels in der Dragonerkaserne angekommen, anfangs wurden sie dort untergebracht. Die Pferde wurden ihnen abgenommen. Dann sind sie aufgeteilt worden auf verschiedene Bauernhöfe in der Umgebung. Die Urgroßeltern waren außerhalb, so zehn Kilometer, das war weit, weil sie ja nichts mehr zum Fahren gehabt haben. Die waren wirklich getrennt. Mein Vater hat erzählt, sie sind zu einem

Bauernhof geführt worden, dort sind sie einen ganzen Tag im Eingang gestanden mit ihrem Gepäck und man wollte sie dort nicht haben, also richtige Ablehnung. Das ist schon hart.
Und weil mein Vater nicht Deutsch gesprochen hat, hat er am Vormittag und am Nachmittag Unterricht gehabt. Der Lehrer meinte, er müsste doch wenigstens rechnen können, aber er hat es doch erst übersetzen müssen ... Also das ist schon ein Ding, wenn man die Sprache erst lernen muss.
Andererseits erinnert er sich auch an ein Honigbrot, das er im Haus seines Schulfreundes angeboten bekommen hat, obwohl er noch gar nicht richtig Deutsch konnte. Und es war genauso dick bestrichen wie jenes seines Freundes, erzählt er. Und ist erstaunt und glücklich zugleich über diese Erfahrung.
Nach Australien auszuwandern, das war sein großer Traum, der nicht in Erfüllung gegangen ist.
In unserem Ort wurde eine größere Gruppe angesiedelt, so ungefähr 1000 Flüchtlinge. An gleicher Stelle war im Ersten Weltkrieg ein großes Kriegsgefangenenlager für russische Soldaten. Diese Fläche hat man für die Ansiedlung zur Verfügung gestellt, den kargen Schotterboden in der Welser Heide, wo die schwarze Lagerstadt und ihre Baracken verschwunden waren.

Andere fahren auf Urlaub nach Italien

Meine Kindheit war eine super Zeit. Im Dorf waren Donauschwaben, Siebenbürger, Sudetendeutsche und Einheimische gemischt, das war völlig normal so. Und alle hatten ihre Verwandten von Europa über Amerika bis Australien verstreut. Ein Gefühl von Anders-Sein war überhaupt nicht da. Alles war völlig normal so, wie es war. Das ist dann erst später gekommen, als ich in eine andere Schule und Stadt gewechselt bin.
Eine Freundin von mir ist zum Beispiel in den Ferien nach Italien gefahren und hat schon von den Burschen erzählt. Das war schon komisch. Denn wir, wir haben die Wachteln durchgeschaut, ob sie schon gebrütet haben, und solche Sachen. Urlaub am Meer hat es nicht gegeben.
Meine Eltern wollten aber gar nicht in Urlaub fahren, für sie war es wichtig, dass sie einmal ankommen. Sie haben hier Häuser aufgestellt. Ich glaube, dass meine Eltern durch die Flucht lieber daheim waren. Und da sie ja acht und sechs Jahre alt waren, als sie nach Österreich gekommen sind, haben sie ihre Kindheit und Jugend ja schon hier gehabt, und sehr viele schöne Erinnerungen. Sie haben sich hier kennengelernt.
Die Großeltern mütterlicherseits habe ich nicht kennengelernt, weil sie schon früh gestorben sind. Aus Erzählungen weiß ich: Der Opa war im Krieg und die Oma ist mit ihren sechs Kindern mit dem Zug nach Österreich geflüchtet. Untergekommen sind sie im Innviertel. Dort sind sie sehr gut aufgenommen worden. Bei einer Mühle haben sie gewohnt, in einem Nebengebäude, direkt am Bach. Sie waren sehr glück-

lich, die Oma und alle sechs Kinder, alle in einem einzigen kleinen Raum zusammengepfercht, der ständig überschwemmt war. Kaum vorstellbar, wie so etwas geht. Meine Mama hat erzählt: Jedes Kind hatte eine eigene Schachtel mit seinen Siebensachen.

Das Gefühl von Anders-Sein

Dann bin ich ins Gymnasium gekommen und das war nicht einfach. Da waren die meisten in der Klasse Kinder von Rechtsanwälten und Ärzten. wir doch aus sehr einfachen Verhältnissen.
Und wer aus Marchtrenk gekommen ist – es war wirklich so –, dem eilte ein Ruf voraus. Was? Aus diesem Kaff? Ich bin mir vorgekommen wie eine Außenseiterin, eine aus den Slums. Da habe ich mitgekriegt, dass da welche meinen Wohnort als Proletendorf bezeichnen. Zu Hause habe ich das keinem erzählt, ich wollte niemandem wehtun und hab es für mich behalten. Und in mir hat sich etwas breitgemacht, nämlich, dass aus mir eh nichts G'scheites werden kann oder besser noch: dass man mir gar keine Chance geben wird. Und ich mich tausendmal mehr anstrengen muss als andere, mich immer werde beweisen müssen. Vielleicht spielt auch Projektion mit. Jedenfalls war es ein Dilemma. Das hat mich schon fertiggemacht.
Wir waren 40 in der Klasse mit völlig unterschiedlichen Lebensgewohnheiten und Interessen. Die Mädchen waren alle top gestylt und ich kam daher mit Klamotten aus dem Secondhandshop. Meist habe ich Jeans angehabt und ein Army-Hemd. Oder diese XXL-Shirts und indischen Kleider. Das habe ich halt so getragen. Die Mädchen dort eben nicht. Wie zwei Welten.
Ich habe mich dort schrecklich gefühlt in dieser Gruppe, wirklich als Fremdkörper. Das waren völlig verschiedene Lebensentwürfe. Von den schulischen Leistungen habe ich gut mithalten können und die Lehrer haben mir dieses Gefühl nicht vermittelt. Meine Mutter hat am Sonntag immer das G'wand gewaschen, weil es hat ja nicht viel gegeben. Aber eine der Professorinnen hat auch bekrittelt, dass es nicht mehr zum Anziehen gab. Ich muss schon sagen, für meine Mutter war das ein harter Schlag. Es war ihr eben wichtig, dass wir genug zu essen haben und sauber gewaschen und angezogen sind. Und auch Skifahren war so überwichtig in der Schule, aber das hätten wir uns nicht leisten können.
Einmal hat es geheißen, man solle fünf Fremdwörter aus dem Beruf der Eltern aufzählen ... Das war wie ein Todesurteil. Der Papa und die Mutti aus der Arbeiterklasse. Sicher, ein Freund hat später gesagt, ich hätte ja sagen können: Krumbira, Pekmez und Sataraš.
Unser Essen, das hat keiner gekannt. Polenta, wenn man das sagt – und ich habe mir nichts dabei gedacht –, dann hat es geheißen, das wird bei uns im Schweinestall verfüttert. Also, es war halt auch viel Gespött und Gelächter. Das hat sich so dahingezogen bis in die Jugend. Manchmal habe ich eine Freundin nach Hause eingeladen, aber viel lieber war ich den ganzen Tag mit der Oma zusammen. Die Oma war mein sicherer Hafen.

Eine Freundin aus einer anderen Stadt hat mir erst vor Kurzem erzählt, wie sie die Flüchtlinge damals in den Vierziger- und Fünfzigerjahren im Lager bezeichnet haben. Also Lagerratten hat man gesagt. Aber das würde heute wohl keiner mehr zugeben wollen, meint sie. Waren die seltsam angezogen! So Kopftücher haben die aufgehabt! Und wie die gesprochen haben! Was? Das sollen Deutsche sein? Aber fleißig waren sie, das schon. Und Hühner haben sie gehabt und Hasen und im Garten haben sie Gemüse angebaut ...
In unserem Dorf hat es in meiner Jugendzeit eine Drogenszene gegeben. Da gab es ein berüchtigtes Lokal. Ob Einheimische oder Donauschwaben dort waren, weiß ich nicht. Und was macht das schon für einen Unterschied? Wir hätten dort sowieso nicht hingehen dürfen. Nur gefragt habe ich mich schon, wie das so wäre, wenn man sich einfach so wegbeamen könnte, wenn einem die ganze Welt ins Gesicht tritt.

Anpassung als Überlebenshilfe

Die Zerreißprobe war eigentlich, dass ich immer das Gefühl gehabt hab, mitrennen zu müssen, und die eigene Spur nicht mehr gehabt habe, dass ich mich ständig infrage stellen musste.
Wir haben daheim gelernt: brav sein, fleißig sein und nicht auffallen. Das war den Eltern wichtig. Aber uns Kindern? Ich weiß nicht. Ich frag mich: Was macht das eigentlich mit einem, wenn die eigene Identität lautet: Ich bin das, was die anderen von mir erwarten oder wünschen. Bei der Oma war das anders, die hat ihre Welt gelebt. Aber die Eltern ... Immer: Was werden die anderen dazu sagen?
Als ich mit 24 Jahren in ein künstlerisches Umfeld gewechselt bin, war dieses Gefühl des Anders-Seins sofort weg. Wir waren ein bunt zusammengewürfelter Haufen. Und hatten ein gemeinsames Ziel.

„Ungebetene Gäste"

Der Auslöser dafür, dass ich mich mehr mit meiner Herkunft beschäftigt habe, war dieses Festival der Regionen im Jahr 2017, wo ich als Chronistin eingeladen war. Es sind Künstler von außen gekommen und haben mit Blick auf den Ort Projekte gemacht. Und ich habe mir gedacht, dass sie die Themen sehr gut aufspüren. „Ungebetene Gäste", das war schon ein treffender Titel. Der ganze Ort hat mit diesem Migrationsthema zu tun: ein Durchzugsort; es sind Zwischenräume, kulturelle Zwischenräume, Grenzerfahrungen. Dann kam auf: Gut leben ohne nix, die Suche nach der verlorenen Zeit, Erinnerungen, die verblassen, irrende Menschen, die endlich nach Hause kommen wollen. Da kriegt man doch Gänsehaut. Die hohen, abweisenden Hecken wurden auch angeprangert. Warum verschanzt ihr euch dahinter? Was ist das für ein Kleinbürgertum hier? Aber dass der Garten die Existenzgrundlage war, darf man nicht vergessen.
2017 war ich auch am Erinnerungstag der Donauschwaben eingeladen, donauschwäbische Gedichte vorzulesen. Über diese Gedichte habe ich einen

weiteren Zugang zu meinen Wurzeln gefunden. Hier ist der zündende Funke gesprungen. Die Bibliothek der Donauschwaben ist sehr wichtig für mich. Früher sind Bücher verbrannt worden.
In Bezug auf die heutige Migration kann ich nur sagen, ich unterstütze, wo ich kann. Sich vorzustellen, man verliert alles und kommt irgendwo an, wo man wieder unerwünscht ist. Da sind immer wieder abschätzige Dinge passiert in meinem Umfeld. Und da habe ich Partei ergriffen.
Meine Schwester und ich, wir haben schon nachgefragt über den Krieg und die Flucht ... Aber es ist uns nicht wirklich viel erzählt worden, nur: Es war eben Krieg. Kein Wort von Bitterkeit oder Vergeltung. Jetzt bin ich eher froh drüber. Ich bin viel nach Kroatien in den Urlaub gefahren, das wäre ich sonst sicher nicht. Erst jetzt stelle ich mir vor, dass wir von dort vertrieben worden sind.
Mein Opa hat unten zwar kroatisch gesprochen, ist aber kein Kroate. Während der Monarchie waren sie Ungarndeutsche, dann ist das Gebiet an Jugoslawien gefallen und sie waren mehr oder weniger schon assimiliert. Und nach der Flucht sind sie hier in Österreich als Staatenlose registriert worden. Mein Vater hat Deutsch überhaupt nicht gekonnt. Er hat in Österreich Deutsch lernen müssen. Das ist ja völlig absurd. Das Deutschsein war ja der Anlass, dass sie weg mussten!
Was in den Lagern mit den Donauschwaben passiert ist, das habe ich auch nicht gewusst. Lager, ja, es gibt Jungscharlager, es gibt Sommerlager, für mich ist das Wort Lager eher so etwas wie ein Auffanglager, wo man die Zeit überbrückt. Das habe ich mir so vorgestellt.

„Ich bin eine Balkanmischung"

Wenn jemand gefragt hat: „Woher kommst du?", habe ich gesagt: „Aus Jugoslawien." Manche haben von sich aus gesagt: „Du bist aber nicht von da, seit wann hast du die Staatsbürgerschaft?" Ich habe gesagt: „Eh schon seit der Geburt." „Ah! Eine Monarchin!", haben die dann gesagt und gezwinkert ...
Wie soll man das erklären? Wer ist man jetzt eigentlich? Ich habe gesagt, meine Großeltern sind aus Jugoslawien, oder aus Jugoslawien geflüchtet. Volksdeutsche hat man gesagt, auch Heimatvertriebene ...
Das Einzige, was ich mir immer gedacht habe, war, ich bin eine Balkanmischung, eine Jugo. Das hätte ich so wem erklärt früher.
Überhaupt beschäftigt mich meine Identität sehr, nämlich die Frage: Wohin ist zurück? Meine Urahnen sind ja aus dem Elsass, also Schwaben, die im 18. Jahrhundert nach Ungarn ausgewandert sind. Und wenn ich dem nachspüre, sehe ich mich als Teil der Donaumonarchie. Ein Überbleibsel von etwas Verschwundenem. Mehr Ungar-Schwabin als Jugo-Slawin. Ob die verschiedenen Völker damals neben-, gegen- oder miteinander gelebt haben, kommt auf dasselbe heraus: Alle verbindet eine gemeinsame Geschichte. Selbst eine andere Landschaft und Lebensweise formt Menschen über

Generationen, erzeugt ein neues Lebensgefühl. Jedenfalls fühle ich mich durch diese Vielfalt bereichert, obwohl wir von dort vertrieben worden sind. Das sehe ich nicht als Widerspruch. In Bezug auf meine donauschwäbische Herkunft habe ich schon mal etwas Negatives erlebt. Da hat jemand gesagt: Das waren ja alle Nazis. Ich war völlig baff ... Das hätte ich damals selbst nie in Verbindung gebracht. Es war ein bäuerliches, einfaches Leben, fern von politischen Ambitionen. So habe ich mir das jedenfalls vorgestellt. Aber jetzt weiß ich, dass das auch anders gesehen wird.

Über „Variationen des Verschwindens"

Als Kinder waren wir einmal bei unseren Verwandten in Jugoslawien und haben dort drei Tage lang Hochzeit gefeiert und Kolo getanzt. Die donauschwäbische Musik würde ich selbst nie mit Volksmusik und Volksliedern in Verbindung bringen. Die haben doch Tamburizza dort gespielt, Akkordeon und Geige. Bei den Radiosendungen „Donauschwäbische Gedichte und Geschichten"[14] *haben wir musikalisch die gesamte Vielfalt dieser Region mit einfließen lassen. Wenn ich meinen Wurzeln nachspüre, ist das atmosphärisch stimmig für mich. Für manche der donauschwäbischen Zuhörer ein absoluter Fehlgriff. Die künstlerische Auseinandersetzung ist inspiriert von einem inneren Stimmungsbild. Und erzählt von einem fiktiven Herkunftsland, welches so sicher nie und nimmer existiert hat.*

Das Wort „Verschwinden" ist dabei immer wieder aufgetaucht. Orte, die es so nicht mehr gibt. Die Vertriebenen sind in alle Welt verschwunden. Die Gebliebenen sind im Lager verschwunden. Es gibt Erinnerungen, die im Laufe von Generationen wahrscheinlich gänzlich verschwinden werden. Jugoslawien ist ebenfalls bereits verschwunden. Das Wort Zigeuner muss verschwinden. Nicht nur das Wort, auch ihre Tradition und alles, was sie ausmacht. Wie die Donauschwaben wurden sie für vogelfrei erklärt, gejagt und vernichtet. Oder integriert. Die Integrationspolitik von Kaiserin Maria Theresia durch Kindesraub (Kinder verschwinden) und Zwangsassimilation durch Mischehen. Sich windende Variationen des Verschwindens. Die verlorenen Gärten sind nicht verschwunden. Es bleiben Wunden. Ein ständiges Suchen nach Vermissten, Verschollenen und Toten. Es gibt Leid durch Verluste. Auch die Lust am Verlieren in nachfolgenden Generationen. Es ist verzwickt, verwoben und verstrickt.

Der „Song from a Secret Garden" verweist auf diese Tiefe, auf Geheimnisse, auf vielschichtig Verborgenes, auf Unheimliches. Auf Schlummerndes, auf Sehnsuchtsorte, auf Verschwundenes, die Wunden, das Verlorene, den rückwärtsgerichteten Blick, das wehmütige Sich-Erinnern an das Erinnern in endlosen Schleifen, auf das innere Nicht-Entrinnen, unser Los? Das Abwesende ist übermächtig und lässt das Gegenwärtige verschwinden.

„Ich sehe viele Stärken durch meine Herkunft"

Sie haben gut improvisieren können und das kann ich auch. Bei der Arbeit war ich immer dort am besten, wo etwas Neues aufgebaut oder gerade umstrukturiert worden ist. Da habe ich mich entfalten können, jeder Tag ist improvisiert und ein bissel chaotisch gelaufen. Die Routine hat mich dann nicht mehr so interessiert. Da habe ich meine Stärken: aufnehmen, was als Herausforderung da ist.

Die Menschen waren schöpferisch dort. Es war oft nichts da, aber immer etwas Gutes auf dem Tisch. Der Papa hat immer Lösungen gefunden, ein Selfmademan mit Erfindergeist. Er hat sich immer zu helfen gewusst, hat getüftelt, zusammengeflickt und gebastelt. Zu Hause ist es immer lustig zugegangen bei der Arbeit. Man hat etwas gemeinsam geschaffen.

In meiner Arbeitswelt war es dann oft so, dass in der Früh schon gejammert worden ist, was heute noch alles zu tun sei. Mehr gegeneinander als miteinander war angesagt. Weniger miteinander sprechen als übereinander reden. Zum Davonrennen. Das hat bei mir zu vielen Umbrüchen geführt. Wenn es nicht mehr passt, gibt es Veränderung. Heißt es umsatteln.

Das Unerwünscht-Sein hat mich sehr geprägt. Tiere in Not sind mein Lebensthema geworden. Sie kommen wie von selbst in mein Leben. Hunde wie Katzen, heimatlos, abgeschoben, misshandelt oder unerwünscht. Um die kümmere ich mich dann, mit persönlichem Einsatz. Das ist meine besondere Gabe. Mein Herzensanliegen, selbst ein sicherer Hafen zu sein für das Unerwünschte. Und dass niemand Hunger leider muss.

Integration und neue Heimat

Die Eltern sagen, sie sind hier gut aufgenommen worden und haben sich gerne eingefügt. Sie wollten ja dazugehören. Bei mir ist es so: Dieses Anpassen und diesen Gruppenzwang, das halte ich überhaupt nicht aus. Ich kann Befehle nicht so einfach hinnehmen, ohne zu hinterfragen, ob sie auch für mich passen, also stimmig sind.

Die Mama ist den ganzen Tag gelaufen, sie war immer quirlig und fröhlich, in der Küche drinnen wie draußen im Garten. Sie hat Zementsäcke geschleppt, sie hat Koks geschaufelt, sie war immer am Werken, auch schmutzige Arbeit. Auch hatte sie immer etwas Gutes für Gäste parat. Und wenn unsere Verwandten von Deutschland oder aus Übersee auf Besuch gekommen sind, hat sie sogar ihr Schlafzimmer zur Verfügung gestellt. Wo gibt es so etwas noch?

Ja, ich bin mehrmals hinuntergefahren. Als Kinder waren wir öfter unten, da waren ja noch Verwandte, und das Elternhaus, das wir besuchen konnten, es ist ein Teil von mir. Es war lustig, weil die Großmutter, die oft mit war, hat in Österreich gesagt: „Fahren wir heim." Und auf einmal hat sie auch dort gesagt: „Fahren wir heim." Wir haben uns angeschaut: Wo ist sie jetzt daheim? Es war beides. Aber eigentlich war sie immer in ihrem Garten daheim.

Auch wir gehen in den Garten. Hohe Hecken sucht man hier vergebens, es gibt einen Brunnen, eine „kleine Weite" und einen Apfelbaum, in dessen Schatten ein Tisch gedeckt ist. Hier wird von einem Freund ein typisch donauschwäbisches Essen, nämlich Sarma mit donauschwäbischen Würsten, serviert.

Es ist doch fast wie „dahom", meinen wir augenzwinkernd. Übertreiben wollen wir es mit der Nostalgie aber doch nicht, weshalb wir sicherheitshalber einen kühlen Rosé zum Essen trinken, der unseren Großeltern vermutlich unbekannt gewesen ist. Noch stundenlang mäandert das Gespräch zwischen dort und hier, zwischen damals und heute, zwischen erzählter und erlebter Geschichte, und wieder im Zug sitzend, staune ich darüber, dass ich Interviewpartner gesucht und vielleicht Freunde gefunden habe.

Auch mein nächster Gesprächspartner weiß über die Auswirkungen der Anpassungserfordernisse in der Elterngeneration zu berichten, aber auch von Stolz und Lebensfreude in der donauschwäbischen Tradition.

Siegfried Mayer kenne ich seit meiner Jugend. Wir hatten uns auf einem Ball der Donauschwaben in lustiger Runde kennengelernt. Der Ball war damals – in den Siebzigerjahren – noch in großem Rahmen ausgerichtet worden war. Die Veranstaltung war zwar bereits vom Kongresshaus in das kleinere Kolpinghaus verlegt worden, aber auch dieses bot einen glanzvollen Rahmen. Die Reihen waren gut gefüllt, eine Live-Band spielte Tanzmusik bis spät in die Nacht, am Buffet bogen sich die Tische mit donauschwäbischen Köstlichkeiten und im „Glückshafen", wie die Tombola genannt wurde, waren allerlei nützliche sowie nutzlose Preise zu gewinnen. Durch den Verkauf von Papierherzen wurde die donauschwäbische Ballkönigin gewählt, und es gehört zu den besonders ehrenvollen Punkten in meiner Biografie, es einmal immerhin bis zur Ballprinzessin gebracht zu haben.
Einige Jahre später übersiedelten die Veranstalter in die Räumlichkeiten eines Studentenwohnheims. Als auch diese zu groß wurden und die Aufrufe an „die Jugend", sich doch wenigstens hier zu beteiligen, wieder einmal erfolglos blieben, wurde der Ball eingestellt. Ich weiß, dass das für viele Engagierte eine sehr schmerzliche Erfahrung gewesen ist.
Vier Jahrzehnte später war es eine Darbietung donauschwäbischer Tänze, die mich nach all den Jahren wieder in Kontakt mit Siegfried Mayer brachte. Ich erfuhr vom Auftritt einer amerikanischen Tanzgruppe, und da ich gerade mit der Sammlung von Interviews mit Angehörigen der Folgegeneration begonnen habe, möchte ich die Gelegenheit nicht auslassen, mit Menschen, die von so weit angereist waren, über ihre Ambitionen und Motive zu sprechen. Siegfried Mayer, der Organisator, vermittelt die Gespräche mit den Tänzer*innen, die – so stelle ich dann aber fest – allesamt Angehörige der dritten Generation sind. Meiner Frage, ob er selbst auch ein Gespräch zu seiner donauschwäbischen Herkunft führen würde, stimmt er sofort zu.

Siegfried Mayer

Tradition und Festkultur lebendig halten

Siegfried Mayer ist Jahrgang 1957 und war/ist in folgenden Berufen tätig: Gastro- und Hotelbereich, Innenarchitektur, Entwicklungshilfe, Reiseorganisation in den Himalaya, Ausbildung mit Klangschalen.
Sein Vater, Jahrgang 1934, stammt aus Franztal/Semlin in Syrmien im heutigen Serbien aus einer Familie von Bauern, Kaufleuten und Gastronomen. Er lebt seit der Flucht im November 1944 in Österreich. Seine Mutter ist 1935 in Österreich geboren.

Zum Wort „Donauschwaben" fällt mir als Erstes ein ...

... wer nicht weiß, woher er kommt, weiß auch nicht, wohin er geht.

Die Geschichte meiner väterlichen Familie aus Franztal

Mein väterlicher Großvater Josef Mayer war ein gelernter Kaufmann in Franztal/Semlin, er kam aus einer Bauernfamilie, sein älterer Bruder Peter hatte den Bauernhof in Franztal von seinen Eltern Peter und Viktoria Mayer übernommen. Er ist in Semlin in eine Kaufmannslehre gegangen, war kaufmännisch tätig, bis er 1941 den Gasthof Wilhelm in Franztal von seinem Schwiegervater Josef Wilhelm übernommen hat.
Franztal hatte damals rund 7000 Einwohner und drei Gasthäuser. Der Gasthof Wilhelm war damals durch verschiedene wirtschaftliche Faktoren im Niedergang begriffen, als ihn mein Großvater übernommen und versucht hat, den Betrieb zu stabilisieren. Mein Großvater war schon verheiratet mit meiner Oma Elisabeth, vormals Wilhelm. Meine Mayer-Familie kommt – soweit ich das herausgefunden habe – aus dem Schwarzwald. Die Familie Wilhelm hat die Wurzeln in Krems an der Donau in Niederösterreich. Sie waren Gastwirte, mit Fleischhauerei und Landwirtschaft und mit Weinbau. Aufgrund des Weinbaus wurden sie ursprünglich von Niederösterreich damals auch nach Franztal hinuntergesiedelt, um u. a. die dortige Militärgarnison Semlin mit Wein zu versorgen und damit es auch dort ein gutes Tröpferl gab, nicht nur am Sonntag ... Das war der Hintergrund.
Die Familie Wilhelm war in Franztal ursprünglich sehr gut situiert, es gab auch sieben oder acht Kinder von zwei Frauen, alle haben eine Top-Ausbildung bekommen damals. So gesehen waren sie damals ein bisschen Franztaler Hautevolee.

Ein Treck mit 167 Wagen

Mein Vater war bei der Flucht aus Franztal zehn Jahre alt. Meine Groß-

mutter ist mit meinem Vater und seinem jüngeren Bruder Adolf per Zug geflüchtet. Meine Mayer-Familie wurde nach der Flucht nach Österreich am Mondsee wieder zusammengeführt. Mein Großvater war aus gesundheitlichen Gründen nicht zum Militär eingezogen worden, er hat in Franztal die Agraria geführt, eine landwirtschaftliche Genossenschaft. Er ist dann mit den letzten Panzern der deutschen Armee, als die Russen unmittelbar im Anmarsch waren, aus Franztal rausgekommen. Er sollte die ganze Ernte, die schon eingebracht war, noch per Zug nach Deutschland verschicken, damit das Getreide nicht in die Hände der Russen fällt. Im letzten Moment ist er dann ebenfalls noch geflüchtet.

Meine Urgroßmutter und ein Teil meiner Mayer-Familie sind mit dem Treck mitgefahren bzw. geflüchtet. Sie sind als geschlossene Wagenkolonne im November 1944 in Mondsee eingefahren. Ich weiß von 167 Wagen, obwohl die Kolonne länger gewesen sein dürfte, da sie über Strass im Attergau hereingefahren sind und einige schon dort geblieben sind bzw. bei dortigen Bauern einquartiert wurden. Also, die Kolonne wurde kürzer und 167 Wagen sind in Mondsee noch angekommen.

Fünf Mal Schule wechseln, fünf Mal Freunde verlieren …

Mir wurde erst langsam in meinem eigenen Leben bewusst, was diese Vertreibung für die nächste Generation, also auch für mich, bedeutet hat. Für mich hatte das nämlich massivste Auswirkungen, ausgehend davon, dass meine Großeltern und mein Vater es nach dem Krieg sehr schwer hatten, wirtschaftlich auf die Füße zu kommen. Es hat für mich in der Weise gewirkt, dass ich vom Kindergarten bis zum Abschluss der Pflichtschule fünf Mal die Schule wechseln musste und fünf Mal meine Freunde verloren habe, weil sich meine Eltern immer wieder aus wirtschaftlichen Gründen geografisch verändert haben.

Also: Kindergarten in Zipf, 1. Klasse Volksschule in Neumarkt am Wallersee, 2. Klasse Volksschule in Loibichl am Mondsee, 3. und 4. Klasse Volksschule und 1. Klasse Hauptschule in Vöcklabruck, 2. bis 4. Klasse Hauptschule in Salzburg, mein 9. Schuljahr in einer Försterschule in Niederösterreich. Aber das war nicht der Bildungsweg, den ich einschlagen wollte. Ich bin dann in die damalige Hotelfachschule nach Klessheim gegangen. Immer wieder eine andere Schule. Ich musste mich immer wieder integrieren. Gott sei Dank war ich körperlich groß und stark, sonst wäre ich schon sehr früh unter die Räder gekommen, aber so konnte ich mich zu zumindest physisch behaupten.

„Das Donauschwäbische war für mich ganz normal“

Als Kind war es ganz normal, dass bei uns zu Hause schwäbisch gesprochen wurde, wobei meine Mutter ja Österreicherin war. Sie hat das Donauschwäbische aber schnell übernommen, auch die schwäbische Küche von meiner Mayer-Oma. Ich habe über das damals nie groß nachgedacht, weil ich

durch das ständige Schulwechseln mit anderen Problemen konfrontiert war und von daher eigentlich sowieso immer der Dazugereiste in meinem Umfeld war.
Als Kind misst man dem nicht so viel Bedeutung bei, das ist halt die Normalität. Aber ich bin oft bei meiner Urgroßmutter gesessen, Viktoria Mayer war 1880 in Franztal geboren, ich war einer ihrer Lieblingsurenkel, weil ich mir Zeit genommen habe für sie. Ich habe dieselben Geschichten immer wieder gehört. Sie hat die Familie zeitlebens immer zusammengehalten. Sie hat mir einige nette Sprüche hinterlassen. Zum Beispiel: „Solange du Neider hast, geht es dir gut." Oder: „Man wird alt wie a Kuh und lernt täglich dazu."
Ich kann auf Schwäbisch „redda", ja. Ich habe in Ungarn kürzlich auf dem 4. Weltkulturtreffen der Donauschwaben viel Schwäbisch gesprochen, weil da nur Donauschwaben unter sich waren, da ist das ein bisserl leichter. Bei uns zu Hause spricht niemand Schwäbisch, meine Kinder haben das nicht mehr gelernt.
Ab meinem 16. Lebensjahr bis zum 20. ungefähr war ich in der Salzburger Donauschwäbischen Trachtentanzgruppe aktiv. Ich war der „Gaprasch", der Anführer.
Da waren wir acht Paare, auch meine Geschwister haben getanzt. Das war eine nette Zeit. Das ist damals stark von meinem Vater ausgegangen, der im Geiste noch sehr stark mit Franztal verbunden war bzw. ist und tief verwurzelt ist und heute noch um die alte Heimat trauert. Heute noch, trotz seiner aktuell 89 Jahre (2023). Dieser damalige Heimatverlust ist bis heute bei ihm noch sehr präsent und spürbar.

Unser Besuch in Franztal

Wir sind 1972 mit meinen Großeltern über Budapest nach Franztal gefahren. Also war ich einmal dort, ich habe Franztal gesehen, damals war ich 15 Jahre alt.
Wir haben ein Picknick gemacht draußen am Salasch. Die Franztaler haben in ihrem großen Dorf Franztal zusammen gewohnt und jeder hatte einige Kilometer außerhalb gelegen seine Felder, die er bewirtschaftet hat, man ist also mit dem Pferdefuhrwerk auf den Salasch gefahren ... und auf „unserem" Salasch haben wir ein Picknick gemacht. Also ich bin dort gewesen, deshalb habe ich einen Bezug dazu aufbauen können. Meine Geschwister konnten das nicht.
Wenn man in die alten Orte fährt, so kann das schon heilsam sein. Das kann ich schon nachvollziehen, aber nicht alle sind gastfreundlich. Wir Franztaler haben nach wie vor eine Person unten in Semlin/Zemun, ein Nachkomme, der noch dort lebt. Er ist auch schon um die 80 Jahre alt und betreut vor Ort die Leute, die zu Besuch kommen. Das macht er sehr gut, er war auch schon öfter in Österreich mit dabei.
Ich selbst möchte nicht noch einmal hinfahren. Ich war ja schon dort. Und man hört, dass es sich zum Negativen verändert, dass immer mehr Franztaler Häuser abgerissen werden. Aktuell würde ich lieber mal mit meinen Kindern auf ein Fest nach Ungarn

fahren, das habe ich ihnen auch schon kommuniziert, damit sie diese donauschwäbische Tradition mit Freude erleben, wo sie andere Gleichaltrige treffen können, wo sie sehen, dass diese immer noch Deutsch oder Schwäbisch sprechen. Ich suche also den eher erfreulichen Teil des noch vorhandenen Donauschwabentums. Das sehe ich nicht in Serbien. Serbien hat selber ..., ja, es liegt jetzt erst zirka 35 Jahre zurück, diese Massaker in Srebrenica, die sind wieder von Serben inszeniert worden, auch die Initialzündung des Ersten Weltkriegs usw. Ich versuche zwar empathisch und neutral zu sein, aber das ist nicht ganz so einfach.

Die Trauer des Vaters

Die Donauschwaben waren doch die Zugereisten zu einem Zeitpunkt, als die Österreicher selber nichts mehr gehabt haben. Sie sind daher nicht überall freundlich empfangen worden. Und ich kenne den Ausspruch von meinem Großvater, der immer wieder gesagt hat: „Diese Österreicher." Er hat vermutlich einige negative Erlebnisse gehabt, als er in Österreich ankam. So ging es auch meinem Vater, der 1966 ein gastronomisches Lokal in Vöcklabruck eröffnet hat, wobei er vorher in Zipf war, und dort in Vöcklabruck wurde er von anderen örtlichen Gastronomen als Ausländer behandelt, was ihn sehr gestört hat. Das war ein starker Grund, weshalb er mit uns nach Salzburg weitergezogen ist, sozusagen in die „Großstadt", wo alles etwas anonymer abläuft und man nicht mit solchen Dingen konfrontiert ist. Das hat er auch uns Kindern zuliebe gemacht, hat er gesagt, weil er nicht wollte, dass wir so einen Stempel aufgebrannt bekommen, wie er selbst einen hatte. Wir waren dann ab 1970 in Salzburg.

Trotzdem: Heimatverlust, Trauer darüber, keine Verwurzelung in Österreich ... Er hat sich langfristig schwergetan mit der Integration, weil er schon zehn Jahre alt war, als er weg musste, mit zehn kann man sich an sehr vieles erinnern. Natürlich höre ich die alten Geschichten immer wieder von ihm, je älter man wird, desto mehr Langzeitgedächtnis hat man. Er erzählt, wie es war, wie das Leben war, natürlich schöner als heute, es war stressfrei, mit den Jahreszeiten, es hat in Franztal ein Vereinsleben gegeben, mit Gesangsverein, mit Sportverein, mit Fußball usw., und das ist ihm alles abhandengekommen.

Es war dann so, dass 1975 mein donauschwäbischer Großvater Josef den Verein der Franztaler Ortsgemeinschaft in Salzburg mit anderen Ex-Franztalern gegründet hat. Mein Vater war im Hintergrund sehr involviert und tätig. Er hat durch seine guten Kontakte den Weg gefunden, den Verein als gemeinnützigen Verein eintragen zu lassen, mit allem, was dazugehört.

„Es ist mir ein Anliegen, das Werk meines Großvaters fortzuführen"

Franztal war ja nur eines von Hunderten oder Tausenden deutschsprachigen Dörfern auf dem gesamten Balkan. Mein Großvater aber war es, der sich mit gleichgesinnten Franztalern

ein Herz gefasst hat und gesagt hat: „Wir müssen eine Plattform finden, wo wir die Franztaler, die teilweise in den Fünfzigerjahren in die ganze Welt ausgewandert sind, zusammenhalten können." Darum diese Vereinsgründung.
In weiterer Folge wurde und wird jedes Jahr von unserem Verein der Franztaler Ortsgemeinschaft ein Heimatbrief herausgegeben, mit 50 bis 100 Seiten. Man erfährt, wer verstorben ist, oder wie unsere aktuellen Vereinsaktivitäten ausschauen. Dieser Heimatbrief wird nach wie vor an zirka 1200 Franztaler Familien europaweit und weltweit verschickt. Der Heimatbrief ist quasi die Klammer über alle Franztaler und deren Nachkommen. Das ist einmalig. Wir Franztaler als Unterorganisation der Salzburger Donauschwaben sind jetzt wesentlich stärker als die Donauschwaben in Salzburg selber, so erscheint es mir.
Mein Vater war einige Jahre im Verein aktiv, und eben weil ich einen Bezug zu Franztal habe und eine starke familiäre Ader, ist es mir ein Anliegen, das Werk meines Großvaters fortzuführen. Aus dem Grund bin ich seit rund zehn Jahren im Vereinsvorstand der Franztaler aktiv. Ich habe keine fixe Position übernommen, sondern kümmere mich um das, was sinnvoll ist. Ich bin im erweiterten Vorstand.
Ich habe es geschafft, dass einige donauschwäbische Trachtentanzgruppe aus Ungarn auf Einladung unseres Vereins nach Mondsee gekommen sind, um dieses Fest mit donauschwäbischem Leben zu erfüllen, mit Tanz, Gesang, Musik usw. Und ja, mit etwas

Glück haben wir nächstes Jahr wieder eine große donauschwäbische Gruppe aus Ungarn bei unserem Pfingsttreffen. Somit lebt das Erbe meiner/unserer Vorfahren und wird noch immer kulturell gepflegt.
Unsere Jugend kommt aber kaum zum Fest. Die österreichischen Nachkommen der Franztaler Donauschwaben haben sich abgenabelt, die wenigsten interessiert die Vergangenheit. Ich erfahre immer wieder: Je weiter weg die Nachkommen vom Ursprung sind, desto interessanter ist die Sache für den Einzelnen. Zuletzt in Ungarn beim 4. Donauschwäbischen Weltkulturtreffen, da waren etwa 100 US-Amerikaner und Kanadier, aber aus Österreich waren wir nur zu zweit. Das sagt schon einiges aus. Es waren einige aus Deutschland, aber nicht allzu viele. Mehr kamen aus den USA und aus Kanada. Die suchen ihre Wurzeln. Denen

ist ihre Identität samt Ursprung ganz wichtig.

Ich bin ja selber schon 1957 in Österreich geboren. Ich fühle mich als Österreicher und bin aber der aus unserer Familie, der versucht, diesen Verein ein bisschen zu beleben und zu unterstützen. Ich bin eher ein Macher und einer, der die Leute zusammenbringt. Mit ist es ein Anliegen, dass das einfach weitergeht. Ich denke daran, vielleicht irgendwann diesen Heimatbrief zu übernehmen, denn das ist die wichtige Klammer für die Franztaler und deren Nachkommen in aller Welt.

„Das Herz der Donauschwaben schlägt heute in Ungarn“

Wenn ich etwas suche für meine Kinder oder Enkelkinder – ich habe vier Kinder und sieben Enkelkinder –, dann wäre es eher der erfreuliche Teil, und der ist eigentlich in Ungarn sehr lebendig. Ich habe noch nie in meinem Leben so schöne Feste gefeiert wie in Ungarn, Feste mit einer Herzlichkeit und einer Stimmung, die es in Österreich nicht gibt.

Mittlerweile weiß ich, dass das Herz der Donauschwaben heute in Ungarn schlägt. In Ex-Jugoslawien auf keinen Fall mehr, dort wurden alle Donauschwaben vertrieben oder umgebracht bzw. hat sie das Tito-Regime in Konzentrationslagern verhungern lassen.

Rumänien war ein bisschen anders. Man kann grob sagen, in jedem dieser Länder waren zirka 500.000 Donauschwaben. Jugoslawien hat sie alle vertrieben und ermordet, in Ungarn wurden sie zuerst magyarisiert, aber das wurde dann gelockert, dort haben sie jetzt einen Selbstverwaltungsstatus, und von denen in Rumänien wurden ungefähr 300.000 von Deutschland herausgekauft, 200.000 sind noch dort. Bei dem donauschwäbischen Welttreffen vor einigen Jahren in Ungarn war ich mit meinem extra aus Kalifornien angereisten Onkel in drei ungarischen Kellerdörfern, die waren rein donauschwäbisch, und dort wird noch Schwäbisch gesprochen. Das war eine sehr schöne Erfahrung mit schönem Rahmenprogramm, organisiert vom Weltdachpräsident Stefan Ihas und seiner Schriftführerin Anna. Die vielen Erlebnisse dort waren schon sehr beeindruckend.

Wir waren unter anderem in Hajós, dem größten Kellerdorf Europas, das ich schon ein Jahr vorher mit meinem Vater besucht hatte. Dieses Hajós ist für ihn ein wenig ein Ersatz für sein Franztal, das er nicht mehr hat. Wir waren einen Abend lang dort.

Ich habe eine donauschwäbische Tourismusfachfrau kennengelernt. Wir haben Pläne geschmiedet, die Nachkommen von Donauschwaben, egal woher, dorthin zurückzubringen, wo sie herstammen, und ihnen eine Reise anzubieten. Das kann man schön verbinden mit einer kleinen Donaufahrt, mit dem Besuch von Budapest usw. Es wird eine Reise auf den Spuren der k. u. k. Monarchie sein. Das wäre eine schöne Reise, die Donau hinunter bis nach Budapest und weiter bis Baja zu schwimmen, wie es damals viele Vorfahren auf den sogenannten Ulmer

Schachteln taten. Ich möchte darüber einen Informationsfilm drehen, ich bin so nebenbei auch ein kleiner privater Filmemacher.

„Das Ganze war eine Riesentragödie"

Mein Gedanke war auch, das den Pensionistenverbänden anzubieten, also auch den Nicht-Donauschwaben. Es gibt genügend Menschen, die keine Ahnung von den Donauschwaben haben. Das ganze Thema ist durch den Zweiten Weltkrieg, durch Flucht und die Vertreibung sehr negativ behaftet. Das war eine Riesentragödie, dass man 500.000 fleißige, tüchtige Menschen einfach rausschmeißt oder vernichtet. Bei diesem Thema streift man nicht so gern an. Trotzdem finde ich es gut und wichtig zu wissen, woher unsere Großeltern kamen.

Was mich immer wieder stört, auch in Ungarn, ist, wenn in Verbindung mit den Donauschwaben von „Deutschen" gesprochen wird. Da habe ich immer gegengesteuert, wir waren nicht nur Deutsche. Sie kamen ursprünglich aus Deutschland, aber auch aus Italien, Frankreich, Portugal, sie waren Alt-Österreicher, das ist der Begriff, der für mich am ehesten passt. Wir waren nicht Deutsche, wir wurden im Zuge des Zweiten Weltkriegs durch die Annexion von Jugoslawien in den deutschen Topf geworden, wir waren aber Alt-Österreicher und kamen aus der k. u. k. Monarchie. Das sollte man differenzieren.

Ich weiß auch darum, dass die geflüchteten Donauschwaben nach dem Krieg Österreich wirtschaftlich massiv angeschoben haben. Eigentlich war die Aktion vom Marschall Tito die dümmste überhaupt, nämlich, seine fleißigste Bevölkerungsgruppe gewaltsam zu vertreiben. Ich bin informiert, was in Serbien aktuell los ist, die liegen darnieder, die jungen Leute wandern ab, kriegen in Serbien keine Jobs, gehen nach Deutschland, also mit Serbien geht es seit vielen Jahren wirtschaftlich bergab.

Die ganze politische Entwicklung 1944/45 war wie gesagt eine Riesentragödie für die deutschsprachige Minderheit auf dem Balkan.

Über Stolz und Stärken

Trotz der Verluste gibt es viel, worauf ich stolz bin. Ich bin stolz auf diese Pionierarbeit der Donauschwaben auf dem Balkan, denn sie haben da unten die Sümpfe trockengelegt, sie haben eine riesige Kornkammer des Habsburger Reichs daraus gemacht. Daher das altbekannte Sprüchlein „den Ersten der Tod" – durch Sumpffieber –, „den Zweiten die Not" – weil nicht gleich alles gewachsen ist –, und „den Dritten das Brot".

Ich empfinde mich selber auch als Pionier, alles, was ich selbst in meinem Leben gemacht habe, waren auch Pioniertaten.

Die Franztaler, das sind alles fleißige Leute, die es alle zu etwas gebracht haben, sich wirtschaftlich integrieren und gut entwickeln konnten.

Also: Trotz Widrigkeiten dranbleiben und weitermachen ...

Zum Beispiel der Cousin meines Vaters, er hat es geschafft. Er ist zirka 1952 mit 14 Jahren ausgewandert in die USA/Kalifornien, hat dort eine Lehre gemacht, hat dann als junger Unternehmer eine Metallfräserei aufgemacht, hat bei der Apollo-16-Mission mitgearbeitet. Also, es liegen heute noch Teile aus seinem Betrieb auf dem Mond herum ...

Diejenigen, die ausgewandert sind, haben letztlich auch einen Aufbruchswillen gehabt, sonst wären sie nicht ausgewandert. Viele haben im Nachkriegsösterreich keine Chance gesehen, weil Österreich selber am Boden lag. 1951 sind beispielsweise 500 donauschwäbische Familien nach Brasilien ausgewandert, nach Entre Rios, und haben dort Land gekauft, es wurde ihnen nicht geschenkt. Heute haben sie dort riesige Ländereien mit Sojaanbau, Winterweizen ... Ein Ehepaar von dort war in Ungarn mit dabei. Die Einwohner von Entre Rios in Brasilien sprechen in ihren insgesamt sechs Dörfern nach wie vor Urschwowisch!

Ich selbst habe seit 1988 gute Verbindungen in den Himalaya, nach Nepal und Bhutan. Der Bhutan ist meine zweite Heimat geworden. Wenn Studenten von dort in die Tourismusfachschule nach Klessheim bei Salzburg kommen, sind sie zuerst völlig verloren und ich kümmere mich dann um sie.

Aufarbeitung der Vergangenheit

Wenn ich einen Gegenstand aussuchen sollte, der meine donauschwäbische Herkunft ausdrückt und repräsentiert, so würde ich zum Beispiel das Foto der Franztaler Kirche nehmen, sie war dem heiligen Wendelin geweiht und wurde von den Kommunisten abgerissen. Das ist eine signifikante Erinnerung. Ein Nachkomme hat einmal die Franztaler Kirche en miniature aus Plexiglas nachgebaut.

Sonst denke ich an die Trachten und an die weißen Mädchen, diese Muttergottes-Mädchen. Die gab es unter anderem in Franztal. Das ist ein Anliegen von meinem Vater, diese weißen Mädchen unbedingt zu erhalten. Leider kommt immer weniger Nachwuchs, die Verbindung und das Interesse sind nicht mehr da. Aber mein Vater sagt, dass das etwas Einmaliges aus Franztal ist.

Dein Buch habe ich als Aufarbeitung der donauschwäbischen Vergangenheit empfunden. Ich habe es gerne gelesen, es hat mich an viele Erzählungen erinnert seitens meiner Urgroßmutter Viktoria und auch meiner Großeltern Elisabeth und Josef. Da habe ich sehr viel Verbindung gespürt. Auch dass da ein großes soziales Ringen dabei war. Das kann ich nachvollziehen. Man ist so zwiespältig gewesen in der damaligen Gesellschaft. Wo komme ich her, wo gehöre ich hin?

Auch der nächste Gesprächspartner hat in einem donauschwäbischen Verein als Obmann Verantwortung übernommen und berichtet über seinen Zugang zur donauschwäbischen Herkunft.

Ortsmodell von Franztal/Semlin in der Heimatstube Mondsee

Unser Gespräch findet im Salzburger Haus der Donauschwaben statt. Warum habe ich diesen an sich naheliegenden Ort bisher nicht als Treffpunkt in Erwägung gezogen? Dabei hatte ich doch einen guten Bezug dazu: Als Heranwachsende wurde ich von den Söhnen donauschwäbischer Vorstandsmitglieder zu Partys eingeladen; später dann, als Studentin, besuchte ich sehr gerne die kulturellen Veranstaltungen des damals mit Leben erfüllten Hauses: Ausstellungen des Malers Robert Hammerstiel, geschichtliche Symposien, Vorträge über donauschwäbische Dichter – ja, das „Kulturzentrum" machte seinem Namen alle Ehre. Auch meinen 40. Geburtstag habe ich dort gefeiert. Seit einigen Jahren betrete ich das Haus immer wieder, um an Generalversammlungen, Sitzungen oder Vorträgen, die immer noch angeboten werden, teilzunehmen – und nun, an einem spätsommerlichen Samstag, für das Interview. Erst vor Kurzem wurde eine neue Küche eingebaut – ein kühnes Statement und zukunftsweisendes Zeichen angesichts des Mitgliederschwundes, den das Haus als Verein und bei Veranstaltungen zu verzeichnen hat und von dem auch mein nächster Gesprächspartner, Obmann des ebenfalls in diesem Haus beheimateten Vereins der Franztaler, berichten sollte.

Franz Schall

Ahnenforschung und Internetpräsenz als Zukunftsprojekt

Franz Schall ist im Jahr 1963 in Salzburg geboren und von Beruf Technischer Sachbearbeiter bei der Salzburg AG.
Sein Vater, Jahrgang 1930, stammt aus Franztal/Semlin, die Mutter, Jahrgang 1932, aus Mitrowitz – der Vater aus einer bäuerlichen Familie, die Mutter entstammt einer Handwerkerfamilie, ihr Vater war Spenglermeister, sie sind seit 1944 in Österreich.

Zum Wort „Donauschwaben" fällt mir als Erstes ein ...

... die Geburtsorte meiner Eltern, Franztal bei meinem Vater und Mitrowitz bei meiner Mutter. Sie haben sich aber erst in Salzburg im Lehener Lager kennengelernt.

Als Donauschwabe in Salzburg

Mein Vater hat im Jahr 1957 einen Grund gekauft und ein Haus gebaut. Dabei hat die Nachbarschaftshilfe der Franztaler Donauschwaben eine große Rolle gespielt, man hat sich immer geholfen. Ich bin schon in diesem Haus aufgewachsen, das war mein Zuhause. In der Nachbarschaft gab es keine anderen donauschwäbischen Familien, aber ich hatte nie ein Problem im Sinne von Ausgrenzung. Meine Freunde, wenn sie zu Besuch waren und es war grad amerikanische Verwandtschaft da, waren recht amüsiert über den donauschwäbischen Dialekt, der dann gesprochen wurde, aber nicht im Sinne von Hänseln oder Spotten. Ich habe in diese Richtung nichts Negatives erlebt. Es war immer viel Verwandtschaft da, Besuche aus Amerika, da ist immer auch fest donauschwäbisch gesprochen worden. Ich kann schon auch „schwowisch redda". In der Familie oder auch im donauschwäbischen Vereinsvorstand machen wir uns den Spaß und reden manchmal miteinander schwäbisch. Bei uns ist es natürlich schon verwaschen durch das Salzburgische. Auch in Deutschland mischt sich das mit dem dortigen Dialekt.

Meine Eltern haben in der Schule Serbisch gelernt. Mein Vater war bei einer Baufirma beschäftigt. Als in den Siebzigerjahren die Gastarbeiter gekommen sind, hat die Baufirma Unterkünfte für die Arbeiter bereitgestellt. Er hat das zum Anlass genommen, die Häuser zu betreuen, er hat mit den Leuten in ihrer Sprache gesprochen und so sein Serbisch wieder perfektioniert. Er war ja doch bereits 14 Jahre alt, als er weg musste, und hat daher gut Serbisch sprechen können.

Meine Mutter hat überhaupt nicht gerne von früher erzählt, ganz im Gegensatz zu meinem Vater. Sie hat abgeschlossen gehabt und wollte nicht mehr darüber reden. Sie hat wenige Geschichten aus der Kindheit erzählt. Meine Töchter sind bei Veranstaltungen der Franztaler als Muttergottes-Mädchen bei Umzügen und Treffen mitgegangen und haben sämtliche kirchliche Feiern in der Tracht bereichert. Sogar mein Sohn hat in der Franztaler Burschentracht mitgewirkt. Weiters wirkten sie in jungen Jahren bei der Trachtentanzgruppe mit. Sicher war auch mein Engagement im Verein ausschlaggebend.

Kulinarisches

Meine Mutter hat zwar nicht viel von früher erzählt, aber donauschwäbisch gekocht hat sie schon. Meine Frau hat von ihr das Rezept für „Tepsi-Krumbira" übernommen, wir machen das nicht nach Franztaler Art, sondern nach dem Rezept meiner Mutter, also nach Mitrowitzer Art. Das Gericht besteht lagenweise aus Reis, Kartoffeln, Zwiebelringen, Würsten, Speck – um den reißen sich dann alle, wenn er schön knusprig ist.

Die Bratwürste kaufen wir auch noch öfter. Und halt Mohnstrudel und Apfelpitta. Der Verein der Franztaler hat kürzlich wieder ein Kochbuch herausgebracht, das ist jetzt der zweiten Band mit sehr guten Rezepten.

Verbindungen zur alten Heimat

Im Jahr 2008 haben wir vom Verein der Franztaler eine Franztalreise organisiert, das war ein Reisebus voll mit 50 bis 60 Leuten. Es sind viele Jüngere mitgefahren, denen die Eltern alles von früher zeigen wollten. 2010 haben wir wieder eine Reise gemacht, da haben wir sogar zwei Busse gebraucht. 2012 war die nächste Reise, die war auch noch gut besucht, da wurde unser Denkmal in Semlin eingeweiht.

Wir haben ein Denkmal am Friedhof von Bežanija (Neu-Belgrad) errichtet. Das ist etwas außerhalb von Semlin, da sind unsere Grabsteine alle hingeführt worden und wir haben daraus ein Denkmal gemacht. Wir haben die Grabsteine aufgestellt und eine Jesus-Statue und einen Gedenkstein dazugegeben und alles auf einer Parzelle in einer Gruppe zusammengestellt. Das ist unser Denkmal in Semlin. Bei der Einweihung waren der Pfarrer von Semlin und ein Vertreter der österreichischen Botschaft anwesend.

2014 wollten wir wieder eine Reise machen – alle zwei Jahre, das war so der Plan –, aber da ist kein Bus mehr zustande gekommen. Manche waren zwei Mal mit, aber 2014 ist das Interesse eingebrochen und die Anfragen waren nur mehr vereinzelt.

Ich war alle drei Mal mit dabei, die beiden letzten Reisen habe ich bereits als Obmann des Vereins der Franztaler organisiert. Meine Eltern haben da nicht mehr gelebt. Aber ich hatte das Glück, dass ein Mitreisender ein Freund meines Vaters war, der mir das Elternhaus meines Vaters gezeigt hat und beim Ortsrundgang einiges gezeigt und erklärt hat. Es war beeindruckend für mich. Mein Vater hat immer positiv von seiner Jugendzeit erzählt. Sie hatten einen Bauernhof mit Pferden, Schafen, Schweinen. Das habe ich 2008 großteils noch gesehen, das

Haus ist noch gestanden. Im Jahr 2012 war im hinteren Teil schon ein Mehrparteienhaus hineingebaut und jetzt habe ich über Google Earth gesehen, dass mehrere solcher Häuser dort stehen und das alte Haus vorn weggerissen worden ist. Jetzt ist schon eine gewisse Wehmut dabei, aber sonst habe ich das immer positiv gesehen. Meine Kinder würden auch gerne einmal mitfahren. Das Großelternhaus würden sie zwar nicht mehr sehen können, aber Belgrad ist eine interessante Stadt, eine Drehscheibe der Kulturen.

Ich habe schon noch im Sinne, noch einmal hinunterzufahren. Wir haben unten einen Verbindungsmann, der jahrzehntelang Besucher aus Österreich durch Franztal geführt hat, alles erklärt hat und auch die Unterkünfte und Schiffsreisen organisiert hat. Er pflegt auch unser Denkmal, aber mit nunmehr 88 Jahren ist ihm das alles nur mehr schwer möglich. Diesen Mann möchte ich gerne noch einmal treffen, das ist mir ein Anliegen. Und obwohl die alten Häuser langsam verschwinden, würde ich gerne noch einmal in dieser Gegend sein. Das Pannonische ist in meinem Blut, ich bin gerne am Neusiedler See zum Segeln und bei den burgenländischen Straßendörfer mit ihren Gärten und Weingärten habe ich immer das Gefühl, das ist wie bei den Donauschwaben zu Hause.

Aktivitäten im Verein

Ich bin in jungen Jahren über die Tanzgruppe zum Verein der Franztaler gekommen. In den Achtzigerjahren haben wir viele Auftritte gehabt, in Wien, in Stuttgart und natürlich in Salzburg beim Schwabenball und beim Kathreintanz. Es war auch ein Tanzpaar dabei, das uns die österreichischen Tänze beigebracht hat, so haben wir nach unserem Auftritt auch Salzburger Tänze vorzeigen können. Das war eine sehr nette Zeit und wir hatten eine gute Gemeinschaft. Dann hatten wir keinen Tanzlehrer mehr, also habe ich eine Zeitlang die Gruppe übernommen. Allmählich aber wurden die Auftritte weniger, letztendlich waren es nur mehr die Auftritte bei den Franztaler Pfingsttreffen, die es seit Jahrzehnten gibt. Wir haben leider keinen Tanznachwuchs mehr und daher haben auch diese Tanzeinlagen vor zirka zehn Jahren aufgehört. Bei unseren Treffen schwindet die Besucherzahl. Die jungen Leute kommen nicht, die ältere Generation ist während der Coronapandemie massiv weggebrochen. Früher war auch das Haus der Donauschwaben ein Veranstaltungszentrum und die Leute sind gekommen. Wir machen hier noch unsere Weihnachtsfeier. Das Herbstfest zahlt sich fast nicht mehr aus, weil der Aufwand mit Organisation und Küche doch zu groß ist, wenn nur ein paar Leute da sind. In einem Gasthaus könnte man sich mit den Leuten eigentlich auch besser unterhalten.

Durch meine Funktion im Verein höre ich jedoch immer wieder interessante Geschichten, und das motiviert mich weiterzumachen. Wir haben im Verein auch eine sehr gute Ahnenforschung.

Das hält uns quasi am Leben, wir sind im Internet gut vertreten, haben schon länger eine Homepage. Das Interessante, das auch mich bei der Stange hält, ist, dass man immer wieder Zuschriften von Nachkommen von Donauschwaben bekommt. Wenn sie etwas über ihre Eltern oder Großeltern erfahren möchten, recherchieren sie unter „Franztal" und kommen dadurch zu unserem Verein. Meist sind sie ganz überrascht, welche Unterstützungsmöglichkeiten wir bei der Ahnenforschung anbieten können. Da gibt es ein sehr gut gefülltes Computerprogramm, wo man sehr beeindruckende Ausdrucke machen kann. Wir geben auch Informationen, wenn jemand auf den Spuren der Vorfahren eine Reise nach Franztal machen möchte.

Wir wollten als Franztaler Ortsgruppe immer eigenständig bleiben. Wir haben in Mondsee ein kleines Museum, wo Trachten ausgestellt sind und auch Dokumente und Zeugnisse der alten Zeit, die uns verschiedene Leute im Lauf der Zeit vermacht haben. Wir haben auch ein Modell des Orts, wo jede Straße und jedes Haus genau nachgebaut ist. Man kann genau sehen, wo jeder die letzten Jahre vor der Flucht gewohnt hat. Ein Mal im Jahr bringen wir ein Rundschreiben heraus, unseren „Heimatbrief" mit 100 Seiten, da sind verschiedene Berichte zu lesen, auch Reiseberichte. Das hält uns bis jetzt ganz gut am Leben.

Mein Ansinnen als Obmann ist, das alles zusammenzuhalten, im Internet präsent zu sein und den Leuten die Möglichkeit zu geben, sich über die Franztaler und die Donauschwaben zu informieren und bei der Ahnenforschung zu helfen.

Zusammenhalt und Fleiß als donauschwäbische Tugenden

Unsere Eltern mussten nach dem Krieg hier viel arbeiten und sich die neue Heimat erkämpfen. Diesen Fleiß, den ich gesehen habe, habe ich mir zum Vorbild genommen und möchte das auch meinen Kindern vermitteln. Das Zweite ist der Zusammenhalt, den die donauschwäbische Gemeinschaft gehabt hat. In den letzten Jahren sehe ich das auch so, dass die Treffen den Donauschwaben eine psychologische Aufarbeitung ermöglicht haben. Mir kommt vor, dass sie in diesen Treffen auch das ganze Leid, da sie ertragen mussten, bewältigt haben. Sie haben über ihre Schicksale gesprochen, heute geht man zum Psychiater ... Sie haben geschaut, sich hier eine Zukunft zu schaffen und hier ansässig zu werden. Manche sind nach Amerika ausgewandert, aber sie haben auch dort in ihren Clubs einen großen Zusammenhalt gehabt. Allerdings hört man auch von dort, dass sie an Mitgliederschwund leiden. Das Interesse und die Teilnahme werden auch dort weniger und so entfernt sich das alles schön langsam vom Ursprung. Ich bin schon hier geboren, ich bin Salzburger, Österreicher, meine Kinder noch viel mehr. Aber die Wurzeln sollte man trotzdem kennen und auch weitervermitteln.

Dieses Bild stellt den ehemaligen Bauernhof meiner Familie in Franztal/Semlin dar.
Mein Vater hat das Bild im Jahr 1990 nach seiner Erinnerung gemalt.

Das langsame Verschwinden einer Sprache, einer Kultur und einer Tradition sowie das Aufzeichnen und Bewahren beschäftigt u. a. auch meinen nächsten Gesprächspartner.

Günther Gessert hat sich telefonisch bei mir gemeldet, als er über die Vorsitzende der oberösterreichischen donauschwäbischen Landsmannschaft gehört hat, dass Interviewpartner zu den Fragen der zweiten Generation gesucht werden. Wie ich erfahre, hat er sich nicht nur biografisch damit auseinandergesetzt, sondern sich – gemeinsam mit einer Mitautorin – in ein vierteiliges CD- und Radioprojekt[14] vertieft. Er ist somit Repräsentant jenes Personenkreises, der über donauschwäbische Themen reflektiert und aktiv in der Aufarbeitung engagiert ist. Das macht mich sehr neugierig. *„Und außerdem"*, so vernehme ich, als bedürfe es noch weiterer Überredung, *„außerdem koche ich Sarma!"*

Diesmal nehme ich den Zug. Auf dem Weg zwischen dem Bahnhof und dem Haus, wo die Gespräche stattfinden sollen, beschleicht mich eine kleine, mir gut bekannte Beklommenheit: Es ist immer ein wenig seltsam, auf Menschen zu treffen, die mein Buch gelesen haben. Denn schließlich wissen diese nun bereits eine ganze Menge über mich, während ich über sie noch gar nichts weiß. Das sollte sich jedoch bald ändern. Herr Gessert beginnt das Gespräch, indem er eine Brille und eine Fülle von Zettelchen vor uns auf den Tisch legt.

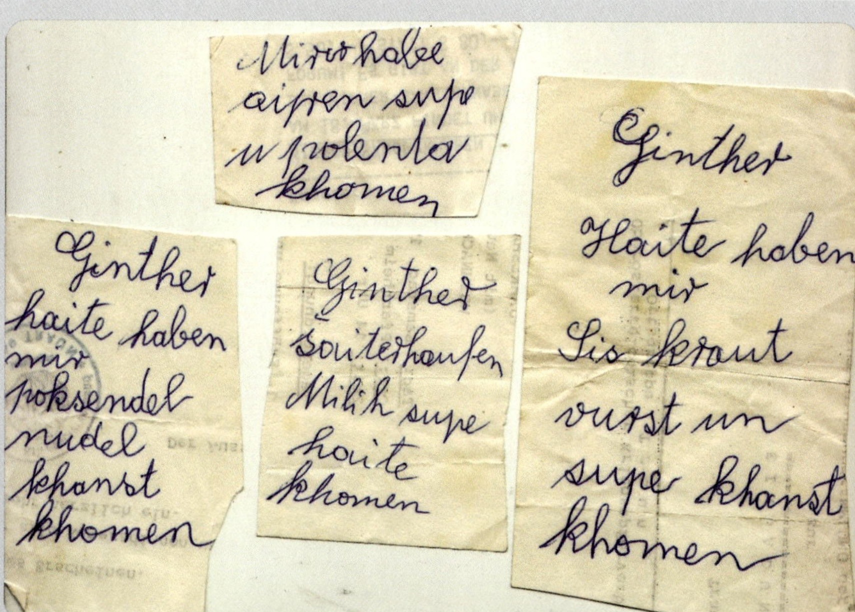

Günther Gessert

Engagement für Erinnern und Verstehen

Günther Gessert ist im Jahr 1957 in Linz geboren.
Sein Vater stammt aus Keschinzi im heutigen Kroatien. Er ist Jahrgang 1925 und seit 1945 in Österreich. Seine Mutter wurde 1927 in Mrzovic, Kroatien, geboren und ist seit 1944 in Österreich. Beide Familien waren Bauern.

Zum Wort „Donauschwaben" fällt mir als Erstes ein ...

... die Großeltern, als Inbegriff von „daheim". Und das Essen!

Erinnerungsstücke

Hier habe ich Gegenstände, die mich an meine Großeltern erinnern: Von meinem Großvater habe ich die Brille, die er zum Lesen aufgehabt hat. Und dann habe ich noch Zettelchen, die meine Oma geschrieben hat. Sie hat wunderbar gekocht und auf den Zetteln steht, was sie für mich in den Kühlschrank gestellt hat. Käsnudeln, „Knedel" ... Da habe ich Dutzende davon.
Für mich bedeutsam ist auch ein Buch über den Heimatort meines Vaters, an dem er mitgearbeitet hat. Es ist eine Geschichte von ihm darin abgedruckt.

Diese Geschichten von „drhom"

Als ich Kind war, sind immer diese Geschichten erzählt worden, wie es „drhom" gewesen ist. Eltern und Großeltern, Tanten und Onkel haben, wenn sie sich getroffen haben, von „drhom", von der alten Heimat, geredet. Das waren Erzählungen, die für mich wie eigenständige Dinge im Raum gestanden sind: Dort war es so! Es hatte einen fast märchenhaften Charakter. Dieses „unten", das war für mich in einer beinahe mythologisch weiten Entfernung. Heute ist es mir unerklärlich, dass ich erst relativ spät draufgekommen bin, dass die Heimatorte meiner Eltern von der realen Entfernung her gar nicht so weit weg sind. Aber es war wie eine andere Welt, das habe ich damals nicht zusammengebracht.
Von der Flucht ist natürlich auch viel erzählt worden: das Einpacken, das G'schwinde, wo alles auf den Wagen geladen worden ist, die Uroma hat sich draufgesetzt, weil sie schon so alt war, die anderen, die zu Fuß gehen mussten ... All diese Bilder. Und das ist dann immer wieder besprochen worden.
„Drhom." Von den Jüngeren ist eine Cousine noch unten geboren, 1939, darum war für sie der donauschwäbische Dialekt die Muttersprache. Sie hat im medizinischen Bereich gearbeitet, dabei hat sie hochdeutsch gesprochen, aber im privaten Bereich ganz prononciert donauschwäbisch, so wie die Großmutter auch.
Mich hat die Herkunft als Kind oder Jugendlicher aber weniger beschäftigt.

Wie konnte das alles geschehen?

Die donauschwäbische Geschichte ist sehr komplex. Das beginnt mit der Einwanderung und mit den Motiven der Kolonisten, hinunterzuziehen. Dann gibt es die wechselhafte Geschichte bis zum Zweiten Weltkrieg beziehungsweise mit der Vorgeschichte des Ersten Weltkriegs. Eigentlich muss man bis ins 19. Jahrhundert zurückblicken. Das alles interessiert mich sehr. Und es geht doch darum, zu verstehen, wie es zu diesem Familienschicksal gekommen ist. Das hat eine Vorgeschichte, die möchte ich verstehen. Unsere Geschichte ist Teil der europäischen Geschichte.

Wer die Einwanderer unserer Familie waren, dem sind wir nie nachgegangen. Man weiß, dass mein Urgroßvater von Apatin gekommen ist. Die Vorfahren haben in der Batschka gelebt und sind dann über die Donau nach Slawonien gegangen. Aber von wo und wann sie ursprünglich gekommen sind, das wissen wir nicht.

Dass meine Familie nach der Flucht gerade hier in Österreich geblieben ist, war Zufall. Wir, also unsere Familie, wir sind nach dem Krieg dann fast in Frankreich gelandet. Es war schon alles organisiert, schon gepackt und reisefertig. Dann gab es einen akuten Krankheitsfall meines Großvaters, der die Reise verunmöglicht hat. Deshalb sind wir in Oberösterreich. Aber wir haben z. B. in Cleveland in den USA Verwandtschaft, die waren früher auch einige Male bei uns zu Besuch.

Reisen nach unten

Ich war drei Mal unten. Zuerst 2004, mit Vater und Schwester. Wir haben damals noch eine Tante meiner Mutter angetroffen, zwei Monate später ist sie gestorben. Meine Mutter konnte zwar damals nicht mitfahren, sie hat mit der Tante nach unserer Rückkehr aber noch telefoniert. Vorher hatte es viele Jahre keinen Kontakt gegeben. Das zweite Mal war 2008, mit Vater und beiden Schwestern. Die bisher letzte Reise war 2011, da waren auch meine Töchter mit, worüber ich recht froh bin.

Der Opa wollte nie hinunterfahren. Das wäre ihm zu viel, zu bitter gewesen. Er hat zeitlebens gehadert mit dem Schicksal, vertrieben worden zu sein. Er war 44 Jahre alt, als sie geflüchtet sind, da bist du mittendrin, hast alles gerichtet, endlich, da passt jede Tür und jedes Möbelstück und dann ... Mein Vater war 17 Jahre alt, als er zum Militär gekommen ist, und da fängt das eigene Leben ja erst an. Er hat Glück gehabt, er war die meiste Zeit in der Tschechoslowakei und zuletzt in Slowenien stationiert und war nie in Kampfgeschehen verwickelt. Nach Kriegsende hat er sich mit seinem Bruder zu Fuß von Laibach über die Grenze bis nach Leonding durchgeschlagen.

Bei der zweiten Reise nach Keschinzi konnten wir das Elternhaus meines Vaters besichtigen. Von den jetzigen Besitzern wurde Papa dann sogar eingeladen, im Haus zu übernachten – noch einmal nach fast 60 Jahren! Trotz Einladung spendete er ihnen dann den

Preis eines Hotelzimmers. Ein Geschenk des Himmels, sagten sie, damit könnten sie endlich eine offene Rechnung begleichen, was ihnen mit der sehr geringen Pension schwergefallen ist.
Der Garten war schön, mit Obstbäumen und Gemüse. Aber der Papa hat gemeint, dass sie sich nicht recht auskennen mit dem Gemüseanbau.
Im Nachhinein betrachtet und wenn man weiß, was nach dem Krieg dort passiert ist und was die Bevölkerung im Kommunismus unter Tito zu erdulden hatte, relativiert man das Schicksal etwas. Hätte man bleiben wollen? Vielleicht muss man sagen: Dankt dem Schicksal, dass ihr weggekommen seid.

Donauschwaben und Siebenbürger Sachsen in Oberösterreich

Ich lebe in einem Ort in Oberösterreich. Die Siedlung ist nach dem Krieg am Ortsrand neu erbaut worden, das meiste sind Stockhäuser. Es haben sich dort auch viele Siebenbürger Sachsen aus Rumänien niedergelassen, mehr als Donauschwaben. Die nächste Straße heißt beispielsweise Siebenbürgerstraße. Für uns waren die alten Sachsen mit ihrer Sprache total fremd. Sie sind da gestanden und haben sich über den Zaun hin unterhalten und wir haben sie fast nicht verstanden. Zu den Österreichern hat man da sprachlich weniger Differenz gespürt.
Als Kinder haben wir allerdings bis zum Schulbeginn mit Einheimischen nicht so viel zu tun gehabt. Ich bin im Jahr 1964 in die Schule gekommen, eigentlich gab es erst da mehr Kontakt zu österreichischen Kindern. Aber das war nie dramatisch. Ich musste mich nicht anstrengen, um anerkannt zu sein. Man hat sich die Sprache angeeignet, in der Schule und im Gymnasium hat sich das alles längst schon verlaufen gehabt. Ganz anders war die Erfahrung meiner älteren Schwester mit einer Lehrerin zehn Jahre zuvor: Sie machte das donauschwäbische Volksschulkind zum Gespött, indem sie vor versammelter Klasse die donauschwäbisch sprechende Großmutter nachäffte, die das Kind abholte, weil die Mama in der Arbeit war.
Das Donauschwabenthema ist für mich eigentlich viel später erst wieder eines geworden.

Eine unsichtbare Wand …

Erst im Jahr 1986 hat die Elterngeneration mit den Heimattreffen angefangen, wo alle gesagt haben: „Warum haben wir das nicht schon viel früher gemacht?“ Auch das „Keschinzer Heimatbuch“ ist erst nach einer Anlaufzeit von etlichen Jahren herausgegeben worden. Mein Vater hat bedauert, dass sie die Treffen nicht schon zu Lebzeiten seines Vaters organisiert haben, denn so sind viele Erinnerungen verloren gegangen. Man muss sagen, schade auch für die Beteiligten, für Opa und für Papa.
Aber da war vielleicht so eine Hürde, die das verhindert hat, die Angst vor zu viel Erinnerung. So war das leider, und was jetzt bleibt, ist das Gefühl, dass einem alles zwischen den Fingern zerrinnt. Mein Vater, der ist noch da, aber die meisten der alten Donauschwaben leben nicht mehr.

Schließlich hat es auch mich in das Thema hineingezogen. Trotz all der schönen Erzählungen meines Vaters war immer etwas Unbefriedigtes zu spüren, etwas, das ihn aufwühlt und das mir anfangs nicht greifbar war. Schließlich verstand ich: Es war der Vorwurf, dass diese ganze Geschichte niemanden interessiert, sie in den Medien nicht dargestellt oder wichtig genommen wird und man die Thematik in der Öffentlichkeit unter den Teppich kehrt. Dieser Punkt ist für meinen Vater immer noch so ein Stachel: Es ist so viel passiert und man lebt unter Leuten, die nichts darüber wissen und auch kein Interesse daran haben. Einmal hat er jemanden vom donauschwäbischen Verein gefragt, warum man eigentlich im Radio nie etwas über die Donauschwaben hört. Die Antwort war, dass es immer wieder Versuche gegeben habe, mediale Berichterstattung anzustoßen, doch man sei stets an eine unsichtbare Wand gestoßen.

Ich habe versucht, das zu verstehen. Vielleicht ist es so, dass das donauschwäbische Schicksal in einem größeren Zusammenhang als zu unbedeutend wahrgenommen wird, weil es sich bei den Donauschwaben doch um eine relativ kleine Volksgruppe handelt und man öffentlich über eine gewisse Wahrnehmungsgrenze überhaupt nicht hinauskommt. Auch wenn es Zehntausende vertriebene und umgekommene Donauschwaben waren, so ist das dennoch verschwindend wenig gegenüber den Millionen Opfern des Kriegs.

Nach dem Diktum des verstorbenen donauschwäbischen Historikers und Autors Georg Wildmann ist es wie eine zweite Vertreibung, wenn man sozusagen aus der Geschichte und der kollektiven Erinnerung auch noch vertrieben wird.

... und deren Überwindung

Vor einigen Jahren ergab sich die Gelegenheit, in einem freien Radiosender Radiosendungen zum Thema Donauschwaben zu gestalten. Vorausgegangen waren eine Veranstaltung mit donauschwäbischer Lyrik und Musik und die anschließende Idee, diesen Nachmittag auf CD zu dokumentieren. Zur selben Zeit lief seitens des Vereins ein Projekt, Tonaufnahmen, also Gedichte und Erzählungen, von Donauschwaben, die in Oberösterreich leben, zu sammeln, sodass hier etliche Stunden Originalmaterial zur Verfügung stand. Die ursprünglich geplante CD kam zwar nicht zustande, dafür aber vier einstündige Radiosendungen, also Gedichte und Geschichten, verwoben mit Musik, welche jetzt auch im Internet archiviert und abrufbar sind.
Zu Beginn der Arbeit gaben wir den Entwurf der ersten Sendung Freunden zum Probehören. Schnell war klar: Die Leute wissen überhaupt nicht, wovon die Rede ist! Ein Musikerfreund aus Vorarlberg hat zuerst „Donauschwalben“ verstanden. Den Begriff „Donauschwaben“ kannte er nicht, obwohl er ein gebildeter Mensch ist. Daher habe ich eine zweiminütige Kurzfassung der donauschwäbischen Geschichte verfasst, als Vorspann zu jeder Sendung.

Als unsere Sendung dann zum ersten Mal im Radio lief, habe ich es so eingerichtet, dass ich bei meinem Vater war. Das war mir ganz wichtig, diese Situation zu erleben: Er sitzt da, ich drehe das Radio auf und er hört die Geschichte, die eigene Geschichte ... Es ging mir da auch um die Symbolik dieses Moments.

Die letzten Donauschwaben

Ich habe immer wieder das Gefühl, ich bin mit allem zu spät dran. Sicher, du kannst nichts festhalten, aber bei manchem wünschte ich, ich hätte es schon früher gemacht.

Zum Beispiel dieser freundschaftliche Umgang mit dem Dialekt. Als Kind denkst du nicht viel drüber nach, aber dann kommst du drauf, okay, das sind jetzt die letzten Donauschwaben. In wenigen Jahren wird es keine mehr geben und die Sprache wird einfach verschwinden.

Die Donauschwaben von Entre Rios in Brasilien leben auf einer Art Insel, sie können den Dialekt besser erhalten, weil sie von einer fremden Sprache umgeben sind. Wir haben auch Ausschnitte des Programms eines dortigen Radiosenders in eine unserer Sendungen eingebaut. Sie kommen immer wieder nach Österreich zu Besuch und präsentieren ihre Volkstanzgruppe, den Chor oder Mundart-Theater. Gesang und Sprache sind donauschwäbisch mit leicht brasilianischem Akzent. Trotzdem ist es ein Bewahren. Jetzt haben sie allerdings, wie ich gehört habe, einen neuen Pfarrer, der sich weigert, die Gottesdienste auf Deutsch zu halten. So zerfließt das auch dort, langsam und später. Was bleibt, sind Erzählungen. In diesem Sinne können unsere Radiosendungen vielleicht etwas vom Leben und Schicksal der Donauschwaben bleibend fühlbar machen – das würde mich schon freuen.

Etliche Ideen und Themen, die in den letzten Jahren als „neu" auftauchen, wie etwa Reparieren statt Wegwerfen sowie kreative Weiterverwendung von Material und damit sparsamer Umgang mit Rohstoffen, sind mir durch das gelebte Vorbild seit jeher Selbstverständlichkeiten. Das waren in der alten Heimat wohl lebensnotwendige Kennnisse und Handlungsweisen. Ich bin froh, das früh mitbekommen zu haben.

Das Spannungsfeld zwischen Tradition und Weiterentwicklung, zwischen Selbstdefinition als „Mensch donauschwäbischer Herkunft" oder als Österreicher*in wurde von Familie zu Familie unterschiedlich gelebt. Jede*r musste sich den eigenen Weg suchen. Für Gertrud B., so erfahre ich in unserem Gespräch, war immer klar: *„Ich will beides!"*

Gertrud B. habe ich in meiner Jugendzeit als Mitglied der donauschwäbischen Trachtentanzgruppe wahrgenommen. Ich wusste auch, dass sie lange Jahre das Salzburger Donauschwäbische Archiv und dessen teilweise noch nicht gesichteten und katalogisierten Schätze betreute.

Jahre später treffen uns für ein Interview in meinem Büro, wo Frau B. die Haube ihrer Großmutter als emotionalen Anknüpfungspunkt zwischen uns auf den Tisch legt. Doch bevor wir uns in Fragen der Identität und der donauschwäbischen Selbstdefinition vertiefen, fällt der Ausdruck „Temeswarer Wasserschub". Ich horche auf, denn „Temeswar" ist eines jener Worte meiner Kindheit gewesen, die – von den Erwachsenen nachsinnend und fast zärtlich ausgesprochen – eher auf eine märchenhafte Fantasiestadt denn auf einen realen Ort auf einer realen Landschaft verwiesen haben. Meine Großtante und Taufpatin Estella hatte dort am Anfang des 20. Jahrhunderts ihre Ausbildung zur Kindergärtnerin absolviert und damit als Frau einen für die damalige Zeit außergewöhnlichen Weg beschritten.
Aber was hat es nun mit dem Temeswarer Wasserschub auf sich? Ich erfuhr, dass zwischen 1744 und 1768 zweimal jährlich als Bestrafung zwangsweise Personen ins Banat gebracht wurden, die mit den gesellschaftlichen Normen in Konflikt geraten waren, darunter 10.000 Wiener Prostituierte. Frau C. hatte sich – so berichtete sie mir – in diese Frauen und ihre Schicksale hineingedacht, diese soweit als möglich genauer recherchiert und literarisch verarbeitet. Diese Episoden warfen nun ein weniger angenehmes Licht auf meinen bisherigen Eindruck von Temeswar – so, wie allerdings die gesamte Geschichte der Donauschwaben eine Seite von Gewalt und Unrecht und eine von Lieblichkeit und Lebensmeisterung hat. Und irgendwie war das dann auch atmosphärisch in meinem Gespräch mit Gertrud B. spürbar.

Gertrud B.

Die Spaltung überwinden

Getrud B. ist im Jahr 1957 geboren und von Beruf Lebensbegleiterin.
Ihr Vater, Jahrgang 1922, kommt aus Franztal/Semlin im heutigen Serbien aus einer Handwerkerfamilie und lebt seit 1944 in Österreich. Die Mutter, Jahrgang 1923, wurde in eine Bauernfamilie in Franztal/Semlin geboren und ist seit 1944 in Österreich.

Zum Wort „Donauschwaben" fällt mir als Erstes ein ...

... Menschen, die sich immer wieder auf einen Weg gemacht haben.

Großmutters Haube

Das ist mein donauschwäbischer Gegenstand, den ich mitgebracht habe: die Haube meiner Großmutter, die sie auch noch in Österreich getragen hat. Sie hat sie auch zu Hause immer getragen, ein kleines Häubchen, das hinten zusammengebunden ist. Und am Sonntag, für die Kirche, für „schön" oder zu Hochzeiten war das schwarze Kopftuch, mit einer Falte links und rechts. Das hat sie stolz getragen. Sie wäre sonst, also mit bloßem Haupt, nicht in die Kirche gegangen. So hat man ihre Herkunft natürlich gleich zuordnen können, aber anders wäre das für sie unmöglich gewesen. Ich habe Fotos von Hochzeiten, und die alten Frauen haben alle dieses Damast- oder Seidenkopftuch getragen. Das war die Grundausstattung, wenn man fort- oder in die Kirche gegangen ist.
Und irgendwie habe ich mir gedacht, ja, es ist eine Kopfbedeckung, und Kopfbedeckungen scheinen irgendwie infrage gestellt zu werden. Also da drängt sich schon die Kopftuchdebatte von heute auf ...

„Für mich ist es ein Privileg, in zwei Dialekten heimisch zu sein"

Meine Großmutter hat mit uns – meinen zwei Schwestern und meinen Eltern – gelebt, wir haben in einer

Siedlung gewohnt, in die sehr viele Donauschwaben gezogen sind, auch Verwandte. Das heißt, das Donauschwäbische war um mich herum, verbunden mit vielen Personen, und wir haben zu Hause Franztaler Dialekt gesprochen. Dieser Dialekt ist für mich nicht etwas Aufgesetztes, sondern in dem bin ich groß geworden. Im Familiären war es ganz selbstverständlich, Dialekt zu reden. Zu meiner Oma sind immer die alten schwarz gekleideten „Weiwr" gekommen und haben auf der Hausbank geredet, und ich als Kind war halt irgendwie herum. Ich habe das einfach so mitgekriegt.

Aber es war auch ganz klar: Der Gartenzaun war die Grenze der Sprache. Denn auf der Straße war es anders, da wollte man sich quasi nicht outen durch die Sprache. Als Kind reflektierst du nicht. Das war so. Auch heute noch sprechen meine Schwestern und ich, wenn wir drei unter uns sind, donauschwäbisch. Aber wenn ein Schwager dazukommt, also im Satz, schalten wir um.

Ich habe Deutsch studiert. Und ich weiß noch, dass im großen Lehrsaal der Sprachwissenschaften ein Professor einmal gefragt hat, ob jemand mit zwei Dialekten aufgewachsen ist. Da habe ich mich nicht getraut, mich zu melden, das war mir zu peinlich. Einerseits war schon das Gefühl da: Ich will das nicht wegtun, das ist meins. Aber andererseits auch eine Art von Scham. Und Unsicherheit.

Zugehörigkeit hat für mich viel mit Sprache zu tun, und Dialekt ist eine Sprache, die man nicht lernt, die bekommt man mit. Und insofern habe ich zwei Sprachen. Ich habe das früher immer als schwierig empfunden, erst jetzt erlebe ich es als Bereicherung. Das kommt erst schön langsam, im Alter. Da ziehe ich mir erst jetzt die Reichtümer heran. Für mich ist es jetzt eine Stärke und ein Privileg, in zwei Dialekten heimisch zu sein.

Die Franztaler Ortsgemeinschaft

Die Franztaler sind gemeinsam mit dem Treck hergekommen. Das Ende war Mondsee. Manche sind weitergezogen, viele aber sind in Mondsee oder Umgebung geblieben. In meiner Familie hat es auch erst die Idee gegeben, nach Australien oder Kanada auszuwandern. Aber da nur die Männer hätten einreisen dürfen, haben sie das wieder verworfen, und diese Überlegung war mit dem Kauf eines Baugrunds nach zehn Jahren abgeschlossen.

Meine Eltern sind schon in Semlin, also Franztal, „miteinander gegangen". Mein Vater war dann im Krieg und sie haben erst nach der Vertreibung hier in Mondsee geheiratet. Sie waren zuerst in Oberösterreich bei der Familie meines Vaters. Dort ist auch im Jahr 1947 meine älteste Schwester auf die Welt gekommen, meine zweite Schwester 1952. Meine Großmutter und meine Tante waren in Mondsee. 1955 haben meine Eltern einen Grund in Salzburg gekauft und dann ist meine Großmutter zu uns gezogen, die Großmutter mit dieser Haube.

Die andere Großmutter kam aus keiner bäuerlichen Tradition, sondern aus

einer Handwerkerfamilie, sie war daher auch anders gekleidet. Ich glaube, sie hat kein Kopftuch getragen.
In vielem ist meine Soziobiografie anders ausgerichtet als die meiner Schwestern: Sie sind beide noch quasi auf dem Fluchtweg geboren, also schon in Oberösterreich, aber noch in der Unsicherheit. Als ich geboren wurde, haben wir schon einen Grund gehabt, es hat den Keller schon gegeben, meine Eltern haben bereits die Staatsbürgerschaft gehabt. Das heißt, ich bin in ganz andere sozioökonomische Verhältnisse hineingeboren worden als sie.

„Ich will beides"

Ich war als Jugendliche in einer donauschwäbischen Trachtengruppe. Ich lebte aber in zwei Welten, in mir war eine Spaltung. Einmal war im Kongresshaus eine große Veranstaltung und es war ein Redner am Podium, dessen konservativ verklärende Position ich nicht gut ausgehalten habe. Und da war mein Tanzpartner, der nach wie vor ein Freund ist von mir, zu dem habe ich gesagt: „Ich gehe raus." Er: „Bleib da, bleib da." Ich: „Ich gehe raus." Es war also wirklich eine innere Zerrissenheit da. Dort zu stehen und dadurch auch für etwas zu stehen und da spricht jemand, mit dem ich überhaupt nicht klarkomme ... Aber da war schon immer auch diese andere Seite: Ich will das. Ich will beides. Also, auch wenn es mich innerlich spaltet, ich will nicht das eine oder das andere aufgeben. Ich habe mich dem ausgesetzt, und dann, als ich schon studiert habe, auch sehr bewusst.
In der Tanzgruppe, da sind wir nachher immer auf ein Bier gegangen und haben geredet, und da habe ich immer klar gesagt, was ich denke. Und das ist auch akzeptiert worden. Oder auch bei verschiedenen Sitzungen, da habe ich schon auch meine Meinung gesagt zu den Entwicklungen vor 1945, dem Geschehen-Lassen, dem Mittun, dem Wegschauen ... Und das war für mich dann auch gut. Das war so ein Weg, diese Gespaltenheit zu verkleinern.
Es war mir auch immer wichtig, mich durch Bücher und Zeitschriften damit auseinanderzusetzen, zu lesen. Und leider, die Zeitschrift „Neuland" ist für mich zu früh eingestellt worden. Da hätte ich für mich mehr rausholen können. Mein Vater hatte das „Neuland" abonniert und hat grade das, was der Herr Gauß geschrieben hat, sehr geschätzt. Mit der Einstellung der Zeitung ist da etwas verstummt, in einer Zeit, in der ich grade bereit gewesen wäre, mich darin zu vertiefen, und ich die Zusammenhänge besser verstanden hätte. Aber es war für mich einfach gut, dass es kritische donauschwäbische Stimmen gegeben hat. Und da war das „Neuland" schon wichtig, im Gegensatz zum „Donauschwaben", der anders ausgerichtet war. Diese Zeitung habe ich erst später im Archiv kennengelernt. Ich habe ja zehn Jahre lang das Archiv betreut und da habe ich mir ein Bild machen können.
Ich habe mich eigentlich immer aktiv für donauschwäbische Themen interessiert und verschiedene Positionen reflektiert. Meine Tante und mein Onkel sind oft zu uns gekommen, als mein

Vater schon in Pension war, und da haben sie viel politisiert und diskutiert.
Es ist auch so, dass sich aus dieser Menschengruppe viele politisch zu Wort gemeldet haben, mit denen ich nicht übereinstimme. Das war für mich immer schon schwierig. Ich habe dann gesagt: „Also okay, ich bin donauschwäbischer Herkunft, aber ..." Aber ..., in dem Sinn wie: Ich verstehe manches anders. Aber ... Das war schwierig. Also habe ich manchmal nichts gesagt. Dennoch: Es gehört zu mir. Das sind meine Vorfahren. Das ist meine Geschichte, die ich mitgekriegt habe, aber immer so ein Aber halt.
Diese gespaltene Welt war schon immer viel innerer Aufwand. Erst jetzt bin ich langsam da angelangt, es schön zu finden, zwei Sprachen zu haben. Ich habe meine Herkunft nie an die große Glocke gehängt. Aber jetzt mit dieser aktuellen Situation von Geflüchteten, jetzt sage ich schon: Ich bin die Tochter von Geflüchteten, ich habe auch diesen Migrationshintergrund.

Ein neuer Blickwinkel: Sie waren wirklich modern damals!

Mittlerweile denke ich mir auch: Meine Eltern sind eigentlich in ihrer Jugend ganz schön weit herumgekommen, denn Belgrad ist groß und weit weg. Aber auch Semlin war ein interessanter Ort und repräsentiert ein Stück europäische Geschichte. Ich mag es. Das ist etwas, was mit mir zu tun hat. Das empfinde ich als das Kosmopolitische in mir.
Wenn es um Stärken geht, so merke ich, dass sich mein Blickwinkel seit einiger Zeit ändert: Sie sind zwar als Besitzlose hierhergekommen und ich habe etwas Bittstellerisches und Abhängiges wahrgenommen. Aber jetzt sehe ich auch den tatsächlichen Reichtum, den sie früher gehabt haben ,und wie sie auch dort schon modern waren, mit den landwirtschaftlichen Maschinen, mit dem Vertrieb von Produkten, auch mit einer städtischen Gewandtheit auf der väterlichen Seite, wo auch für den damaligen König gearbeitet wurde. Da ist so vieles da, was von den ersten traumatischen Erfahrungen überlagert worden ist. Das taucht jetzt erst auf.
Oder auch: Meine Großmutter hat als Witwe einen großen bäuerlichen Betrieb geführt. Mein Großvater auch, mit einer stattlichen Zahl von Mitarbeitern. Oder mein Vater hat erzählt, dass sie ein sehr modernes Haus gehabt hätten, mit einer großen Glasfassade, Duschen. Dann habe ich Fotos gesehen und: Das war wirklich modern, das habe ich mir in diesem Ausmaß nicht gedacht.
Oder: Als meine Tante krank war, ist mein Großvater mit ihr zu Spezialisten. Das hat sicher viel Geld gekostet.
Oder: Mein Vater hat ein Motorrad gehabt und eine Kamera, damals schon! Ich habe das alles gewusst, aber die Bedeutung verstehe ich erst jetzt allmählich. Das ist etwas Starkes.

Meine Reise nach Semlin

2004 war ich dann selbst in Semlin, Franztal und Belgrad. Das war vorher lange Zeit so eigenartig, das war für mich ein Ort, der nicht existiert auf *dieser Welt, wo man auch nicht hinfahren kann. Da kann man etwas drüber erzählen, aber den gibt es nicht. Und dann hat jemand erzählt, dass er in Semlin gewesen ist, und ich dachte mir: „Da kann man hinfahren?“ Diese Person hat auch einen Kontakt aufgebaut, den er mir weitergegeben hat, und so bin ich dann auch gefahren.*

Ich bin allein gefahren. Das war schön. Das war gut. Bereits das Zugfahren war schön. Den ersten Tag wollte ich bewusst allein verbringen, da bin ich einfach nur so herumspaziert. Den Franztaler Friedhof gibt es nicht mehr. Es gibt aber den Kalvarienberg, auf den Stufen hinaufführen, und in diese wurden Grabsteine mitverarbeitet. Da kann man teilweise noch Schriftzüge lesen.

Ich war dann auf dem Semliner Friedhof, das ist ein städtischer Friedhof, mit einem jüdischen Teil, und Gräbern, die es nach wie vor gibt, mit serbischen, kroatischen und deutschen Inschriften. Dann war ich eine Zeitlang in einer Kapelle in einer serbisch-orthodoxen Messe. Es gibt auch einen Aussichtspunkt und dort bin ich zwei Stunden gesessen und habe Kaffee getrunken. Ich war einfach da und habe alle Eindrücke einfließen lassen. Ich habe mich treiben lassen ohne Zielpunkte, wollte einfach nur wahrnehmen.

Dann habe ich meine Kontaktperson getroffen, einen bereits 80-jährigen Herrn, der damals unten geblieben ist und eine Kroatin geheiratet hat. Er hat mich ganz gezielt durch den Ort geführt und mir alles gezeigt: Das ist die Schule, da war die Kirche, das ist das Elternhaus deiner Mutter ... Dann kamen wir auch zum damaligen Salzamt – der Ort, wo damals Menschen aus Franztal verschwunden sind. Später hat man erfahren, dass sie einfach in die Donau geworfen worden sind. Es war ganz eigenartig, als ich am Tag davor so vorbeispaziert bin, habe ich ein dunkles Gefühl gehabt, ohne zu wissen, warum. Und am nächsten Tag habe ich es gewusst.

Ich habe einige besondere Begegnungen gehabt. Zum Beispiel ist auf der Zugfahrt in Zagreb eine Mädchenhandballmannschaft zugestiegen, die Mädchen haben „Faden abheben“ gespielt, oh, das kann ich auch. Dann ist ein alter Mann eingestiegen, er hat sich mir gegenüber hingesetzt und hat mir mit einer ganz besonderen Handbewegung etwas gereicht, es war eine „gebackene Maus“. Die hat er mir geschenkt, aber wirklich so fein in seiner Gestik. Ja, da war ich irgendwie geborgen.

Dann war ich in der Semliner Kirche und bin einfach nur dagestanden. Ein Mann neben mir hat mich angesprochen und mir gesagt, dass er eigentlich Deutscher ist, aber dass er als Säugling weggenommen wurde und bei serbischen Eltern aufgewachsen ist.

Langsam konnte ich durch diese Reise auch die Spaltung in mir überwinden. Ich fand für mich heraus: Es hat diesen Ort wirklich gegeben. Und was die Eltern erzählt haben, ist wahr. Dass sie ins Kino gegangen sind zum Beispiel. Das Kino ist jetzt ein Hotel, aber ich habe gewusst, da ist es gewesen. Mein Vater hat damals beim Meindl den

Kaffee gekauft – und dann hat es auf dem Platz immer noch einen Meindl gegeben. So bin ich halt herumgegangen. Mein Vater ist in die sogenannte Bürgerschule gegangen und die habe ich auch ausfindig gemacht. Ich bin das Donauufer entlanggegangen und habe den Lido gesehen, der damals schon in den Erzählungen eine Rolle gespielt hat. Das ist eine kleine Insel in der Donau, die auch jetzt noch genutzt wird zum Baden und im Sommer gibt es einen Ponton.

Semlin war ein Grenzort, hier war früher die Grenze zwischen Orient und Okzident. Alle, die vom Orient gekommen sind, mussten dort 40 Tage in Quarantäne gehen. Das war der Grund, warum sich das Semliner Spital so entwickelt hat. Der jetzige Park war damals Quarantänebereich und für jede Konfession gab es eine Kapelle und eine Moschee. Das habe ich zwar gewusst, aber es nun wiederzufinden, für mich zu entdecken und zu verstehen …

Ich bin dann auch nach Belgrad gefahren. Ich habe diese lebendige Großstadt mit den Jahrhundertwendebauten gesehen und habe den Vergleich mit dem habsburgisch geprägten barocken Semlin erlebt. Das war auch etwas, was mir erst vor Ort so klar geworden ist: die Save, die den Orient mit der Großstadt Belgrad und den Okzident mit dem habsburgischen Semlin trennt. Das war wirklich eine mächtige Grenze, und das kann man auch heute noch wahrnehmen.

Und dann gab es entlang der Bahnlinie die zerschossenen Gebäude vom Krieg von 1992, und ich habe gesehen: So ist Krieg. Das war damals noch nicht allzu lange her.

Es hat so viele Verbindungen gegeben zwischen den Zeiten. Ich habe Menschen gefunden, die mich auch eingebettet haben in diese Umgebung. Es war also beides da, sowohl dieses Allein-Sein als auch das Verbunden-Sein. Und der Ort – bis auf diese eine Stelle – hat sich gut angefühlt, es war gut, da zu sein. Es waren nur gute Gefühle da, sogar das Traurig-Sein war ein gutes Gefühl. Einfach wirklich die Fakten bedenken, nachspüren, dass von heute auf morgen ein Ort kein Ort mehr ist und für mich jetzt wieder einer wird in einem anderen Rahmen. Und es war … nicht fremd.

Fragen für die Zukunft

Meine Tochter hat ihre Großeltern noch erlebt, wir haben im selben Haus gewohnt. Sie hat von meinem Vater die ersten Kirschen bekommen, wie das halt so ist mit Großeltern und Enkelkindern. Als kleines Kind hat sie die Tracht der weißen Muttergottes-Mädchen getragen, von da her kennt sie das auch auf der Handlungsebene. Und nun, da sie erwachsen ist, fragt sie. Sie hat mich einfach gefragt, ob mein Vater wie viele andere auch bei der SS gewesen ist. Oder die Großmutter beim Kulturbund. Ich habe es, so gut ich es wusste, beantwortet. Aber das Thema ist immer wieder da und wir sprechen darüber und es kann in unsere Biografien aufgenommen werden.

Die Zukunft? Ich kann es nur mehr belächeln, wenn man sagt, Nachwuchs-

probleme. Unsere Vätergeneration hat so viel getan. Ich schätze diese Leistung sehr, die engagierte Donauschwaben damals wirklich geschafft haben. Sie haben eine Bibliothek angefangen, haben eine Zeitung gegründet. Sie haben neben all der Not sehr weit gedacht und wirklich etwas geschaffen, das jetzt noch da ist. Und viele haben sich auch anders eingebracht, in den Ortsgemeinschaften sind viele Ortschroniken entstanden. Mag man dazu stehen, wie man will, aber sie haben ihre Arbeit gemacht und sie haben dokumentiert. Und das schätze ich sehr. Und das ist auch das, was bleibt. Aber sonst? Ein erlebter Raum ist für mich immer auch mit Sprache verbunden, aber diese Dialekte sprechen nur mehr wenige und Folklore ist nicht das tägliche Leben. Erinnerungen weitertragen, Geschichte aufarbeiten, dokumentieren, ja. Als Kinder der Vertriebenen sind wir angekommen und der Südosten ist (nur) ein Teil unserer Biografien.

Das Erzählen und Nachfragen ist wichtig. Zu wissen, was davor war. Da ist und war bei vielen schon auch die Haltung: „Lassen wir das, bleiben wir in der Gegenwart." Ich finde es aber schon wichtig, zu wissen: Was war davor?

Was gibt es an Donauschwäbischem in meiner Biografie?

Wir haben donauschwäbisch gekocht, zum Beispiel Tepsi-Krumbira, das ist ein Kasserollengericht mit Speck, Reis und Kartoffeln. Reisauflauf auch. Dann hat sich das gemischt mit Österreichischem. So war es auch mit der Sprache: Auf einmal sind Wörter aus der Umgebungssprache in den donauschwäbischen Dialekt hineingenommen und statt des ursprünglichen Wortes verwendet worden. Zum Beispiel: „Jetzt hätt ich des schun ball vergess", daraus wurde mit der Zeit „Jetzt hätt ich das fast vergess".

Ich weiß, wie unser Garten ausgeschaut hat, das war ein donauschwäbischer Garten, weil es von Anfang an Tomaten und Paprika gegeben hat, was damals für viele noch fremd war.

Was ich noch in Erinnerung habe: Die Hochzeiten sind noch wie damals gefeiert worden. Das war damals in einem großen Saal, die Frauen haben Kuchen und Torten gebacken und die waren dann alle auf einem Tisch aufgereiht. Und auch dieses „Abgrenzen" bei der Hochzeit, das habe ich noch miterlebt, also dass der Schleier abgenommen und ein weißes Tuch aufgesetzt wurde.

Es gibt etwas, was ich emotional erst später einordnen konnte und was auf die Vertreibung zurückzuführen ist: Ich wollte mit meinen Eltern nicht gern in ein Gasthaus gehen. Ich habe immer gedacht, die könnten uns rausschmeißen. Ich habe da offenbar emotional sehr viel aufgenommen: so eine Unsicherheit, eine Vorsicht. Es war nicht so, dass das jemand je gesagt hätte, dass das passieren könnte, es hat sich halt emotional übertragen.

Oder auch: Ich würde mich als Kosmopolitin verstehen. Die frühen Vorfahren aus ganz Mitteleuropa, die unmittelbaren vom Südosten, jetzt in

Österreich. Das repräsentiert ein Stück europäische Geschichte.
Ja, und nicht zuletzt führe ich das alles auch dadurch weiter, indem ich nehme, es aufnehme und indem ich es selber zum Inhalt meines Schreibens mache.

In diesem Jahr, im Mai 2023, war ich mit meiner Tochter, meinen Schwestern, meinem Schwager und meinem jüngsten Neffen in Franztal/Semlin und Belgrad. Es waren für uns gute Tage in einer guten Umgebung.

Von Ambivalenz und Abgrenzungswunsch sowie einer späten Annäherung weiß mein nächster Gesprächspartner zu erzählen.

Hausfassade im Banat, September 2023

Und nun also mein Bruder.

Wir hatten es uns aufgeteilt: Ich war diejenige, die noch als Jugendliche mit den Eltern zu Veranstaltungen ins nahe gelegene Haus der Donauschwaben ging, er derjenige, der dazu verneinend den Kopf schüttelte; ich diejenige, die sich die Mühe machte, die in der Familie vorhandenen Erinnerungsbücher und Memoiren zu sichten und zu vervielfältigen, er derjenige, der die Diktion der Eltern „Wir sind auch dankbar über die Möglichkeiten in der neue Heimat" über das Kultivieren der Tradition und der Familien-Dokumente stellte.
Für die Recherchen zu meinem Buch hatte ich viele Familienmitglieder über ihre Erinnerungen befragt. Ihn nicht. Dies wurde mir mit einiger Betroffenheit erst klar, als das Buch schon erschienen war. Hätten seine Wahrnehmungen von meiner eigenen Spur abgelenkt? Brauchte ich Raum für mein „Eigenes", bevor ich in einen Dialog mit ihm eintreten konnte?
Diesen Dialog haben wir in den letzten Jahren nachgeholt und immer wieder und sehr intensiv geführt. Trotzdem leuchten in dem strukturiert geführten Interview, das wir nun in einem neutralen Rahmen führen, andere Facetten auf als in unserer Alltagskommunikation.

Alfred Oberläuter

Reflexion über Desinteresse und Verdrängung

Alfred Oberläuter ist im Jahr 1960 geboren, er ist als Anlageberater bei einer österreichischen Privatbank tätig.
Der Vater, Geburtsjahr 1925, stammt aus Kubin im Banat, die Eltern waren Handwerker und Kaufleute. Beide Elternteile leben seit 1945 in Österreich. Alfreds Mutter ist im Jahr 1924 in Futok im heutigen Serbien geboren. Sie kommt aus einer Familie von Handwerkern und Kaufleuten.

Zum Wort „Donauschwaben" fällt mir als Erstes ein ...

... Frauen mit Kopftüchern, die in einer dörflichen Gemeinschaft leben.

Verlorene Sehnsuchtsgegenstände

Du hast mich gebeten, einen Gegenstand mitzubringen, der meine donauschwäbische Herkunft symbolisiert. Das Gute dabei ist, man macht sich Gedanken. Und so bin ich durch das Haus gelaufen und habe mich gefragt: Was habe ich eigentlich? Ich weiß, dass ich ein paar Bilder mit donauschwäbischen Motiven habe, aber ich habe mir gedacht: „Was habe ich sonst überhaupt Donauschwäbisches?"

Ich habe dann keinen Gegenstand zum Gespräch mitgenommen, denn die beiden Gegenstände, die ich als Verbindung zu dem Thema sehe, die habe ich nicht mehr. Das sind Sehnsuchtsgegenstände. Einer ist verschollen. Das ist eine Single-Schallplatte mit einem Kolo, die mein Vater immer gehört hat. Ich weiß, dass ich an dem Tag, als mein Vater begraben wurde, diese Platte gespielt habe. Vor dem Begräbnis, vollkommen verrückt, ganz laut, alle haben sich aufgeregt, dass ich das mache. Das ist die eine Sache, dass ich nach dieser Musik Sehnsucht habe eigentlich, diese Schallplatte würde ich sehr gerne haben oder finden.

Das Zweite, das mir eingefallen ist, sind diese Pantoffeln, die in der Kindheit immer im Wohnzimmer gehangen sind. Die verbinde ich auch mit dem Donauschwäbischen. Auch da weiß ich nicht, wo sie hingekommen sind.

Ich habe mich dem Donauschwäbischen nie zugehörig gefühlt

Ich war in unserer Familie immer der Sohn, der sich für das donauschwäbische Thema überhaupt nicht interessiert hat, und ich habe nie eine Beziehung dazu gehabt. Ich war nie bei den Veranstaltungen im Haus der Donauschwaben dabei, ich habe nie das Gefühl gehabt, dass ich eine Tradition weiterpflegen muss, und habe das auch jetzt nicht. Aber die

Vorbereitung auf dieses Gespräch hat viele Gedanken angestoßen.
Ich habe mich immer als in Österreich Geborener gefühlt und nie dem Donauschwäbischen zugehörig. Ich habe es in meinem Bekanntenkreis nicht oft erwähnt, dass meine Eltern Donauschwaben sind. Komischerweise habe ich immer auch Angst gehabt, dass mich jemand dazu ausfragt, denn ich habe wenig darüber gewusst. Wenn jemand gefragt hätte, wo genau denn der Heimatort der Eltern liegt, wäre es schon losgegangen: Wo ist das eigentlich geografisch? Ich hätte nicht viel dazu sagen können. Irgendwie muss da – das sage ich im Nachhinein – ein Verdrängungsmechanismus gewesen sein. Ich hätte mir ja einfach ein paar Sätze zurechtlegen können und die dann aufsagen, aber ich bin ja schon bei den Ortsnamen ins Stottern gekommen: Wie heißt die Stadt, wo ist das genau? Ich habe die Befürchtung gehabt, dass ich mich blamiere. Aber vom Echo der Leute war das eher so, aha, Donauschwabe, keine Ahnung, passt.
Und irgendwann später kamen die Rückmeldungen wegen der Sprache. Es wurde bemerkt, dass wir Kinder keinen Salzburger Dialekt sprechen, und Leute haben gefragt, wo wir herkommen. Mir als Kind ist das zuerst gar nicht aufgefallen, dass auch die Eltern keinen Dialekt gesprochen haben, sondern ein anderes Hochdeutsch. Aber andere Leute haben das schon gemerkt.
Ich habe aber mitbekommen, dass unsere Eltern in diesem donauschwäbischen Dialekt angesprochen worden sind. Ich habe auch bemerkt, dass sie perfekt Serbisch sprechen und Ungarisch, das war auch besonders. Wenn sie nicht wollten, dass wir Kinder verstehen, was sie sagen, haben sie serbisch miteinander gesprochen. Ungarische Schimpfwörter waren auch dabei. Die Frauen haben, wenn irgendetwas war, „Hiii" gesagt. Auch die Großeltern haben ja keinen richtigen donauschwäbischen Dialekt gesprochen. Nur so einzelne Wörter. Aber das hat alles nicht infrage gestellt, dass ich mich Österreich zugehörig gefühlt habe.

Ich habe auch vom Haus der Donauschwaben gewusst, natürlich, das war präsent, weil wir nebenan gewohnt haben. Ich habe gewusst, dass es Veranstaltungen gibt, aber ich habe nie das Bedürfnis gehabt, da hinzugehen. Ich habe mich nicht zugehörig gefühlt. Das wir vielleicht auch ein bisschen eine Verdrängungsgeschichte. Freunde von mir zum Beispiel, die waren in einer Tanzgruppe und haben gefragt: „Kommst du auch ins Haus der Donauschwaben zum Bratwurstessen?" Aber ich war kein einziges Mal dabei.
Ich glaube schon, dass es von den Eltern immer wieder Anstöße gab, mitzugehen. Ich versuche noch nachzudenken, warum ich da eigentlich nie hingegangen bin ... Vielleicht das fällt mir ein: Ich bin zwar in Österreich geboren, aber wir waren auch im österreichischen Brauchtum nicht daheim gewesen. Wir haben nie eine

Tracht gehabt oder eine Lederhose und ich fühle mich bis jetzt überhaupt nicht danach.

Und dann glaube ich schon, dass ich von meinem Vater die Abneigung gegen die Deutschtümelei mitbekommen habe und gegen die Nazis, die noch da waren. Nicht als Kind, aber in späteren Jahren hat mich das abgeschreckt.

Das Haus der Donauschwaben wurde auf einer Wiese errichtet, wo zwei Weiden gestanden sind, wo wir als Kinder immer gespielt haben. Dann ist einer dieser Herren aus dem Haus der Donauschwaben gekommen und hat gesagt: „Weg, die müssen weg, die Bäume müssen weg!" Und dann ist halt das Haus hingekommen. Dieses Haus hat mir eigentlich mein Spielparadies genommen.

„Da war etwas Schweres"

Ich habe viele Personen als furchtbar alt in Erinnerung. Immer wenn wer gestorben ist, sind die dann ein Jahr in Schwarz gegangen, und da ist doch ständig wer gestorben, also die sind nur in Schwarz gegangen. Ich habe sie so als schwarze Gestalten in Erinnerung, diese Donauschwaben.

Da war etwas Schweres. Wie hat sich das bei mir transportiert? Ich fühle irgendwie eine Last, ich kann es nicht begründen, aber da sind schon schlimme Sachen passiert. Da ist etwas in der Vergangenheit, das ich von mir fernhalten wollte. Ich wollte da nicht hin als Kind. Das war unbewusst natürlich. Als Erwachsener denke ich darüber nach und lese darüber, z. B. das Buch „Die Kriegsenkel" von Sabine Bode, tolle Sachen. Aber damals, als Kind, habe ich mich instinktiv ferngehalten.

Da waren unsere Großeltern, die in einem Ort in Bayern gewohnt haben, und die Ausflüge dorthin. Da habe ich selbst als Kind schon mitbekommen, dass die irgendwie sehr ernst und entwurzelt waren, besonders der Ota ..., Opa? Ota. Dass sie irgendwie da nicht hingehört haben. Sie sind dagesessen, aber da war nichts mehr, keine Lebenslust, keine Freude ... Am ehesten noch die Oma, die uns mit Keksen überhäuft hat. Das ist die Erinnerung.

Was mich auch gestört hat als Jugendlicher – wobei ich nicht weiß, was mein eigener Eindruck war oder was ich von den Eltern mitbekommen habe –, war das Donauschwäbisch-Tragische, dieses Vergangenheitsbezogene. Meine Eltern haben das gut gemacht. Sie waren jung, sie haben gesagt, wir haben ein neues Leben, neue Chancen, sie haben sich ja auch wirklich viel aufgebaut. Aber ich glaube, dass etliche Leute, und nicht nur die alten, in der Vergangenheit und im Leiden hängen geblieben sind. Dieses Jammern, so in der Art „Wir sind vertrieben, und die Ahnen und die Vergangenheit ...", das mag ich überhaupt nicht. Das mag ich auch in anderen Dingen nicht. Ich mag nicht, wenn Leute ewig irgendwas nachtrauern. Das hat vielleicht sogar diesen Hintergrund.

Aber ich überlege immer noch, warum ich mich so ferngehalten habe. Auf auf diese Weise habe ich wohl das Tragische, das Vergangenheitsbezogene, das Schwere, aber im Unterbewusstsein auch das Schlimme und

Dunkle einfach umgangen. Ich habe es umgangen, blockiert hat es mich aber nicht.

Reden und Schweigen

In unserer Familie ist über die Vergangenheit und über die Herkunft gesprochen worden. Der Vater hat vor allem über seine Erfahrungen im Krieg gesprochen. Ich habe in Erinnerung, dass er erzählt hat, dass er auf Menschen schießen musste. Da habe ich gefragt: „Ja, hast du jemanden umgebracht?" Da hat er gesagt: „Das weiß ich nicht." Dann seine Verwundung, dieser Granatsplitter in der Brust, das hat er schon erzählt. Er hat ja immer das Thema mit dem Gewicht gehabt, aber das hat zu tun mit dem Gefangenenlager, wo er so viel Hunger erleiden musste. Das hat schon mit der Vertreibung zu tun, aber nicht mit dem Donauschwäbischen selber. Der Vater hat vom Krieg erzählt, von daheim eher weniger.

Dann hat unsere Familie natürlich den großen Drang gehabt, zu dokumentieren und aufzuschreiben, die Tante, die Oma, mein Vater selbst, jeder hat so seine Erinnerungen und seine Gedanken niedergeschrieben. Das finde ich gut. In anderen Familien, die ich kenne, ist das anders. Da gibt es auch viel Tragik, aber es wird nicht ausgesprochen. Es gibt ein Trauma. Jeder weiß, dass es passiert ist, aber es wurde nie darüber geredet. Es muss jeder selber entscheiden, ob er sein Trauma erzählt oder nicht. Ich glaube aber, dass das Verschwiegene, wo aber alles in der Luft hängt, ganz mächtig sein kann.
Bei uns war das nicht so, da ist darüber gesprochen worden. Meine Eltern hatten einen fast spielerischen Umgang. Meine Mutter hat gesagt, ja, wir waren jung, das war ein Neubeginn, schlimm war es für die Alten ... Ich habe dann nachgedacht, wie wäre es in meinem Alter, mit fast 60 Jahren, wenn sich ereignet, dass alles, was man sich aufgebaut hat, das ganze Leben, anders wird? Da denke ich schon darüber nach. Plötzlich musst du gehen! Da ist diese Geschichte mit dem Koffer, ein Koffer voller Geld wurde mitgenommen, und in dem Moment, als mein Großvater über die Grenze gekommen ist, war alles wertlos. Ich habe mir auch vorgestellt, wie es ist, wenn es an der Tür klopft und dann stehen die russischen Soldaten da und sagen: „Das Haus gehört uns." Unsere Großmutter hat das erlebt, sie durften dann trotzdem noch eine Zeitlang in diesem Haus leben. Diese Erzählung habe ich lebhaft in Erinnerung. .

Reise nach Futok und Kubin

Interessant war für mich, als wir im Jahr 1990 mit den Eltern hinuntergefahren. Das war gut, da bin ich sehr froh, dass wir das gemacht haben. Wirklich zu sehen, wo die Eltern herstammen, auch das Provinzielle dieser Orte, das ist tiefste Provinz eigentlich. Was hätten sie unten überhaupt für Möglichkeiten gehabt?
Es war beeindruckend, den Schulweg meiner Mutter mit ihr gemeinsam zu gehen und auch zu erleben, wie be-

wegt sie war. Wir konnten das Elternhaus meines Vaters betreten. Diese Dinge haben mich interessiert. Diese Reise nach unten war daher auch ausschlaggebend, mich weiter damit zu beschäftigten, dann natürlich dein Buch. Da sind schon Sachen hochgekommen. Natürlich habe ich dann die Familienaufzeichnungen gelesen. Ich habe sehr viel gelesen, aber auch wieder vergessen – bzw. vergessen ist falsch –, aber bis zu deinem Buch waren das nur Bruchstücke. Da eine Anekdote, da eine Geschichte ... Von meinem Vater habe ich diesse Erinnerung vom Krieg, von der Mutti diese Dresden-Geschichte, die uns geprägt hat: Nachdem sie und ihre Schwester mit zwei Kleinkindern tagelang auf dem Bahnsteig auf die Weiterfahrt gewartet hatten, wurden sie von einem fremden Soldaten in ein freies Abteil geführt, sodass sie Dresden verlassen konnten. Kurz darauf erfolgte die verheerende Bombardierung der Stadt ...

Es ist wahrscheinlich überhaupt so, dass jede Familie so ihre Geschichten hat. Es gibt ja Hunderte Geschichten, und drei oder vier haben wir uns gemerkt und die wurden auch öfter erzählt.

Positive Seiten der donauschwäbischen Herkunft

Was das Kulinarische betrifft, denke ich natürlich an die Oma, die eine tolle Köchin war. Aber der erste Gedanke sind „die Grienen", die eigentlich keine „grienen", also ungebrühte Würste sind, aber wir haben sie so genannt. Dann diese Sauerkrautsachen. Eigentlich sehr üppiges Essen ... Was haben wir noch gehabt? Dieses Fischpaprikasch hat es bei uns nicht gegeben.

Der Gedanke, dass man durch die Herkunft auch Ressourcen haben könnte, ist interessant. Ich habe vorher nicht gedacht, dass das der Fall sein könnte. Aber dann habe ich begriffen, dass das alle gute Kaufmänner waren, gewissenhafte Menschen. Da habe ich mir gedacht, so bin ich auch. Ich bin ja eigentlich sehr gut in meinem Job, ich bin sehr gewissenhaft, ich bin fleißig, also da habe ich mir gedacht, irgendwie habe ich da was mitbekommen. Da ist so eine männliche Linie, die stark ist.

In meiner Ausbildung habe ich gelernt, dass man sich auch einmal umdreht und zurückschaut, nicht immer nach vorn. Und siehe da: Da ist etwas, da habe ich ja vielleicht etwas geerbt oder mitbekommen von meinen Ahnen, eine Fähigkeit, die toll ist. Das ist etwas Schönes gewesen, als ich mir gedacht habe, dieses Kaufmännische, sich was trauen, ein großes Geschäft aufbauen, fleißig, widerstandsfähig sein – da finde ich mich wieder. Das ist so etwas kontinuierlich Zähes, sich nicht unterkriegen lassen, Rückschläge verdauen, auch Risiken eingehen, das habe ich auch gemacht. Es ist schön gewesen, zu verstehen, dass das alles von wo kommt.

Eine tolle Einstellung der Eltern war auch, dass sie sich nicht nur als Opfer gesehen haben. Sie sagten: Natürlich, wir wurden vertrieben, aber es gab auch eine neue Chance. Man hat ein paar schlimme Jahre erlebt und auch

Angst gehabt, aber man hat das alles bewältigt. „Die Hutner Klara aus Futok, jetzt geht sie zum Festspielempfang des Bundespräsidenten", darüber haben wir immer gemeinsam geschmunzelt.

Etwas fällt mir noch ein, das mit der Sparsamkeit. Andere mit donauschwäbischer Herkunft sind sehr sparsam. Das habe ich nie gehabt. Das habe ich von meinem Vater: Er hat Bilder gekauft, er ist auch fortgegangen und hat ein paar Achterl getrunken. Das habe ich auch übernommen. Aber dennoch spielt in unserer Familie Geld eine große Rolle. Meine Mutter hatte lebenslang Existenzängste, was die Finanzen betraf. Das Geld und das Sicherheitsdenken waren bei ihr sehr ausgeprägt, und das hängt wohl mit ihrer Vergangenheit zusammen.

Es kommen schon Emotionen hoch

Vor dem Interview habe ich habe mir gedacht: Hoffentlich habe ich überhaupt etwas zu sagen, weil ich mich lange so wenig für das alles interessiert habe, aber es kommen beim Reden schon Emotionen hoch. Es ist trotzdem die Herkunft und die Erkenntnis, dass man doch von den Ahnen etwas übernommen hat.

Aber die eine entscheidende Frage habe ich schon noch, ob ich irgendwelche Wurzeln vielleicht vermisst habe oder ob vielleicht das doch ein Teil von gewissen Problemen ist, diese Entwurzelung ... Das ist ein schwieriges Thema. Was ist alles passiert in der Kindheit? Hängt das irgendwie damit zusammen, dass unsere Eltern nicht verwurzelt waren? Die Generation hat Furchtbares erlebt, und auch wenn sie geschwiegen hat, ist im Unterbewusstsein alles transportiert worden. Aber eher der Krieg als diese Vertreibung? Da fällt mir wieder ein, dass wir in die Traditionen mit Tracht und Dialekt in keine Richtung eingebunden waren ... Vielleicht fehlt auch etwas? Vielleicht ist das auch ein Grund, dass ich mich manchmal nicht ganz so verwurzelt oder bodenständig fühle?

Trotzdem würde mich jetzt nicht engagieren wollen in einem Verein oder so. Ich glaube, dass Dinge auch zu Ende gehen können, man soll nichts künstlich am Leben erhalten. Ein interessanter Gedanke ist: Was erzähle ich meinen Kindern von meiner Herkunft? Das ist noch zu früh jetzt.

Ich muss jetzt auch nicht unbedingt etwas von mir weitergeben. Wenn ich sterbe, dann vergehen nochmals 20 Jahre, ja, dann ist das halt vorbei.

Gedanken über Migration

Wenn von der heutigen Migration die Rede ist, so sehe ich das schon auch aus der Sicht eines Kindes von Flüchtlingen. Ich finde die Unterscheidung zwischen Wirtschaftsflüchtlingen und anderen hart. Weil wenn du alles aufgibst, würde jeder von uns genauso nach Österreich kommen wollen. Es würde jeder probieren, über die Grenze zu kommen. Das verstehe ich. In einer Herrenrunde haben alle gesagt: „Diese Überfremdung, kaufts Pfefferprays für unsere Frauen ..." Diese Ängste finde ich nicht gut. Ich finde es allerdings richtig, dass das Erlernen der deutschen Sprache Voraussetzung für Förderung ist. Ich verstehe schon, dass die Asylanten bei uns auch ihre Kultur leben möchten, aber das ist ein schwieriges Thema: Wo hört es auf und wo fängt es an? Wenn ich irgendwo hinziehen würde, würde ich allerdings auch die Sprache und die Regeln beherzigen, das ist auch ein Anspruch. In der Runde also, wo alle gesagt haben, um Gottes willen, wer kommt da zu uns nach Österreich, war ich auf einmal der „Linke", und ich habe gemerkt: Ich verstehe schon, dass man in Österreich leben möchte und dass das nicht einfach ist. Ich glaube, dass das mit den Fluchterfahrungen in der Familie zusammenhängt.

Lieber Bruder,

ich kann dir sagen: die Pantoffeln, die im Wohnzimmer unserer Kindheit neben der Tür gehangen sind und von denen du nicht weißt, wo sie hingekommen sind, befinden sich in meinem Haus am Thalgauberg. Nach dem frühen Tod unseres Vaters war es einmal unser gemeinsames – in der gängigen Bezeichnung der Sechzigerjahre – „Wochenendhaus" gewesen. Wir haben dieses Haus, unser Erbe, damals mit all den für unseren Vater wichtigen Erinnerungsstücken übernommen.
Dein zweites Sehnsuchtsstück, die Schallplatte mit dem Kolo, die du vor dem Begräbnis unseres Vaters aufgelegt hast, ist offenbar wirklich verschollen. In meiner Sammlung befinden sich zwar einige Platten mit dieser Art von Volksmusik, aber diese eine, bestimmte ist nicht dabei. Es bleibt uns also nicht mehr, aber auch nicht weniger als die Erinnerung an dieses lebensfrohe, schwingende Musikstück, und daran, wie unsere Eltern dazu in ausgelassener Stimmung einen gemeinsamen Tanz aufs Wohnzimmerparkett hingelegt haben.
Die geflochtenen Opanken sind das traditionelle Schuhwerk südosteuropäischer Völker, der Kolo ein serbischer Tanz. Ich weiß nicht, ob dir bewusst ist, dass beide Erinnerungsstücke, mit denen du deinen donauschwäbischen Bezug symbolisieren und positiv verankern wolltest, eigentlich serbischen Ursprungs sind. Das kommt sicher nicht

von ungefähr. Wir wuchsen in einer Atmosphäre auf, in der eine nationalistische und revanchistische Haltung keinen Platz hatte, wo reale Beziehungen zu serbischen Freunden gepflegt wurden und somit auch die besagten Gegenstände Wertschätzung und Symbolkraft aufwiesen.
Vielleicht ist es aber auch die Lebensfreude – Musik, Tanz –, die darin zum Ausdruck kommt, die auf dich anziehend wirkt. Denn du berichtest, dass das Schwere, das „Schwarze“, wie du es nennst, dich lange von dem donauschwäbischen emotionalen Erbe ferngehalten haben. Dieses Erleben ist etwas, was dich vermutlich mit der Mehrheit der donauschwäbischen Nachkommen verbindet, und ich glaube, dass du mit deinen Reflexionen dazu einen gängigen emotionalen Hintergrund der vielbeklagten Abwesenheit der zweiten Generation beschrieben hast – und deutlich gemacht hast, dass kein Desinteresse dahinter steht. Umso mehr freut es mich, wenn du die Ressourcen entdecken konntest, die das donauschwäbische emotionale Erbe auch zur Verfügung stellt. Und dass unser Austausch dazu beigetragen hat, freut mich besonders.

Der Fokus auf die erlebte Schwere und die dadurch motivierte Abwehrbewegung habe ich auch in anderen Interviews gefunden, ich danke dir für deine Reflexion dazu.

Auch meine nächste Gesprächspartnerin hat sich mit den Themen Distanzierung und Annäherung befasst.

Donau im Banat, September 2023

Michaela E.

Es war ein Gespräch vor dem Weihnachtsbaum. Vor meinem Weihnachtsbaum. Zu allen anderen Gesprächspartner*innen war ich hingefahren, sie kam zu mir: Michaela, meine Freundin aus Kindertagen. Mit ihr hat mich eine jahrzehntelange Freundschaft verbunden, wo alles Mögliche Platz gehabt hat – Gummihüpfen, nächtlich mitgeteilte Mädchengeheimnisse, später unsere Gespräche als junge Mütter – nur eines nicht: der Austausch über unsere donauschwäbische Herkunft. Im Jänner 2020 hatte ich Michaela überreden können, mich zu einem Treffen der zweiten donauschwäbischen Generation in Marchtrenk zu begleiten. Als ich sie zwei Jahre später frage, ob sie sich an den Gesprächen für das geplante Buch beteiligen würde, sagt sie sofort zu. Es ist in der Zeit „zwischen den Jahren", in früh einsetzender Dunkelheit, als sie mir endlich erzählt, wie sie zu ihrer donauschwäbischen Herkunft steht.

Michaela E.

Vom Mut des Hinschauens

Michaela E. ist im Jahr 1961 geboren. Sie ist Unternehmensberaterin.
Ihr Vater, Jahrgang 1936, stammt aus Werschetz im Banat, die Mutter ist Jahrgang 1940 und ist gebürtige Österreicherin.

Zum Wort „Donauschwaben" fällt mir als Erstes ein ...

... Kindheit, Großeltern. Einfallen ist schon interessant, weil es nichts Gedankliches ist, sondern mehr etwas Emotionales. Es geht in eine Gefühlsvergangenheit und nicht in eine Kopfvergangenheit. Insgesamt ist es eher ein schwieriges Erbe. Es gibt Dinge, die positiv sind, zum Beispiel das Essen, aber spontan wollte ich eigentlich antworten, dass der Begriff „Donauschwaben" negativ besetzt ist. Das war immer so, ohne dass ich das habe benennen können, erst später habe ich Erklärungen dazu gefunden.

Vom Leben unten ist mir nur wenig bekannt

Mein Vater war zwölf Jahre, als er nach Österreich gekommen ist. Im Alter zwischen neun und zwölf war mein Vater zweieinhalb Jahre mit seiner Mutter in drei verschiedenen Lagern interniert. Das weiß ich aber nur durch den maschinengeschriebenen Lebenslauf meiner Großmutter. Ich kann mich nicht erinnern, dass er jemals darüber gesprochen hat. Aber durch die wenigen Erzählungen meiner Mutter vermute ich, dass es für ihn traumatisierend war, es wurden Grenzen nicht eingehalten. Später war es immer wieder Thema, dass der Familienvater, also mein Großvater, sich absetzen konnte, sie, die Großmutter und ihr Kind aber zurückbleiben mussten. Hätte er sie überhaupt da rausholen können? Das weiß ich nicht. Es ist nie erklärt worden.

Der Großvater war Buchhalter und hat als solcher auch hier gearbeitet, als kaufmännischer Angestellter. Es war für beide Großeltern ganz wichtig zu betonen, dass sie bis zum Alter von 15 Jahren in die Bürgerschule gegangen sind. Das ist so wie Mittlere Reife und war etwas Besonderes in Hinblick auf Bildung und Stand, das hat meine Großmutter immer sehr betont. Was die Großmutter in Werschetz aber beruflich gemacht hat, das kann ich jetzt gar nicht sagen. Es gab keine Ländereien oder eine Fabrik oder so etwas.

Meine Großmutter hat unter dem Verlust von Besitz und Stand sehr gelitten. Flucht und Neubeginn waren mit einer Degradierung verbunden, die sie eigentlich nie verwunden hat.

Es ist mir auch nicht bekannt, dass es Gegenstände aus der früheren Zeit gab, die mitgenommen wurden. Die

Fotoalben beginnen – mit Ausnahme eines Fotos, das die drei in sehr jungen Jahren zeigt – erst mit der Zeit in Österreich. Es gab nichts von früher, außer eine Standuhr, ich glaube zumindest, dass die aus der Zeit war, denn auf diese Uhr wurde sehr geschaut. Ich habe also Erinnerungen an die Großmutter, aber Gegenstände von damals gibt es nicht.
Bei all dem Verlorenen ist es ohnehin mehr um den Status und um Zugehörigkeit gegangen als um Vermögen und Besitz. „Damals waren wir wer!", hieß es immer wieder. Sie waren zwar Angehörige einer Minderheit, aber sie waren zugehörig und hatten Status. Dass es nicht möglich war, diesen hier wiederzugewinnen, hat sie sehr geschmerzt. Die Großeltern waren ja bei der Ankunft in Österreich schon älter, beide sind 1907 geboren.

Anpassung als familiäre Haltung

Das Klagen um Verlorenes kenne ich also eher nicht. Aber Verschlossenheit war dominant. Dass in meiner Kindheit das Thema „Wir sind Donauschwaben" beredet worden ist oder versehen worden ist mit etwas Positivem oder Negativem, daran kann ich mich nicht erinnern. Die Botschaft und die Haltung der Familie war: sich anpassen. Im Vorfeld des Gesprächs habe ich nachgedacht, und es ist mir klargeworden, dass ich dieses Anpassen damals nicht mit der Tatsache, dass sie Donauschwaben sind, in Verbindung gebracht habe, sondern ich habe mir gedacht: So ist Kindheit halt. Erst später sah ich einen Zusammenhang.
Ich habe von mir immer das Bild gehabt, dass die Art meines Aufwachsens den Sechzigerjahren geschuldet war. Aber jetzt glaube ich schon, dass ein Teil von mir anders war als in der autochthonen Gesellschaft, wie man so sagt. Dieses Gefühl von Angepasstsein-Müssen, das war für mich sehr bestimmend: nur nicht auffallen, durch Leistung etwas zeigen, das schon, aber selbst da sollte man nicht übertreiben, also nicht die Erste, Beste, Größte sein. Also schon auffallen durch gute Leistung, aber nicht den Nobelpreis bekommen. So auf die Art: Ich bin genau so wie ihr. Und ich mache auch keine Schwierigkeiten. Niemandem.
Ich wollte mit elf Jahren nicht mehr so oft zu meinen Großeltern. Das haben sie mir übelgenommen. Und das ist für mich auch donauschwäbisch. Da hat es immer geheißen: Man gehört dazu oder man gehört nicht dazu. Wenn man dazugehört, kann man um 4 Uhr morgens anrufen, man hält zusammen. Aber wenn es da einen Bruch gegeben hat, dann war es aus.
Innerhalb der donauschwäbischen „Community" – würde man heute auf Neudeutsch sagen – war das „Teil dieser Herkunft sein" jedoch essenziell. Das ist auch so ausgesprochen worden: Wir gehören da dazu. Man schaut als Donauschwaben aufeinander. Darauf waren wir stolz. Gleichzeitig hatten andere einen höheren Stand, Hierarchie war wichtig. Das waren keine konkreten negativen Erfahrungen, aber so ein unterschwelliges Gefühl. Da war wieder Anpassung gefragt!

Das Haus der Donauschwaben war für mich immer verschlossen. Es war für mich ein dunkler Ort, zu dem ich nie einen Zugang gehabt habe. Da war eine Schwelle. Für mich war das nie zugänglich.

„Schön sprechen"

Wahrscheinlich hatten die donauschwäbischen Großeltern eine Klangfärbung beim Sprechen, aber ich kann mich an kein Wort im Dialekt erinnern. Meine Mutter hat ihren steirischen Dialekt gelebt, das war die zweite Sprache meiner Kindheit. Aber das hat sie nur mit ihrer Mutter gesprochen. Eine Kindheitserinnerung sind die Telefonate mit ihrer Mutter in wirklich starkem Steirisch. Aber auch das gab sie nicht weiter – schon wieder Anpassung. Denn mit uns hat sie hochdeutsch gesprochen. „Schön sprechen" hat das geheißen. Bei uns war „schön sprechen" angesagt. Es bedeutete dies eine Möglichkeit, „hinauf" zu kommen.

Hungarophil und deutsch gleichzeitig

Meine Großeltern waren sehr hungarophil. Sie konnten perfekt Ungarisch sprechen, besser als Serbokroatisch. Von daher waren sie multikulturell aufgeschlossen. Es gab auch diese gestickten Tischdecken und die gestickten Bluserl, die ich anziehen sollte – ob ungarisch oder serbisch, ich habe sie nie gemocht.

Dann gibt es diese ganze dunkle Seite vom Deutsch-Sein, über die nur in Andeutungen gesprochen wurde und die mich sehr beschäftigt hat. Beide waren Angehörige der SS, Großmutter und Großvater, und immer wieder habe ich gedacht: Was war da? Um Gottes willen! Mein Großvater war aufgrund eines Herzfehlers in der Schreibstube – was hat das konkret bedeutet? In was war er verwickelt?

Mein Mann hat mir ein bisschen Druck genommen. Er hat sich geschichtlich interessiert und mir gesagt, dass alle, die außerhalb des Deutschen Reichs waren, als Deutsche nicht zur Reichswehr eingezogen wurden, sondern zur SS mussten, die meisten sind nicht freiwillig beigetreten. Für mich waren davor die SS einfach die Leute, die die Polen im Wald mit Genickschuss getötet haben oder die Beaufsichtigungen im KZ gemacht haben. Also das sind meine Bilder zur SS. Und das möglicherweise in der eigenen Familie verortet zu sehen ist wahnsinnig schwierig.

Dieses Hinschauen macht Angst

Auseinandersetzung in Bezug auf die donauschwäbische Herkunft hat es bei mir daher lange nicht gegeben. Da hat es mich nicht hingezogen. Vor allem die Nazi-Geschichten und das Nicht-Wissen darüber, welche Rolle da eingenommen wurde, haben ein großes Unbehagen ausgelöst. Das Bewusstsein, dass Vater und Großmutter in der Folge in Lagern interniert waren, und das Erlebnis von Vertreibung und Neuanfang in bitterer Armut, das habe ich sehr lange nicht im Blick gehabt. Das ist auch jetzt nicht einfach, bringt aber Erleichterung, weil es Teil meiner Prägung ist und weil die Auseinandersetzung damit mir die Möglichkeit bietet, diesen väterlichen Teil besser zu verstehen und wertzuschätzen.

Versöhnliches

Eine andere Seite der Großeltern habe ich erst später aufgrund von alten Fotos bemerkt. Der Großvater war immer wieder auf Kur in Bad Gleichenberg und von dort sind die Großeltern regelmäßig nach Slowenien und Kroatien gefahren. Es gibt aus dieser Zeit viele Fotos mit Menschen, von denen ich nicht weiß, wer sie sind, aber sie zeugen von großer Geselligkeit. So wie auf den Fotos habe ich meine Großeltern selten erlebt: ganz viele Menschen, und da sitzen sie beim Wein in Opatija und scheinen gelöst und zufrieden.

Michaela E. verabschiedet sich anschließend eilig. Es ist der 27. Geburtstag ihrer Tochter und sie möchte diese traditionsgemäß zur Uhrzeit ihrer Geburt anrufen. *„27 Jahre! Nächstes Mal unterhalten wir uns darüber, was es bedeutet, älter zu werden"*, ruft sie mir noch zu.
Ja, es ist seltsam. In donauschwäbischer Diktion sind wir, die Nachfolgegeneration, „die Jungen." „Die Jungen" sollten doch endlich die ältere Generation, die sich in den Achtzigern oder späten Achtzigern befindet, in den Vorstandsgremien der donauschwäbischen Vereine ablösen, so die Aufforderung; sie sollen Ideen für das Vereinshaus entwickeln, in dem es schon vor Jahren still geworden ist und wo die Teilnehmer*innen der Generalversammlung nicht wie früher einen Saal füllen, sondern rund um einen größeren Tisch Platz finden. Nun, wir „Jungen" befinden uns selber schon teilweise im Pensionsalter. Sehr spät, aber nicht zu spät, ist unsere Erlebenswelt als etwas Erzählenswertes in den Fokus von Wissenschaft und persönlichem Austausch getreten.

Auch mein Gesprächspartner, von dem ich als Nächstes berichten möchte, hat sogar zwei Mal nachgefragt, ob ich wirklich ihn als Adressat für ein Interview meine und nicht seinen alten Vater, der Krieg, Flucht und Vertreibung mitgemacht hatte.

Werschetz, September 2023

Was immer man sich an Themen für Smalltalk beim Begrüßungscocktails eines Sommerballs vorstellen mag – das Thema „Donauschwaben" gehört primär wahrscheinlich nicht dazu. So plätschert auch das Gespräch zwischen mir und einem mir flüchtig bekannten Paar, das ebenfalls die Aussicht von der Terrasse über die Salzburger Altstadt und die Abendstimmung genießt, unbeschwert dahin und ich hätte meinen nächsten Gesprächspartner vermutlich nie kennengelernt, wenn mein Partner und Verleger mich nicht als Autorin vorgestellt und stolz auf das kürzlich in seinem Verlag erschienene Buch „Mein Donauschwabien" hingewiesen hätte. Seit Erscheinen dieses Buchs habe ich – wie schon dargestellt – im Wesentlichen zwei Reaktionen erlebt: Einmal ein interessiert-verlegenes Halbwissen oder aber ein wissendes Nicken, verbunden mit einem mehr oder weniger verschämten, einer mehr oder weniger enthusiastischen Erklärung, selber auch „dazuzugehören". Bei Herrn Bieber stellt sich die zweite Reaktion ein. Nach kurzem Austausch berichte ich von meinem Folgevorhaben, der Erfassung der Erlebensweisen der zweiten, „unserer" Generation und bitte ihn um ein Interview. Es vergeht eine gewisse Weile mit Fragen und Nachfragen, bis Herr Bieber realisiert, dass ich nicht seinen alten Vater als Angehörigen der Erlebnisgeneration als Gesprächspartner haben will, sondern tatsächlich ihn. Er konnte sich nicht vorstellen, so erfahre ich später, etwas von Relevanz erzählen zu können. Mit dieser Verwunderung war ich auch in anderen Zusammenhängen konfrontiert. Die Vorstellung, als donauschwäbische zweite Generation auch eine erzählenswerte Perspektive einbringen zu können, ist noch wenig verbreitet.

Es schien mir deshalb sehr interessant, mit jemandem zu sprechen, der sich selbst nicht als relevanter Gesprächspartner zu den einschlägigen Themen definierte. Es dauerte noch einige Monate, bis ich – eine Prise Hartnäckigkeit, die mir durchaus zu eigen ist, einbringend – Roland Bieber dann doch in seinem Büro zu einem Interview aufsuchen konnte. Vorsichtig hatten wir 20 Minuten Gesprächszeit veranschlagt.

Roland Bieber

Dankbarkeit für Stabilität und Frieden

Roland Bieber ist Jahrgang 1970. Er ist Direktor eines Abendgymnasiums. Sein Vater ist im Jahr 1937 in Perjamosch im heutigen Rumänien geboren, die Eltern hatten eine Landwirtschaft. Er ist seit 1944 in Österreich. Die Mutter, Jahrgang 1937, ist gebürtige Steirerin.

Zum Wort „Donauschwaben" fällt mir als Erstes ein ...

... sie sind ausgewandert und geflüchtet – immer in der Hoffnung auf bessere Zeiten und mit dem Blick nach vorn.

Bedeutung der Herkunft

In der Pubertät stellte ich mir oft die Frage: „Wo komme ich her, wo gehe ich hin?" Und das war für mich immer sehr gleichwertig aus elterlicher Sicht – die Mutter kam aus der Steiermark, der Vater ist im heutigen Rumänien geboren; beide mit einer frühen Kindheit, die von Krieg, Entbehrung und Hunger geprägt war. Schließlich hat es beide Elternteile in den Großraum Salzburg geführt, wo sie sich gefunden haben. Für mich war die Herkunft meiner Eltern nichts Besonderes. Ich bin in Salzburg zur Welt gekommen und hier aufgewachsen. Ich habe mich abstammungsmäßig nicht rumänisch gefühlt, weil der Heimatort meines Vaters eine deutschsprachige Gemeinde gewesen ist. Spannend waren für mich als Kind immer wieder die Geschichten aus der Heimat im Banat bzw. in der Steiermark und die Erzählungen der Verwandten, aus verschiedenen Perspektiven. Geschichten von Flucht, Angst, Hunger, Unsicherheit, Hartherzigkeit, aber auch von wohlwollenden Begegnungen und großherziger Aufnahme, mit der ganzen Dramatik und Tragik der Veränderungen durch Krieg und Flucht. Das war schon ein bewegendes Thema.

Trotzdem war ich mir nicht sicher, ob ich als Interviewpartner etwas zu sagen habe. Ich habe es nie so wahrgenommen, dass ich einen Ursprung migrantischer Art hätte. Im Zweiten Weltkrieg ist ja fast jeder von irgendwo nach irgendwo gezogen, auch innerösterreichisch. Im Jahr 1970 in Salzburg geboren, habe ich mich als echter Salzburger und nie als Migrantenkind gefühlt. Eine Art Zerrissenheit gab es für mich überhaupt nicht.

Durch deine Frage nach meiner Herkunft wird mir erstmals bewusst, dass ich Migrant der zweiten Generation bin – spannend! Fühlt sich neu und ungewohnt an.

Erzählungen von Flucht und Lager

Mein Vater war sechs Jahre alt, als er mit seiner Mutter, seiner Tante, seinen

Großeltern und seiner Schwester das Heimatdorf und die Landwirtschaft verlassen hat. Es ist schwer zu sagen, ob man als Sechsjähriger tatsächlich eigene Erinnerungen hat oder ob sich die Erinnerung aus den Erzählungen aufbaut. Also kann man fragen: Ist es das Erlebnis, das primär prägend war, oder ist es durch die Erzählungen und Überlieferungen wachgerufen worden? Er konnte die Flucht jedenfalls sehr lebendig wiedergeben und erzählen.

Die Tage der Flucht sind mir so tradiert worden, dass sie auch für mich sehr lebendig wurden. Es war eine klassische Flucht, wo es geheißen hat, jetzt habt ihr nur mehr ein paar Stunden Zeit, um das Notwendigste einzupacken, ihr kommt in wenigen Tagen wieder zurück. Es war ein sehr überhasteter Aufbruch – tatsächlich ohne Rückkehr. Die Pferde wurden bereits beim Einrücken der Männer beschlagnahmt. Als sechster Anhänger hinter einem Traktor machte sich meine Familie (Frauen und Kinder) auf die Flucht.

Bei der Fähre über die Theiß herrschte totale Hektik. Im Durcheinander der Flucht lagen die Nerven blank bei allen Beteiligten. Obwohl die Fähre noch nicht festgemacht war, hieß es: „Fahrts rauf mit dem Traktor!“ Als sich der Traktorlenker weigerte, wurde die Aufforderung mit gezogener Pistole wiederholt. Beim Versuch draufzufahren hat der Traktor die Fähre weggeschoben und der Traktor ist im Fluss abgesunken. Mit knapper Not wurden die Anhänger gerettet, der Traktor war verloren. Alle mussten warten, bis dieser ganz abgesunken war, damit die Fähre wieder anlegen konnte. Am anderen Ufer angekommen, durften sie ihren Wagen als achten Anhänger an das Gespann dranhängen.

Einprägsam war ebenso die erste Übernachtung auf einer ungarischen Weide. Die mitgebrachten Daunentuchenten waren am Morgen vom Tau triefend nass und damit völlig unbrauchbar – so lässt man zurück, was einem einst wertvoll und hilfreich war.

Mein Vater wäre auf der Flucht einmal fast verlorengegangen. Das war auf dem Teil der Flucht, wo es mit dem Zug in Richtung Österreich ging. Der Zug hatte sich lange nicht bewegt. Auf dem Gleis nebenan waren Fahrzeuge geladen. Das war für meinen damals sechsjährigen Vater sehr reizvoll. Er kletterte hinauf und hat sich in ein Auto gesetzt. Plötzlich setzte sich der Zug in Bewegung, mit knapper Not ist er doch noch hinuntergesprungen, sonst wäre er wohl für Jahre oder Jahrzehnte von seiner Familie getrennt gewesen. Kein Einzelfall. – Ich erinnere mich noch an Personensuchmeldungen des Roten Kreuzes im Radio, die ich als Kind in den späten Siebzigerjahren noch gehört habe – also mehr als 30 Jahre nach Kriegsende.

Mein Großvater väterlicherseits war Jahrgang 1910, er wurde eingezogen im Krieg. Wenn es stimmt, gab es damals die Wahlmöglichkeit, ins rumänische Heer zu gehen oder – da er in einer deutschsprachigen Gemeinde gelebt hat – ins deutsche. So die Überlieferung. Allein diese Entscheidung ist schon äußerst seltsam und schwierig.

Auf welche Seite stelle ich mich? Freunde und Bekannte auf beiden Seiten ... Und dann die Zeit der Ungewissheit, kommt er aus dem Krieg zurück vom Frontgeschehen oder nicht?

Er kam zurück. Nach dem Krieg haben meine Großeltern in einer Ziegelfabrik gearbeitet. Eine körperlich sehr harte Arbeit. Sie haben in Oberösterreich mit nichts angefangen. Und trotzdem haben sie sich ein Haus bauen können, mit sehr viel Eigenleistung – mit 100 Prozent Eigenleistung. In der Ziegelfabrik hatte mein Opa die Ziegel günstig bekommen, aber es war sehr viel Mut und Enthusiasmus dabei und natürlich haben alle zusammenhelfen müssen, auch die Kinder mussten beim Hausbau kräftig mithelfen – ohne Maschinen.

Rückkehr nach Rumänien

Zurückkehren oder bleiben? Die Situation war so, dass man am Ende keine Lebensmittelkarten mehr ausgegeben hat und gesagt hat: „Gehts zurück oder bleibts da, aber Versorgung gibt es keine mehr." Es war die indirekte Aufforderung, doch zurück nach Rumänien zu gehen. Keiner wusste, ob es das Haus und die Landwirtschaft im Heimatort noch gab, ob man diese wieder zurückbekommt. Das Banat war von den Russen besetzt. Eine schwierige Entscheidung, von Not gedrängt. Es war schwer abzusehen, wo man besser der Not entkommen kann. Aus meiner Großfamilie sind ein paar zurückgegangen und ein paar hiergeblieben.

Den Rückkehrern hat man Häuser zugewiesen, meist nicht die eigenen. Unter russischer Verwaltung war es für deutschsprachige Rückkehrer sicher nicht leicht. Mein Großonkel Peter ging zurück und war bis in die Neunzigerjahre noch in Periam. Meine Großeltern waren mit ihm in Briefkontakt. Mein Bruder und ich hatten uns entschlossen, die Heimat meines Vaters aufzusuchen. Mein Bruder war 20, ich 17, als wir uns auf den Weg machten. Der Grenzübertritt nach Rumänien war nur mit Schmieren möglich. Den kompletten Inhalt des Autos auf den großen Tischen an der Grenze auszubreiten war Standard. Wenn man nichts „schenken" wollte, wurde die Einreise mit fadenscheinigen Argumenten verweigert.

Zirka die Hälfte der Dorfbewohner von Periam war bei unserem Besuch noch deutschsprachig, die Hälfte rumänisch. Das Miteinander hat ganz gut funktioniert. Ich nehme an, es lag auch am gemeinsamen Feind Ceaușescu, der den Zusammenhalt verstärkt hat. Er war für die missliche Lage und den Mangel an fast allem verantwortlich.

Mein Großonkel Peter hat schlussendlich bis knapp vor seinem Tod in Rumänien gelebt. Im Nachhinein ist es natürlich einfacher zu beurteilen, ob es besser war, in Österreich zu bleiben oder zurückzugehen. Peter war trotz der Armut und des Mangels nicht unglücklich. Die Not hat einen enormen Zusammenhalt befördert, eine Art, sich das Leben zu gestalten. Zum Beispiel hat Peters Nachbar ein Schwein gehalten, Peter hatte die Aufgabe,

Futter aufzutreiben, und dann haben sie sich beim Schlachten das Schwein geteilt. Er hat viele Überlebensstrategien entwickelt. Wenn etwas zu kaufen war, wurde auf Vorrat eingekauft. Ein Vorrat, mit dem man dann auch tauschen konnte. Wir haben bei unserem Besuch miterlebt, wie die Schlangen angestanden sind, um Brot einzukaufen, weil heute gibt es welches. Und wenn es im Gasthaus Bier gibt, das übrigens abartig grauslich war, dann kauft man nicht ein Glas, sondern zwei, weil wer weiß, wie lange es das gibt. Beim Zahlen haben wir bemerkt, dass dort Geld keinen Wert hat. Mit einer Handbewegung hat der Wirt das Geld in eine offene Schublade gestreift, und da lag ein einziger Haufen Scheine, ohne Sortierung. Geld hat man keine Bedeutung beigemessen, es geht nur darum, krieg ich etwas oder krieg ich nichts.

Mein Großonkel Peter ist in den Neunzigerjahren zu Verwandten nach Deutschland ausgewandert. Diese Entwurzelung hat er nicht gut verkraftet. Er ist nach kurzer Zeit verstorben.

Die Familie in der neuen Heimat

In Österreich kam meine Familie nach Kleinhöflein in Niederösterreich. Alle Flüchtlingsfamilien wurden aufgeteilt. Meine Großmutter mit ihren Schwiegereltern, ihrer Schwester und ihren zwei Kindern (sechs Personen) wurden im Herbst 1944 einer österreichischen Familie zugeteilt. Die Gastfamilien haben es sich nicht aussuchen können, ob Flüchtlinge bei ihnen einquartiert werden. Trotzdem wurden sie alle herzlich aufgenommen, verpflegt und versorgt. Mein Vater spricht heute noch mit großer Dankbarkeit und Bewunderung von dieser Gastfamilie.
Bezogen auf die Gegenwart eigentlich eine hoch spannende Umgangsweise damit. Und die Gastgeber waren sehr offen und freundlich, obwohl es ihnen – salopp formuliert – aufs Aug' gedrückt worden ist, Flüchtlinge aufzunehmen.

Ich wundere mich, wie man in dieser Zeit und den damaligen Kommunikationsmitteln über große Distanzen Kontakt halten konnte mit den Angehörigen; wenn man jemanden aus den Augen verloren hat, wusste zunächst keiner mehr, wo der andere ist …
Mein Vater hat, bedingt durch die Flucht, erst mit sieben Jahren mit der Schule begonnen. Er war muttersprachlich deutsch. Durch den Dialekt hat man gemerkt, dass er nicht von da war. Diese Zeit war nicht einfach für ihn. Die Zeit in der Schule ist keine angenehme Erinnerung für ihn.
Er ist mitten im Schuljahr in einen bestehenden Klassenverband hineingekommen, und da er vorher nie in einer Schule war, war er auch noch hinten im Stoff … keine positiven Erinnerungen. Ein einziger Schüler hatte zu ihm gehalten.
Mein Vater ist mit 18 Jahren nach Salzburg gekommen, die Großeltern sind in Oberösterreich geblieben. In Salzburg hat er in der Arbeit meine Mutter kennengelernt – der Klassiker für diese Zeit. Ich bin in Salzburg geboren.

Wir hatten keinerlei Kontakt zu donauschwäbischen Vereinen. Ich habe die Aufschrift „Haus der Donauschwaben" auf dem Gebäude schon wahrgenommen, aber Kontakte gab es nicht. Auch keine Traditionen, weder Dialekt noch Trachten sind mir vertraut.
Dass es eine Community der Donauschwaben in Salzburg gibt, ist an mir vorübergegangen. Vielleicht hängt es damit zusammen, dass schon die Großeltern mit der Zeit und ihrem Schicksal gut abgeschlossen haben, auch mental. Das Bild war so, dass man kein Interesse mehr hat an der Liegenschaft, die man verlassen hat, kein Interesse daran, die Landwirtschaft und das Haus in Rumänien wieder zu bekommen.
Irgendwo gab es einmal ein Kochbuch der Donauschwaben, das mir untergekommen ist. Wie wir zu dem gekommen sind, weiß ich aber nicht.

Mein Bruder und ich haben uns auf den Weg gemacht

Mein Bruder ist drei Jahre älter als ich. Wir haben das Verlangen verspürt, in die Heimatorte meiner Eltern zu fahren. Die Heimat unserer Mutter, die Steiermark, war leicht erreichbar. Rumänien – hinter dem Eisernen Vorhang – aber gar nicht. Im Sommer 1987 haben wir uns trotzdem auf den Weg gemacht, da war die rumänische Grenze eine Challenge. Aber mit ein bisschen Hartnäckigkeit und Geschenken ist es dann gelungen, die Grenze zu passieren. Einige Jahre später sind auch meine Eltern losgefahren, um den Heimatort aufzusuchen.
Die Straßenbezeichnungen haben sich verändert, aber man hat noch rückschließen können, wo das betreffende Haus war, wo mein Vater seine frühe Kindheit verbracht hat. Obwohl nur unsere Großeltern mit unserem Großonkel Peter im Briefkontakt waren, hat er uns unheimlich herzlich aufgenommen und uns alles gezeigt. Ja, es war eine tolle Erfahrung mit ihm. Obwohl das Ceaușescu-Regime hart und voller Spitzel war, hat er seine Lebenskraft und seine Lebensfreude erhalten. Er war ein sehr ausgeglichener und positiver Mensch.
Die gefragten Sachen wie Kaffee und vieles andere, was man damals dort nicht bekommen konnte, haben wir mitgenommen und haben das dann dort beim Onkel oder bei der Pfarre deponiert.
Als mein Vater dort war, war es für ihn ein Zurück an bekannte Orte. Er ist zur Marosch runtergefahren, wo er schwimmen gelernt hat. Der Fluss ist mittlerweile eine einzige Dreckbrühe. Im Dorf selbst ist baulich nicht viel passiert seither, das war wieder abrufbar für ihn. Er hat dann gesagt, einmal hat er es gesehen und ein weiteres Mal wird es ihn nicht reizen.
Meine Großmutter war zu der Zeit noch am Leben und relativ rüstig, aber die hat es gar nicht interessiert, noch einmal hinzufahren. Sie hat abgeschlossen gehabt. Sie war zwar in Briefkontakt mit meinem Großonkel und den anderen Verwandten, die nach Deutschland weitergezogen sind, aber da war keinerlei Wehmut.

Über die Herkunft sprechen

Was die Vorfahren betrifft, so gibt es einen Stammbaum, der bis 1700 zurückgeht. Ich habe ihn mir angeschaut, aber mich nicht genauer damit befasst. Unter Maria Theresia sind meine Vorfahren in die Gegend gezogen, haben ein Stück Land bekommen, das sehr ursprünglich war, das man bestellt hat. Aber ob das völlig unbesiedeltes Land war oder ob es da schon eine Art Eindringen gegeben hat und andere vertrieben wurden, keine Ahnung. Es ist immer so kolportiert worden, das seien menschenleere Gegenden gewesen ...

Es war eine Landwirtschaft da, ein Landmaschinenhandel, schon ein florierendes Geschäft, sie wurden durch die Vertreibung komplett aus der materiellen Abgesichertheit herausgerissen. Man dachte zuerst ja, man kommt wieder zurück, aber das war dann nicht der Fall. Die, die zurückgekehrt sind, haben auch nicht mehr ihre Häuser bekommen, sondern andere. Es war bei Weitem nicht so geordnet, diese Rückkehr, wie man es sich gewünscht hätte.

Mein Vater war doch ein kleines Kind damals. In der Zeit dürfte es im Banat wirklich schön gewesen sein: Freiheit und Harmonie, die gelebt wurde. Vielleicht wurde es in der Erinnerung auch verklärt, so ein Landidyll fast. Man hat Tiere gehabt, eine Landwirtschaft, keine existenziellen Sorgen ... Dann kam der Krieg.

Mein Großvater hat, als er aus dem Krieg zurückgekommen ist, nie über diese Zeit gesprochen. Eher noch aus der Zeit der Gefangenschaft, aber für das, was sich sonst so abgespielt hat, war offenbar Verdrängung der einzige Ausweg. Ich weiß nicht, wie es war, wenn die Männer unter sich waren, ob sie dann darüber gesprochen haben. In der Familie jedenfalls nicht, so, als wären sie nicht dort gewesen.

Sind wir froh, dass es den Frieden und die Stabilität jetzt gibt! Man weiß im Leben oft erst dann etwas zu schätzen, wenn man es nicht mehr hat. Aber gerade der Frieden, wir dürfen froh sein, wenn er uns erhalten bleibt.

Wann wird etwas als Trauma erlebt?

Ob etwas als Trauma erlebt wurde oder nicht, hängt unheimlich damit zusammen, in welchem Lebensabschnitt man das miterlebt. Mein Vater ist als Sechsjähriger weg, für ihn war das eher ein Übersiedeln – ohne Trauma. Etwas Traumatisches kommt bei seinen Erzählungen gar nicht rüber. Vielleicht aber auch deswegen: Es war unterm Strich ein Riesenglück. Wäre man jetzt noch dort, natürlich hätte sich das anders entwickelt ... Tauschen mit der Lebenssituation, die wir 1987 vorgefunden haben, möchte man jedenfalls nicht.

Es hängt an unserer Vorgeneration, ob sie mit dem Schicksal hadert oder ob sie es gut bewältigt hat und sagt: „Okay, das nehme ich hin als Lebensweg, der mir gegeben ist und den ich gehen muss. Oder darf."

Sonst weiß man über die donauschwäbische Geschichte allgemein ja eher wenig. Auch im schulischen Kontext ist man immer wieder auf die großen

Veränderungen im Zweiten Weltkrieg hingewiesen worden, die genoziden Ausprägungen, es ist wichtig, dass man darüber spricht. Dass es zu großen Völkerverschiebungen gekommen ist, steht im Schatten dieser grausamen Ereignisse, wahrscheinlich zu Recht, da diese an Grausamkeit und Dramatik nicht zu überbieten sind. Wenn man sich der Zeit intensiv widmet, könnte man das donauschwäbische Schicksal aber auch hineinarbeiten.
Es wurde von der Familie im Jahre 1944 aller Besitz zurückgelassen, aber Groll habe ich nie herausgehört, auch kein Hadern oder ein Unrechtsgefühl, nicht einmal die Idee, dass man seinen damaligen Besitz zurückbekommen könnte. Er ist ja tatsächlich enteignet worden, aber es gab bei meinen Großeltern keine Intention, dass man da wieder etwas zurück haben möchte.
Die Haltung war die: Jetzt sind wir da und man ist froh, dass es jetzt so ist. Es gab schon immer wieder Rückblicke, es ist nichts tabuisiert worden, aber man hat das Leben hier neu aufgestellt und ist nicht im Unfrieden gewesen mit der Situation. Das war Geschichte. Jetzt ist Neuaufbruch und eine neue Chance.

Worauf ich stolz bin und wofür ich dankbar bin

Ich habe meine Vorgängergeneration unheimlich fleißig und arbeitsam erlebt, wo halt viele Stunden neben dem Angestelltenberuf noch weiter gearbeitet wurde, Haus gebaut … Also all diese Dinge, die man als Zusatzbelastung auf sich nimmt, um sich etwas zu schaffen. Von dem her war es so, dass es gelungen ist, etwas aufzubauen, aus genau nichts heraus.
Das ist etwas, worauf ich schon stolz bin. Das ist einfach eine gelungene Lebensgeschichte meiner Eltern, wo man sagt, höchst erstaunlich. In den Nachkriegsjahren war es möglich, dass ein Alleinverdiener eine Familie erhalten und ein Haus bauen konnte. Das ist ein Lebenswert. Heutzutage ist das nicht mehr möglich mit einem Gehalt, ohne zusätzliche Geldmittel. Ich habe auch das Glück gehabt, dass ich die elterliche Beziehung als sehr harmonisch erlebt habe und in einer schönen Kindheit und Jugend habe aufwachsen dürfen.

Kulinarisch ist das Banat für mich auch eine spannende Thematik. Ich muss mir die Rezeptbücher wieder anschauen. Würste haben meine Großeltern auch noch in Oberösterreich selber gemacht. Die Gewürzmischung, die mein Großvater verwendet hat, habe ich mir auch überliefern lassen. Ich habe das aber nie ausprobiert. Wer macht heutzutage noch selber Wurst?

Sie war sehr knoblauchlastig, eine sehr paprizierte Form der Wurst, die wurde dann gekocht oder gebraten. Aber andere ganz typische Gerichte, von denen ich sage, das kommt von früher, habe ich eigentlich keine überliefert bekommen.

In meiner Familie wurde überhaupt unheimlich viel selber gemacht. In meinem Großelternhaus wurde selbst geschlachtet, sie haben sich mit einem Bauern zusammengetan. Da haben zwei Familien zu Weihnachten zusammen ein Schwein gekauft und geschlachtet und dann Fleisch und Wurst und Geselchtes produziert. Man hat versucht, sich weitestgehend selbst zu versorgen.

Auch habe ich ein sehr großes Interesse an alten Kulturen der Welt. Insbesondere daran, dass jeder versucht, in Frieden und Glück zu leben. Schade, dass es allzu oft nicht gelingt. Wo die Stellschrauben für stabilen Frieden sind, das interessiert mich. Deshalb bin ich ein Freund der EU, nicht im ökonomischen oder globalisierenden Sinne, sondern als Friedensprojekt. Einen so langen Zeitraum des Friedens hat es im Zentralraum Europa noch nie gegeben. Man kann es in der Retrospektive nicht wissen, ob es nur daran liegt, aber ein dem Frieden abträgliches Konstrukt ist die EU gewiss nicht. Sind wir froh, dass es jetzt Frieden und Stabilität gibt.

Und wenn es Flüchtlinge gibt, wie jetzt aus Syrien, dann kann man sich nur ein Beispiel daran nehmen, wie in Österreich 1944 eine sechsköpfige Familie mit offenem Herzen aufgenommen und verpflegt wurde, obwohl die Gastgeber selbst fast nichts zu essen hatten. Verpflegung und Unterkunft funktionieren auch 2020 – aber die Offenherzigkeit und rasche Integration?

Was vielleicht ebenfalls von meiner Geschichte her kommt, ist die Betrachtung, wie artifiziell politische Grenzen sind. Vielleicht ist es so, dass ich darüber viel nachgedacht habe. Wären die Eltern zurückgewandert, wäre ich in Rumänien zur Welt gekommen; da hätten mein Freiheitsgedanke oder meine Möglichkeit, in Freiheit zu leben, ganz anders ausgeschaut. Dafür wird man dann unheimlich dankbar.

Dieses Interview ist wie von selbst dahingeflossen und dauerte mehr als eine Stunde. Wie so oft verflüchtigten sich Bedenken, wenig Nennenswertes einbringen zu können, im Nu, sobald das Gespräch begonnen hatte und es deutlich wurde, wie die donauschwäbische Herkunft das Leben doch geprägt hat.

Einer, der auf ein besonderes Engagement bereits in jungen Jahren zurückblicken kann, ist mein nächster Gesprächspartner.

Hausfassade in Futok, September 2023

„Kriiitische, kriiitische Töööne ...“, ließ sich der Vorsitzende einer Veranstaltung im Haus der Donauschwaben am Ende eines Diavortrags vernehmen, in dem Werner R. in den Achtzigerjahren von seinem Aufenthalt in der brasilianischen donauschwäbischen Gemeinde Entre Rios berichtet hatte. In meiner Erinnerung wurde dieser Kommentar einige Male wiederholt und umfasst wohl die ganze Ratlosigkeit angesichts eines jungen Mannes, der einst Mitglied der donauschwäbischen Trachtentanzgruppe gewesen war und nun tatsächlich „kriiitisch“ über seine Erfahrungen berichtete. So zumindest habe ich es erlebt.

Werner R. treffe ich zirka 35 Jahre nach diesem Ereignis wieder. Ich bin gespannt, wie er die damalige Situation heute bewertet.

Werner R.

Idealismus und Ernüchterung

Werner R. wurde 1959 geboren und hat Theologie und Mathematik studiert. Der Vater wurde im März 1922 in Laschkafeld geboren, er stammt aus einer Familie von Bauern. Er kam in den Jahren 1951/1952 nach Österreich. Die Mutter, Jahrgang 1935, stammt aus Franztal/Semlin aus einer Kaufmannsfamilie. Sie ist seit 1944 in Österreich.

Zum Wort „Donauschwaben" fällt mir als Erstes ein ...

... das Haus der Donauschwaben in Salzburg, da das ein großer Teil meiner Kindheit war. Mein Vater war dort sehr engagiert und hat mir schon früh ermöglicht, dort zu arbeiten. Als Zehnjähriger habe ich schon Zeitschriften gestapelt, als 19-jähriger Korrespondenz über Fehlexemplare geführt. „Donauschwaben" hat für mich daher zuerst zu tun mit dem Haus der Donauschwaben, dem ich sehr verbunden war.

Das väterliche Engagement im Haus der Donauschwaben

Meinem Vater ist es besonders um die historische Aufarbeitung der Geschehnisse und um die historische Wahrheit gegangen. Er war an der Organisation von historischen Symposien, die in den Achtzigerjahren im Haus der Donauschwaben stattgefunden haben, führend beteiligt. Er hatte dabei den Ruf, dass andere Leute Ideen liefern, aber er dann die Arbeit macht. Zu Hause war das geflügelte Wort, das meine Mutter mit Schmunzeln, aber nicht ganz ohne Vorwurf gesagt hat: „Und du bist wieder der, der dann die Arbeit macht! Jemand aus dem Vorstand sagt: ‚Man müsste ...', und du tust." In meiner Kindheit war das oft so, dass es geheißen hat, mein Vater kommt heute später heim, denn er muss im Haus der Donauschwaben noch etwas machen. Mein Vater hatte nicht das Bedürfnis, in der Öffentlichkeit zu stehen, ihm ist es in erster Linie darum gegangen, dass alles für die Nachwelt festgehalten wird.

Die Gegenstände, die mir als bedeutend für meine Herkunft erschienen sind, sind deshalb diese Bücher.

Davon gibt es sehr viele. Man sieht, wie abgegriffen sie sind, und es stecken überall Merk- und Notizzettel zwischen den Seiten. Das war fester Bestandteil des Bücherregals meines Vaters, mit diesen Büchern hat er gearbeitet. Ich hatte nie das Bedürfnis, das alles selbst von Anfang bis Ende zu lesen, aber ich habe einige Bücher als Andenken an meinen Vater aus meinem Elternhaus mitgenommen. Das war mir wichtig. Sie stehen für das Engagement meines Vaters.

Es war ihm ein Anliegen, dass die donauschwäbische Geschichte korrekt dargestellt wird. Dass das Donauschwäbische Archiv, das im Haus der Donauschwaben untergebracht ist, später Österreichisches Zentralarchiv für Flüchtlingsfragen hieß und ins Landesarchiv eingegliedert wurde, war sein Werk. Es war ihm sehr wichtig, dass das Archiv nach seinem Ausscheiden nicht bedeutungslos wird, und er wollte auch, dass da nicht „Donauschwaben" drüber steht, sondern dass das Teil von etwas Größerem ist und für die Nachwelt gesichert. Das hat mich beeindruckt.

Als Lebensretter in Haft

Anders als viele meiner Altersgenossen hatte ich nie das Bedürfnis, meinen Vater zur Rede zu stellen und zu fragen: „Wo warst du im Krieg und was hast du gemacht?" Das hängt mit zwei Dingen zusammen:

Zum einen habe ich die Prinzipien und die Lebensart meines Vaters so überzeugend gefunden, dass ich gar keine Lust gehabt habe, ihm vorzuwerfen, dass er in diesen Jahren vielleicht auch Schuld auf sich geladen hat oder mitgemacht hat. Ich wollte das nicht aufrechnen.

Der zweite Grund ist, dass er nach Kriegsende 1946 mehrere Male bis zu 20 Verwandte aus jugoslawischen Anhaltelagern nahe der ungarischen Grenze herausgeführt hat. Manchmal wird Konzentrationslager dazu gesagt, aber es waren keine Vernichtungslager im engeren Sinn. Er hat etlichen Personen das Leben gerettet – bis er von einem ehemaligen Nachbarn verraten und festgenommen wurde. Dafür hat er dann sechs Jahre in einem jugoslawischen Gefängnis verbracht. Wenn ich zurückschaue, sind alle in der Familie erzählten Kriegsgeschichten relativ schnell zu dieser Gefangenschaft abgebogen. Da war er eindeutig Opfer und es hätte genauso gut sein können, dass er nicht überlebt. Da hatte ich keine Lust nachzubohren, was eventuell davor gewesen sein könnte. Es lief unter der Überschrift „Kriegsgefangenschaft", obwohl es das gar nicht war. Das Ende des Zweiten Weltkriegs hat er als freier Mann erlebt. Er ist dann erst etwa 1952 nach Österreich gekommen.

Aufwachsen in einer donauschwäbischen Stadtrandsiedlung

Die salzachnahen Gründe für die Siedlung, in der wir gewohnt haben, waren vom Stift St. Peter günstig abgegeben worden, damit sich Flüchtlinge dort eine Existenz aufbauen können. Dort haben meine Großeltern mütterlicherseits mit meiner Mutter und meinem

Onkel in Wochenendarbeit über mehrere Jahre hinweg den Hausbau gemacht. Immer mit dem Fahrrad am Wochenende vom Lager Bergheim pendelnd.
Ich habe mich dort heimisch gefühlt. Das Donauschwäbische habe ich positiv erlebt. Erst in der Volksschulzeit fiel mir auf, dass ich irgendwie nicht ganz dazugehöre. Die Bauernbuben haben gesagt: „Wir sind vom Dorf und ihr seid von der Siedlung." In der Volksschulzeit hat man sich ausgemacht, man trifft sich am Nachmittag in der Au zum Schlägern: Dorf gegen Siedlung – Bauernbuben aus dem Dorf gegen überwiegend donauschwäbische Siedlungskinder. Ich hatte aber nie Lust aufs Schlägern und war auch eher ängstlich. Außerdem habe ich nicht verstanden, was anders an mir sein soll, nur weil ich ein paar Hundert Meter weiter weg wohne. Vermutlich haben die Eltern der Dorfkinder die Donauschwaben, die in der Siedlung konzentriert aufgetreten sind, doch kritisch beäugt. Es waren ja mehrere Dutzend Häuser. Vermutlich haben sie die Donauschwaben als Eindringlinge empfunden und waren vielleicht neidisch, zu welch günstigen Bedingungen sich die „Neuen" hier ansiedeln konnten.
Von der Sprache her waren wir nicht anders. Die Großelterngeneration hat noch mehr schwäbischen Dialekt gesprochen, aber meine Eltern gar nicht. Mein Vater hat gemeint, es sei nicht gut, in der Familie schwäbisch zu reden, weil die Kinder sich ja integrieren sollen. Er hat sehr bewusst zu mir gesagt: „Ich muss mit dir Hochdeutsch reden, weil sonst fallen wir in das Schwobische und das wäre für dich später ein Nachteil. Wir wollen nicht, dass du auffällst." Jetzt ist es so, dass ich mit meinen Freunden Salzburger Dialekt spreche und mit meiner Mutter im Altersheim hochdeutsch.
Zwischen 16 und 23 Jahren habe ich bei der donauschwäbischen Trachtentruppe mitgemacht. Das habe ich gerne gemacht, das war eine nette Gruppe. Wir waren am Schwabenball, es gab Partys. Meine Eltern haben mich, was Fortgehen und Disco betrifft, sehr kurzgehalten, aber gemeint: „Wenn du mit ‚unsre Leit' zusammen bist, dann kann es schon später werden." Das war nett dort, man konnte später nach Hause kommen, das hatte nichts mit Deutschtümelei oder donauschwäbischer Identität zu tun.

In der Jugendzeit ist mir der Gegensatz zwischen Donauschwaben und Österreichern vermehrt aufgefallen bzw. ist dies von meinem Vater extra betont worden. Besonders in Sachen Moralerziehung hat er oft argumentiert: „Es kann schon sein, dass alle deine Klassenkollegen das oder jenes dürfen. Aber wenn etwas bei den Österreichern gang und gäbe ist, dann heißt das noch lange nicht, dass das für die Donauschwaben auch gilt." Vor allem ging es um Themen wie „erste Freundin", ob man die nach Hause bringen darf, bis zum Thema Sex vor der Ehe. Da hieß es: „Was für Österreicher gilt, gilt noch lange nicht für dich!"

Ich habe dagegen revoltiert, habe aber auch immer das Einvernehmen mit meinen Eltern gesucht und wollte nichts hinter ihrem Rücken machen. Da gab es stundenlange Diskussionen vor allem im Bereich Sexualmoral. Meine Argumentationsschiene war: Wenn das mit dem lieben Gott etwas zu tun hat, verstehe ich nicht, warum die katholischen Österreicher und die katholischen Donauschwaben diesbezüglich unterschiedliche Standards haben sollten. Das ergibt keinen Sinn. Ich hatte meinen Vater im Verdacht, dass er sich auf das Donauschwaben-Sein mehr herausgeredet hat, als es de facto hergegeben hat.

Deutlich später hat mich das auf einer theoretischen Ebene interessiert und als Theologiestudent wollte ich meine Diplomarbeit über das religiöse Verhalten von ethnischen Minderheiten schreiben, und zwar am Beispiel der Donauschwaben in Entre Rios. Das konnte ich ideal kombinieren mit meiner Reiselust. Das war der Überbau für ein großes Südamerika-Abenteuer. Von 1982 bis 1984 habe ich eineinhalb Jahre in der donauschwäbischen Siedlung in Entre Rios gelebt und gearbeitet.

Erfahrungen in Entre Rios

Es war eine Jugendleiterstelle ausgeschrieben, für die die Siedlungsleitung explizit einen Donauschwaben aus Österreich oder Deutschland haben wollte.

Entre Rios war ein Projekt der Schweizer Auslandshilfe Anfang der Fünfzigerjahre, dessen Ziel es war, Donauschwaben, die aus dem agrarischen Bereich kamen, so zu unterstützen, dass sie in Brasilien wieder als Landwirte arbeiten können. Es war an eine Aussiedlung von 100.000 heimatvertriebenen Volksdeutschen gedacht, das konkrete Pilotprojekt hat dann nur 3000 umfasst – und dabei blieb es dann auch. Nach turbulenten Anfangsjahren gab es eine Konsolidierungsphase und ab Ende der Sechzigerjahre hat Matthias Leh, langjähriger Präsident der bestimmenden Agraria, die Siedlung in eine wirtschaftlich positive Zukunft geführt.

Ich sollte in der Jugendarbeit tätig sein. Die war jedoch ganz anders, als ich es mir vorgestellt hatte. Was ich vorgefunden habe, war eine ehemalige Arztvilla, die in einen Disco-Luxusbetrieb mit Swimmingpool und Reitstall umgebaut worden ist. Und nur die eingeschriebenen donauschwäbischen Mitglieder durften in dem Privatclub mit verpflichtend deutscher Umgangssprache ein und aus gehen, die brasilianische Bevölkerung aber nicht. Die Öffnungszeiten waren Samstag, Sonntag, Feiertag von 21 bis 4 Uhr. Das Durchschnittsalter der dortigen Mitglieder war 24, und ich war damals 23. Also von Jugendleitung im herkömmlichen Sinn keine Rede. Ich war mehr oder weniger der Verwalter von einem Freizeitclub, es war eine bessere Diskothek.

Ich war aber relativ hartnäckig und konnte durchsetzen, dass es ein sogenanntes Schülerzentrum gibt, da habe ich so etwas wie Nachmittags- und Hausaufgabenbetreuung für

zwölf- bis 16-jährige Jugendliche gemacht. Das ist mir vom Grundansatz vernünftig vorgekommen.
Nach und nach habe ich die Verhältnisse dort besser überblickt. Ich bin draufgekommen, dass ich nicht – wie man mir vorher gesagt hat – aus Geldern der deutschen Entwicklungshilfe bezahlt werde, sondern dass diese Gelder auf einem Privatkonto gelandet sind und für dubiose Zahlungen an deutsch-brasilianische Chemiekonzerne verwendet wurden und dass das Geld, das ich erhalten habe, über Scheinbelege abgerechnet wurde. Ein verstorbener oder gekündigter brasilianischer Mitarbeiter der Agraria wurde einfach als Karteileiche weitergeführt! Ich musste jeden Monat einen Zettel unterschreiben für mein Geld. Im Lauf der Zeit habe ich genug Portugiesisch gesprochen, um zu verstehen, worum es da geht. Und der Grund, warum man mich geholt hat, war nicht, dass die deutschsprachige Kultur erhalten bleiben soll, sondern es ging darum, nicht begründen zu müssen, warum in diesem Jugendzentrum die Umgangssprache Deutsch weiterhin verpflichtend sein soll – damit die Brasilianer draußen gehalten werden. Dafür war es praktisch, einen Österreicher zu haben, der nicht Portugiesisch spricht.
Es gab auch noch viele weitere Missstände und ich habe mich mit den Arbeitgebern ziemlich angelegt. Das hat sich immer mehr zugespitzt. Man hätte mich wahrscheinlich hinausgeschmissen, wenn die Siedlungsverantwortlichen die Stellung meines Vaters in Salzburg nicht so überschätzt hätten. Sie haben gedacht, dass er eine wichtige Rolle spielt, und man wollte es sich nicht leisten, seinen Sohn rauszuschmeißen, da sonst vielleicht die bundesdeutschen Hilfsgelder für die Siedlung versiegen könnten – oder etwa auch die Patenschaft der Siedlung mit dem Land Salzburg, die ja auch Geld gebracht hat. In diesem Kontext hat man mich als Kuckucksei noch eine Zeitlang hofiert.
Später hat man mir dann das Projekt „Alteninterviews" zugeschanzt. Ich sollte die noch lebenden Pioniere der Entre-Rios-Siedlung aus den Fünfzigerjahren aufsuchen und befragen, wie das damals in den Anfangsjahren war. Das war Zeitgeschichte. Das hat mich interessiert und so bin ich im Direktionswagen der Agraria nach São Paulo oder nach Rio de Janeiro gefahren. Auf diese Weise habe ich mich natürlich auch in gewisser Weise korrumpieren lassen. Die Agraria war froh, dass ich nicht vor Ort war, mein Fernweh ist gestillt worden, und im weiteren Sinne war es auch sinnvolle Arbeit, die ich gemacht habe. Aber es war nicht das, wofür ich eigentlich gekommen bin.
Mir war es dann aber sehr wichtig, meinen Eltern Entre Rios zu zeigen. In der letzten Woche meines Aufenthalts kamen sie tatsächlich zu Besuch. Es war mir sehr wichtig, dass meine Eltern sich das auch persönlich angeschaut haben und dann besser verstanden haben, worin denn meine Kritik besteht.
Das habe ich im Haus der Donauschwaben berichtet. Ich habe Ein-

schätzungen über die Entwicklung der Siedlung gegeben, die waren nicht rosarot, sondern die waren realistisch bis kritisch. Das hat den Salzburger Donauschwaben, die eigentlich erhebende Geschichten von der „weltweit einzig noch existierenden donauschwäbischen Siedlung" hören wollten, nicht gefallen und da gab es klarerweise viele kritische Rückfragen. Den altgedienten Salzburger Donauschwaben wollte ich aufzeigen, dass nicht alle Donauschwaben auf dieser Welt automatisch gute Menschen sind.

Enttäuschung bezüglich der Werthaltungen

Worin meine Enttäuschung über die brasilianischen Donauschwaben bestand und was ich ihnen implizit zum Vorwurf gemacht habe? Sie haben selbst eine Geschichte von Ausgrenzung – als Täter und als Opfer! – und schlussendlich Flucht erlebt. Und das sollte doch sensibilisieren für den Umgang mit deklassierten und weniger privilegierten Gesellschaftsschichten, aber das habe ich überhaupt nicht wiedergefunden. Die Donauschwaben sind von Zugereisten zu teils Großgrundbesitzern und zu wirtschaftlich sehr erfolgreichen Leuten aufgestiegen, haben aber die Brasilianer als Dienstboten, Landarbeiter oder Haushaltshilfen wenig geachtet. Von wegen Völkerverständigung oder von wegen Sich-Erinnern an das eigene Schicksal! Deshalb die brasilianische Landbevölkerung besser zu behandeln, als dies die alteingesessenen brasilianischen Großgrundbesitzer tun – das habe ich extrem vermisst. Der donauschwäbische Dorfpolizist war ein offener Rassist: Wenn Brasilianer verprügelt wurden, ist er nicht hingefahren.

Das „Durchmischen" der Bevölkerung, also Ehen zwischen Donauschwaben und Brasilianern, wurde absolut abgelehnt. Das ist in der Auswirkung zwar rassistisch, aber die Motivation zu solchem Handeln war viel banaler: Es ging den Donauschwaben schlicht und ergreifend um das Nicht-teilen-Wollen des wie auch immer erworbenen Besitzes.

Aus meiner – damals wohl auch jugendlich idealisierten – Werthaltung heraus dachte ich: Man muss doch aus der Geschichte etwas lernen! Die Deutschen und die Serben und die Kroaten – wie haben die zusammengelebt und wie hat es geendet? Natürlich war es nicht die Schuld der Deutschen vor Ort, dass der Weltkrieg ausgebrochen ist, aber sie sind in ihrem neuen Umfeld wieder tonangebend geworden, und was tun sie? Sie behandeln die wirtschaftlich schlechter Gestellten überhaupt nicht gut. Außerdem war die brasilianische Bevölkerung ja schon vor ihnen da gewesen, es war ja kein Niemandsland, kein menschenleerer Urwald!

Bedeutungsverlust des Donauschwäbischen als Ausdruck von Integration

Das Erleben in Entre Rios hat danach dazu geführt, dass mich alles Donauschwäbische zunächst einmal überhaupt nicht mehr interessiert hat. Dem fallweisen Jammern meiner Eltern, dass die Jungen nicht mehr ins Haus der Donauschwaben kommen, habe ich sehr selbstbewusst entgegengehalten: Das Haus der Donauschwaben war als ein Integrationsprojekt in einer Übergangszeit gedacht. In der Übergangszeit, als die Flüchtlinge angekommen sind, aber noch nicht integriert waren, sollte das Haus ein gesellschaftlicher Mittelpunkt sein. Aber eigentlich ist es ein gutes Zeichen, dass die nächste Generation das Haus und den Verein nicht mehr braucht. Das Gastland Österreich hat ja die gleiche Sprache und auch eine verwandte Kultur. Und wenn ein Donauschwabe in der zweiten oder dritten Generation in Österreich das Haus der Donauschwaben und die Landsmannschaften nicht mehr braucht, dann ist das ja eigentlich in Ordnung.

Da konnten meine Eltern nicht widersprechen, aber es war doch eine schmerzhafte Erkenntnis für sie. Mein Vater hat dann gesagt: „Für wen tu ich dann das alles?" Er hat aber die richtige Kurve gekriegt. Er hat gesagt: „Okay, das donauschwäbische Archiv soll im Landesarchiv aufgehen, dort integriert sein im Katalog, damit man die Werke, die wir haben, auch über Fernleihen einsehen oder ausleihen kann, damit das nicht so eine Blase ist." Dafür hat er sich sehr eingesetzt und das war eigentlich sehr weitblickend.

Besuch in der alten Heimat

Dieser Besuch war das Maturageschenk meines Vaters. Wir, die ganze Familie, haben 1977 zu sechst mit Auto und Wohnwagen eine lange Reise gemacht, die uns nach Griechenland und mich später noch nach Italien und in die Türkei geführt hat. Aber in der ersten Woche wollten wir sein Heimatdorf und das meiner Mutter besuchen. Da war mein Vater unheimlich angespannt. Bis dahin hatte er es vermieden, nach Jugoslawien einzureisen, da er nicht auszuschließen konnte, dort noch als ausgebrochener Häftling geführt zu werden. Denn als er damals noch ein Jahr zu sitzen gehabt hätte, hat man ihm gesagt: „Da ist die Tür, sie ist offen, du kannst gehen." So gesehen war er eigentlich ein jugoslawischer Gefängnisinsasse ohne Entlassungspapiere. Und da waren wir just am Vorabend, bevor wir in sein Heimatdorf gekommen sind, unschuldig in einen Auffahrunfall verwickelt und da kam auch noch die Polizei! Aber es ist alles gut gegangen ...

Und dann habe ich als 18-Jähriger das Dorf und den Hof gesehen, wo mein Vater als einziger Sohn aufgewachsen ist. Wir haben das zuerst aus der Entfernung angeschaut, er hat uns alles erklärt. Und dann kam eine alte Frau heraus und hat geschaut, wer da ist. Da schlägt sie die Hände über dem Kopf zusammen: „Der junge Herr, der junge Herr kommt zurück!" Sie war eine ehemalige Dienstbotin und hat meinen Vater wiedererkannt. Sie hat auch Angst gehabt, dass er sein Hab und Gut wieder zurückhaben möchte, aber mein Vater hat sie sofort beruhigt. Diesbezüglich hatte er keinerlei Ambitionen. Das war eine sehr berührende Geschichte. Mein Vater war ein sehr aufgeweckter und intelligenter

Junge gewesen und der Pfarrer hatte seinen Vater überredet, den Buben studieren zu lassen. So kam er noch vor dem Krieg in die Lehrerbildungsanstalt in Werbaß. Und von daher glaube ich nicht, dass er sich als der betrogene Hoferbe empfunden hat, da er sowieso etwas anderes gemacht hätte.

Zwei Tage später haben wir auch das Heimatdorf meiner Mutter angeschaut. Das ist eigentlich mit keiner besonderen Emotion von mir verbunden. Ich habe mir das halt angeschaut, irgendwie wie ein Freilichtmuseum. Meine Mutter war erst neun Jahre alt, als sie geflüchtet sind. Ihr großes Thema waren die Umstände der Flucht, weil sie wochenlang in Viehwaggons durch Österreich und Ungarn geführt wurden und wieder zurück. Aber aktive Erinnerungen an ihr Heimatdorf – die Eltern hatten eine Gemischtwarenhandlung gehabt – sind in ihren Erzählungen nicht so oft vorgekommen. Von daher war es nicht so, dass ich das dort unten irgendwie als Heimat gespürt hätte. Ich weiß nicht, wie das jetzt wäre. Ich könnte mir vorstellen, mit jemandem, den das auch wirklich interessiert, eine Reise hinunter zu machen. Wenn es jemanden gibt, der das mit mir teilen kann und will, dann würde es mich schon interessieren.

Diese Themen sind jetzt sehr weit weg

Die Eltern haben schon hie und da von der verlorenen Heimat und dem Unrecht gesprochen, aber sie haben mir dabei in meiner Kindheit und Jugend nicht vermittelt, dass sie jetzt wieder gerne dort wären. Das hat der Vater sogar explizit gesagt: „Welche Entwicklungschancen haben meine Kinder hier und welche hätten sie, wenn wir jetzt dort wären?" Sie haben der untergegangenen Welt nachgetrauert, waren aber gleichzeitig so realistisch, zu sehen, dass die kommunistische Zukunft der Siebzigerjahre im Vergleich zur österreichischen ein Nachteil für die Kinder gewesen wäre. Diese Beurteilung war relativ nüchtern.

Ein Standardgeschenk meiner Mutter an alle Kinder und Enkelkinder waren vakuumverpackte donauschwäbische Bratwürste. Aber es war nicht sehr im Vordergrund. Diese Themen sind jetzt sehr weit weg. Was mir auffällt, ist, dass ich lange nicht zuordnen konnte, was aus der Küche meiner Mutter, Großmutter oder auch Urgroßmutter kroatisch, serbisch oder donauschwäbisch war. Das vermischt sich. Ich würde es jetzt mit intellektueller Anstrengung anders zuordnen: Serbische Bohnensuppe ist nichts Donauschwäbisches, Djuvec bekommst du beim Kroaten. Aber es schmeckt mir alles gut und es ist für mich „alte Heimat" – zumindest würden das die Altvordern so bezeichnen.

Die Frage der Ressourcen

Ich erlebe mich selbst als sehr resilienten Menschen, aber ich weiß nicht, wo das herkommt. Resilient bedeutet: aus schwierigen Umständen etwas machen, widerstandsfähig sein, positiv in

die Zukunft sehen und trotz schwieriger Umstände nicht verzagen. Ob das etwas mit Donauschwabe-Sein und diesem „den Ersten der Tod, den Zweiten die Not, den Dritten das Brot" zu tun hat, das weiß ich nicht.
Ob meine subjektiv erlebte Sensibilität für Flüchtlingsfragen und Zuwanderung im aktuellen österreichischen Kontext durch die Geschichte meiner Ahnen gefördert wurde oder durch die brasilianische Theologie der Befreiung, die ja hervorhebt, dass sich Jesus in allererster Linie den Deklassierten zugewandt hat und man es ihm nachmachen sollte? Ich weiß es nicht. Woher diese Empathie kommt, kann ich nicht direkt zuordnen.

Die Einschätzung, froh darüber zu sein, als Familie nicht mehr im heutigen Serbien zu leben und es trotz allen Unrechts und aller Traumata letztlich diesbezüglich doch gut getroffen zu haben, teilt auch mein nächster Gesprächspartner.

Anton Thiel war von Bekannten immer wieder als Gesprächspartner ins Spiel gebracht worden: als einer, der auf eine Kindheit in einem Barackenlager zurückblicken konnte, und als einer, der sich in einer bemerkenswerten Installation mit einem wahrhaft grauenhaften Aspekt der donauschwäbischen Geschichte auseinandergesetzt hat.

Ich hatte die Installation „DEKAPITATION" in Salzburg gesehen und das Buch (Thiel, 2017) gelesen – beides schrammte immer hart an der Grenze dessen dahin, was für mich gerade noch erträglich ist. Deshalb fürchtete ich mich ein wenig vor diesem Interview. Aber als ich an einem milden Sommernachmittag die Salzach entlang zu diesem Treffen radle, tut mir die Bewegung und die Sonne gut und ich stelle mir vor, dass Traumatisches sich auch in diesem Gespräch mit erfreulichen und reflektierenden Anteilen verbinden würde. Und genau so war es dann auch.
Letztendlich war es dann sogar ich, die nach fast zweistündiger Unterhaltung doch noch die Sache mit den Köpfen ansprach. Ich war dankbar, dass Anton Thiel einen versöhnlichen Schluss einbrachte.
Vorher jedoch darf ich in seinem Künstleratelier mit Blick auf einen wunderbaren Blumengarten noch andere Aspekte seines ganz persönlichen „Donauschwabiens" kennenlernen.

Anton Thiel

Über Traumata und die Kraft des Trotzdem

Anton Thiel ist im Jahr 1955 geboren. Er hat ein Studium der Germanistik und der Kunsterziehung absolviert und unterrichtete an einem Gymnasium und am Mozarteum.
Der Vater, Geburtsjahr 1908, kommt aus Filipowa in der Batschka, er entstammt einer Kleinbauernfamilie. Die Mutter, im Jahr 1921 in Uivar im Banat geboren, sie stammt aus einer Lehrerfamilie.

Zum Wort „Donauschwaben" fällt mir als Erstes ein ...

... dass fast niemand mehr weiß, um wen es da geht. Meine Erfahrung ist, dass meine Schüler oder deren Eltern immer sehr erstaunt waren, wenn sie gehört haben, dass es in Südosteuropa deutsche Siedler gegeben hat. Vielen Menschen ist das unbekannt, diese Geschichte wird in Österreich mehr oder weniger ausgeblendet.
In unseren Kreisen, also in der Familie oder in anderen donauschwäbischen Familien, ist es anders gewesen, da ist es immer um das gleiche Thema gegangen: ums Vertrieben-Werden, ums Herkommen, ums Akzeptiert-Werden und um das Sich-Zurechtfinden. Das war immer ein großes Thema.

Wie meine Eltern sich gegenseitig das Leben retteten

Meine Großmutter ist geflüchtet und 1946 nach Salzburg gekommen, weil sie hier in Salzburg eine Verwandte in einem Kloster hatte. Meine Eltern waren in einem jugoslawischen „KZ" interniert, wie ich das bezeichne, offiziell: im „Arbeitslager" des jugoslawischen Staates, und zwar vier Jahre lang, bis 1949. Sie waren dann Angestellte einer bäuerlichen Staatsgenossenschaft und sind gemeinsam erst im Jahr 1953 nach Salzburg gekommen.
Meine Eltern haben sich dort in diesen Lagern kennengelernt. Ihr Schicksal war ganz stark verwoben mit der Tatsache, dass sie sich gegenseitig das Leben gerettet haben. Mein Vater, Jahrgang 1908, war Franziskaner, er ist am ersten Tag, als die Partisanen Vukovar besetzt haben, sofort ins Gefängnis gekommen, hat viel durchgemacht und ist von einem Lager ins andere verschoben worden. Als Deutscher und Geistlicher obendrein war er eigentlich von vornherein ein Todeskandidat.
Meine Mutter war ausgebildete Agrarökonomin, sie hatte in Wien studiert. Sie hat dann die größte Dummheit – und für mich das größte Glück, sonst wäre ich nicht auf der Welt – ihres Lebens begangen. Als das deutsche Heer nach Westen zurückgewichen ist

und Jugoslawien geräumt hat, hat sie mitbekommen, dass sich die Ostfront in die Nähe des Wohnorts ihrer Eltern verschoben hatte. Zusammen mit ihrem Verlobten hat sie beschlossen, zurück in die Heimat zu fahren, um ihren Eltern beizustehen. Das Erste war: Der Verlobte ist sofort erschossen worden. Meine Mutter hat dann alles erlebt, was man während eines Kriegs als Frau erleben kann ... Ihre Familie und sie sind dann in ein Lager nahe der rumänischen Grenze eingewiesen worden. Da das anfangs sehr chaotisch organisiert war, konnten einige fliehen. Meine Mutter hat sich aber nicht getraut. Sie ist geblieben und musste dafür büßen, dass die Verwandtschaft abgezogen ist. In dieser Zeit hat sie dann meinen Vater kennengelernt, der auch in dieses Lager gesperrt worden war.

Es ist so, dass er meiner Mutter aufgrund dieser unglaublichen Not, die in ihr war, durch seine positive Art das Leben gerettet hat. Er hat vermutlich sogar gegenüber den Würmern in der Erbsensuppe noch eine positive Haltung gehabt. Sie hat das annehmen können und es kam zu einer Sympathie und Annäherung. Erschwerend war, dass sie immer wieder in verschiedene Lager verlegt wurden. Dass meine Mutter, die physisch und psychisch am Ende war, über dieses Tief hinausgekommen ist, hat sie allein meinem Vater zu verdanken.

Als 1948/49 die Lager aufgelöst wurden, wurde mein Vater nicht freigelassen, weil er Geistlicher war, meine Mutter aber schon. Sie wurde einem staatlichen Landwirtschaftsbetrieb als Aushilfskraft zugeteilt, weil der dort eingesetzte Verwalter dieses kolchoseartigen Großbetriebs weder lesen noch schreiben konnte, hatte also plötzlich inoffiziell einen wichtigen Posten. Damals wurden sämtliche Bauernhäuser der Deutschen, aber auch Gutshöfe und Schlösser der serbischen Bevölkerung enteignet, ausgeräumt, das Mobiliar wurde in großen Scheunen „zentralisiert", wo dann alles verrottete. Da sind auch Klaviere herumgestanden. Meine Mutter hat dann in einer freien Stunde in so einer Scheune Klavier gespielt. Plötzlich kommt ein Mann auf sie zu, der von ihrem Klavierspiel sehr angetan ist. Sie erkennt ihn als einen ehemaligen Schulkollegen aus der Gymnasialzeit. Als Serbe war er zu den Partisanen gegangen und hatte sich eine einflussreiche Position „erkämpft". Meine Mutter nützt die Gelegenheit und erzählt ihm, dass sie jemanden kenne, der nicht freigelassen werde, ob er da etwas tun könne. Sie haben meinen Vater dann tatsächlich aufgrund dessen Intervention freigelassen. Ein paar Wochen später sind die anderen 40 Männer, mit denen mein Vater noch eingesperrt war, erschossen worden.

In meiner Familie ist sich immer alles um Haaresbreite ausgegangen.

Nach dem Lager

Anschließend waren sie in einem ihnen zugewiesenen primitiven Häuschen untergebracht und haben als Lagerarbeiter geschuftet. Sie haben sich ganz gut mit der dortigen Be-

völkerung verstanden, die auch nicht unbedingt mit der offiziellen Politik einverstanden war. Meine Großmutter in Salzburg hat meine Eltern über das Rote Kreuz ausfindig machen können, hat den Kontakt zu ihnen hergestellt und ihnen mitgeteilt, sie könnten im Zuge einer Familienzusammenführung nach Salzburg kommen. So haben sie um die Ausreise angesucht, sind umgehend für staatenlos erklärt worden und haben zwei Jahre, bis sie tatsächlich die Ausreisegenehmigung bekommen haben, praktisch im rechtsfreien Raum gelebt. Dann sind sie mit meiner großen Holzkiste nach Salzburg gekommen, ganz offiziell.

Wie überlebt man in Salzburg?

Aber da fängst schon das nächste Malheur an: Sie kamen nicht als Flüchtlinge, sondern es war so, wie es heute auch ist: Wir holen uns mit einer Rot-Weiß-Rot-Card Fachkräfte, weil wir diese brauchen. Österreich brauchte Fachkräfte, meine Mutter hatte studiert und sie sind hergekommen zu einem fixen Arbeitsplatz. Aber sie ist gleich nach einer Woche wieder entlassen worden. Dann fing es an: Wie überlebt man in Salzburg?

Meine Mutter, als studierte Agrarökonomin, ist zur Landwirtschaftskammer gegangen, um nach Arbeit zu suchen. Es wurde ihr mitgeteilt, sie könne sich ja als Magd bei einem Bauern verdingen – das war ihre erste Erfahrung als Zugereiste. Man hat ganz einfach ihre Kompetenzen angezweifelt. Jetzt war sie wieder niemand und musste sich durchsetzen.

Da sie nicht offiziell vertrieben oder geflüchtet waren, haben sie auch von der Fürsorgestelle für Vertriebene nichts bekommen. Sie sind dann im Lager Parsch untergekommen. Es gab dort Baracken, die zum Abriss freigegeben waren, weil man diese Kriegsrelikte weghaben wollte. Sie waren völlig abgewohnt. Aber man hat den Abriss immer wieder hinausgeschoben. Diese Baracken sind dann tatsächlich bis 1957 stehen geblieben und ich habe als Kleinkind zwei Jahre dort verbracht.

Aus nichts etwas machen

So schlimm die Barackensituation für meine Eltern war, für mich war es eine behütete Situation, die gut war. Meine Eltern haben gleich angefangen, einen Garten anzulegen, da haben Rosen geblüht. Die anderen haben rechts und links leere Konservendosen weggeschmissen. Das war dann aber auch der Vorwurf gegenüber den Donauschwaben: Die kommen daher und die haben gleich was. Woher haben sie es gehabt? Sie haben irgendwo einen Trieb abgeschnitten und eingepflanzt und sich gekümmert! Sie haben aus nichts etwas gemacht. Da war sogleich Neid und Missgunst in der Nachbarschaft.

Die Baracke war voll mit Menschen unterschiedlicher Nationalitäten. Mein Vater hat versucht, mit Gelegenheitsarbeiten die Familie durchzubringen, es war nie genug Geld da. Nach einem Arbeitsunfall bekam meine Großmutter eine kleine Unfallrente. Das machte die Suppe auch nicht fett, aber es ging halt irgendwie. Es gab auch Zuwendungen von ganz lieben Menschen aus Schottland und England. Eine Dame war zuständig für Flüchtlingsbetreuung, die privat organisiert worden ist. Sie hat die Sachen verteilt, die in den Paketen aus England und Schottland waren. Das waren großherzige Menschen, die oft etwas geschickt haben. Ich habe auch Spielzeug bekommen, das ich immer noch habe.

Es gibt eine Erinnerung an die Zeit, als wir schon in Taxham gewohnt haben. Meine Großmutter wollte jemanden im Barackenlager besuchen und ich bin mitgefahren. Es war Hochwasser und es hat mich sehr beeindruckt, als der Bus durch eine Senke gefahren ist, sodass das Wasser durch die Bodenplatte durchkam. Wir sind in Parsch ausgestiegen, sind ins Lager hineingegangen und ich war so erschrocken: Alle Zimmer waren ausgeräumt, die Baracke leer. Es war wie eine massive Bedrohung für mich – diesen Eindruck habe ich noch immer ganz präzise in Erinnerung.

Es ist wie ein Puzzle

Die Geschichte meiner Eltern ist in meiner Kindheit nur bruchstückhaft erzählt worden. Ich weiß vieles erst aus Recherchen aus jüngster Zeit, aus Andeutungen oder über Umwege. Ich habe das zusammengesetzt, es ist wie ein Puzzle. Vieles habe ich mitgekriegt, da meine Eltern in Taxham eines der 1947 neu gebauten Flüchtlingshäuser beziehen konnten. Da gab es einige Gleichgesinnte, denen es ähnlich ergangen war, die sind natürlich immer wieder zusammengesessen und haben geredet und ich habe mit großen Ohren zugehört. Ich habe einiges mitgekriegt, nichts verstanden, aber ich habe gemerkt, da war irgendetwas Brandgefährliches. Wenn es ganz ans Eingemachte gegangen ist, haben sie serbokroatisch gesprochen. Sie konnten die Sprache perfekt, mir aber wurde sie vorsätzlich nicht vermittelt.
Alles weiß ich immer noch nicht, aber ich habe vieles zusammengeklaubt. Ich habe Niederschriften von meinem Vater über seine Geschichte gefunden. Meine Mutter hatte auch einmal angefangen, das Erlebte aufzuschreiben. Das ist gegangen bis zu den grauslichen Ereignissen im Jahr 1945, die sie ausgespart hat. Dann hat sie weitererzählt von der Zeit, als es wieder erträglicher für sie geworden ist, als sie meinen Vater in der Gefangenschaft kennengelernt hat.

Das ist das Eigentümliche in meiner Familie: Dieses Es-gerade-noch-Schaffen, diese Glücksmomente einerseits, und dann immer wieder diese furchtbaren Belastungen und Enttäuschungen. Über beides ist gesprochen worden – über das ganz Heikle jedoch nicht.

Ich stehe dem Donauschwäbischen zwiespältig gegenüber

Der typische Gegenstand, den ich mir ausgesucht habe, ist ein Bild von Stefan Jäger.

Dieses Bild ist im Todesjahr des Malers Stefan Jäger entstanden. Meine Großmutter hat sich im Jahr 1962 getraut, nach Temeswar zu fahren, um die Verwandtschaft zu besuchen. Sie musste dem Staat viel Geld bezahlen, um überhaupt einreisen zu dürfen. Sie hat bei dieser Gelegenheit den donauschwäbischen Maler Stefan Jäger in Hatzfeld in Rumänien besucht, es war kurz vor seinem Tod. Er war erfreut über den Besuch, denn er kannte die Familie, aus der meine Großmutter stammte. Er hat ihr eines seiner letzten Aquarelle gewidmet. Auf diesem Aquarell sieht man eine Orangerie, also ein Gartengebäude aus der Barockzeit. Da steht im Spätherbst dieser alte Leierkastenmann mit einem Kind und zufällig kommt eine begüterte Dame vorbei und spendet ihm ein Kreuzerl. Diese Szene drückt für mich aus, warum ich zu den Donauschwaben und ihrer Kultur so ein zwiespältiges Verhältnis habe. Also dieses Spannungsverhältnis zwischen jenen, die nichts Ordentliches gelernt haben, und den anderen, den „Tüchtigen", ist in diesem Bild unglaublich kritisch formuliert und erinnert mich auch an meine Rolle als Künstler. Ich habe mich zu einer Tätigkeit hingezogen gefühlt, wofür es kein wirkliches Verständnis gegeben hat.

Stefan Jäger ist arm und gänzlich missverstanden gestorben. Die Donauschwaben sahen in seinen Bildern ihre Kultur widergespiegelt, man hat ihn damit in die Rolle eines deutschnationalen Künstlers gedrängt, sozusagen als Garant für die Authentizität der

Deutschen in fremden Landen, aber mit seiner Rolle als Künstler haben sie kaum etwas anfangen können.

Eine glückliche Kindheit

Ich hatte eine glückliche Kindheit. In Taxham hatten wir hinter den Wohnhäusern eine große Bauernwiese und ich war Tag für Tag draußen. Das war großartig. Die Siedlung war ein Entwicklungsprojekt der Stadt Salzburg, wo verschiedene Bauträger und Hilfsvereine günstigen Wohnraum für Österreicher und für Flüchtlinge gebaut haben. Natürlich hat man Unterschiede gespürt. „Was willst denn du Zug'reister, du kannst ja nicht einmal Deutsch." Diese Bösartigkeiten haben sich aber in Maßen gehalten. Das Verhältnis zu den Österreichern war weitgehend friktionsfrei. Dadurch, dass das alles Neusiedler waren, mussten sich alle neu orientieren und aufgrund

dessen waren sie offener und aufgeschlossener. Ich bin mit allen anderen Kindern in die Volksschule in Maxglan gegangen, das war schön, da gab es diesbezüglich überhaupt keine Probleme.
Wir haben zu Hause keinen Dialekt gesprochen. Meine Eltern waren „Herrische", also Intellektuelle. Sie haben gehobene Umgangssprache miteinander und auch mit mir gesprochen. Schwäbischer Dialekt war kein Thema. Wenn Besuch kam, dann hat man die Differenz gespürt, sogar als Kind. Man wird hellhörig und denkt sich, warum spricht mein Vater anders als derjenige aus dem Nachbardorf? Diese haben breiten Dialekt gesprochen und ihn auch massiv kultiviert. Viele haben ja auch gedacht, dass man in einigen Jahren wieder zurück sein werde.
Letztendlich hat jeder gesagt, man sei glücklich, nicht mehr dort unten zu sein. Die Normalisierung der Situation war so weit fortgeschritten, dass wir vollständig assimiliert waren, besonders dann in meiner Gymnasialzeit.

Ich habe mich ferngehalten

Meine Eltern hatten losen Kontakt mit dem Bund der Donauschwaben, sie sind immer wieder zu Veranstaltungen gegangen, auch auf den Ball der Donauschwaben. Ich bin aber nie mitgegangen, weil ich mich fremd gefühlt habe. Ich wusste einfach nichts mit der dort praktizierten Folklore anzufangen. Übrigens auch nicht mit der österreichischen Volkskultur.
Ich habe als Kind sehr viel mitbekommen, diese Kriegstraumatisierung ist immer wieder zur Sprache gekommen. Aber es gab auch gewisse Tabus. Die habe ich als Kind gespürt, aber mich nie getraut, sie zu hinterfragen. Da durfte man nicht daran rütteln. Später ist das Reden über die Vergangenheit immer weniger geworden.
Ich selbst habe auch zugemacht. Meine Reaktion war: „Bitte lasst mich mit den Geschichten in Ruhe. Ich will nicht!" Das war so in der Gymnasialzeit. Da konnte und wollte ich die Gemeinschaftstümelei der anderen Donauschwaben nicht mehr ertragen.
Die zweite Kultur, die meine Eltern mitgebracht haben, war jene der Serben und Kroaten. Wir hatten serbische Freunde in Belgrad, mit denen wir in Kontakt waren, das war eine hochinteressante Erfahrung. Das hat natürlich auch den einseitigen Blick auf Jugoslawien grundlegend verändert. Ich bin für die Einsicht dankbar, dass die außerordentlich negative Erfahrung, die meine Eltern mit der politischen Situation in Jugoslawien in der unmittelbaren Nachkriegszeit gemacht haben, nichts mit den dort lebenden Menschen und ihrer Kultur zu tun hatte.
Einmal habe ich als Maler doch eine Ausstellung im Haus der Donauschwaben gehabt. Es war eine Gemeinschaftsausstellung donauschwäbischer Künstler. Da war ich gerade mit dem Studium fertig. Aber ich und die anderen Donauschwaben und Verantwortlichen, wir haben uns einfach nicht verstanden. Ich habe zwei Bilder ausgestellt, bei denen ich mir gedacht habe, das wäre genau das Thema,

das meine Eltern betrifft, aber auf einer metaphorischen Ebene. Es waren zwei Buntstiftzeichnungen, die ein biblisches Thema behandelten, nämlich Abraham vertreibt seine Zweitfrau Hagar. Ich war der Ansicht, dass das doch gut passt: die Vertreibung, eine religiöse Szene aus dem Alten Testament, wo ein Konflikt beschrieben wird, die Schwächste muss weg, weil sie potenziell als Gefahr wahrgenommen wird. Mich hat das Thema sehr fasziniert, aber es hat dort keinen interessiert. Wahrscheinlich denke ich viel zu kompliziert.

Damit war es weitgehend vorbei mit dem Donauschwäbischen. Ich bin in den Heimatorten gewesen, aber relativ spät. Als ich dort war, habe ich mir gedacht: Es ist genauso öde, wie ich es befürchtet habe. Als wäre ich in einer alten, verschrobenen Erzählung meiner Eltern gelandet, und ich dachte mir: Gott sein Dank sind sie weggekommen. Das ist allerdings meine Haltung und mein spezielles Problem und betrifft meinen gebrochenen Zugang zu dieser Kultur. Trotzdem bin ich voll von diesen Geschichten und mit Leib und Seele ein reflektierender Nachkomme meiner Eltern.

Prägungen durch die Herkunft

Meine Eltern hatten eine differenzierte Sichtweise. Sie haben die Vergangenheit nie kritiklos hochleben lassen, sie haben nichts idealisiert. Es ist manchmal auch über heikle Themen geredet worden, wenn uns jemand aus ihrer alten Bekanntschaft besucht hat, den sie dann als „alten Nazi" bezeichnet haben. Obwohl sie sagten, ja, wir sind aus derselben Kultur, aus derselben Gegend, wir sind höflich, weil wir uns kennen, habe ich deutlich mitbekommen, dass da etwas nicht stimmt, dass da ein Bruch drinnen ist. Über diese langsame Infiltration der Nationalsozialisten in das kulturelle Leben der Vorkriegszeit ist allerdings lang nicht so viel gesprochen worden wie allgemein über die Kultur und Bräuche dieser Gegend. Meine Eltern haben im Gymnasium auch viel serbokroatische Literatur gelesen bzw. lesen müssen und haben in meiner Kindheit auch über diese Werke gesprochen. Da war keine Überlegenheit einer Kultur über die andere zu spüren. Meine Mutter hat geschwärmt, dass in ihrer Klasse Kinder aus sieben Nationen waren, das war selbstverständlich, eine richtige Multikulti-Gegend. Meine Eltern haben versucht, die positiven Seiten der Kultur, in der sie aufgewachsen sind, herüberzuretten und auch hier zu leben. Sie haben dadurch etwas Wesentliches mitgebracht, das ich nicht missen möchte: die Aufgeschlossenheit anderen Völkern gegenüber.

Gebrochenheit und Kraft

Die Fähigkeit, all das, was meine Eltern erleben mussten, zu überwinden, zeugt von einer Kraft, die sie mir zu einem bestimmten Teil weitergegeben haben – ob bewusst oder unbewusst. Es ist aber auch gleichzeitig eine Art von Gebrochenheit da, die ich übernommen habe. Einen freien Zugang zu vielen Dingen habe ich nicht, ich habe eher eine verhaltene Art mitbekommen, weil meine Mutter immer alles gut und ausführlich bedacht haben wollte, so, als könnte alles Schreckliche noch einmal passieren. Diese Traumatisierung wird weitergegeben, ob man will oder nicht. Mein Vater hingegen hatte in dieser Hinsicht ein unerschütterliches Gottesvertrauen.

Die Turbulenzen rund um das Donauschwäbische beruhigen sich nun etwas, und ich sehe alles viel positiver. Früher war da ein extremer Assimilierungsdruck, denn natürlich will man so sein wie alle anderen. Erst jetzt kommt die Rückbesinnung auf die Wurzeln, sie kommt schrittweise.

Was ich nicht missen möchte, ist das Bewusstsein – oder ist es vielleicht auch eine Konstruktion? –, dass meine Vorfahren sich eine Kultur erarbeitet haben, die weitgehend funktionierte. Es gab viele Brüche, aber auch viele Momente von Verständnis. Religion wurde so praktiziert, dass alle gut miteinander leben konnten. Das bewusste Praktizieren von Traditionen als Quelle der Kraft für das Leben, das habe ich sehr stark in mich aufgenommen.

Positiv finde ich auch ein gelebtes Staatsverständnis, das auf die Zeit vor dem Ersten Weltkrieg zurückgeht, d. h. dass Vielvölkerstaaten möglich sind, ohne dass unbedingt Gewalt herrschen muss. Es hat relativ gut funktioniert, zwar oft nur in einem Nebeneinander, im Miteinander nur bedingt, aber immerhin! Dieses Bewusstsein finde ich gut: Man muss sich nicht immer an andere andienen, aber man kann sie sehen, akzeptieren, sich mit ihnen auseinandersetzen und sie als Bereicherung verstehen, ohne das Eigene aufzugeben. Darauf würde ich verweisen, wollte ich sagen, donauschwäbische Tradition hätte für mein Leben eine wesentliche Bedeutung.

Das Problem der zweiten Generation: Viele machen das weiter, was über die Eltern tradiert wurde. Ich sehe darin nicht die einzige Möglichkeit. Ich habe einen anderen Weg gesucht und bin über einen großen Umweg auf ähnliche Dinge gekommen.

Kulinarisch: Wenn eine ungebrochene Situation da ist, dann im Kulinarischen. Das mache ich ganz besonders gerne und mit großem Aufwand. Sarma, Krautwickel – was eigentlich nichts typisch Donauschwäbisches ist, sondern serbisch. Dieses Miteinander in verschiedenen Bereichen, das meine ich. Wenn es ein Kontinuum gibt, dann darin.

Das Grauen der abgeschlagenen Köpfe

In einem Buch zu einer Ausstellung 2017 habe ich mich mit einer Erzählung auseinandergesetzt, die mich seit meiner Kindheit beschäftigt. Abgeschlossen ist sie dadurch auch nicht, aber so weit verarbeitet, dass ich damit so weit zurechtkomme, um nicht schlecht zu träumen. Als Kind habe ich diese Geschichte quasi unrechtmäßig, also heimlich, mitgehört: Koča Popović (1908-1992), der spätere Außenminister Jugoslawiens, soll im August 1945, also kurz nach dem Ende des Kriegs, 300 Deutsche (Soldaten und Zivilisten) bis zum Kopf eingraben und dann noch lebend mit einer Egge töten haben lassen. Als ich auf einer Reise durch Südostasien in Kambodscha diese furchtbaren Auswirkungen der Roten Khmer gesehen habe (Killing Fields), wurde mir schlagartig bewusst, dass diese fast identen Geschichten tief in mir drin stecken müssen, also ein Teil der weitergegebenen Erzählung meiner Eltern sind. Mir war es wichtig, das alles greifbar zu machen, deshalb habe ich diese Erzählung mit 100 Tonköpfen plastisch umgesetzt.

Als das Projekt DEKAPITATION fertig war, habe ich manches besser verstanden. Es war wie eine Therapie. Zusammen mit dem Buch, das als Ergänzung und Erklärung meines Projekts zu sehen ist, habe ich den Dialog mit meinen Eltern posthum wiederaufgenommen und auf eine für mich sehr produktive Weise abgeschlossen. Ob es eine Wirkung hat in der Hinsicht, dass andere Menschen auf diesen Abschnitt der Geschichte aufmerksam werden, weiß ich nicht. Aber das ist auch gar nicht so wichtig.

Fast alle meine Gesprächspartner*innen haben sich mit den erzählten oder verschwiegenen Belastungen oder Traumatisierungen der Elterngeneration auseinandergesetzt. Fast alle erlebten dies als eine herausfordernde innere Arbeit, die oftmals erst in späteren Lebensjahren zu einem versöhnlichen Abschluss gebracht werden konnte. Fast allen ist es ein Anliegen, die verstörenden Aspekte der elterlichen Herkunft nicht zu verschweigen, sondern im Gegenteil, auch öffentlich zu benennen und darzustellen.

Das trifft auch auf meinen nächsten Gesprächspartner zu. Dieser berichtet, wie es ihm mit den Erfahrungen seiner Mutter gegangen ist, die erst nach jahrlanger Zwangsarbeit als Spätaussiedlerin nach Österreich entlassen wurde.

Auch Johann Arzt hat über die donauschwäbische Landsmannschaft erfahren, dass ich Gesprächspartner suche, und sich gemeldet. Wir treffen uns in der Georg-Wildmann-Bibliothek in Marchtrenk. Ein Koffer und etliche Unterlagen, Fotos und Bücher sind die Utensilien, die Herr Arzt während des Gesprächs nach und nach vor uns ausbreitet.

Die Bedeutung dieses Koffers erfahre ich bald. Mit diesem Koffer ist seine Mutter als junge Frau nach einigen Jahren der Zwangsarbeit in einem russischen Kohlebergwerk im Donbass nach Österreich gekommen. Zum Zeitpunkt dieses Interviews war meine Vorstellung, wo dieses Donbass-Gebiet wohl liegt, nur sehr vage, weshalb ich mich im Internet schlau machte: Das Donezbecken, kurz auch der Donbas oder Donbass genannt, ist ein großes Steinkohle- und Industriegebiet beiderseits der russisch-ukrainischen Grenze. Bald darauf, im Zuge der russischen Invasion in der Ukraine im Februar 2022, war der Donbass in Berichterstattungen auf jeder Landkarte zu sehen. Da musste ich immer wieder an Johann Arzts Mutter denken, die als 18-Jährige als lebende Reparationszahlung die Schuld der Nationalsozialisten hatte abzahlen müssen.

Doch zunächst blättern wir gemeinsam in einem Buch über den Herkunftsort der mütterlichen Familie, Lazarfeld.

Johann Arzt

Einsatz für Rehabilitation und Gerechtigkeit

Johann Arzt ist im Jahre 1953 in Linz geboren und war Kaufmännischer Leiter. Seine Mutter, Jahrgang 1926, stammt aus Lazarfeld aus einer Familie von Großbauern. Sie kam 1947 nach Jahren der Zwangsarbeit nach Österreich. Der Vater wurde 1930 in Linz geboren.

Zum Wort „Donauschwaben" fällt mir als Erstes ein ...

... Vertreibung.

Ahnenforschung

Diese Bücher hier über Lazarfeld sind für mich sehr interessant, weil mein Großvater, mein Urgroßvater und mein Ururgroßvater darin vorkommen. Man erfährt zum Beispiel, dass sie für den Kreuzweg und die Kirche gespendet haben und z. B. auch die Grundstücke und die Anzahl der Pferde, die sie besessen haben. Es kommen auch meine Onkel vor, die im Krieg gefallen sind, und eine Tante, die ich noch gekannt habe. Darum sind mir diese Bücher sehr wichtig.

Unser Stammbaum mütterlicherseits reicht bis ins Jahr 1628 zurück. Diesen hat meine Mutter einmal erstellen lassen. Die Ururgroßeltern stammen ursprünglich aus Laudenbach in der Nähe von Rothenburg ob der Tauber. Johann Schneider, geb. 1767 in Laudenbach, wanderte 1789 nach Triebswetter im rumänischen Banat aus und zog im Jahr 1800 mit seiner Frau Elisabetha, geb. Munzer, und acht Kindern, sieben sollten noch folgen, nach Lazarfeld. Hier erwarben sie eine Landwirtschaft. Der Bauernhof wurde von Generation zu Generation weitergegeben und vergrößerte sich. Meine Großeltern Anna und Josef Schneider bewirtschafteten schließlich einen Bauernhof mit 91 Joch Grund. Schon bei der Entstehung von Lazarfeld ist mein Ururgroßvater erwähnt worden. Das habe ich zufällig gefunden. Meine Mutter, die als 18-Jährige im Dezember 1944 nach Russland verschleppt wurde, war später einige Male in Lazarfeld, ist aber auch ein paar Mal nach Laudenbach gereist, also in die Gegend, wo die Ahnen hergekommen sind. Dort besaßen sie auch ein Bauernhaus, das allerdings nicht so groß gewesen ist wie das meiner Großeltern vor der Vertreibung.

Sie waren Körndlbauern

Bis zur Vertreibung 1944 waren meine Großeltern Körndlbauern, das heißt, dass Getreide angebaut wurde. Bei der Ernte waren dann natürlich viele Helfer notwendig, da kamen sogar Studenten aus Deutschland, die in den Ferien bei der Ernte geholfen haben. Von einem Studenten, Anton Friese, habe ich einige Briefe entdeckt, die er an meine Großmutter und meine Mutter geschrieben hat. Er bedankte sich in seinen Briefen über die schöne Zeit, die er als Erntehelfer bei meinen Großeltern verbracht hat. Sein Kontakt zu meiner Mutter und zu meiner Großmutter bestand bis zu seinem Tod. Meine Großeltern waren laut den Erzählungen meiner Mutter sehr sozial und großzügig gegenüber jenen Leuten, die bei ihnen gearbeitet haben.

Meine Mutter ist in eine deutsche Schule (wir haben dazu früher „Knödlakademie" gesagt) gegangen, musste aber auch Serbisch lernen. Sie hatte eine schöne Kindheit, bis das Ganze dann im Dezember 1944 so fürchterlich endete. Ihre Geschwister waren um viele Jahre älter. Sie war also das Nesthäkchen und hat daher immer alles bekommen, was sie wollte. Beschwert hat sie sich aber nie, dass es ihr früher einmal besser gegangen wäre.

Sie erzählte auch öfter, wie sie mit dem Pferdegespann am Sonntag in die Kirche gefahren sind, im Winter mit dem Pferdeschlitten.

In diesem Buch über Lazarfeld habe ich noch viel Interessantes gefunden. Lazarfeld wurde vom Großgrundbesitzer János Lázár von Etschka, daher auch Lazarfeld, gegründet. Meines Wissens haben sich hier nur deutsche Auswanderer angesiedelt. Es ist auch vermerkt, dass mein Urgroßvater ein Gründungsmitglied der Ersten Spar- und Vorschussgenossenschaft gewesen ist. Das war nichts anderes als die heutige Oberösterreichische Warenvermittlung.

In dem Buch wurde auch Folgendes erwähnt: „Ein besonderer Gast. – 1898, in diesem Jahr, am 28. November, hatten die Bewohner von Lazarfeld das Glück, seine k. u. k. Hoheit Franz Ferdinand, den Thronfolger von Österreich-Ungarn, feierlich zu empfangen. Seine Hoheit war mehrere Tage hindurch Gast beim Reichsgrafen Felix Harnoncourt."

Meine Mutter war außerdem immer ganz stolz darauf, dass mein Großvater der erste Bauer war, der einen Mähdrescher besessen hat. Diesen hat er auch vermietet. Geglaubt wurde meiner Mutter das nie in Österreich.

Nach dem Einmarsch der Russen sind meine Großmutter, mein Großvater, meine Tante, mein Onkel und deren Kinder in das Lager Rudolfsgnad gekommen. Meine Oma, Tante, Onkel und die Kinder überlebten und haben in Ubstadt-Weiher, das ist in der Nähe von Heidelberg, ein Haus gebaut. Ich war als Kind sehr oft bei ihnen in Deutschland. Meine Oma habe ich als eine liebenswerte Frau in Erinnerung. Sie war klein und zierlich und hat immer ein Kopftuch getragen.

Die Mutter im Donbass

Meine Mutter aber war fünf Jahre lang im Donezgebiet in einem Lager, wo sie in einer Kohlengrube schuften musste. Sie ist am 26. Dezember 1944, damals war sie 18 Jahre alt, nach Russland verschleppt worden. Im letzten halben Jahr ihrer Gefangenschaft war sie eine „Offisanka", ist also im Offizierskasino beschäftigt gewesen. Da ist es ihr dann etwas besser gegangen und

die Offiziere waren auch höflich ihr gegenüber. Die Winter waren immer sehr kalt, minus 30 Grad, im Sommer hatte es plus 30 Grad. In der Kohlengrube hat man nicht stehen können, sondern man konnte nur kriechen. Viereinhalb Jahre ...
Ich habe auch den Koffer mit, mit dem sie nach Österreich gekommen ist, und den russischen Entlassungsschein.
Über diese Zeit in Russland hat meine Mutter sehr lange nicht gesprochen. Hin und wieder hat sie schon versucht, darüber zu reden, aber man hat ihr eigentlich nie so richtig geglaubt, weder was sie erlebt hat, noch dass meine Großeltern einen so großen Besitz hatten.

Restitution und Rehabilitation

Es gibt Restitutions- und Rehabilitationsverfahren gegenüber dem Staat Serbien, das heißt Rückerstattung der enteigneten Grundstücke und Häuser, sowie Entschädigungen für den Lageraufenthalt. Meine Mutter konnte zu ihren Lebzeiten die Anträge noch stellen. Im Rehabilitationsverfahren muss z. B. nachgewiesen werden, dass mein Großvater kein Kriegsverbrecher war. Mein Großvater ist mit 80 Jahren im Lager Rudolfsgnad den Hungertod gestorben, wie kann er da ein Kriegsverbrecher gewesen sein?
Beim Restitutionsverfahren muss nachgewiesen werden, welches Vermögen vorhanden war. In meinem Fall wurden in diversen Archiven von Gemeindeämtern in Serbien Enteignungsurkunden gefunden, die das gesamte Eigentum (Grundstücke, Bauernhof und Häuser) meiner Großeltern belegen. Trotz dieser Nachweise und vieler anderer Dokumente und Erklärungen an Eides statt wurde weder das Restitutionsverfahren noch das Rehabilitationsverfahren abgeschlossen, nach mittlerweile zehn Jahren. Es entsteht grundsätzlich der Eindruck, dass Serbien sowieso keine Entschädigungen zahlen möchte.

Das ist meine Mutter auf dem Weg in die Kohlengrube.

Wie war das damals eigentlich? – Sichten und ordnen

Ich weiß nicht, wie ich das sagen soll. Irgendwie bin ich mit dem Ganzen aufgewachsen, das ist immer schon da gewesen. Gedanken habe ich mir schon drüber gemacht, aber nicht so intensiv wie seit dem Tod meiner Mutter. Es sind da sehr viele Dokumente, Briefe, Bücher und Fotos aufgetaucht, von denen ich nicht gewusst habe, dass es sie gibt.
All das konnte meine Großmutter retten. Nach ihrem Tod übernahm meine

Mutter diese wertvollen Unterlagen, die ich dann schätzen gelernt habe. Leider habe ich zu spät begonnen, mich mit diesen Dingen zu beschäftigen, wahrscheinlich deswegen, weil meine Mutter nur sehr selten darüber gesprochen hat. Ich habe natürlich schon gewusst, dass die Familie mütterlicherseits aus Lazarfeld stammt, aber so richtig zuordnen konnte ich das nicht. Sie hat dann begonnen, darüber zu reden, als meine Frau sie einmal direkt darauf angesprochen hat: „Du, wie war das in Gefangenschaft, ist dir was passiert, bist du vergewaltigt worden?" Ist sie nicht! Meine Frau hat gefragt, was ich mich nie getraut hätte. Meiner Frau hat sie dann sehr vieles erzählt.

Sie selbst hat keine Aufzeichnungen darüber gemacht, meine Cousine Anni (Cousine zweiten Grades) hat aber Tagebücher geführt und viele erschütternde Aufzeichnungen über diese Zeit gemacht.

Es gibt viele, die sagen: „Hör auf, über das will ich gar nichts wissen." Sogar in meinem sehr guten Freundeskreis ist das so. Warum das so ist? Ich weiß es nicht. Ich rede dann eben nur mit Leuten, deren Eltern und Großeltern auch Donauschwaben waren. Mein Schwiegervater hat mir von sich aus einiges erzählt. Er wurde in Kroatien geboren, seine Vorfahren kamen ursprünglich aus Österreich, er konnte noch rechtzeitig mit seiner Großmutter nach Österreich flüchten. Für beide war es am Anfang nicht einfach, heute würde man sagen, sie wurden gemobbt, weil sie Flüchtlinge waren.

Zu den Donauschwaben, außer meinen Verwandten, hatte ich lange keinen Kontakt. Dann bin ich eigentlich nur durch Zufall zum Verein der Donauschwaben Oberösterreich gestoßen. Ein Freund hat mich 2019 zum alljährlichen Sommerfest in Marchtrenk mitgenommen, wo ich gleich sehr nett aufgenommen wurde. Mittlerweile bin ich im Vorstand und Landeskassier der Donauschwaben Oberösterreich.

Ich bin ein Linzer

Meine Mutter ist nach ihrer Entlassung zuerst in Salzburg gestrandet und hat durch das Rote Kreuz erfahren, dass in Linz Freundinnen von ihr sind. Sie ist daher nach Linz gefahren und ihre Freundinnen konnten ihr eine Schlafstelle bzw. ein Zimmer besorgen. Es hat dann nicht sehr lange gedauert, bis sie meinen Vater kennengelernt hat.

Die Eltern meines Vaters hatten in Linz/Pichling ein Haus, wo ich auch aufgewachsen bin. Pichling war damals noch eine ländliche Gegend und meine Mutter war hier die Einzige mit donauschwäbischem Hintergrund. In Traun oder in St. Martin lebten hingegen viele Freunde und Bekannte meiner Mutter, die sie aus ihrer Jugendzeit bzw. alten Heimat gekannt hat. Diese Kontakte wurden von allen Seiten sehr gepflegt. Meine Mutter hat bei den vielen Donauschwaben-Treffen nie schwäbisch gesprochen, sondern immer nur hochdeutsch mit einem schwäbischen Akzent. Sie besuchte sehr viele Treffen in Deutschland und Österreich.

Dadurch, dass die Familie meines Vaters schon immer in Linz/Pichling wohnte, haben Ausgrenzung und Ablehnung in meiner Kindheit und Jugend nie eine Rolle gespielt. Auch in der Schule nicht. Von anderen Seiten habe ich schon gehört, dass sie teilweise darunter gelitten haben.

Kulinarisches

Vom Kulinarischen her hat es bei uns zu Hause viel Donauschwäbisches gegeben. Meine Frau und ich haben uns mittlerweile ein neues donauschwäbisches Kochbuch gekauft. Eine billige, aber eine sehr gute Küche. In Linz/Pichling haben wir einen großen Garten gehabt, wo meine Mutter alles angepflanzt hat, was es auch bei ihr zu Hause gegeben hat. Auf den Tisch kamen auch Dampfnudeln (fast wie Germknödel), Kohlstrudel, Banater Würste und viele andere Gerichte. Im Herbst wurde ein halbes Schwein gekauft und von einem donauschwäbischen Fleischer verarbeitet. So wie früher im Banat. Die Banater Würste, die mag eigentlich jeder. In meinem Freundeskreis machen sie sogar manche selber. Und dann gibt es noch diese „Ribili-Supp'n". Meine Frau hat immer gesagt, den Namen hat sich ihre Mutter ausgedacht, sie stammt auch aus Kroatien. Dann haben wir sie aber in unserem donauschwäbischen Kochbuch gefunden: Riebele-Suppe. Eine geselchte Suppe mit ganz kleinen Nockerln drinnen. Natürlich gab es auch Apfelpitta und Schneenockerl.

Lazarfeld auf Google Earth

In Lazarfeld war ich leider selber bisher nicht. Meine Mutter war sicher noch fünf oder sechs Mal dort. Damals, als meine Eltern nach Serbien gefahren sind, hat es mich noch nicht so interessiert. Und als es begonnen hat, mich zu interessieren, war es leider zu spät. Da waren meine Eltern schon zu alt. Zu der Zeit, als meine Eltern die alte Heimat meiner Mutter besuchten, stand noch ein Teil vom Bauernhof. Sie hatten mit den Leuten, die jetzt dort wohnen, auch Kontakt und wurden von ihnen eingeladen. Mein Vater, obwohl selber kein Donauschwabe, hat alles sehr gerne mitgemacht.

Was ich meinen Kindern näherbringen möchte

Wenn ich überlege, was ich meinen Kindern näherbringen möchte und worauf ich stolz bin, so ist das ganz einfach die Geschichte meiner Großeltern, Urgroßeltern, Ururgroßeltern. Das Ganze hat sehr klein begonnen und es ist etwas sehr Großes daraus geworden.

Es tut mir eigentlich weh, dass die Leute darüber nichts hören wollen. Es ist gut, wenn man vieles erfährt, es ist gut, wenn man weiß, wie es gewesen ist, es ist wichtig.

Johann Arzts Wunsch, dass die Menschen über *„all die erschütternden Dinge"* Bescheid wissen sollten, ist in Erfüllung gegangen. Die Bestseller-Autorin Hera Lind hat sich des Stoffs angenommen (Lind, 2022) und das Buch „Das letzte Versprechen" geschrieben. Bei der Protagonistin Anni handelt es sich um Herrn Arzts Cousine, Grundlage des Buchs sind u. a. ihre Aufzeichnungen aus dem Arbeitslager Rudolfsgnad.

Viele Angehörige der „Erlebnisgeneration" konnten ihre Geschichte noch nie erzählen. Wenn doch, wurde ihnen häufig nicht geglaubt. Ihnen, die sich bereits im hohen Alter befinden, zuzuhören und am Ende ihres Lebens die Erfahrung von Wahrnehmung, Anerkennung und Verständnis zu schenken, hat sich auch meine nächste Gesprächspartnerin zur Aufgabe gemacht.

Gedenkstätte Rudolfsgnad, September 2023

Ich liebe Karamell. Mit Sicherheit spielt dabei die Erinnerung an die Karamellschnitten meiner Großmutter eine Rolle, bei deren Zubereitung ich als Kind helfen und anschließend die Schüssel mit der bittersüßen Creme ausschlecken durfte. Ich habe einmal versucht, diese Schnitten nach ihrem Rezept nachzubacken. Der unvergleichliche Geschmack war zwar wieder da, der Aufwand dafür aber so groß, dass es bei diesem einen Mal geblieben ist.
Und nun kommt meine nächste Gesprächspartnerin, Frau Zugmann-Weber, mit einem Teller voller Karamellschnitten herein! Wir befinden uns in Marchtrenk in der Donauschwäbischen Bibliothek, dem das „Archiv Dr. Georg Wildmann" angeschlossen ist. Dr. Wildmann, ein donauschwäbischer Historiker, war mir aus der Zeit bekannt, als der Donauschwäbische Kulturverein im Salzburger Haus der Donauschwaben Symposien zur Geschichte der Donauschwaben veranstaltete und Herr Wildmann einer der hochrangigen Referenten gewesen war. Auch ist er Autor einer umfassenden Geschichte der Donauschwaben, deren fünfter und letzter Band sich mit den Donauschwaben in Österreich zwischen 1944 und 2020 auseinandersetzt. Wie ich bei anderer Gelegenheit bereits erfahren habe, hatte er seine umfangreiche Büchersammlung den Marchtrenker Donauschwaben vermacht, sodass daraus eine Fachbibliothek geworden ist, in der Recherchen zu donauschwäbischer Geschichte, Kultur und Alltagsleben in inspirierender Atmosphäre möglich sind.

So auch jetzt: Um uns unzählige gut geordnete und kategorisierte Geschichtsbücher, Ortsmonografien, Kochbücher, Lexika, Biografien sowie eine Anzahl einschlägige psychologische Bücher, vor uns ein Teller mit Karamellschnitten – so ließ es sich gut über eine weitere donauschwäbische Herkunftsgeschichte sprechen.

Maria K. Zugmann-Weber

Starke Wurzeln und ein starker Auftrag

Maria K. Zugmann-Weber wurde im Jahr 1967 geboren. Sie ist Theologin und Psychotherapeutin.
Der Vater, Jahrgang 1935, stammt aus Stanischitsch in der Batschka im heutigen Serbien aus einer Familie von Landwirten. Er ist seit 1947 in Österreich.
Die Mutter ist im Jahr 1933 in Österreich geboren.

Zum Wort „Donauschwaben" fällt mir als Erstes ein ...

... das gemeinsame Schicksal von etwas wagen, aufbauen, verlieren, Unmenschliches ertragen, weg müssen und wieder etwas aufbauen – Oblaten fallen mir ein und Omas schwowischer Dialekt, ja und viele Sommerfeste.

Schwowisches ...

Auf einem Stück Papier, das ich von meiner Tante bekommen habe, stand handgeschrieben das Rezept von diesen Karamellschnitten, die ich mitgebracht habe. Diese Oblaten gab es immer, wenn die Tante aus Amerika da war. Dann waren auch immer viele Leute zu Gast bei uns auf dem Bauernhof, die „schwowisch gredt hen". Es waren auf einmal Menschen da, die man fünf Jahre oder länger nicht, oder überhaupt noch nie, gesehen hatte. Diese Oblaten hat es bei uns auch zu den Hochzeiten mitten im Sommer – in der größten Hitze – gegeben, und dann zu Weihnachten und Ostern. Ich bin erst viel später draufgekommen, dass das etwas richtig Donauschwäbisches ist. Ich selbst spreche kein Schwowisch, ich tu nur so ... Aber je mehr ich mit Leuten zu tun habe, die so reden, desto mehr taucht aus der Tiefe so manches auf. Meine Oma hat ganz schwowisch gesprochen, mein Vater nur dann, wenn er gerade von der Oma gekommen ist. Als Kinder haben wir die Oma oft nicht verstanden, manche Ausdrücke kannten wir einfach nicht, zum Beispiel „hol ...". Ich hab das Wort vergessen – ich hab vier Mal nachgefragt und nicht gewusst, was ich holen sollte. Dann hat sie mich geschimpft, warum ich das nicht geholt habe. Ich habe gesagt: „Ich hab's net verstanna." Meine Oma hat darunter gelitten, dass sie ihre Sprache nicht so reden konnte, wie sie es gewohnt war, dass sie von vielen nicht verstanden wurde, wenn sie „schwowisch g'schwätzt hen".

Donauschwäbische „Exillage" in Niederösterreich

Ich bin das siebte von acht Kindern. Der Vater hat 1956 in meinem Heimatort einen Bauernhof gekauft und meine Mama geheiratet. Ich bin 1967 geboren. Aufgewachsen bin ich mit vielen Geschwistern und den Tieren auf dem Bauernhof. Ich freute mich sehr, in die Schule zu kommen. Lernen war wichtig. Da war schon die Botschaft an uns: „Was du im Kopf hast, das kann dir niemand mehr wegnehmen." Die Fluchterfahrung spielte da schon mit herein. Aber auch von unserer Mama kam große Unterstützung, dass wir lernen durften. Wir haben alle etwas gelernt, drei haben studiert, alle haben sich immer weitergebildet. Wenn wir Schularbeit gehabt haben, haben wir nicht auf den Acker gehen müssen oder in den Stall. Da hat das Lernen Vorrang gehabt, sonst war Mithelfen selbstverständlich. Was aber meistens – das ist auch donauschwäbisch – ein Spaß war, weil wenn wir unter den Geschwistern waren, war das immer auch lustig. Ich war da als Mädl ja benachteiligt, weil ich viel in der Küche hab sein müssen, dabei wollte ich auch draußen mit den anderen sein.

Den schwowischen Dialekt habe ich nicht gesprochen. Meine Mama hat mit mir auf dem Sofa – das weiß ich noch – geübt, Hochdeutsch zu sprechen, die „Sprache der Könige". Da hat sie sehr drauf geschaut, aber weniger, um das andere nicht zu sprechen, sondern damit wir in der Schule gut lernen können. Ich persönlich habe auch gut und sehr gern gelernt.

Mein Vater hat beides gesprochen. Er hat, wenn er mit seiner Mutter zusammen war, ganz stark schwowisch geredet und nach einer Stunde in unserer Familie hat er sich wieder umgestellt. Er ist nicht in seinem Schwowischen geblieben. Wir verstehen viel, aber wir Kinder haben das nicht mehr flüssig sprechen gelernt. Was schade ist.

Mein Opa war ein ruhiger, eher schweigsamer Mann. Aber – so zeigte sich – er war in kritischen Situationen immer da und tat instinktiv das Richtige. Ohne ihn wäre die Geschichte nicht so gut ausgegangen. Mindestens zwei Mal hat er ein Familienmitglied gerettet. Die Großeltern, die 1949 noch ein Kind bekamen (man stelle sich vor: Schwanger werden als Flüchtling, ohne alles!), bauten ein Häuschen neben meinen Eltern. Mein Vater war als junger Ehemann mit 21 immer auch mitverantwortlich für seine Eltern. Umgekehrt halfen sie auch in der Landwirtschaft gerne mit.

Für meine Oma war es sehr schwer. Alles, was ihr wichtig und wert war, war nicht mehr da. Wir waren die Einzigen im Dorf, die schwowischen Dialekt gesprochen haben. Sie überlegte einmal, ob sie nicht nach Wien, nach Mauer, übersiedeln sollte, wo mehrere Landsleute lebten. Da schrieb ihr ihre Tochter, die nach Amerika ausgewandert war: „Tu das nicht, du gehörst doch aufs Land und nicht in die Stadt." Und ich glaube, da hat sie recht gehabt. Sie liebte den Garten und das Arbeiten auf dem Feld. So haben sie ein paar Pachtäcker bewirtschaftet, der Opa fand Arbeit in einer Färberei in Hütteldorf, wo er noch zehn bis 15 Jahre gearbeitet hat.

Ich mochte meine Großeltern sehr. Meine Oma hielt alles auf Schuss und liebte es, wenn Wohnung und Kleidung aufs „i-Tippele" waren. Sie war *tipptopp gekleidet und hatte immer ein „Tichl" auf, meistens ein schwarzes. Eine Tracht hatte sie nicht. Sie hatten ja nichts als das Leben, als sie geflohen sind.*

Wir wurden weder pro noch kontra Donauschwaben aufgezogen. Wir sind in die Schule gegangen, haben mehr oder minder unsere Schulprobleme gehabt, das große Thema waren immer die vielen Kinder und wenn sich wieder jemand wehgetan hat. Ich habe nur in Momentaufnahmen gespürt, dass der Papa nicht von „hier" war. Also wenn die Eltern Überbrückungskredite brauchten, wurde gesagt: „Der und der gibt es dem Flüchtling nicht, der schon." Und Mama erzählte, dass schon von der Kanzel gesagt wurde: „Heiratets keinen Flüchtling!" Aber sie hatte sich halt gscheit verliebt ... Ja, da sind schon Dinge passiert, die sehr ausgrenzend waren.

Ich weiß von anderen, die wirklich sehr unter dem Flüchtling-Sein gelitten haben. Jüngere Kinder haben sich geschämt, wenn eine 50- oder 60-jährige Mutter mit „Kopftichl" in die Schule geht, dem Lehrer eine Gans bringt und der sagt: „Ich bin doch nicht bestechlich, nimm sie wieder mit!" Da sind Traditionen aufeinandergeprallt und es kam zu großen Missverständnissen und Verletzungen.

Unsere Exillage war kein Fehler, im Nachhinein gesehen. Es gab in Wien dieses Haus der Heimat, aber solange wir acht Kinder zum Großziehen waren, hatten meine Eltern null Energie und keine Zeit, nach Wien zu fahren. Am Sonntag haben sie sich erholt und geschlafen. Die Vergangenheit war zu dieser Zeit kein Thema. Die Gegenwart genügte.

Schweres ...

Die Oma und der Opa sind im Jänner 1946 ins Lager nach Gakowa gekommen. Meine Oma ist dort schwerst erkrankt und wäre fast gestorben. Mein Vater ist erst nachher hingekommen und hat den Auftrag gehabt, die Oma zu suchen, und da erzählt er – das war, glaube ich, ein sehr prägendes Ereignis für ihn –, dass er durch die Straßen gegangen ist und überall nach ihr gefragt hat und sie nicht gefunden hat. Sie lag fiebernd in irgendeinem Rohbau, wo er lange nicht hineingeschaut hatte. Das war, glaube ich, sehr schlimm für ihn, das erzählte er immer wieder. Seine spätere Angst vor dem Alleinsein gründete zum Teil auch in diesem Erlebnis.

Fakt war, sie haben es geschafft, die Oma herauszuschmuggeln, der Opa war Kutscher. Auch mein Papa war als Neunjähriger interniert und er erzählte seine Flucht immer wie ein gelungenes Abenteuer. Besonders hat mir gefallen, dass Papa immer wieder was eingefallen ist. „Wie komme ich raus aus dem Lager, es war Winter, es war Schnee. Es war schrecklich." Aber es kommt auch der Stolz heraus: „Ich habe die Wachen ausgetrickst, ich habe meinen Mantel mit Wasser nass gemacht, ich habe mich im Schnee gewuzelt und als Wachablöse war, bin ich da raus, mit einem Zweiten, wir sind im Schnee aus dem Lager gerobbt und dann wieder heim ins Dorf,

das zehn Kilometer entfernt lag." Dort wurden sie über kurz oder lang wieder hoppsgenommen und mussten nach Sombor gehen in das große zivile Arbeitslager, wo man zu Arbeitseinsätzen eingeteilt wurde.
Meine Oma, der Opa und der Papa wurden einem Gutshof namens Fernbach, zwischen Sombor und Batschka Topola, zugewiesen, wo sie bis August 1947 arbeiteten. Papa erzählte, dass es ihm dort gut ging. Die Oma war für die Milch zuständig, die Verwalterin hat ihn, den kleinen Toni, sehr mögen, er hat reiten gelernt, er hat den Arbeitern Wasser gebracht, mit jedem eine Zigarette geraucht, er hat viel geraucht damals, hat er gesagt. Seine Erzählungen waren mit so viel Würde und Stolz behaftet, dass ich da nie Angst gekriegt hätte beim Zuhören.
Da sie selber einen Bauernhof hatten, konnten sie also auf diesem Gutshof auch wieder landwirtschaftlich arbeiten. Als klar war, dass sie als Deutsche kein Eigentum mehr erwerben konnten, entschlossen sie sich im August 1947, nächtens zu flüchten. Meine Tante, die damals 17 Jahre alt war und auf einer anderen Stelle arbeitete, entschied sich im letzten Moment, mitzugehen.
In einer Familienaufstellung, bei der ich das Thema Heimat und Flucht bearbeitet habe, habe ich die Flucht aufgestellt. Da ist eine Person aus dem Publikum aufgestanden und hat gesagt: „Ich muss auch mitkommen." Und ich wusste, ja, das stimmt, meine Tante ist im letzten Moment auch noch dazugekommen. Diese Tante hat, glaube ich, damals als junges Mädel sehr gelitten. Sie war 17 und musste Schützengräben ausheben und erlebte unvorstellbar grausliche Situationen.
Über Nacht flüchteten sie, tagsüber lagen sie in Maisfeldern, um nicht erwischt zu werden, wie es halt so üblich war. Von Ungarn ging es nach Österreich. Nach einigen Stationen auf landwirtschaftlichen Betrieben pachteten meine Großeltern eine Wirtschaft. Dort hat mein Vater dann meine Mama kennengelernt. Die beiden erwarben selber eine Landwirtschaft und haben in der Folge viel aufgebaut. Groll oder Verbitterung habe ich nicht gespürt. Ich glaube, mein Vater hat sich mit den vielen Kindern wieder neu eine Heimat geschaffen. Die Mutter war ja Österreicherin. Wenn wir Außenseiter waren, dann aufgrund der Vielzahl an Kindern. Da hat man der Mama schon gesagt: Das mit dem Flüchtling, das wird nicht lang gehen. Mein Vater sagt, er selber hat schon zu spüren bekommen, dass er nicht von da war oder dass das nicht lange gehen wird, und „Schauts, wie die das machen"
Wir haben natürlich lauter Secondhandkleidung gehabt, aber das haben damals viele gehabt. Ausgrenzung wegen des Donauschwäbischen habe ich persönlich nicht erlebt.

Wissen wollen

Der Anlass für mich, mich intensiver mit der Familiengeschichte auseinanderzusetzen, war der plötzliche Tod

meiner Mama, die 64-jährig verstorben ist. Kurze Zeit vorher war ebenso überraschend meine Tante gestorben. Und diese zwei Frauen waren die Wissensträgerinnen der Beziehungen und Verwandtschaftsverhältnisse in unserer Familie.
Der Tod meiner Mama hat in mir ein Erdbeben ausgelöst, da war ich 29. Ich habe eine Therapieausbildung begonnen, viel Zeit investiert, mich schlau zu machen über die Verwandtschaftsgrade und -verhältnisse und den Papa gefragt wegen der Fluchtgeschichte. Ich habe mir das langsam selber erarbeitet, diesen Kontext, diese Durchlässigkeit, diese Klarheit. In der Kindheit war das im Grund kein Thema. Ich kann mich nicht erinnern, dass ich einmal gefragt hätte, warum die Oma schwowisch redet. Das war kein Thema, die ist halt so. Wenn die Kathi-Tant' gekommen ist, die hat immer von „dahom" geredet, von der Gass', und wer dort gewohnt hat und was die gemacht haben, die leben in Amerika, die leben da, dort hat sie den getroffen, und kennst du das „Bichl" ... Wir Kinder haben wirklich wenig bis nichts gewusst. Wir hatten keine Karte, kein Buch.
Ich habe schon gewusst, dass der Papa Flüchtling ist und dass da was war. Das Thema ist aber meist über die Tante hereingekommen, wenn sie im Sommer wieder einmal da war und von „dahom" erzählt hat. Da hat man schon mehr mitgekriegt. Als sie gestorben war, habe ich noch Kontakt aufgenommen zu ihrer Freundin in Deutschland, die ihr im Schützengraben das Leben gerettet hatte. Ich wollte viel über die Tante wissen und wie das war im Krieg als Frau, wie das war mit Vergewaltigungen dort und so weiter. Da habe ich ein unerklärliches Interesse an der Sache gespürt, damals als Erste von der Familie. Viele meinten damals: „Lass das doch, die Zukunft ist wichtig, lass doch die Vergangenheit, du musst leben." Und ich habe gesagt: „Ja, ich möchte leben, aber dazu muss ich wissen, was damals war."
Auch meinen Vater habe ich viel gefragt. Mir hat er immer alles erzählt, aber wenn ich fort war, hat er den anderen gesagt, dass er nächtelang nicht schlafen kann, weil ich so viel wissen will. Dann habe ich immer gehört, dass es nicht gut für ihn sei, dass ich so viel frage. Aber wenn ich gekommen bin, hat er wieder angefangen zu erzählen.

Reisen nach unten – heilsame Erfahrungen

Meine Brüder und ich waren 2006 das erste Mal unten und für mich war das so, wie wenn ein Märchen eine Erdung kriegt. Zu sehen, wie sie gewohnt haben, wie das Haus ausgeschaut hat. Das war so und so schaut alles aus. Die Erkenntnis: Das ist ein Platz, ein Ort, da kann man hinfahren, das ist ja nur fünf Stunden entfernt. Da kann man ins Haus reingehen, den Garten anschauen. Wir hatten das Glück, dass das möglich war. Im Nachhinein kann ich sagen: Für mich war das „unten" lange wie eine Geschichte, eine Märchenwelt, wo man nicht hin-

fahren kann. Da konnte man ja auch lange Zeit wirklich nicht hinfahren. Es hieß: Das ist zu gefährlich. Das ist so wie: Es ist da und es ist doch nicht da. Für mich war das ein unglaublicher Zuwachs und ganz, ganz wichtig zu merken: Das ist Teil dieser Welt! Da gibt es eine Erdung. Da ist ein Haus. Ich muss dazusagen, wir haben wirklich ein irrsinniges Glück ... Das Haus war nagelneu, als sie weg mussten. Es kam eine sehr liebe mazedonische Familie hinein, die halten das alles wunderbar auf Schuss, ich würde fast sagen, so wie meine Oma.

Und wir dürfen alles. Wir kommen hinein, wir werden gut empfangen, bewirtet, wir dürfen alles anschauen: den Kukuruzspeicher, den Saustall mit den fünf Kojen, wir dürfen alle Stuben anschauen, wir dürfen in den Keller gehen, ich gehe immer ins Gartl, wo meine Oma war und wo diese zwei großen Weinzeilen stehen, und links und rechts die Gemüsezeilen, die meine Oma auch bei uns wieder so angelegt hat. Ich durfte Heimaterde aus dem Garten mitnehmen und dann kriegten wir noch Zwetschken. Und beim letzten Mal habe ich die Einladung bekommen, doch einmal eine Woche bei ihnen zu verbringen.

Mein Vater war 84-jährig mit meinem Bruder Franz auf einer Reise in Pécs. Da hat Papa gemeint, na ja, fahren wir vielleicht doch nach Stanischitsch – ursprünglich wollte er das nicht. Sie kommen ins ehemalige Elternhaus, werden gut aufgenommen. Bei Papa wird die serbische Sprache wieder wach und er spricht wieder ganz viel in dieser Sprache. Und am Schluss fragt der Franz einen Dolmetsch und jungen Englischlehrer, wo man übernachten kann. Und die Kata-Mara will wissen: Was hat er gesagt? Na, wo man übernachten kann. Und sie hat gesagt: Hier, hier! Und so kam es, dass mein Vater nach 74 Jahren zum ersten Mal wieder in seinem Elternhaus geschlafen hat. Und er hat dann zu mir gesagt, er ist draufgekommen in der Früh, dass sie sich ja immer nur kalt gewaschen haben, es gab ja kein Warmwasser. „Ich habe mich bis zu meinem elften Lebensjahr nur kalt gewaschen."

Von dort weg ist er nach Gakowa gefahren. Der Franz hat wahrgenommen, der Papa weint, und er hat sich gedacht, er lässt ihn weinen und geht einmal eine Zeitlang weg. Und der Papa hat mir erzählt, und da hat man gemerkt, dass es in ihm arbeitet: Es war so schwer. Dort hat er als Kind gesehen, wie die toten Kinder in der Scheibtruhe weggeführt wurden. Er hat nachgeschaut, wohin die gebracht wurden. Da hat ihn der Aufseher gesehen und hat ihn in das Massengrab hineingestellt, wo er Leichen schlichten musste. Da war er neun.

Und dann hat er genau erzählt, wie er mit dem verhandelt hat, dass er wieder heraus dürfe. Der Wächter wollte ihn nicht herauslassen, weil alle seine Kinder von den Deutschen erschossen wurden und er hätte niemanden, der auf ihn wartet ... Aber dann hat er ihn doch rausgeholt und einen Schuss in die Luft abgegeben ... Vielleicht schmückt Papa das ein bisschen aus, aber Fakt ist ja: Er hat

überlebt. – Diese Reise war echt ein Geschenk für ihn.
Uns hat er das in dieser Ausführlichkeit noch nie erzählt, und schon gar nicht mit dieser emotionalen Beteiligung. Man kann sagen: Er ist an seinen Schmerz gekommen … Also ich bin so froh darüber, dass er an diesen Schmerz gekommen ist, weil er einfach seither mehr zulassen kann an Gefühlen und Nähe.

„Ich glaube, der Bruch ist in mir nicht mehr so spürbar"

Ich bin schon fast irritiert, weil ich mit so einer Freude rechnen kann, wenn ich dort hinfahre. Wir haben Freunde dort. Die Eheleute im ehemaligen Elternhaus von Papa – das sind wirklich ganz außergewöhnliche Leute. Er, der Alte, erzählt immer diese Geschichte, dass sein Vater meinem Opa noch Brot und irgendeinen Schnaps mitgegeben habe und mein Opa noch zurückgekommen sei und ihm die Schlüssel vom Haus übergeben habe.
Mit dieser mazedonischen Familie, die da reingekommen ist und wo der Opa gesagt hat, wie kann das sein, dass die aus Mazedonien vertrieben worden sind, die sind ja auch nicht freiwillig weg. Dass sich das so gut entwickelt, das haben wir auch nicht ahnen können. Jetzt ist das für mich persönlich eine Ressource. Eine starke Freude. Ich verneige mich immer, wenn ich weggehe von diesem Garten. Und dann wollte sie mir eine Muttergottes-Statue mitgeben, die hat sie wo gefunden. Ich wollte, dass sie diese behält und sie weiterhin im Haus bleibt.
Als ich von dort wieder weggegangen bin, habe ich gedacht: Es gehört uns und es gehört nicht uns. Und es ist egal, weil in ein paar Jahren gehört es sowieso jemand anderem. Wir sind „Durchgeher", weil das alles so flüchtig und vergänglich ist. Aber es gehört auch mir, ich weiß, da ist meine Oma gewesen, es hat eine Wirkung auf mich, die ist faszinierend. Und die Weite, das Land insgesamt, also das macht schon etwas mit mir.
Ich glaube, der Bruch ist in mir nicht mehr so spürbar. Dadurch, dass die so toll sind, die dort leben. Ich kann mich daheim fühlen, aber ich weiß auch, es ist nicht meins. Wenn ich gehe, dann gebe ich es auch wieder ganz. Und ich will nichts, ich will nichts mitnehmen. Ich habe keine Ansprüche an irgendwas und sudere auch nicht nach, „wenn das unseres gewesen wäre …", das ist nicht Thema.
*Ich glaube, dass manche vielleicht hingehen und den neuen Bewohner*innen sagen: „Das ist unseres, das gehörte eigentlich uns." Das haben wir nicht. Wir brauchen nichts, wir wollen nichts, aber es ist trotzdem unseres. Aber ohne den Besitzanspruch, ohne dass wer Angst haben muss, dass wir sie draußen haben möchten.*
Wir hatten auch keine dieser donauschwäbischen Zeitschriften abonniert. Gar nichts. Meine Mama hat sehr viel gelesen, Bücher über Kindererziehung, über Gesundheit, über dieses und jenes. Sie hätte gerne gelernt, hat aber mit 14 Jahren aus der Schule müssen. Meine Oma hat auch nichts gehabt. Über die Tante haben wir erfahren,

dass es ein Buch über das Dorf Stanischitsch gibt. Bis wir Kinder in das Alter gekommen sind, wo wir Zugang zu einer Unibibliothek bekommen haben, bis dahin haben wir fast keine Bücher und Fotos mit donauschwäbischer Thematik gekannt – zumindest ich als Kind nicht.

Nach dem Tod meiner Mutter habe ich den Papa geschnappt und habe ihn ins Haus der Heimat gebracht. Ich dachte: Der braucht jetzt die Heimat ... Da habe ich gesehen, da gibt es Bücher, da gibt es etwas, wo man anschließen kann.

Meine Oma hat oft erzählt, wie der Hof daheim ausgeschaut hat: „Du musst dir vorstellen, das war ja ganz anders als da ...“ „Ja wie denn, Oma?“ Da gab es keine Zeichnung, da gab es kein Buch, wo ein Kind sich vorstellen kann, so und so. Es war immer mündlich ... Gar keine Fotos ... Wir hatten gar nichts. Und wie ich dann diesen Hof gesehen habe, ist es mir gedämmert, ach, so hat sie das gemeint, so schaut der aus. Anders als die Bauernhöfe bei uns in Österreich aufgebaut sind.

Nicht vergessen!

Mein Motiv für die Beschäftigung war zum Ersten: meine eigene Geschichte kennenlernen. Wie war das mit den Frauen in der Familie, ist da wer im Lager umgekommen? Aus therapeutischer Sicht, aber auch aus identitätsstiftender Sicht bin ich überzeugt: Es ist zu früh, diese Menschen zu vergessen, die so umgekommen sind. Wo es kein Begräbnis, keine Ansprache gab, die ihr Leben gewürdigt hätte. Wo keiner sagt: „Das ist kriminell, was da passiert ist, das hätte nicht passieren dürfen.“ Oder: „Was du erlitten hast, das ist unmenschlich.“ Ich habe mich innerlich tief verneigt und gesagt: „Ja, das ist dein Schicksal, du hast es getragen und alles erlitten. Ich muss nichts mittragen, mitleiden, ich gebe dir alles zurück. Ich darf frei und gut in Frieden leben.“ Was bleibt, ist großer Respekt.

*Und es ist zu früh. Es ist zu früh, dass Enkel*innen nicht wissen, dass eine Großmutter oder Urgroßeltern verhungert sind in einem Lager. Nicht einmal Urenkel noch, weil das kann man noch erfahren. Ich muss da keine großen innerlichen Reisen anstreben, aber das, was in Erfahrung zu bringen ist über meine Herkunftsgeschichte, das sollte erfragt werden. Grad wenn man weiß, dass es so eine historisch schwierige Situation gab. Es ist eine Art Menschenpflicht. Ich weiß nicht wieso, aber die Würdigung dieser Menschen, die so grausam behandelt wurden, ist mir wichtig. Da spüre ich großen Respekt. Und ich glaube auch, dass das heilen kann, in mir, aber auch in den Menschen und Völkern, wenn wir nicht zu schnell zur Tagesordnung übergehen.*

Wenn nicht, ist ein Teil meiner selbst mir nicht zugänglich. Vieles an Gefühlen, an Mitfühlen mit anderen muss ich dann abspalten. Ich glaube, dass daher auch das große „Ich will gar nichts damit zu tun haben“ kommt. Atmosphärisch war da oft so viel Schweres und so viel Leid spürbar,

Unausgesprochenes war ständig präsent und die Botschaft war: Es ist zu schwer, da hinzuschauen, sich dem Schmerz zuzuwenden würde uns jetzt überfordern. Und man ist ja auch berechtigt, zu sagen, jetzt nicht. Schade nur, wenn es ein Leben lang bleibt. Aber es kann schon eine Zeit geben, wo man sagt, ich will nichts mit dem Thema zu tun haben, oder, das ist mir jetzt zu steil.

Mich hat das sehr beschäftigt. Als ich am Massengrab in Gakowa, Serbien, stand, hätte ich mich bei meinem ersten Besuch am liebsten dazulegen wollen – so haben mich die Chronik-Berichte im „Leidensweg der Donauschwaben" von Georg Wildmann ergriffen. Beim zweiten Besuch habe ich mich zu den Toten sagen hören: Schaut gut auf mich, segnet mich – auch wenn es mir gut geht. Ich habe ein tolles Leben, ich kann in Frieden leben. Und beim dritten Mal dachte ich: Es ist so viel Frieden entstanden. Und jetzt wächst noch eine Freundschaft mit der Familie, also es wird immer noch heilsamer. Und ich erlebe es als große Freude, als innere große Freude. Ich habe so eine Freud. Es ist eine Verbindung zwischen Österreich und Heimat, das ist ein Großes, es ist nicht mehr, dort und da. Ich möchte es gerne in mir integriert wissen.

Das ist eine Geschichte. Das Zweite ist schon: Dieses Wissen gehört in die Schulbücher. Da gebe ich dem Historiker Georg Wildmann schon recht: Die Geschichte dieses Volksstamms darf nicht verloren gehen. Es gehört dokumentiert, das gab es, da sind so viele gestorben, so viele geflüchtet ... Vergessen zu werden wäre die zweite Vertreibung und die eigentliche Vertreibung, meint er.

„Und es ist mir ein Anliegen, der ersten Generation zuzuhören"

Ich bin aus der Gegend von Tulln, in dem kleinen Dorf waren wir die Einzigen mit donauschwäbischem Hintergrund. Oftmals haben sich ja viele in gleicher Nachbarschaft zusammengefunden. Ich weiß nicht, was leichter ist. Wir waren dort irgendwie einmalig. „Aha, so ein Schicksal. Was ihr mitgemacht habt!", hat es geheißen, wenn du das wem erzählt hast. Wenn du das hier wem sagst, die sagen: „Das haben wir ja eh auch erlebt, was tuts denn so, nicht?" Dieses Verstanden-Werden in dem, was man erlebt hat, und die Besonderheit des Schicksals, ich glaube, da tun sich die schwerer, die in einer donauschwäbischen Siedlung oder Umgebung gelebt haben. Einerseits ist es leichter, weil mehrere schwowisch reden, aber in der Bewältigung stelle ich mir das schwerer vor. Wer hat die Nerven, jemandem aufmerksam zuzuhören, wenn er oder sie selber Ähnliches und Schlimmstes erlebt hat?

Wichtig ist mir, dass die nächste Generation davon erfährt. Es ist mir ein Anliegen, der Erlebnisgeneration zuzuhören und alles so gut es geht festzuhalten. Mit zunehmendem Alter, wenn der Tod wirklich unausweichlich wird, brechen die Abwehrmechanismen langsam weg und lang unterdrückte Erinnerungen werden leben-

*dig. Ich erlebe, dass viele sich freuen, wenn sie ihre Geschichte erzählen können. Oft bin ich wirklich eine der Ersten, die die ganze Geschichte hört, die die Erzählenden nicht ständig unterbricht und die eigene Geschichte außen vor lässt. Die nicht sagt: „Dort und da war es bei uns aber so oder bei mir war es noch viel schlimmer ..." Gute und geduldige Zuhörer*innen sind da ein Schatz.*

Die Frage, die ich am Ende immer stelle: „Und wie habt ihr das überlebt?" Da kommen dann die Ressourcen zur Sprache und die Erzählenden erleben sich in ihrer unglaublichen Lebenskraft. Mich beeindruckt dieses Verbindende und Heilende sehr.

Eine starke Geschichte, starke Wurzeln und ein starker Auftrag

Ich bin total stolz. Es sind viele Dinge, die ich als stärkend und als Ressource sehe. Aber weil wir vorhin von der Oma geredet haben: Diese unglaubliche Stärke dieser Personen, was die gemacht haben, was die gekonnt haben, auch im Geist, was sie hätten können, wenn sie länger gelebt hätten, was sie überlebt haben, wie sie dieses wahnsinnige Leid überlebt haben und neu angefangen haben. Das ist eine unglaubliche Lebenskraft und Motivation. Nichts von Depressivität, da wären sie schon tot gewesen. Ein Respekt vorm Leben, und das Essen! „Stark gut!", hat meine Oma immer gesagt. Damit verbinde ich sehr viel Stärke im positiven Sinn.

Die Kraft, aus allen Situationen etwas zu machen und dabei die Lebensfreude nicht zu verlieren. Ich habe nie gehört, dass gejammert wurde, wie schön es daheim wäre. Hin und wieder haben wir einmal geredet beim Kukuruz-Abblattln, aber da war kein Dauersudern dabei. Ganz und gar nicht. Die haben den Alltag gelebt und haben geschaut, wie es wieder geht. Hin und wieder haben sie was geredet, das habe ich als Kind nicht verstanden, da habe ich gedacht, was reden die? Aber ich habe sie nicht als gebrochen erlebt. Und es war nicht die Richtung „wieder zurück hom", das habe ich nie gehört.

Ich habe auch das Gefühl, Teil einer großen Geschichte zu sein. Eine starke Geschichte, starke Wurzeln, ein starker Auftrag.

Das mit dem Auftrag sollte Maria K. Zugmann-Weber später durchaus ernst nehmen. Sie ist derzeit Vorsitzende der DAG (Donauschwäbischen Arbeitsgemeinschaft) Österreichs und engagiert sich besonders für Vernetzung und Austausch innerhalb und zwischen den Generationen. Bei den Veranstaltungen treffen Vertreter*innen der Erlebnisgeneration auf Menschen der zweiten oder auch dritten Generation und kommen miteinander ins Gespräch.

Auch in der dritten Generation gibt es Menschen, deren Zugang zur donauschwäbischen Herkunft verhalten ist oder die sich selbst als so integriert wahrnehmen, dass dem donauschwäbischen Teil zwar Interesse, aber keine Bedeutung für die eigene Identität beigemessen wird. Aber auch das Gegenteil ist der Fall. Ich habe mit vielen jungen Menschen gesprochen, die versuchen, sich in die Lebenswelt ihrer Großeltern hineinzuversetzen, die Erzählungen und Berichte in einen geschichtlichen Kontext einzuordnen und für sich Klärung in Bezug auf Werthaltungen und Ressourcen zu finden.

Eine davon ist meine nächste Gesprächspartnerin. Sie steht für jene Menschen, die der versunkenen Lebenswelt der Großeltern auch emotional noch verbunden sind und die um eine Einordnung in den aktuellen, konkreten Lebenszusammenhang ringen. Bei ihr ist dies auch ein künstlerischer Prozess.

Von meinen Marchtrenker Gesprächspartner*innen habe ich den Hinweis auf einen demnächst stattfindenden donauschwäbischen Tanzworkshop und eine im Rahmen eines Tanzfestivals geplante Performance einer Künstlerin, die – so auch ihre Eigendefinition – der dritten donauschwäbischen Generation angehört, bekommen. Neugierig geworden, plane ich diese Termine sofort fix ein, befürchte aber insgeheim, trotz des englischen Titels „Someone from home" auf sentimentale Inszenierungen und peinliche Volkstümelei zu treffen.
Es ist wieder ein heißer Tag, als ich mich auf den Weg zum Tanzworkshop und zum Interview mit der Performancekünstlerin aufmache. In der Rückschau stelle ich fest, dass es nicht wirklich Zufall ist, dass ich die meisten meiner Gespräche im Sommer führte, denn ich hatte Urlaub und Zeit für mein Projekt. Dennoch scheinen mir die Gespräche im Sommer besser aufgehoben zu sein als in einer winterlichen Stimmung. Vielleicht, weil in den Erzählungen meiner Eltern und Großeltern die eisigen Winter, in denen man sich auf dem Ofen aufgewärmte Steine ins Bett legte, zwar erwähnt, die heißen Sommer aber dermaßen ausgeschmückt wurden, dass ich manchmal das Gefühl hatte, dabei gewesen zu sein: in der flirrenden Mittagshitze mit dem „Bizikl" auf den staubigen Straßen zur Donau radeln, dort ein Eis essen und dann im Wasser Abkühlung suchen, an den Sonntagnachmittagen bei Saft und Schneenockerln in schattigen Innenhöfen sitzen.
„Sommer" verbindet sich auch mit der Vorstellung von Hochzeiten und Festen und von schnellem Kreistanz auf hölzernen Tanzböden – die vermutlich denen geähnelt haben, die im Juli 2019 im oberösterreichischen Freistadt im Vorfeld eines Tanzfestivals gerade aufgebaut werden, als wir dort eintreffen. Wer hätte gedacht, dass ich mich – angeleitet und inspiriert von einer offenen und partizipativen Choreografie – schon Stunden später bei der abendlichen donauschwäbischen Tanzperformance sehr rasch von der Zuschauerin zur Mittänzerin wandeln würde und mich gemeinsam mit vielen anderen Festivalbesucher*innen und den serbischen, ungarischen, rumänischen und bulgarischen Mitgliedern der Tanzcompanie selbst als Teil einer multikulturellen Fröhlichkeit fühlen würde, mit der das Stück ausklang? Es war spannend, Silke Grabinger am nächsten Tag als Repräsentantin der dritten donauschwäbischen Generation zu einem Gespräch zu treffen – ihr Baby, einen Vertreter der nunmehr vierten Generation, auf dem Arm tragend.

Silke Grabinger

Geborgte Sehnsucht
Ein Beitrag aus der dritten Generation

Silke Grabinger ist im Jahr 1981 in Österreich geboren. Sie ist Performance Artist, Choreografin, Gründerin SILK.
Ihre Mutter ist im Jahr 1952 in Österreich geboren und hat die ersten Lebensjahre im Lager 65 in Linz verbracht. Der Vater ist im Jahr 1952 in Österreich geboren. Die Großeltern stammen aus dem Banat und der Batschka.

Zum Wort „Donauschwaben" fällt mir als Erstes ein ...

... Sehnsucht nach einer Heimat, die ich nur aus überlieferten Erinnerungen kenne, aber die körperlich in mir eingeschrieben ist.
Oft bin ich auf der Suche nach dem Duft, den mir meine Großmutter als ihre Heimat beschrieben hat.

Ich habe mich in Kroatien heimisch gefühlt

Durch meine Arbeit als Tänzerin und Choreografin bin ich international viel getourt und habe viele Projekte entwickelt, unter anderem im Jahr 2012 in Zagreb, in Kroatien. Ich hatte mit einer kroatischen Künstlerin zu tun und ich habe mir gedacht: „Mir kommt das alles so bekannt vor, ich verstehe die Sprache nicht – aber irgendwie die Kultur, irgendwas ist da." Ich habe gemerkt, dass ich mich dort mehr zu Hause fühle als in der Kultur in Österreich.
Ich habe von unseren Vorfahren und den Donauschwaben gewusst, aber es war nie der Drang, mich damit genauer auseinanderzusetzen. Weil eine Art Benommenheit zu dem Thema da war. Die Familienfeste zu Hause waren mit Fischpaprikasch und wir sind zusammengesessen und haben in einer eigenen sprachlichen Grammatik kommuniziert, vor allem meine Großtante und meine Oma, die aus Werschetz und Batsch-Sentiwan waren. Manchmal kommt bei meiner Mutter das rollende „R" durch. Sehr charmant für mich.
Und da war ich nun in Zagreb, und während der Probenzeit für die Performance ist mir auf einmal diese Mimik und die Physiognomie der Menschen mehr und mehr aufgefallen. Ich habe mich in den Gesichtern der Menschen so heimelig gefühlt. Da habe ich mir gedacht, dass da auch künstlerisch etwas ist, das ich aufgreifen möchte. Aber dann hat es doch noch einige Jahre gedauert, bis 2017, bis ich den Mut dazu gefasst habe, bis es reif dafür war.

Anknüpfungspunkt „Tanz"

Nun, so hat es begonnen und bald bin ich draufgekommen, dass das Ganze eigentlich schon ein sehr großes Thema für mich ist, dass ich das eigentlich über mehrere Jahre hinweg bearbeiten muss. Das erste Stück, 20 Minuten, hieß „ANO", 1, also übersetzt „Eine" und das zweite Stück, schon 40 Minuten, hieß „ano von dahom", sprich „jemand von zu Hause". Das habe ich mit der oberösterreichischen Landesbibliothek als Raumgeberin in einer Kooperation entwickelt und ein „Duett" aufgebaut, eine szenische Choreografie in bewegten Bildern, Text kommt als erzählerisches Element vor, aber steht im Zusammenhang mit der Thematik im Hintergrund. Es waren nicht nur persönliche Interpretationen, sondern auch gefüllt mit Material aus meinem Research im Banat und gespickt mit geschichtlichem Hintergrund. Ich habe angefangen, das alles zusammenzuführen. Mit persönlichen Texten von mir. Ich habe dann Leute gebeten, Assoziationen dazu zu schreiben, habe mich mit dem Werk von Herta Müller auseinandergesetzt. Für mich ist es ein interdisziplinärer, künstlerischer Prozess, der sich assoziativ entwickelt. Aber dann habe ich mich gefragt, was waren das denn eigentlich für Tänze, die früher in der Herkunftsgegend meiner Großmutter getanzt worden sind? Da bin ich auf dieses Bild meiner Urgroßtante in einem Kleid für den Sommerball gestoßen. Denn meine Urgroßtante hat immer von diesen Bällen der Donauschwaben gesprochen, die eigentlich Heiratsbörsen waren, ein Ort, wo man sich beim Tanzen erstmals kennengelernt hat.

Wir, das Team meiner Company und ich, haben dann die verschiedenen Verbände besucht und haben begonnen, die Balkantänze original neu zu erlernen und zeitgenössisch zu interpretieren, wir durften bei renommierten Tanzgruppen aus Serbien und Rumänien lernen. Ich konnte mich in das Originalmaterial vertiefen und für mich einordnen: Was sind donauschwäbische Tänze, was sind Balkantänze, wo ist der Ursprung? Und dann kam meine eigene künstlerische Auseinandersetzung damit, das war sehr intensiv.

Es war sehr viel persönlicher Einsatz, aber es war auch so eine andere Kraft vorhanden, weil ich mich in den Gesichtern so heimisch gefühlt habe. Als ob ich im Blick der anderen reagiert hätte. Ich habe eine große Liebe zu meiner Großmutter und ich vermisse sie sehr. Auf einmal waren da lauter Frauen, die wie sie gesprochen haben, diese Gesichtszüge, diese Weichheit in ihrer Präsenz. Auch mein Großvater ist ein sehr guter Tänzer gewesen. Und dann ergibt das alles Sinn, wenn man versteht, warum man ist, wie man ist.

Tabuthema NS-Zeit

Künstlerisch war es teilweise schrecklich. Als ich das Konzept geschrieben habe, haben mir nahe Freunde abgeraten, und zwar wegen der Nähe zur NS-Zeit. Aber ich habe gesagt: „Ich bin Künstlerin, ich muss mich mit dem, was war, mit meiner Geschichte auseinandersetzen. Ich kann nicht einfach einen Teil verschweigen." Aber ich habe versucht, eine noch größere Riege von Leuten für dieses Projekt zu finden, die mich beraten. Meine

Arbeit in den zehn Jahren davor ist auch immer mit einem Risiko verbunden gewesen, aber bei diesem Projekt habe ich schwer mit mir gekämpft und oft überlegt, ob ich es absage.
Weil die Befürchtung da war, ins Nazi-Eck gesteckt zu werden und die Konzentrationslager der Juden und die Taten der Deutschen zu verharmlosen. Die Donauschwaben, die blieben, waren nach Ende des Kriegs teilweise in Arbeitslager gesteckt worden, wenn sie nicht in Mischehen verheiratet waren. Darf man darüber nicht reden? Oder besser: Wie kann man darüber reden?
In einer Tanzszene in meinem Stück zieht sich eine Frau einen Rock mit lauter Maschinengewehren an. So habe ich mich teilweise gefühlt: lauter Maschinengewehre auf mich gerichtet wegen der Tabugebote der Familie einerseits und der drohenden Response der Gesellschaft andererseits. Ich habe mir gedacht: „Wie kann ich die von mir wegbringen?" Da habe ich den Rock hochgehalten und einfach umgedreht. So zeigen die Gewehre auf mich und dann auf die Rezipienten und dann gleichzeitig auf alle im Raum. Täter, Mittäter, Opfer.
Ich habe es künstlerisch verarbeitet und angesprochen. Meiner Familie ist es eher unangenehm, dass ich mich mit dem Thema so auseinandergesetzt habe. Bis jetzt waren außer meiner Mutter noch eher wenige von meiner Familie bei einer Performance von mir. Ich weiß schon, dass meine Arbeit nicht einfach ist, keine einfach zugänglichen Themen im Generellen. Das war schon immer so, aber bei diesem EU-Projekt jetzt, wo es um die eigene Geschichte geht, habe ich mehr meinen Willen zum eigenen Zugang trainiert.

Ahnenfahrt aus Sehnsucht

Auch früher war das Zurücksehen und Zurückgehen innerhalb der Familie schwierig. Das war wie ein unüberbrückbarer Luftraum.
Meine Großmutter hat sehr oft davon erzählt, wie es zu Hause war und wie schön alles war. Da war immer diese Sehnsucht. Sie war 16 Jahre alt, als sie fliehen musste. Und ich werde 38. Sie hat mir Bilder in den Kopf gesetzt, Bilder kreiert, die ich nie habe zuordnen können, aber das war eine übertragene Sehnsucht über Generationen. Meine Omi ist leider schon verstorben, aber ich habe alle ihre Tagebücher, ihre Aufnahmen. Es gibt auch eine Familienchronik, die bis ins 11. Jahrhundert zurückreicht, die habe ich von meiner Mutter bekommen. Und einmal habe ich dann angefangen, mehr zu fragen, mehr zu fragen, mehr zu fragen. Dazu gibt es einen Text, der für eine Version von meinen Tanzstücken vorhanden ist.
In meiner Arbeit war ich immer heimatlos, ich habe viel international gearbeitet, mich aber nie richtig zu Hause gefühlt. Dann war ich in Zagreb, dann habe ich 2017 dieses Projekt geschrieben und habe beschlossen, ich gehe jetzt in meine Ahnenforschung.
Ich bin zu all den Orten gefahren, von denen mir erzählt worden ist. Bei

einer Tour, die wir gesponnen haben, habe ich in Novi Sad ein Solo von mir gezeigt: an der Donau! Auf einem Schiff, das die Bühne war!
So habe ich begonnen, mich immer weiter vorzutasten, und habe viele Interviews mit Personen geführt, die nicht geflohen, sondern dort geblieben sind.
Ich habe diesen Luftraum Schritt für Schritt betreten und überwunden. Ich kann es nur auf einer körperlichen Ebene sagen, weil ich Tänzerin bin. Du suchst im Tanz immer deine Mitte, du suchst den Schwerpunkt, damit du Stabilität hast. Und ich hatte vorher immer das Gefühl, dass ich diese Mitte nicht ausgelotet habe. Und das ist passiert, als ich in Werschetz auf dem Berg war, dem Ort, wovon meine Oma immer erzählt hat. Auf einmal hat es so einen Moment

gegeben, und ich habe meine Mitte gespürt. Das war so ein überwältigendes Gefühl, ich bin in Tränen ausgebrochen ...
Die Sehnsucht meiner Großeltern war groß, auch die meiner Urgroßeltern. Es war die Sehnsucht, zurückzukehren, aber nie zurückgehen zu können, weil alles enteignet worden ist. Es war ein totaler Riss, ein Schockmoment, alles in kurzer Zeit zusammenzupacken und wegzumüssen .... Und nun stand ich da an diesem Ort, an dem alles in Sekunden passierte und entschieden worden ist.
Meine Großeltern waren beide Donauschwaben. Meine Großmutter war aus dem Banat und mein Großvater und mein Urgroßvater aus dem östlichen Teil von Serbien, von Batsch-Sentiwan, also auf der westlichen Seite. Und meine Großeltern hätten sich nie kennengelernt, wenn nicht der Zweite Weltkrieg gewesen wäre und sie nicht beide ins Lager am Bindermichl gekommen wären. Nachdem sie durch harte Arbeit und viel Fleiß genug Geld hatten, um das Lager 65 zu verlassen, haben sie gemeinsam ein Haus gebaut.
Aber natürlich ist zwischen den Familien immer diskutiert und verglichen worden. Wenn wir Familienfeiern gehabt haben, dann war immer dieser Clinch: die einen, die ein Weingut und Ländereien gehabt und schon in den Zwanzigerjahren Tennis gespielt haben, und die anderen, die eine Schule aufgebaut und sozial eingestellte Akademiker waren. Beide donauschwäbisch, aber zwei von Grund auf

unterschiedliche Zugänge dem Leben gegenüber.

Die Wurzeln spüren

Das Thema des „Verschwindens" der Deutschen nach dem Zweiten Weltkrieg wird derzeit in Serbien immer größer und wichtiger diskutiert. Von daher gab es für mich auf Kunstebene bald sehr spannende Kontakte. Diese Personen haben mir dann ermöglicht, in das Elternhaus meiner Oma hineinzudürfen. Sie sind hingegangen und haben den jetzigen Besitzern erklärt, worum es mir geht, und ich bin daraufhin im Geburtshaus meiner Großmutter gestanden und habe Fotos machen dürfen. Da ich die Originalfotos hatte, konnte ich nun vergleichen, wie es damals war und wie es jetzt ist. Es ist wie eine Verdoppelung, wie eine Metaebene. Wir haben vieles noch gefunden: Es gibt da noch eine Hegnerstraße in Werschetz. Oder den Park, wo sich meine Urgroßmutter und mein Urgroßvater zum ersten Mal geküsst haben, der kleine Pavillon – diese Bilder und ihre Geschichten dazu auf einmal tatsächlich wahrhaftig.

Ich habe Personen kontaktiert, die vor Ort geblieben sind, weil sie Mischehen eingegangen sind. Ich habe Verwandte, die teilweise schon über 90 sind, angerufen und sie befragt, um an der Stelle Erzählungen und Erinnerungen einsammeln zu können. Letztendlich ist man doch eine Vermischung von all den Erinnerungen, die alle in einem eingeschrieben sind. Auch wenn so ein unbarmherziger Cut dazwischen liegt.

In Werschetz und in Novi Sad habe ich immer mehr Leute aus meiner Generation gefunden und bin draufgekommen, dass meine Generation eigentlich von der Geschichte entkoppelt ist. Meine Mutter wurde überladen damit, denn sie ist im Lager auf die Welt gekommen und es ist nur die ganze Zeit vom Krieg und von Verlusten gesprochen worden. Sie wollte dann damit verständlicherweise nichts mehr zu tun haben. Ich habe dann peripher immer etwas mitgekriegt, aber eigentlich lange Zeit keinen Bezug dazu gehabt. Keinen realen Bezug zu diesem Land, nur sind mir immer diese Bilder generiert worden in meinem Kopf. Dann kommt die Pubertät, und dann wird das sowieso auf die Seite geschoben. Und ab Mitte 30 habe ich wirklich angefangen, mich zu fragen: „Wo sind jetzt wirklich meine Wurzeln, wo komme ich wirklich her?" Wenn ich zum Beispiel meine gleichaltrigen Freunde gefragt habe, so war das immer ganz schnell beantwortet. Aber wenn ich bis zu meiner Oma erzähle, bin ich schon in einem anderen Land. Und das war ein Vielvölkerstaat, wo viele Kulturen gemeinsam im Einklang miteinander gelebt haben und wo viele Sprachen gleichzeitig gesprochen wurden.

Ich bin aber trotzdem durch diese Sehnsucht, durch etwas Unvollständiges in mir auf die Suche gegangen. Und gefunden habe ich ein Erlebnis, einen überwältigenden Moment, wo ich alles zusammenführen konnte. Meine Omi war wieder bei mir, obwohl sie nicht da war. Die Gerüche waren da, von denen sie immer gesprochen hat, diese Aussicht, dieses Wohltuende, eine Versöhnung. Also es ist so, ich habe ja die Augenfarbe meiner Urgroßmutter, sagt man mir, und ich hatte das Gefühl, ich sehe durch sie, ich sehe das, was sie gesehen hat, was sie als Heimat empfunden hat. Und das, was ich jetzt fühle, ist Heimat durch meine geheilte Seele und ihre Augen. Wir treffen uns nicht mehr in der gelebten Zeit, aber in der von uns beiden erlebten Erinnerung, die wir durch eine Definition von Heimat teilen, die Ort ist und vieles mehr.

THEMENFELDER

Prägungen in Familie und Gesellschaft

Robert Hammerstiel,
Ein gewisser Besuch, 2012/13

22 Frauen und Männer mit donauschwäbischen Wurzeln haben davon erzählt, wie sie ihre Herkunft erleben. Sie haben auf eine jeweils individuelle Weise eine Tür geöffnet, den Raum der donauschwäbischen Familienerfahrung betreten und Worte dafür gefunden. Sie haben ihrer Vergangenheit einen Besuch abgestattet und die Schwelle zwischen damals und heute, zwischen kindlichem Erleben und der Reflexion als Erwachsener nachdenkend und nachspürend mehrmals übertreten.
In Summe ist ein „Donauschwabien der Vielfalt“ entstanden, ein Panorama an sehr unterschiedlichen Zugängen, Erinnerungen und Gefühlslagen zum gemeinsamen Thema „donauschwäbische Herkunft in der zweiten Generation“.

In dieser sehr vielfältigen Gesellschaft mit unterschiedlichen Erfahrungshintergründen lassen sich dennoch verbindende Elemente ausmachen. Einige davon habe ich in den folgenden Kapiteln aufgefächert. Die folgende Zusammenstellung führt zuerst durch einige prägende Bereiche in Familie und Gesellschaft. Anschließend beleuchte ich Aspekte, die auf die Auseinandersetzung mit der donauschwäbischen Herkunft ausgerichtet sind: mit den belastenden und traumatischen Anteilen sowie den heilsamem und integrativen Seiten.
Ich habe versucht, die Bandbreite von Erfahrungen und Einstellungen, die ich während der Gespräche kennenlernen durfte, in Themenfelder gegliedert aufzuzeigen. Dabei wurde die Ebene der Einzelpersonen verlassen, was bedingte, dass Zitate aus ihrem Zusammenhang genommen und neu gruppiert wurden.

Dieses Vorgehen möchte ich erklären:
Mit großer Offenheit und Selbstreflexion wurden mir Erlebnisse, Erfahrungen, Meinungen und Gefühle anvertraut. Ich habe die Aussagen meiner Interviewpartner*innen stets wie „Rohdiamanten“ gesehen, mit denen sorgsam umzugehen ist. Deshalb erschien es mir an der Arbeit zu den folgenden Kapiteln, wo es um Überblick und Zusammenschau gehen soll, manchmal fast ungehörig, die Sinnstruktur der jeweiligen Interviews aufzubrechen, einzelne Aussagen herumzuschieben, quasi in verschiedene Schachteln abzulegen und einzelne Absätze aus dem Zusammenhang heraus in einen neuen Kontext zu stellen. Manch einer der Befragten mag vielleicht beim Lesen Befremden empfinden, die eigenen Äußerungen immer wieder anders eingeordnet zu sehen.

Dennoch: Ohne das Wagnis von Fremdheit kann nichts Neues entstehen. Es ist der „fremde Blick“, der Erkenntnisgewinn ermöglichen, neue Verarbeitungslinien anregen und das eine oder andere Aha-Erlebnis bewirken kann. Ich hoffe, dass die folgende Auswertung von jenen, die dazu einen Beitrag geleistet haben, in diesem Sinne verstanden werden kann und nicht als „Enteignung“ ihrer Gefühle und Meinungen empfunden wird.

Da mit den Aussagen die Themenfeldern prototypisch illustriert werden sollen, habe ich in diesen Kapiteln auf eine namentliche Zuordnung der Zitate verzichtet. Teilweise habe ich die Zitate auch den fast wörtlichen Interview-Transkriptionen entnommen, da diese im vorliegenden Kontext authentischer wirken als die Bearbeitungen. Die Formulierung unterscheidet sich deshalb manchmal in Details von der für das Buch verwendeten redigierten Textversion, nicht jedoch in der sinngemäßen Aussage. Die angeführten Zitate haben exemplarischen Charakter ohne Anspruch auf Vollständigkeit. Es gesellen sich auch Menschen dazu, die in den veröffentlichen Interviews nicht vertreten sind, die aber in anderen Gesprächskontexten wertvolle Überlegungen und Erfahrungen beigesteuert haben und so den Austausch der zweiten Generation bereichern[13].
Zur Vertiefung und Orientierung stelle ich an einigen Stellen Kontextwissen und Informationen zu den geschichtlichen oder psychologischen Hintergründen zur Verfügung, sowie – in unregelmäßigen Abständen, auch die Ergebnisse meines Nachdenkens über dieses Thema. Das soll bei der Einordnung der beschriebenen Phänomene helfen und die eigene Biografieforschung anregen. Keinesfalls handelt es sich dabei um Interpretationen der Aussagen meiner Gesprächspartner*innen oder gar ihrer Persönlichkeit. Diese Einfügungen und Beobachtungen sind als Momentaufnahmen meines subjektiven Verstehensprozesses erweiterbar und hinterfragbar, sie verstehen sich als Hypothesen und sind eine Einladung zu Nachdenken und Diskurs.

Entstanden ist eine Art Collage, die nicht auf Vollständigkeit angelegt ist, sondern die illustrieren und zum Weiterdenken anregen möchte. Gerne darf auch die Leserin oder der Leser in der Runde Platz nehmen und sich eingeladen fühlen, auf den Spuren der anderen die eigene Geschichte mitzudenken und ihr nachzuspüren.

Immer diese Geschichten von „dahom"

Die verlorene Heimat als Sehnsuchtsort

Alle Nachkommen von Donauschwaben sind mit der Rede von der „alten Heimat" aufgewachsen. Die aus ihren Siedlungsgebieten und Wohnhäusern vertriebenen oder geflüchteten Menschen verwendeten die Ausdrücke „unten", „drhom" oder „dahom", wenn sie über ihre alte Heimat sprachen. Erzählte man den Kindern und Enkelkindern von „dahom", ging es meist um das Alltagsleben, die Menschen und Nachbarn, das Essen, man schwärmte von Festen, der wunderbaren Landschaft, der Weite, der Donau, den Weingütern – also von allem, was verloren war. Bei vielen Nachkommen wirkten diese Erzählungen wie aus Zeit und Ort gefallene märchenhafte Geschichten.

Im Nachhinein kann ich sagen: Für mich war das „unten" lange wie eine Geschichte, eine Märchenwelt, wo man nicht hinfahren kann. […] Das ist so wie: Es ist da und es ist doch nicht da.

Und das war so eigenartig, das war für mich ein Ort, der nicht existiert auf der Welt, wo man nicht hinfahren kann. Da kann man drüber erzählen, aber den gibt es nicht. Da hat jemand gesagt, er fährt jetzt dorthin – „Wie, nach Semlin? Das ist ein Ort, wo man hinfahren kann?"

Es gab halt immer diese Rede von daheim. Daheim. Einmal habe ich gesagt: „Ja sag doch, was ist das für ein Daheim?" Dann hab ich gehört, da kann man nicht mehr hin. Ich dachte mir: „Was ist das für ein Land, wo man nicht hinreisen kann?" Es war für mich so ein Gefühl, wie wenn es gar nicht auf dieser Erde liege, wie wenn es ein anderer Planet wäre. Denn überall kann man hinfahren, nur nicht in das Land, wo meine Großeltern her sind? Kann man das verstehen?

Es hatte einen fast märchenhaften Charakter. Dieses „unten", das war für mich in einer beinahe mythologisch weiten Entfernung. Heute ist es mir unerklärlich, dass ich erst relativ spät draufgekommen bin, dass die Heimatorte meiner Eltern von der realen Entfernung her gar nicht so weit weg sind. Aber es war wie eine andere Welt, das habe ich damals nicht zusammengebracht.

Es gab so viele Namen, Ortsnamen, Filipowa, Sentiwan, Apatin, Hodschag. Die Orte waren mir in Fleisch und Blut übergegangen, obwohl ich nie dort war. Es war vielmehr so, dass ich diese Namen gar nicht als reale Dörfer oder Städte begriff. Ich kam erst sehr viel später dahinter, dass diese Orte existiert hatten. Es hatte sie wirklich gegeben. Ich wäre nie auf die Idee gekommen, dass es ganz normale

Orte wie Krimml oder Golling in Salzburg waren. Das waren doch nur Geschichten (Schmitzer, 2015, S. 33).

In einem Buch über die Folgen von Flucht und Vertreibung für die nachfolgende Generation (Peters, 2018, S. 103) wird sogar von einer „doppelten Identität" gesprochen: Die Kinder der Vertriebenen wuchsen in der Heimat auf, in die sie hineingeboren waren und die sie prägte, andererseits aber in einer zweiten, gewissermaßen imaginären Heimat, aus der die Eltern und Großeltern stammten. Zwar war diese für immer verloren, lebte aber im Familiengedächtnis, in Erzählungen und Erinnerungen weiter. Diese doppelte Ausrichtung konnte Anlass für Irritation und Problemlagen, aber auch für Stolz und ein Bewusstsein darüber, „besonders" sein.
Dies kam besonders dann zum Tragen, wenn Betroffene erfahren mussten, dass die donauschwäbische Welt von der Gesellschaft ignoriert wurde, was häufig zu Loyalitätsproblemen und folglich zum Verstummen geführt hat.
Vielfach wird betont, dass das Erzählen über die Herkunft nur im Familienverband erfolgte.

Bei uns war die Herkunft nur intern in der Familie ein Thema, nie nach außen.

Es war ganz klar, der Gartenzaun war die Grenze der Sprache. Drinnen war es ganz selbstverständlich, dass schwobisch geredet wurde. Aber auf der Straße war es anders, so quasi sich nicht outen durch die Sprache. Als Kind reflektierst du nicht. Das war so.

In ihrer Kindheit nahmen meine Interviewpartner*innen übereinstimmend eine Stimmung von Sehnsucht wahr. Diese war konnotiert mit schönen Erinnerungen an früher oder aber mit Leid. Oft hat man den Eindruck, dies könnten zwei Seiten derselben Medaille sein.

Die donauschwäbische Herkunft war mir als Kind nicht klar. Wir haben da gelebt, und fertig. Was nur unterschiedlich gewesen ist, war, dass meine Mutter immer von „dahom" gesprochen hat, und das war für mich nicht erklärbar, ich habe den Subtext hinter diesem Wort nicht verstanden, weil das immer mit Leid verbunden war. Mit Leid.

Die verlorene Heimat wurde fast immer als Sehnsuchtsort tradiert.

Meine Großmutter hat sehr oft davon erzählt, wie es zu Hause war und wie schön alles war. Da war immer diese Sehnsucht. Sie war 16 Jahre alt, als sie fliehen musste. Und ich werde 38. Sie hat mir Bilder in den Kopf gesetzt, Bilder kreiert, die ich nie habe zuordnen können, aber das war eine übertragene Sehnsucht über Generationen.

Aber auch wenn dies ausnahmsweise nicht der Fall war, blieb die diffus wahrgenommene Spannung zwischen zwei Welten, die nicht zusammengehören, dieselbe.

Von den schönen Zeiten von früher ist auch nichts erzählt worden. Es ist nichts tradiert worden. [...] Ich war noch gar nicht in der Volksschule, als mein Vater mir gesagt hat, ich dürfte niemandem erzählen, wo er geboren ist.

In den Gesprächen wiederholte sich die Aussage, dass *„die gleichen Geschichten immer und immer wieder erzählt"* wurden, mehrmals.

Ich habe dieselben Geschichten immer wieder gehört.

Und das ist dann immer wieder besprochen worden.

Natürlich, auch hier war es so, dass dieses „Heimat und Heimat und Heimat" das große Thema war.

Es ist anzunehmen, dass diese oftmals vorgetragenen Geschichten für die Erzählenden von besonderer Bedeutung waren. Durch die Wiederholungen ist es vermutlich auch zu Legendenbildungen gekommen. Diese eigneten sich entweder als heroisch tradierte Identifikationsangebote oder führten dazu, dass manch Nachkomme oder Partner diese sich ständig wiederholenden Geschichten irgendwann nicht mehr hören wollte.
Eine andere Deutung weist in die Richtung, dass stereotype Geschichten den Charakter von „eingefrorenen Szenen" aufweisen können, durch die traumatisches Sprechen mit seinen vielen Wiederholungen charakterisiert ist (Weinberg, 2005). Auch das „leere Sprechen" (Kindler, 2013, S. 33), in dem zwar viel geredet, aber kein echter Austausch und keine Resonanz stattfinden, könnte so gedeutet werden. Für viele war diese Art zu erzählen vielleicht die einzige Möglichkeit, das Erlebte überhaupt in einen Dialog zu bringen.
Einerseits wurden diese Erzählungen von den Nachkommen staunend aufgenommen, andererseits dürfte es die idealisierende Tendenz sein, die bei manchen Gesprächspartner*innen auch zu einem gewissen Überdruss geführt hat:

Ja, dahom, dahom, dahom war alles besser als jetzt hier. Das ist meinem Vater schon auf die Nerven gegangen, aber mir auch! Das war das Einzige, was ich mir nicht erklären konnte, weil ... Meine Mutter ist eh dahom, was ist jetzt?

Ich selbst habe auch zugemacht. Meine Reaktion war: „Bitte lasst mich mit den Geschichten in Ruhe. Ich will nicht!"

Ich habe sehr gelitten unter diesen ständigen Erzählungen vom Krieg und vom Besitz unten und habe das alles einfach nicht mehr hören können. Das ist auch belastend gewesen, ständig diese Gespräche, wer mehr verloren hat.

Für viele tat sich das Tor, das die Welt zu den elterlichen Erzählungen öffnet, um diese im Hinblick auf das eigene Leben neu zu bewerten, erst in späteren Jahren auf.

Das Donauschwabenthema ist für mich eigentlich viel später erst wieder eines geworden.

Als Kleinkind war für mich diese Diskrepanz spürbar als eine Wehmut von „dahom", das hat sich aber dann erklärt im Laufe meines Lebens. Es gibt keinen Bruch mehr. [...] Ich bin sehr stolz auf meine Herkunft.

Trotzdem bin ich voll von diesen Geschichten und mit Leib und Seele ein reflektierender Nachkomme meiner Eltern.

Es wurde geschwiegen

Über Gesagtes und Ungesagtes

Während einerseits dieselben Geschichten immer wieder erzählt wurden, gaben andererseits die Interviewten mehrheitlich an, häufig auch mit Schweigen konfrontiert gewesen zu sein.

Aber es gab auch gewisse Tabus. Die habe ich als Kind gespürt, aber mich nie getraut, sie zu hinterfragen. Daran durfte man nicht rütteln.

Das ist das Eigentümlich in meiner Familie: Dieses Es-gerade-noch-Schaffen, diese Glücksmomente einerseits, und dann immer wieder diese furchtbaren Belastungen und Enttäuschungen. Über beides ist gesprochen worden – über das ganz Heikle jedoch nicht.

Die Leute, die aus dem Krieg zurückgekommen sind, haben null drüber geredet. Eher noch so aus der Zeit der Gefangenschaft, aber was sich sonst so abgespielt hat, war offenbar nur Verdrängung als einziger Ausweg. Ich weiß nicht, wie es war, wenn die Männer unter sich waren, ob sie dann drüber gesprochen haben. Aber in den Familien nicht, so, als wären sie nicht dort gewesen.

Warum sprechen die Eltern nicht? Die Nachkommen machen sich als Erwachsene durchwegs Gedanken darüber, was der Hintergrund des Schweigens sein könnte.

Da bin ich wieder bei der einen These, dass doch ein Verdrängen dabei ist. War das Erlebnis doch so schlimm, dass er damit nicht konfrontiert sein will?

Die Familie hat über das alles geschwiegen. Durch die Familienrekonstruktion habe ich dann verstanden, warum. Die Traumatisierung hat bedingt, dass man über das nicht reden wollte. Es war auch schwierig, das alles zu recherchieren.

Übereinstimmend wird das Verständnis darüber, dass Ungesagtes in Beziehungen großen Einfluss hat, ausgedrückt.

In anderen Familien, die ich kenne, ist das anders. Da gibt es auch viel Tragik, aber es wird nicht ausgesprochen. Es gibt ein Trauma. Jeder weiß, dass es passiert ist, aber es wurde nie darüber geredet. Es muss jeder selber entscheiden, ob er sein Trauma erzählt oder nicht. Ich glaube aber, dass das Verschwiegene, wo aber alles in der Luft hängt, ganz, ganz mächtig sein kann.

Es ist spannend. Je nachdem, wie die Geschichte weitergegeben wird, nimmt man sie auf, in den jeweiligen emotionalen Färbungen. Selbst wenn darüber geschwiegen wird.

„Schweigen ist nie wirklich stumm", heißt es auch aus Sicht der Soziologie (Kindler, 2013, S. 30), sondern ist immer Teil zwischenmenschlicher Kommunikation. Dieses Schweigen kann ebenso wie *„leeres Sprechen"* (ebd. S. 33) auch eine Schutzfunktion haben, da man sich selbst und auch die Kinder vor schmerz- und angstbesetzten Erinnerungen bewahren möchte.

In der Fachliteratur über die sogenannten Kriegskinder finden sich zu diesem Schweigen zahlreiche Überlegungen. Ein Verstehensansatz lautet: Es gab für die Kriegskinder des Zweiten Weltkriegs keine Möglichkeit, über ihre belastenden oder traumatischen Erfahrungen zu sprechen und Mitgefühl, geschweige denn therapeutische Hilfe zu bekommen. *„So blieben ihre Gefühle auch weiterhin tief im Verborgenen"* (Meyer-Legrand, 2016, S. 79), was ihr Schweigen in späteren Jahren begründete.

Die generationale Weitergabe von Traumata ist nicht daran gebunden, ob darüber gesprochen wurde oder nicht. Gerade das Schweigen und Verschweigen begünstigt die Verankerung von nicht begreifbaren Gefühlszuständen und Gefühlsweitergaben in der Psyche der nachfolgenden Generation (z. B. Drexler, 2017). Im vorliegenden Buch wird in vielen Beispielen geschildert, wie die Eltern letztendlich doch ins Reden gekommen sind und auch ein Zuhören der nächsten Generation gelungen ist. Es wird mehrfach berichtet, dass bei den Eltern nach einer großen seelischen Erschütterung bisher ausgeblendete Teile ihrer Biografie nach oben drängten und den Kindern erzählt wurden. Wenn tief verborgene Erinnerungen geteilt werden können, ermöglicht dies Verbundenheit und Nähe. Das sind bewegende Momente, die dazu führen, die Eltern besser zu verstehen.

Uns hat er [der Vater] *das in dieser Ausführlichkeit noch nie erzählt, und schon gar nicht mit dieser emotionalen Beteiligung. Man kann sagen: Er ist an seinen Schmerz gekommen. Und ich bin so froh, so froh drüber [...] weil er einfach mehr zulassen kann an Gefühlen und an Nähe.*

Apfelpitta und Krumbira

Das kulinarische Erbe

So schwierig es in den Gesprächen teilweise war, Worte für familiäre Gefühlslagen zu finden, so einfach wurde das Sprechen über das Thema Kulinarik. Kam die Rede auf die donauschwäbische Küche, zauberte das meinen Gesprächspartner*innen unweigerlich ein Lächeln ins Gesicht. Niemand musste lange nachdenken, um von mancherlei Köstlichkeit zu berichten. Über das kulinarische Erbe konnten auch diejenigen mit Stolz und Freude sprechen, deren Identifikation mit der donauschwäbischen Herkunft sonst ambivalent war.

Spontan wollte ich eigentlich antworten, dass der Begriff „Donauschwaben" negativ besetzt ist, aber es gibt Dinge, die positiv sind, zum Beispiel das Essen.

Wurde von der donauschwäbischen Küche gesprochen, bezog sich das meist auf familiäre Anlässe, bei denen gefeiert und gemeinsam gegessen wurde.

Donauschwäbische Köstlichkeiten ...

Das sind Oblaten mit Karamellfüllung. [...] Diese Oblaten gab es immer, wenn die Tante aus Amerika da war. Dann waren auch immer viele Leute zu Gast bei uns auf dem Bauernhof, die „schwowisch gredt hen". Es waren auf einmal Menschen da, die man fünf Jahre oder länger nicht, oder überhaupt noch nie, gesehen hatte. Diese Oblaten hat es bei uns auch zu den Hochzeiten mitten im Sommer – in der größten Hitze – gegeben, und dann zu Weihnachten und Ostern. Ich bin erst viel später draufgekommen, dass das etwas richtig Donauschwäbisches ist.

Da habe ich schöne Erinnerungen, wenn die Familie beim Bruder meines Großvaters, der in Kärnten geblieben ist, Fischgulasch gekocht hat.

Und dann gibt es noch diese „Ribili-Supp'n". Meine Frau hat immer gesagt, den Namen hat sich ihre Mutter ausgedacht, sie stammt auch aus Kroatien. Dann haben wir sie aber in unserem donauschwäbischen Kochbuch gefunden: Riebele. Eine geselchte Suppe mit ganz kleinen Nockerln drinnen.

Was das Kulinarische betrifft, denke ich natürlich an die Oma, die eine tolle Köchin war. Aber der erste Gedanke sind „die Grienen", die eigentlich keine „Grienen", also ungebrühte Würste sind, aber wir haben sie so genannt. Dann diese Sauerkrautsachen. Eigentlich sehr üppiges Essen ... Was haben wir noch gehabt? Dieses Fischpaprikasch hat es bei uns nicht gegeben.

Meine Mutter hat zwar nicht viel von früher erzählt, aber donauschwäbisch gekocht hat sie schon. Meine Frau hat von ihr das Rezept für „Tepsi-Krumbira" übernommen, wir machen das nicht nach Franztaler Art, sondern nach dem Rezept meiner Mutter, also nach Mitrowitzer Art. Das Gericht besteht lagenweise aus Reis, Kartoffeln, Zwiebelringen, Würsten, Speck – um den reißen sich dann alle, wenn er schön knusprig ist.

Ich hatte ein handgeschriebenes Kochbuch meiner Großmutter, das irgendwie abhandengekommen ist. Sie war eine Frau, die einen großen Haushalt geführt und oft für 16 Leute gekocht hat, für die große Familie, aber auch für das Gesinde und die Angestellten. Von besonderen Köstlichkeiten bis zu alltäglichen Gerichten ist alles in diesem Büchlein aufgeführt worden. Die besondere Pointe waren elf Arten von Gulasch. Die hätte ich gerne einmal alle nachgekocht. Bei einem Rezept waren Sardellen dabei. Das ist für mich ein fernes Indiz dafür, dass sie damals einen gewissen weltläufigen Wohlstand gehabt haben. Denn Sardellenringerl im nächsten Geschäft kaufen, das war dort sicher nicht möglich.

Und die Kost ist auch in Erinnerung, also die typischen dicken Knödel, diese Germknödel mit Sauerkraut und Speck. Da hat die Mama natürlich das Rezept von der Oma übernommen. Und die Schupfnudeln waren auch etwas Typisches.

Stichwort Würste: Ich mache mit einer anderen Donauschwäbin ein Mal im Jahr diese Würste noch selber. Das haben meine Eltern auch immer gemacht, immer vor Weihnachten. Am Heiligen Abend hat es diese Würste gegeben. Auch in meiner Kindheit sind diese ein Mal im Jahr gemacht worden.

Vom Kulinarischen her ist bei uns das Fischgulasch im Vordergrund. Hin und wieder kaufe ich auch heute noch die donauschwäbische Wurst.

Kulinarisch ist das Banat für mich auch eine spannende Thematik. Ich muss mir die Rezeptbücher wieder anschauen. Würste haben meine Großeltern auch noch in Oberösterreich selber gemacht. Die Gewürzmischung, die mein Großvater verwendet hat, habe ich mir auch überliefern lassen. Ich habe das aber nie ausprobiert. Wer macht heutzutage noch selber Wurst? Sie war sehr knoblauchlastig, eine sehr paprizierte Form der Wurst, die wurde dann gekocht oder gebraten. Aber andere ganz typische Gerichte, von denen ich sage, das kommt von früher, habe ich eigentlich keine überliefert bekommen.

Ich koche auch gerne donauschwäbisch. Das Liebste ist allen aber die Nusspitta. Dazu gibt es eine Geschichte: Meine Oma hat erzählt, dass sie 15 Jahre alt war, als sie von zu Hause weg ist und geheiratet hat. Sie hat in eine reiche Familie hineingeheiratet, worüber ihre Eltern sehr froh waren. Der Opa war 17 Jahre alt. Als sie geheiratet haben, ist aus Vukovar eine Köchin gekommen und die hat eine ganze Woche lang für die Hochzeit gekocht und gebacken. Und da haben sie zum ersten Mal in der Familie diese Nusspitta bekommen. Das war das absolute Highlight. Ich kann inzwischen auch die Nusspitta backen.

Würste. Topfennudeln.

Leider fehlt mir noch das „Donauschwäbische Kochbuch". Ich erinnere mich noch an die Speisen von meiner Oma und manches würde ich gerne einmal nachschauen können. Meine Lieblingssachen konnte sie mir noch zeigen, z. B. Fischgulasch, Grammerlpogatscherl und Kürbisgemüse.

Apfelpitta. Und die Schneenockerl. Und die Banater Würste, die mag jeder von uns. Im Freundeskreis machen sie sie selber.

Ein Standardgeschenk meiner Mutter an alle Kinder und Enkelkinder waren vakuum verpackte donauschwäbische Bratwürste.

... und mehr

Die Multikulturalität der Herkunftsregionen spiegelt sich auch in den kulinarischen Vorlieben wider und wird als Beispiel für den Austausch der Kulturen gesehen.

Kulinarisch: Wenn eine ungebrochene Situation da ist, dann im Kulinarischen. Das mache ich ganz besonders gerne und mit großem Aufwand. Sarma, Krautwickel – was eigentlich nichts typisch Donauschwäbisches ist, sondern serbisch. Dieses Miteinander in verschiedenen Bereichen, das meine ich. Wenn es ein Kontinuum gibt, dann darin.

Und da hat es ja diese wunderbare Spezialität gegeben, diese Mohnstrudel, wir haben „gužvara" dazu gesagt.

Bei der Oma hat es immer was Gutes gegeben, Lángos und die ganzen Sachen.

Was mir auffällt, ist, dass ich lange nicht zuordnen konnte, was aus der Küche meiner Mutter, Großmutter oder auch Urgroßmutter kroatisch, serbisch oder donauschwäbisch war. Das vermischt sich. Ich würde es jetzt mit intellektueller Anstrengung anders zuordnen: Serbische Bohnensuppe ist nichts Donauschwäbisches, Djuvec bekommst du beim Kroaten. Aber es schmeckt mir alles gut und es ist für mich „alte Heimat" – zumindest würden das die Altvordern so bezeichnen.

Wir haben in meiner Kindheit und Jugend gerne und oft serbische Gerichte gegessen. [...] Mein Vater hat es gern gehabt, dass meine Mutter das Essen aus seiner Heimat gekocht hat: Duvec, Đulbastije, Kisela čorba, serbische Krautsuppe, Paprikahuhn und Nockerl, sie hat viele Rezepte von meiner Tante bekommen. Diese Kisela čorba habe ich selber auch sehr oft gekocht. Einmal habe ich diese Suppe in Dalmatien bei einer Freundin gekocht. Sie ist Kroatin und da ist auch ein Freund gewesen, ein Bosnier mit einer serbischen Mutter. Und der hat von meiner Suppe etwas mit nach Hause genommen. Und er hat dann erzählt, dass seine Mutter gefragt hat, wer diese Suppe gemacht hat. Sie war dann erstaunt: Eine Österreicherin? Denn diese Kisela čorba kennt man bei uns nicht, auch nicht in serbischen Restaurants.

Auch in der neuen Heimat war man offen für kulinarische Anregungen der lokalen Bevölkerung.

Tepsi-Krumbira ist ein Kasserollengericht mit Speck, Reis und Kartoffeln. Reisauflauf auch. Dann hat sich das gemischt mit Österreichischem. So, wie es auch mit der Sprache war: Da sind Wörter, die in Gebrauch waren, in den Dialekt reingenommen worden und statt dem ursprünglichen Wort verwendet worden. Zum Beispiel: „Jetzt hätt ich das schun ball vergess", daraus wurde „Jetzt hätt ich das fast vergess".

„Ich bin eine Balkanmischung“

Der Bezug zu den südosteuropäischen Wurzeln

Wenn die Rede auf die alte Heimat der Familie kam, fiel immer wieder das Wort „Balkan“. Balkan[15] steht dabei für eine Region im Südosten Europas, aber auch für eine spezifische Mentalität, Kulinarik, Musik sowie für den multi-ethnischen Kontext, in dem die Eltern und Großeltern vor der Vertreibung gelebt hatten. Eine aufgrund der donauschwäbischen Herkunft erlebte oder auch nur zugeschriebene Nähe zum Balkan löste bei den Befragten unterschiedliche Gefühle aus. Die Bandbreite reichte von Distanzierung bis hin zu einer dezidiert positiven Identifikation.
Balkan – welchen Bezug haben die Nachkommen der von dort vertriebenen deutschen Minderheit zu diesem „Background“ und wie gehen sie damit um?

Das folgende Zitat ist charakteristisch für diejenigen, die sich anfänglich zurückhaltend verhielten und besorgt waren, aufgrund der Herkunft der Familie im Freundeskreis negativ bewertet zu werden.

Als ich vor ein paar Jahren begonnen habe, mich mit meiner Herkunft zu beschäftigen, habe ich überlegt, wem ich davon erzähle. Den Kindern, natürlich. Bei Freunden war ich am Anfang vorsichtig. Ich wollte nicht in die Schiene reingeschoben werden: Du bist aus dem Ausland oder du bist, ich sag es mal so, ein Jugo. […] Ich bin vom Geografischen ausgegangen. Ich habe mir das angeschaut und habe mir gedacht: […] Da bist du ja mitten in Serbien, im heutigen Serbien! Vom Geografischen her. Wenn man weiß, dass der kulturelle Background ein ganz ein anderer ist, dann passt es wieder. Der Papa hat immer von den Volksdeutschen gesprochen, wenn er davon erzählt hat. Ich selber habe immer, wenn ich die Sorge gehabt habe, dass ich als Jugo abgestempelt werde, gleich dazugesagt: Das ist volksdeutsch, das sind die Donauschwaben.

Die folgenden Aussagen zeigen, dass mit demselben Attribut völlig unterschiedlich umgegangen werden kann:

Ich habe das immer stolz erzählt, dass mein Vater aus Serbien kommt, ich habe das nicht als Makel empfunden, im Gegenteil, das war für mich identitätsstiftend. Wie soll man das erklären? Wer ist man jetzt eigentlich? Ich habe gesagt, meine Großeltern sind aus Jugoslawien oder aus Jugoslawien geflüchtet. Volksdeutsche hat man gesagt, auch Heimatvertriebene … Das Einzige, was ich mir immer gedacht habe, war, ich bin eine Balkanmischung, eine Jugo. Das hätte ich so wem erklärt früher.

Innerhalb derselben Familie, ja sogar unter Zwillingen kann die Akzentsetzung diametral sein.

In seiner donauschwäbischen Heimat, in Serbien oder Kroatien, hat er [mein Vater] *ausgelassen lachen können wie in Österreich nicht. [...] Er hat die alte Heimat sehr idealisiert. Und ich war sehr identifiziert, sonst hätte ich später nicht die Sprache gelernt. Bei meiner Zwillingsschwester ist das ganz anders, für die waren die, die aus dem Balkan gekommen sind, „die Jugos". Sie hat das alles nicht so gemocht.*

Auch durch die Betonung einer spezifischen Region kann das Besondere an der Herkunft positiv hervorgehoben werden, wodurch einer tendenziellen Abwertung entgegengetreten wird.

Ich habe immer gesagt: „Meine Mutter ist aus Syrmien." Wenn sie gesagt haben: „Deine Mutter ist auch a Banaterin", habe ich gesagt: „Nein, sie kommt aus Syrmien." „Wo ist denn das?", waren alle erstaunt. „Fünfzig Kilometer oberhalb von Belgrad."

Manche wiederum fühlen sich dem „Altösterreichischen" zugehörig.

Was mich immer wieder stört, auch in Ungarn, ist, wenn in Verbindung zu den Donauschwaben von „den Deutschen" gesprochen wird. Da habe ich immer gegengesteuert, wir waren nicht nur Deutsche. Sie kamen ursprünglich aus Deutschland, aber auch aus Italien, Frankreich, Portugal, sie waren Altösterreicher, das ist der Begriff, der für mich am ehesten passt. Wir waren nicht Deutsche, wir wurden im Zuge des Zweiten Weltkriegs durch die Annexion von Jugoslawien in den deutschen Topf geworfen, wir waren aber Altösterreicher und kamen aus der k. u. k. Monarchie. Das sollte man differenzieren.

In den Siedlungsgebieten der Donauschwaben gab es Dörfer, in denen mehrere Ethnien lebten, aber auch Ortschaften mit überwiegend deutschsprachiger Bevölkerung. Die unterschiedlichen Rahmenbedingungen bedingten verschiedene Ausprägungen des Alltagskontakts zu den anderen Bevölkerungsgruppen. Hat dieser aber stattgefunden, wird der multikulturelle Hintergrund übereinstimmend positiv bewertet. In vielen Aussagen kommen die Identifizierung und der Stolz auf das Aufwachsen der Eltern in einem multiethnischen Kontext zum Ausdruck. Dabei wird eher der im Alltag gelebte und der lebensfrohe Aspekt einer multikulturellen Gesellschaft betont ...

Multikulti und Gemeinschaft. Wenn einer gestorben ist, sind alle zum Begräbnis gegangen, und da hat sich jeder einen Löffel mitgenommen. Und da hat es Bohnen-

suppe gegeben und die haben sie miteinander gegessen. Sie haben so Fixpunkte gehabt, die verbunden haben.

Als Kinder waren wir einmal bei unseren Verwandten in Jugoslawien und haben dort drei Tage lang Hochzeit gefeiert und Kolo getanzt. […] Die haben doch Tamburizza dort gespielt, Akkordeon und Geige.

… und/oder die Offenheit gegenüber anderen Kulturen, die den Angehörigen der zweiten Generation vermittelt wurde. Folgende Aussagen stehen für viele:

Es wurde in der Familie auch oft erzählt, dass das gemeinsame Leben im Banat vor dem Krieg ein friedliches Zusammenleben war. Serben, Deutsche, Juden, Kroaten, Roma – jeder hatte seinen Platz und eigentlich gab es eine große multikulturelle Offenheit und ein gutes Miteinander. Das ist natürlich durch den Zweiten Weltkrieg und durch die Aktionen der Deutschen unter Hitler, die dann auch dort hinkamen, anders geworden. Die Deutschen haben fürchterliche Gräueltaten verübt, umgekehrt die Partisanen dann auch, da sind die Gräben aufgegangen, aber vorher gab es das nicht.

Von meinen Eltern habe ich gelernt, in verschiedenen Kulturen zu denken. Sie haben mir vermittelt, dass die Jugoslawen, die als Gastarbeiter zu uns gekommen sind, nicht nur die ungebildeten Hackler sind, als die sie bei uns galten, sondern auch einer hochstehenden Kultur entstammen. Es bezeugte durchaus Respekt vor denen, die von anderen vielleicht einseitig als „die Vertreiber" oder gar „die Bösen" gesehen wurden.

Mein Vater hat mir das Interesse und die Liebe zum Multikulturellen mitgegeben. Er hat selber das Revisionistische abgelehnt. Er hat gesagt: „Wir zahlen die Zeche für das, was der Hitler verbrochen hat." Er hat immer vom friedlichen Zusammenleben der Serben, Kroaten, Juden, Ungarn, Deutschen gesprochen.

Meine Eltern haben im Gymnasium auch viel serbokroatische Literatur gelesen bzw. lesen müssen und haben in meiner Kindheit auch über diese Werke gesprochen. Da war keine Überlegenheit einer Kultur über die andere zu spüren. Meine Mutter hat geschwärmt, dass in ihrer Klasse Kinder aus sieben Nationen waren, das war selbstverständlich, eine richtige Multikulti-Gegend. Meine Eltern haben versucht, die positiven Seiten der Kultur, in der sie aufgewachsen sind, herüberzuretten und auch hier zu leben. Sie haben dadurch etwas Wesentliches mitgebracht, das ich nicht missen möchte: die Aufgeschlossenheit anderen Völkern gegenüber.

Auch wird vielfach in der Reflexion als Erwachsener die Einordnung der donauschwäbischen Herkunft in einen übergeordneten europäischen Kontext vorgenommen:

Ich empfinde mein Donauschwabentum auch als etwas europäisch Interessantes. Es ist etwas europäisch Exemplarisches, das es in vielen Varianten gibt: eine Minderheit in einem Land zu sein, dort lange zu leben, sich anzupassen, aber trotzdem nicht ganz dazuzugehören und dann sogar noch vertrieben zu werden – das gehört zur europäischen Geschichte.

Meine Großeltern waren sehr hungarophil. Sie konnten perfekt Ungarisch sprechen, besser als Serbokroatisch. Von daher waren sie multikulturell aufgeschlossen.

Ich würde mich als Kosmopolitin verstehen. Die frühen Vorfahren kamen aus ganz Mitteleuropa, die unmittelbaren vom Südosten, jetzt sind wir in Österreich.

Die spätere Auseinandersetzung und Einordnung in historisch-geografische Zusammenhänge kann dabei helfen, trotz ursprünglich vorsichtig distanzierter Sichtweise auf die Balkannähe die eigene Herkunft letztendlich auch als Bereicherung zu sehen.

Inzwischen schätze ich den interessanten kulturellen Background meiner Herkunft und dass meine Familie früher Teil eines Vielvölkerstaates gewesen ist. In der Auseinandersetzung damit konnte ich viel über die geschichtlichen Zusammenhänge lernen und auch die österreichische Geschichte besser verstehen.

Unter welchen Voraussetzungen entsteht Distanzierung? Unter welchen eine positive Identifizierung und Stolz auf die anderen ethnischen Facetten? An den Beispielen in diesem Band kann man nachverfolgen, dass es konkrete, innerhalb der Familie gelebte Beziehungen zu Angehörigen anderer Ethnien sind, die zu einer Offenheit beitragen.

Wir hatten serbische Freunde in Belgrad, mit denen wir in Kontakt waren, das war eine hochinteressante Erfahrung. Das hat natürlich auch den einseitigen Blick auf Jugoslawien grundlegend verändert. Ich bin für die Einsicht dankbar, dass die außerordentlich negative Erfahrung, die meine Eltern mit der politischen Situation in Jugoslawien in der unmittelbaren Nachkriegszeit gemacht haben, nichts mit den dort lebenden Menschen und ihrer Kultur zu tun hatte.

Mit dem etwas sperrigen Fachausdruck „intrapsychische kulturelle Komplementarität“ (Volkan, cit. in Zimmermann, 2012, S. 24), der aus der Emigrationsforschung stammt, wird eine innere Haltung beschrieben, durch die Freund-Feind-Stereotype aufgebrochen werden und eine doppelte kulturelle Ausrichtung der eigenen Identität als Ressource und Zuwachs erlebt werden kann.

Ausgegrenzt, anders, besonders?

Über das Gefühl des Anders-Seins

„Kalte Heimat“

Information

Im Jahre 1945 standen einer österreichischen Bevölkerung von rund 6 Millionen 1.650.000 (27,5%) Flüchtlinge, Heimatvertriebene, Umsiedler und „displaced persons“ gegenüber. Auf zehn Einheimische kamen drei Ausländer (Oberläuter, 1979, S. 81). Nach Auflösung der jugoslawischen Arbeitslager folgte einige Jahre später eine weitere Flüchtlingswelle. Viele der Geflüchteten und Vertriebenen mussten die bittere Erfahrung machen, wenig willkommen zu sein. Sie trafen auf eine Bevölkerung, die nach den Anstrengungen des Kriegs selbst unter Lebensmittelknappheit, Wohnungsnot und Perspektivlosigkeit litt. Die hereinströmenden Volksdeutschen wurden als Belastung gesehen, als Staatenlose und als Ausländer wurden viele sozial diskriminiert und am Arbeitsmarkt benachteiligt. Die soziologische Forschung hat in Bezug auf die Erfahrungen der deutschen Vertriebenen den Ausdruck „kalte Heimat“ (Kossert, 2008) geprägt. Misstrauen, Skepsis und Ablehnung durch die umgebende Gesellschaft waren häufige Erfahrungen.

„In ihren Erinnerungen betonten die Älteren den Verlust der Heimat und die materiellen Entbehrungen, aber nicht so sehr die abweisende Haltung der Einheimischen. Hier genau setzen die Erfahrungen der Kinder an. Für sie ist die Nachkriegszeit eng verknüpft mit der Erfahrung, zu den Außenseitern zu gehören“ (Kossert, 2008, S. 138).

Diese soziologische Aussage wird in den Interviews durchwegs bestätigt. Als 1945 Geborene berichtet eine Person, Glück gehabt zu haben. Ihr älterer Bruder, der noch in Rumänien zur Welt gekommen war, hatte mit Vorurteilen und Diskriminierungen durch Lehrer*innen und Nachbarn zu kämpfen, sie selber nicht.

Die Ablehnung in Wörgl war groß. Mein Bruder hat sie besonders gespürt, weil er noch in Rumänien geboren ist. Es gab einen Lehrer, wenn der das nur gehört hat, Rumänien ... Da hat es mein Bruder schwer gehabt, er hat sehr gelitten. Ich aber habe wieder sehr großes Glück gehabt mit meinen Lehrern und meinen Mitschülerinnen, mit denen bin ich jetzt noch befreundet. Ich habe es nicht erlebt, ausgeschlossen oder gehänselt zu werden.

Die Befragten berichten von zahlreichen Demütigungen, die die Eltern erfahren mussten, und wie schmerzlich es für sie ist, sich die Erniedrigungen vorzustellen.

Mein Vater war 40 Jahre alt, als er nach Österreich gekommen ist. Ich glaube, dass er sich deshalb so für die Flucht interessiert hat, weil dieser Neuanfang sehr schwierig war. Er war zuerst bei einem Bauern in Oberösterreich, dann im Flüchtlingslager beim Bahnhof in Salzburg. Er war Arzt, aber er durfte nicht arbeiten, weil die Österreicher schon damals Ausländer ungern akzeptiert haben. Das ist ein sensibler Punkt. Er hat gesagt, dass er zehn Jahre gebraucht hat, bis er die Staatsbürgerschaft bekommen hat. Er war in Zagreb Gynäkologe und Chirurg und hätte dort Karriere gemacht. Hier hat er als Arzt für die amerikanische Besatzungsmacht im sogenannten Russenlager arbeiten können. Erst nach vielen Jahren hat er einen Vertrag als praktischer Arzt bekommen. Das war für ihn eine große Kränkung. Er hat erzählt, dass er mit einem Chirurgen befreundet war, sodass er in einem Krankenhaus operieren durfte, aber er ist mit Zigaretten bezahlt worden. Diese hat er jemandem gegeben, der sie für ihn verkauft hat. Er durfte offiziell nicht arbeiten, hatte aber eine Familie zu ernähren. Diese Jahre der Diskriminierung als Flüchtling waren für ihn eine große Kränkung. Er hat die Veränderung vom Chirurgen zum praktischen Arzt als Abstieg erlebt. „Banatler" war ja auch ein Schimpfwort.

Mein Vater hat mir auch erzählt, dass er im Pinzgau in der Volksschule einen Lehrer gehabt hat, der ihn grundsätzlich diskriminiert hat. Er war dort das Flüchtlingskind.

Meine Mutter, als studierte Agrarökonomin, ist zur Landwirtschaftskammer gegangen, um nach Arbeit zu suchen. Es wurde ihr mitgeteilt, sie könne sich ja als Magd bei einem Bauern verdingen – das war ihre erste Erfahrung als Zugereiste. Man hat ganz einfach ihre Kompetenzen angezweifelt.

Aber meine Mutter hat viel mitgemacht, sie sind abgelehnt worden eigentlich. Im Herbst sind sie auf die Felder gegangen, da waren die Äcker schon fertig abgeerntet und sie haben die Erdäpfel, die noch in der Erde waren, mühsam herausgeholt. Der Rucksack war voll, da kommt der Bauer und nimmt sie ihnen ab. Das hat die Mama immer erzählt, das war furchtbar.

Keine direkten Ausgrenzungserfahrungen

Die Interviewpartner*innen haben selbst kaum Ablehnung oder Diskriminierung aufgrund der donauschwäbischen Herkunft erlebt, und wenn doch, dann indirekt. Der Tenor in den Gesprächen lautet:

In der Nachbarschaft gab es keine anderen donauschwäbischen Familien, aber ich hatte nie ein Problem im Sinne von Ausgrenzung.

Ausgrenzung wegen des Donauschwäbischen habe ich persönlich nicht erlebt.

Ich selber, zwölf bzw. zehn Jahre jünger als meine beiden ältesten Brüder, habe solche bitteren Erfahrungen nicht machen müssen und mich immer völlig integriert gefühlt. Ich habe tatsächlich nie eine negative Erfahrung oder Zurückweisung erfahren.

Ich habe nie Ablehnung oder Vorurteile erlebt oder mein Donauschwabentum irgendwie negativ empfunden.

Selbst wenn meine Gesprächspartner*innen mit Ausgrenzung konfrontiert waren, wird diesen Erfahrungen im Hinblick auf das Aufwachsen keine prägende Bedeutung beigemessen.

Natürlich hat man Unterschiede gespürt. „Was willst denn du Zug'reister, du kannst ja nicht einmal Deutsch." Diese Bösartigkeiten haben sich aber in Maßen gehalten. Das Verhältnis zu den Österreichern war weitgehend friktionsfrei.

Wir wurden weder pro noch kontra Donauschwaben aufgezogen. Wir sind in die Schule gegangen, haben mehr oder minder unsere Schulprobleme gehabt, das große Thema waren immer die vielen Kinder und wenn sich wieder jemand wehgetan hat. Ich habe nur in Momentaufnahmen gespürt, dass der Papa nicht von „hier" war.

Manch Vorfälle von Ausgrenzung und Diskriminierung in der Jugend hatten nur indirekt mit der donauschwäbische Herkunft zu tun – waren deswegen jedoch nicht weniger kränkend:

Dann bin ich ins Gymnasium gekommen und das war nicht einfach. Da waren die meisten in der Klasse Kinder von Rechtsanwälten und Ärzten und wir doch aus sehr einfachen Verhältnissen. […] Einmal hat es geheißen, man solle fünf Fremdwörter aus dem Beruf der Eltern aufzählen ... Das war wie ein Todesurteil. Der Papa und die Mutti aus der Arbeiterklasse. Sicher, ein Freund hat später gesagt, ich hätte ja sagen können: Krumbira, Pekmez und Sataraš.

Ich glaube, mein Vater hat sich mit den vielen Kindern wieder neu eine Heimat geschaffen. Die Mutter war ja Österreicherin. Wenn wir Außenseiter waren, dann aufgrund der Vielzahl an Kindern.

Für mich waren das nämlich massivste Auswirkungen, ausgehend davon, dass meine Großeltern und mein Vater es nach dem Krieg sehr schwer hatten, wirt-

schaftlich auf die Füße zu kommen. Es hat für mich in der Weise gewirkt, dass ich vom Kindergarten bis zum Abschluss der Pflichtschule fünf Mal die Schule wechseln musste und fünf Mal meine Freunde verloren habe …

Auch von der Anerkennung durch die österreichischen Nachbarn und von der Abgrenzung zu einer ebenfalls volksdeutschen Flüchtlingsgruppe wird berichtet.

Und wir, die Donauschwaben aus Slawonien, waren da damals die Minderheit. Und jetzt ist für uns die Mikrosituation so gewesen, dass die alten Sachsen mit ihrer Sprache viel fremder waren, es war ein Dialog, den wir fast nicht verstanden haben. Mit den Österreichern hat man viel weniger Differenz gespürt. Die Anerkennung von den Österreichern ist kaum ein Problem gewesen.

Das Gefühl des Anders-Seins

Fast alle Befragten haben sich mit dem Thema „Anders-Sein" auseinandergesetzt. Wie sie als Kinder von Donauschwaben mit ihrer „doppelten Identität" umgegangen sind, differiert beträchtlich. Folgende Zitate zeigen die mögliche Bandbreite auf:

Ich lebte aber in zwei Welten, in mir war eine Spaltung.

In der Kindheit, in der Volksschulzeit habe ich immer dieses Gefühl des Anders-Seins gehabt. […] Zu Hause wurde der donauschwäbische Dialekt geredet und außerhalb der Familie habe ich mich dafür geschämt. Das ging so weit, dass ich dachte: Wenn meine Volksschullehrerin das hört und davon erfährt, dann darf ich womöglich nicht mehr in die Schule gehen. Ich dachte, nur die Kinder, die das nicht sprechen, dürfen in die Schule gehen.

Mir war dieser Dialekt damals fast ein bisschen peinlich. […] Das Peinliche ist das Anders-Sein. Es ist peinlich, dass es hörbar ist, dass man von woandersher kommt.

Oder aber:

Im Jahr 1970 in Salzburg geboren, habe ich mich als echter Salzburger und nie als Migrantenkind gefühlt. Eine Art Zerrissenheit gab es für mich überhaupt nicht.

Ich musste mich nicht anstrengen, um anerkannt zu sein. Man hat sich die Sprache angeeignet in der Schule und im Gymnasium hat sich das alles längst schon verlaufen gehabt. Das war kein Thema mehr.

Während viele sich also in ihrer donauschwäbischen Identität unwohl oder zerrissen fühlten, war für andere die donauschwäbische Abstammung unproblematisch und kein Anlass für Fremdheitserfahrung.

Erinnerung ist etwas, was sich konstruiert. Aber ich persönlich habe meine donauschwäbische Herkunft nie als Problematik gesehen oder gedacht, dass ich mich jemand anderem gegenüber anders präsentieren muss, als ich mich fühle.

Aber es war mir nie unangenehm, dass mein Vater Donauschwabe war, und ich habe es teilweise auch erwähnt, ohne dass ich danach gefragt worden bin.

Donauschwäbische Themen, Bräuche und Gemeinschaften prägten unser Familienleben, waren also Teil meines Lebens. Ich habe mich als Kind mehr donauschwäbisch gefühlt als „salzburgisch". Die Salzburger Tracht wäre für mich ein No-go gewesen. In der Schule bin ich draufgekommen, dass nicht alle Salzburger Donauschwaben sind. Ich kann mich aber an keine diesbezügliche Fremdheitserfahrung erinnern.

Manchmal gelang eine Integration der beiden Welten ohne größere Probleme oder Identitätskrisen. Eine Spannung zwischen dem Donauschwäbischen und dem Österreichischen wurde dann zwar wahrgenommen, jedoch nicht als Spaltung, sondern sogar als positiv konnotierte Besonderheit erlebt.

Wir waren aber die einzigen Donauschwaben. Wir waren etwas Besonderes. Das haben meine Eltern immer hervorgehoben. [...] Ich empfinde [auch heute] kein Minderwertigkeitsgefühl als Donauschwabe, eher einen gewissen Stolz auf etwas Abweichendes, Besonderes, minimal Anderes.

In der Jugendzeit ist mir der Gegensatz zwischen Donauschwaben und Österreichern vermehrt aufgefallen bzw. ist dies von meinem Vater extra betont worden. Besonders in Sachen Moralerziehung hat er oft argumentiert: „Es kann schon sein, dass alle deine Klassenkollegen das oder jenes dürfen. Aber wenn etwas bei den Österreichern gang und gäbe ist, dann heißt das noch lange nicht, dass das für die Donauschwaben auch gilt."

Vom Gegenteil – dass nichts tradiert wurde – wurde selten berichtet.

Das Donauschwäbische war im Alltag nicht präsent. Auch über das Essen ist nichts vermittelt worden. Meine Großmutter väterlicherseits – oft wird ja über die Großmütter das Kulinarische vermittelt – habe ich nie kennengelernt. Zu den donauschwäbischen Vereinen hat es überhaupt keine Verbindung gegeben.

Anpassung und Nicht-Auffallen als Strategie

In der psychologischen Literatur wird in Bezug auf die Elterngeneration „Anpassung“ als nachvollziehbare Strategie beschrieben, wie mit der Situation in einer neuen Umgebung umgegangen wurde.

„Diejenigen, die ihre vertraute Umgebung und damit ihre vertrauten Nachbarn und Freunde verlassen mussten, standen vor einer ganz besonderen Herausforderung: In einer für sie fremden und sie oftmals anfeindenden Umgebung waren sie vollkommen auf sich gestellt und mussten neu anfangen. Oft führten diese Erfahrungen zu einem Verhalten extremer Anpassung“ (Meyer-Legrand, 2016, S. 55).

In einigen Gesprächen wurde diese Anpassungshaltung der Eltern thematisiert.

Das ist diese ganz große Anpassungsbereitschaft, die mir auch vermittelt worden ist. Sich anpassen. Ja nicht auffallen! Das hat mich als Jugendliche lang genervt: Ja nicht auffallen. Sich unsichtbar machen.

Die Botschaft und die Haltung der Familie war: sich anpassen. [...] Ich habe von mir immer das Bild gehabt, dass die Art meines Aufwachsens den Sechzigerjahren geschuldet war. Aber jetzt glaube ich schon, dass ein Teil von mir anders war als in der autochthonen Gesellschaft, wie man so sagt. Dieses Gefühl von Angepasstsein-Müssen, das war für mich sehr bestimmend: nur nicht auffallen, durch Leistung etwas zeigen, das schon, aber selbst da sollte man nicht übertreiben, also nicht die Erste, Beste, Größte sein. Also schon auffallen durch gute Leistung, aber nicht den Nobelpreis bekommen. So auf die Art: Ich bin genau so wie ihr.

Wir haben daheim gelernt: brav sein, fleißig sein und nicht auffallen. Das war den Eltern wichtig. Aber uns Kindern? Ich weiß nicht. Ich frag mich: Was macht das eigentlich mit einem, wenn die eigene Identität lautet: Ich bin das, was die anderen von mir erwarten oder wünschen. Bei der Oma war das anders, die hat ihre Welt gelebt. Aber die Eltern ... Immer: Was werden die anderen dazu sagen?

Der „andere“, der donauschwäbische Teil der Identität wurde als Folge dieses Anpassungsgebots oft ignoriert oder abgelehnt. Es ist nicht unwahrscheinlich, dass die vielzitierte Abwendung der jungen Generation von allem, was donauschwäbisch anmutet, sowie das geringe Interesse am Engagement in donauschwäbischen Vereinen auch darin ihre Wurzeln haben könnten. Als Kind und Jugendlicher möchte man zur Gruppe der Gleichaltrigen gehören, nicht „anders“ sein.

Ich habe mich immer als in Österreich Geborener gefühlt und nie dem Donauschwäbischen zugehörig. Ich habe es in meinem Bekanntenkreis nicht oft erwähnt, dass meine Eltern Donauschwaben sind.

Ich habe mich durch das Gebot, nicht sagen zu dürfen, woher er ist, früher auch belastet gefühlt. Das habe ich so erlebt, wie wenn auch ich einen Makel hätte. An dieser Stelle habe ich etwas von seinem Minderwertigkeitsgefühl übernommen, das er [der Vater] *als Flüchtlingskind gehabt hat.*

Ich habe Deutsch studiert. Und ich weiß noch, dass im großen Lehrsaal der Sprachwissenschaften ein Professor einmal gefragt hat, ob jemand mit zwei Dialekten aufgewachsen ist. Da habe ich mich nicht getraut, mich zu melden, das war mir zu peinlich. Einerseits war schon das Gefühl da: Ich will das nicht wegtun, das ist meins. Aber andererseits auch eine Art von Scham. Und Unsicherheit.

In manchen Aussagen wird deutlich, welche Anstrengung dieses Hin und Her zwischen zwei Welten auch bedeutet hat.

Aber diese gespaltene Welt war schon immer viel innerer Aufwand.

Insgesamt hat mich das alles sehr gehemmt. Ich dachte immer, ich muss das alles verheimlichen, damit die anderen Kinder das ja nicht erfahren von mir.

Folgendes Zitat ist repräsentativ für die Gruppe derer, die schon in der Jugendzeit um Integration bemüht war:

Aber da war schon immer auch diese andere Seite: Ich will das. Ich will beides. Also, auch wenn es mich innerlich spaltet, ich will nicht das eine oder das andere aufgeben. Ich habe mich dem ausgesetzt, und dann, als ich schon studiert habe, auch sehr bewusst.

„Ich glaube, der Bruch ist nicht mehr so spürbar“

Viele nehmen den zwischenzeitlich abgelegten biografischen Faden erst in späteren Jahren wieder auf und gelangen zu einer späten Wertschätzung und einer positiven Bewertung ihrer Wurzeln und zu einer Integration in die Gesamtidentität.

Ich glaube, der Bruch ist nicht mehr so spürbar.

Ich höre viele auch sagen: „Jetzt bin ich stolz auf das donauschwäbische Erbe, früher habe ich mich geschämt.“

Auch Bewältigungsmöglichkeiten werden dargelegt. Dabei wird vor allem die emotionale „Vorarbeit“ der Elterngeneration betont: Je zufriedener und auch innerlich integrierter die Eltern sind, desto einfacher ist es, beide Seiten ohne Verleugnung oder Anpassung wahrnehmen und leben zu können.

Die Haltung war die: Jetzt sind wir da und man ist froh, dass es jetzt so ist. Es gab schon immer wieder Rückblicke, es ist nichts tabuisiert worden, aber man hat das Leben hier neu aufgestellt und ist nicht im Unfrieden gewesen mit der Situation. Das war Geschichte. Jetzt ist Neuaufbruch und eine neue Chance.

Es hängt an unserer Vorgeneration, ob sie mit dem Schicksal hadert oder ob sie es gut bewältigt hat und sagt: „Okay, das nehme ich hin als Lebensweg, der mir gegeben ist und den ich gehen muss. Oder darf."

Meine Eltern haben das gut gemacht. Die waren jung, die haben gesagt, wir haben ein neues Leben, neue Chancen, sie haben sich ja auch wirklich viel aufgebaut. Aber ich glaube, dass etliche Leute, und nicht nur die alten, in der Vergangenheit und im Leiden hängen geblieben sind.

Dabei spielt die Erkenntnis, es letztendlich doch gut getroffen zu haben, eine hilfreiche Rolle.

Es hat melancholische Momente gegeben, in denen die Eltern von früher geschwärmt haben, von der Weite der Ebene, von der Donau, sogar der aufgewirbelte Staub, wenn ein Bus durch das Dorf gefahren ist, wurde verklärt. Aber: Weder Vater noch Mutter haben je die Ambition gehabt, wieder in die alte Heimat zurückzukehren. Und zwar nicht nur aus historischen, sondern auch aus gegenwärtigen Gründen, sie haben ja in Österreich Entfaltungsmöglichkeiten vorgefunden. Deswegen: Sympathie für die verlorene Welt, aber auch eine Zugewandtheit zu der neuen.

Die Eltern haben schon hie und da von der verlorenen Heimat und dem Unrecht gesprochen, aber sie haben mir dabei in meiner Kindheit und Jugend nicht vermittelt, dass sie jetzt wieder gerne dort wären. Das hat der Vater sogar explizit gesagt: „Welche Entwicklungschancen haben meine Kinder hier und welche hätten sie, wenn wir jetzt dort wären?" Sie haben der untergegangenen Welt nachgetrauert, waren aber gleichzeitig so realistisch, zu sehen, dass die kommunistische Zukunft der Siebzigerjahre im Vergleich zur österreichischen ein Nachteil für die Kinder gewesen wäre.

Letztendlich hat jeder gesagt, man sei glücklich, nicht mehr dort unten zu sein. Die Normalisierung der Situation war so weit fortgeschritten, dass wir vollständig assimiliert waren, besonders dann in meiner Gymnasialzeit.

„Wir sprechen so ein komisches Deutsch“

Über Dialekt und Hochdeutsch

Nirgends lässt sich eine Zugehörigkeit zu einer Gesellschaft – oder eben die Differenz dazu – direkter festmachen als an der Sprache. Kleidung, Frisur, Bräuche und Vorlieben in Musik und Essen lassen sich verändern oder verheimlichen, sprachlicher Ausdruck lässt sich kaum manipulieren. Sprache und Dialekt haben deshalb das Aufwachsen donauschwäbischer Kinder fast immer direkt oder indirekt geprägt.

Hochdeutsch mit donauschwäbischen Eigenheiten

Es herrscht Einigkeit bei den Interviewten, dass sich ihr gesprochenes Deutsch von der in der Umgebung gesprochenen Sprache (oberösterreichischer, tirolerischer, steirischer, salzburgerischer Dialekt) unterschied – was naheliegend ist –, aber auch vom Hochdeutsch der Österreicher*innen. Zusätzlich schlichen sich auch Ausdrücke aus dem donauschwäbischen Wortschatz in die Alltagssprache ein, die den Menschen im Umfeld nicht geläufig waren.

Die meisten meiner Interviewpartner*innen erlebten, dass – was auch immer die Familiensprache war – die Eltern sich im öffentlichen Leben bemühten, Hochdeutsch zu sprechen. Was dabei herauskam, wird von den Kindern nachträglich als ein *„Hochdeutsch mit einem gewissen Einschlag“*, *„so eine gepflegte Sprache“*, *„ein besonderes Hochdeutsch“*, oder als *„großbürgerliches, altösterreichisches Deutsch“* bezeichnet. Diese Sprachfärbung gaben sie an ihre Kinder weiter – allerdings in einem Umfeld, das meist durch einen regionalen Dialekt gekennzeichnet war, was zu Irritationen auf beiden Seiten führen konnte.

Ich wurde oft gefragt, warum ich so hochdeutsch rede, das kam nicht gut an. Da habe ich versucht, betont oberösterreichisch zu sprechen, um dazuzugehören.

Und irgendwann später kamen die Rückmeldungen wegen der Sprache. Es wurde bemerkt, dass wir Kinder keinen Salzburger Dialekt sprechen, und Leute haben gefragt, wo wir herkommen. Mir als Kind ist das zuerst nicht aufgefallen, dass auch die Eltern keinen Dialekt sprechen, sondern ein anderes Hochdeutsch. Aber andere Leute haben das schon gemerkt.

Wir sprechen ja keinen Dialekt, wir sprechen so ein komisches Deutsch, [...] und ich konnte den Salzburger Dialekt nicht und auch den steirischen nicht. Wir haben gar keinen Dialekt gesprochen. Alle haben mich darauf hingewiesen und erwähnt: „Du sprichst ja so schön.“

Was vielleicht als kleine Abweichung aufgefallen ist, war die Sprechweise innerhalb der Familie. Wenn mich meine Schulfreunde angerufen haben, so haben meist mein Vater oder meine Mutter das Telefon abgehoben. Am nächsten Tag wurde dann ein wenig gespöttelt, aber durchaus liebevoll: „Wenn man bei dir anruft und der Vater abhebt, dann sagt er: ‚Garli gommt gleich.'" Oder es ist meinen Freunden bei uns zu Hause aufgefallen, dass meine Mutter gesagt hat: „Jetzt bringe ich euch ‚Gegse'." Das war aber kein Ausschließungsgrund.

Meine Mutter hat zeit ihres Lebens hochdeutsch gesprochen, sie hat schon irgendwie anders gesprochen, aber nicht donauschwäbisch.

„Irgendwie anders": Als ein Charakteristikum des Hochdeutschen mit donauschwäbischem Einschlag wird mehrmals das rollende „R" genannt. Einige meiner Interviewpartner*innen wurden von ihren Eltern angehalten, den Vater „Tata" und den Großvater „Otata" oder „Ota" zu nennen, was ihnen ganz normal und selbstverständlich erschien, bis sie merkten, dass das die Kinder in ihrer Nachbarschaft nicht taten.

Die Eltern wollten, dass ich Tata und Ota sagte, was ich auch bis zu deren Tod getan habe. Das sagten meine Schulkolleginnen nicht.

Wir sind zusammengesessen und haben eine eigene Grammatik gesprochen, vor allem meine Großtante und meine Oma, die in Werschetz war, und meine Mama, manchmal, wenn sie sich aufregt, kommt auch dieses rollende „R" durch.

Befragt, welche Wörter des Donauschwäbischen in den eigenen Wortschatz aufgenommen worden sind, fällt immer wieder das Wort „Krumbira" – Kartoffel.

Krumbira. „G'gschossen hat's in Belgrad."

Und manche Ausdrücke habe ich übernommen, zum Beispiel Lekvár, also Marmelade. Oder Krumbira ...

Dieses Hochdeutsch mit donauschwäbischem Einschlag war Anlass, als „anders" wahrgenommen zu werden. Vor allem im Jugendalter, wenn das Dazugehören besonders wichtig ist, versuchten viele, sich an die Mehrheitssprache anzupassen und sich den regionalen Dialekt anzueignen. Erst im reiferen Alter scheint bei einigen meiner Gesprächspartner*innen ein Bewusstsein für die Besonderheiten der eigenen Sprache zu entstehen, verbunden mit einem gewissen Stolz. Und manchmal ist dies sogar verantwortlich für heimatliche Gefühle.

Die Sprache, dieses komische donauschwäbische Deutsch, dieses singende Deutsch der Verwandten ... Das ist mir später aufgefallen, dass das bei mir Heimatgefühle auslöst, und wenn ich jemanden höre, der so spricht, dann höre ich das raus und fühle mich dann irgendwie verbunden.

Eltern und Großeltern waren mehrsprachig

Die Bevölkerung der Herkunftsgebiete der vertriebenen Donauschwaben war multiethnisch und multilingual.

„Es gibt auch keinen Donauschwaben und keine Donauschwäbin, der oder die nur eine Sprache spricht. Neben dem heimischen Dialekt musste man mindestens eine der verkehrsüblichen Sprachen beherrschen, wollte man miteinander auskommen“ (Seewann/Portmann, 2018, S. 9-10).

Die deutsche Minorität beherrschte die Sprachen Ungarisch, Rumänisch, Serbisch oder Slowakisch fließend. Wiederholt wird Bedauern darüber geäußert, dass diese Sprachkompetenz nicht an die nächste Generation weitergegeben wurde.

Was mich aber schon ärgert, ist, dass wir nicht Serbokroatisch gelernt haben. Die Erwachsenen konnten es sprechen und uns haben sie es nicht beigebracht. Leider.

Ich kann kein Wort Ungarisch. Ó istenem, das ist das Einzige. Wenn ich Ungarisch höre, ist das vertraut.

Manchmal zogen die Eltern einen Vorteil aus dem sprachlichen Unvermögen der Kinder, um über Dinge zu sprechen, die nicht für die Kinderohren bestimmt waren.

Meine Eltern haben außer Deutsch natürlich Ungarisch, Serbisch und Rumänisch gesprochen. Und immer, wenn was war, was die Kinder nicht hören sollten, haben sie ungarisch gesprochen.

Ich habe auch bemerkt, dass sie perfekt Serbisch können und Ungarisch, das war auch besonders. Wenn sie nicht wollten, dass wir Kinder verstehen, was sie sagen, haben sie serbisch miteinander gesprochen.

Die Volksdeutschen waren um Anpassung und Unauffälligkeit bemüht. Serbisch, ungarisch, kroatisch oder rumänisch zu sprechen passte da nicht ins Bild. Von meinen Interviewten berichtet nur eine einzige Person, dass die Eltern es unterstützt haben, eine dieser Sprachen zu erlernen.
Wenn man will, könnte man auch die sprachliche Pragmatik von Großeltern als Multilingualität einordnen.

„What have er denn?" [...] Das darf nicht wahr sein, donauschwäbisches Englisch! Aber sie haben eine Antwort gekriegt. „What have er denn?"

Der Vater einer Befragten fand sich in einer absurden Situation wieder, er musste als Neunjähriger in Österreich Deutsch überhaupt erst lernen.

Mein Opa hat unten zwar Kroatisch gesprochen, ist aber kein Kroate. Während der Monarchie waren sie Ungarndeutsche, dann ist das Gebiet an Jugoslawien gefallen und sie waren mehr oder weniger schon assimiliert. Und nach der Flucht sind sie hier in Österreich als Staatenlose registriert worden. Mein Vater hat Deutsch überhaupt nicht gekonnt. Er hat in Österreich Deutsch lernen müssen. Das ist ja völlig absurd. Das Deutschsein war ja der Anlass, dass sie weg mussten!

„Schwowisch redda"

Der donauschwäbische Dialekt

Information

In den donauschwäbischen Siedlungsgebieten bestanden bis zum Zweiten Weltkrieg fast 500 deutsche bzw. gemischtsprachige Siedlungen. Bis auf wenige Ausnahmen wurde in diesen Orten Mundart gesprochen. Diese hatte sich in einem langen Ausgleichsprozess aus den verschiedenen Dialekten der Siedler, die aus sehr unterschiedlichen Herkunftsgebieten kamen, herausgebildet (Gehl, 2019). Beim Donauschwäbischen handelt es sich also nicht um eine historisch gewachsene, einheitliche Mundart, sondern um verschiedene Mischmundarten (Suljević, 2014).
Die Erstsprache, insbesondere in Form des Dialekts, ist ein identitätsstiftendes Merkmal und hatte in den Sprachminderheitengebieten eine gemeinschaftsbildende Funktion. In den Nachkriegsjahren trug sie jedoch zur Stigmatisierung der Vertriebenen und Flüchtlinge in Deutschland und Österreich bei (Schares, 2015).

Die Großeltern und Eltern der meisten Interviewten waren mit dem donauschwäbischen Dialekt aufgewachsen und hatten diesen nach Österreich mitgebracht. Sie verwendeten „ihre" Sprache im familiären Umfeld, aber auch in der Öffentlichkeit. Oftmals beherrschten sie, obwohl sie sich meist fließend in den Sprachen Ungarisch, Rumänisch, Serbisch oder Slowakisch ausdrücken und unterhalten konnten, kein Hochdeutsch.
Ob auch im neuen Umfeld schwowisch gesprochen wurde, hing einerseits mit dem Lebensalter bei der Flucht zusammen, andererseits auch mit dem sozialen Hintergrund der Familie: Bäuerliche Familien sprachen selbstverständlich schwowisch miteinander, sogenannte Herrische, also Angehörige der Bildungsschicht, hatten sich teilweise schon in der alten Heimat der deutschen Hoch-

sprache zugewandt und konnten sich dem neuen sprachlichen Umfeld daher leichter anpassen.

Wir haben zu Hause keinen Dialekt gesprochen. Meine Eltern waren „Herrische", also Intellektuelle. Sie haben gehobene Umgangssprache miteinander und auch mit mir gesprochen. Schwäbischer Dialekt war kein Thema.

Die Bezeichnung der Sprache der Großeltern durch die befragten Nachkommen ist nicht einheitlich, die Rede ist von Donauschwäbisch, Schwowisch, Schwäbisch, Schwobisch, Mundart, Dialekt.
Die in Österreich geborenen Nachkommen erlernten den donauschwäbischen Dialekt im Alltag fast wie nebenbei.

Für mich war das Donauschwäbische völlig normal. Ich habe auch donauschwäbische Freundinnen oder Bekannte, die das abgelehnt haben und sich für den Dialekt geschämt haben.

Meine Freunde, wenn sie zu Besuch waren und es war grad amerikanische Verwandtschaft da, waren recht amüsiert über den donauschwäbischen Dialekt, der dann gesprochen wurde, aber nicht im Sinne von Hänseln oder Spotten. Ich habe in diese Richtung nichts Negatives erlebt.

Vielfach beschränkte sich der Gebrauch des Dialekts auf den familiären Raum. Die Sprechweise wurde dem jeweiligen Umfeld, in dem man sich bewegte, angepasst.

Im Familiären war es ganz selbstverständlich, Dialekt zu reden. [...] Aber es war auch ganz klar: Der Gartenzaun war die Grenze der Sprache. Denn auf der Straße war es anders, da wollte man sich quasi nicht outen durch die Sprache. Als Kind reflektierst du nicht. Das war so. Auch heute noch sprechen meine Schwestern und ich, wenn wir drei unter uns sind, donauschwäbisch. Aber wenn ein Schwager dazukommt, also im Satz, schalten wir um.

Mein Vater hat beides. Er hat, wenn er mit seiner Mutter zusammen war, ganz stark schwobisch geredet, und nach einer Stunde bei uns hat er sich angepasst.

Ich bin geswitcht, ich habe innviertlerisch geredet da und donauschwäbisch mit den Verwandten.

Von den Jüngeren ist eine Cousine noch unten geboren, die hat diese Sprache, also den donauschwäbischen Dialekt, als Einzige immer noch gepflegt. [...] Sie hat zwischen Hochdeutsch und dem Dialekt gewechselt, je nachdem, wo sie war. Sie hat im medizinischen Bereich gearbeitet, dort hat sie Hochdeutsch gut gesprochen, aber im privaten Bereich ganz prononciert diese Sprache. So wie die Großmutter.

Der Gebrauch des Dialekts wurde von den Eltern manchmal bewusst vermieden, um die Integration der Kinder nicht zu gefährden.

Mein Vater hat gemeint, es sei nicht gut, in der Familie schwäbisch zu reden, weil die Kinder sich ja integrieren sollen. Er hat sehr bewusst zu mir gesagt: „Ich muss mit dir Hochdeutsch reden, weil sonst fallen wir in das Schwobische und das wäre für dich später ein Nachteil. Das wollen wir nicht, dass du auffällst."

Die Möglichkeit, sich auch jetzt noch gelegentlich auf Donauschwäbisch unterhalten zu können, wird von den meisten positiv gesehen.

In der Familie wurde Dialekt gesprochen. Ich tät das jetzt auch so gerne! Aber mein Bruder, der noch lebt, blockt ab. [...] Ich habe eine Tante in Deutschland und mit der rede ich schwowisch.

Zugehörigkeit hat für mich viel mit Sprache zu tun und Dialekt ist eine Sprache, die man nicht lernt, die bekommt man mit. Und insofern habe ich zwei Sprachen. Ich habe das früher immer als schwierig empfunden, erst jetzt erlebe ich es als Bereicherung. Das kommt erst schön langsam, im Alter. Da ziehe ich mir erst jetzt die Reichtümer heran. Für mich ist es jetzt eine Stärke und ein Privileg, in zwei Dialekten heimisch zu sein.

In manchen Fällen wird der Gebrauch des Dialekts wieder bewusst gefördert – wobei dies eher spielerischen Charakter hat.

In der Familie oder auch im donauschwäbischen Vereinsvorstand machen wir uns den Spaß und reden manchmal miteinander schwäbisch.

Letztendlich herrscht allgemein das Bewusstsein, dass es diesen Dialekt bald nicht mehr geben wird.

Als Kind denkst du nicht viel drüber nach, aber dann kommst du drauf, okay, das sind jetzt die letzten Donauschwaben. In wenigen Jahren wird es keine mehr geben und die Sprache wird einfach verschwinden.

Trachtentanzgruppe und Bratwurstessen

Oder doch lieber nicht? Die Anbindung an Vereine

Information

Donauschwäbische Landsmannschaften und Vereine

Bereits in der ersten Phase der Unsicherheit und Orientierungslosigkeit gab es Versuche der Volksdeutschen, sich zu organisieren. Es entstanden verschiedene volksdeutsche Landsmannschaften, die sich im Verband der Volksdeutschen Landmannschaften Österreichs zusammenschlossen und sich vorrangig um Fragen der wirtschaftlichen und rechtlichen Integration kümmerten. Die donauschwäbischen Landsmannschaften gründeten 1949 einen Dachverband, die Donauschwäbische Arbeitsgemeinschaft (DAG), die bis heute Aufgaben wie Öffentlichkeitsarbeit, Vernetzungs- und Bildungstätigkeit, historische Aufarbeitung und Interessenvertretung wahrnimmt. Sie unterstützt wissenschaftliche Einrichtungen wie die Georg-Wildmann-Bibliothek in Marchtrenk oder das Kulturzentrum Haus der Donauschwaben in Salzburg sowie die zahlreiche andere donauschwäbische Institutionen, Ortsgruppen, Vereine, Museen, Archive, Mitteilungsblätter etc. in Österreich.

Nicht alle der interviewten Personen hatten in ihrer Jugend Berührungspunkte mit donauschwäbischen Vereinen. Einige wiederum berichten davon, in einer Jugendtrachtentanzgruppe oder in anderer Weise am donauschwäbischen Vereinsgeschehen mitgewirkt zu haben, und sehen darin auch in der Rückschau ein Stück Bereicherung ihrer Jugendzeit.

Teilhabe am donauschwäbischen Vereinsleben

In der Tanzgruppe waren wir acht Paare, auch meine Geschwister haben getanzt. Das war eine nette Zeit. Das ist damals stark von meinem Vater ausgegangen, der im Geiste noch sehr stark mit Franztal verbunden war.

Mein Vater hatte einen guten Bezug zum Haus der Donauschwaben. Er war bei der Gründung dabei. Es gab Fischgulaschessen, Bratwurstessen – das haben wir alles mitgemacht. Der Donauschwabenball, das war auch immer ein Jahresereignis, wo man dabei sein musste.

Mein Vater war dort sehr engagiert und hat mir schon früh ermöglicht, im Haus der Donauschwaben mitzuarbeiten. Als Zehnjähriger habe ich schon Zeitschriften gestapelt, als 19-Jähriger Korrespondenz über Fehlexemplare geführt. „Donauschwaben" hat für mich daher zuerst zu tun mit dem Haus der Donauschwaben, dem ich sehr verbunden war.

Einige Interviewpartner*innen erzählen, dass sie sich im Jugendalter einer bewusst kritisch-intellektuellen Auseinandersetzung mit donauschwäbischen Themen gestellt haben.

Auch bei verschiedenen Sitzungen, da habe ich schon auch meine Meinung gesagt zu den Entwicklungen vor 1945, dem Geschehenlassen, dem Mittun, dem Wegschauen ... Und das war für mich dann auch gut. Das war so ein Weg, diese Gespaltenheit zu verkleinern.

Es war mir auch immer wichtig, mich durch Bücher und Zeitschriften damit auseinanderzusetzen, zu lesen. Und leider, die Zeitschrift „Neuland" ist für mich zu früh eingestellt worden. Da hätte ich für mich mehr rausholen können. [...] Aber es war für mich einfach gut, dass es kritische donauschwäbische Stimmen gegeben hat. Und da war das „Neuland" schon wichtig.

Kein Kontakt zu den Vereinen und Landsmannschaften

Viele der Befragten gaben jedoch an, gar keinen Kontakt zu Vereinen oder Landsmannschaften gehabt zu haben. Die Gründe dafür waren: keine Kenntnis, Abwendung aufgrund des „Donauschwäbisch-Tragischen", Konflikte im politischen Selbstverständnis, Ausdruck gelungener Integration.

Im Haus der Donauschwaben in Salzburg war ich noch nie und mit den hiesigen Donauschwaben hatte ich keinen Kontakt. Ich habe auch kein Bedürfnis gehabt.

Was mich auch gestört hat als Jugendlicher, war das Donauschwäbisch-Tragische, dieses Vergangenheitsbezogene.

Ich habe auch vom Haus der Donauschwaben gewusst, natürlich, das war präsent, weil wir nebenan gewohnt haben. Ich habe gewusst, dass es Veranstaltungen gibt, aber ich habe nie das Bedürfnis gehabt, da hinzugehen. Ich habe mich nicht zugehörig gefühlt.

Dass es eine Community der Donauschwaben in Salzburg gibt, ist an mir vorübergegangen. Vielleicht hängt es damit zusammen, dass schon die Großeltern mit der Zeit und ihrem Schicksal gut abgeschlossen haben, auch mental.

Das Haus der Donauschwaben war für mich immer verschlossen. Es war für mich ein dunkler Ort, zu dem ich nie einen Zugang gehabt habe. Da war eine Schwelle. Für mich war das nie zugänglich.

Meine Eltern hatten losen Kontakt mit dem Bund der Donauschwaben, sie sind immer wieder zu Veranstaltungen gegangen, auch auf den Ball der Donauschwaben. Ich bin aber nie mitgegangen, weil ich mich fremd gefühlt habe. Ich wusste einfach nichts mit der dort praktizierten Folklore anzufangen. Übrigens auch nicht mit der österreichischen Volkskultur.

Ich habe nie eine Phase gehabt, in der ich die Ambition gehabt hätte, zu den donauschwäbischen Trachtenfesten, Tanzfesten oder Bällen zu gehen. Die waren mir zu spießig oder provinziell, wenn ich das etwas arrogant aus der Sicht des damaligen Jugendlichen sagen darf. Diese Seite hat mich – allerdings nicht als Identitätsmoment – eher gestört.

Für manche war es die politische Ausrichtung, die im Vereinswesen vermutet wurde und die eine Distanzierung bewirkte.

Freunde von mir zum Beispiel, die waren in einer Tanzgruppe, und haben gefragt: „Kommst du auch ins Haus der Donauschwaben zum Bratwurstessen?" Aber ich war kein einziges Mal dabei. [...] Für mich waren das immer so Trachtenaufzüge. Und dann glaube ich schon, dass ich von meinem Vater die Abneigung gegen die Deutschtümelei mitbekommen habe und gegen die Nazis, die möglicherweise noch da waren. Nicht als Kind, aber in späteren Jahren, das hat mich abgeschreckt.

Anbindung an die donauschwäbische „Community" in späteren Jahren

Ein wertschätzender Umgang mit den Errungenschaften und Verdiensten der Vereine wird manchmal erst in späterer Zeit ausgedrückt.

Unsere Vätergeneration hat so viel getan. Ich schätze diese Leistung sehr, die engagierte Donauschwaben damals wirklich geschafft haben. Sie haben eine Bibliothek angefangen, haben eine Zeitung gegründet. Sie haben neben all der Not sehr weit gedacht und wirklich etwas geschaffen, das jetzt noch da ist. Und viele haben sich auch anders eingebracht, in den Ortsgemeinschaften sind viele Ortschroniken entstanden. Mag man dazu stehen, wie man will, aber sie haben ihre Arbeit gemacht und sie haben dokumentiert. Und das schätze ich sehr. Und das ist auch das, was bleibt.

Das Aufbauwerk der Vorfahren weiterzuführen und weiterzuentwickeln wird auch als Motiv für das eigene Engagement genannt.

Es ist mir ein Anliegen, das Werk meines Großvaters fortzuführen. Aus dem Grund bin ich seit rund zehn Jahren im Vereinsvorstand der Franztaler aktiv.

Mein Ansinnen als Obmann ist, das alles zusammenzuhalten, im Internet präsent zu sein und den Leuten die Möglichkeit zu geben, sich über die Franztaler und die Donauschwaben zu informieren und bei der Ahnenforschung zu helfen.

Einige der Befragten fanden erst in späterer Zeit Zugang zum donauschwäbischen Vereinswesen. Das war vor allem dann der Fall, wenn die Mitarbeiter*innen donauschwäbischer Gruppierungen wohlwollend und engagiert auf interessierte Personen zugingen.

All die Jahre dachte ich, ich sei mit meinen Themen und Fragen allein. Und dann entdecke ich: Es gibt da eine Community von Gleichgesinnten, und sogar in meiner Nähe. Ich fühle mich angekommen und eingebunden.

Seit Kurzem gibt es hier ein donauschwäbisches Zentrum mit einer Bibliothek, die ist für mich so wichtig. Früher sind Bücher verbrannt worden und jetzt haben wir eine Bibliothek, das passt absolut hierher.

Zu den Donauschwaben, außer meinen Verwandten, hatte ich lange keinen Kontakt. Dann bin ich eigentlich nur durch Zufall zum Verein der Donauschwaben Oberösterreich gestoßen. Ein Freund hat mich 2019 zum alljährlichen Sommerfest in Marchtrenk mitgenommen, wo ich gleich sehr nett aufgenommen wurde. Mittlerweile bin ich im Vorstand und Landeskassier der Donauschwaben Oberösterreich.

Als Voraussetzung, um sich aktiv einzubringen, scheint für manche eine Neudefinition der Vereinsziele zu gelten.

Derzeit habe ich eine Distanz zu den Aktivitäten der donauschwäbischen Vereine. [...] Eine sinnvolle Nutzung des Hauses und anderer Ressourcen im Kontext von Flucht würde mich interessieren, da würde ich mitarbeiten.

Mehrmals wird die Einschätzung eingebracht, dass die oft beklagte Überalterung der Vereine und das Ausdünnen der Veranstaltungsbesuche damit zusammenhänge, dass das ursprüngliche Vereinsziel – nämlich gesellschaftlicher Mittel- und Ankerpunkt in einer Zeit der Unsicherheit zu sein und die Integration zu fördern – erreicht sei.

Dem fallweisen Jammern meiner Eltern, dass die Jungen nicht mehr ins Haus der Donauschwaben kommen, habe ich sehr selbstbewusst entgegengehalten: Das Haus der Donauschwaben war als ein Integrationsprojekt in einer Übergangszeit gedacht. In der Übergangszeit, als die Flüchtlinge angekommen sind, aber noch nicht integriert waren, sollte das Haus ein gesellschaftlicher Mittelpunkt sein. Aber eigentlich ist es ein gutes Zeichen, dass die nächste Generation das Haus und den Verein nicht mehr braucht. Das Gastland Österreich hat ja die gleiche Sprache und auch eine verwandte Kultur. Und wenn ein Donauschwabe in der zweiten oder dritten Generation in Österreich das Haus der Donauschwaben und die Landsmannschaften nicht mehr braucht, dann ist das ja eigentlich in Ordnung.

Früher ist mir aufgefallen, dass ich nur einer von wenigen der zweiten Generation war, der sich dafür interessierte und sogar im Volkstanzverein tanzte. Da hat mein Vater mir einmal gesagt: „Du brauchst dich nicht grämen. Das ist ein Zeichen der gelungenen Integration, dass dieses Thema verschwindet."

„Eine unsichtbare Wand“

Der Weg zur Beschäftigung mit der Herkunftsthematik

Die Suche der „Kriegsenkel“

Für die Generation der „Kriegsenkel“, zu denen auch die im Buch zu Wort gekommenen Personen gehören, konstatiert die Journalistin Sabine Bode bereits im Jahr 2009: *„In den meisten Familien haben keine Dramen stattgefunden. Stattdessen war die Rede von ‚Nebel‘ und von ‚Unlebendigkeit‘. […] Für das Drama lassen sich leichter Worte finden als für das Fehlen des Dramas. Meine Aufgabe bestand darin, etwas völlig Unspektakuläres darzustellen, etwas Unsichtbares – ein Vakuum“* (Bode, 2013/2009, S. 28).
Im Vergleich zu den drastischen Erfahrungen der Eltern, der „Kriegskinder“, die reale Todesängste, Verluste, Kriegseindrücke und Gewalt erlebt hatten, sei – so die Autorin – bei der Innenschau ihrer Nachkommen übereinstimmend etwas schwer Fassbares gefunden und benannt worden: eine Lücke, ein Nebel, ein Gefühl des Fragmentierten. Die existenzielle Situation dieser Generation sei in dieser Interpretation das Suchende, das schwer Definierbare, wo die Annäherung schwierig sei.
Davon wird auch in den Interviews berichtet.

Information

Nur Bruchstücke

Übereinstimmend berichten die Interviewpartner*innen, dass sie als Kinder gewisse Eigenheiten oder Besonderheiten ihrer Eltern und Großeltern zwar wahrgenommen, aber nicht reflektiert hätten. Die meisten gaben an, in ihrer Kindheit über ein diffuses Wissen von der donauschwäbischen Herkunft verfügt zu haben, wenngleich sich ihnen die konkreten Umstände und Zusammenhänge meist erst viel später, oft erst im Erwachsenenalter, erschließen sollten.

Es war selbstverständlich, es war einfach da. Man hat erst später angefangen nachzufragen.

Ich weiß nicht, wie ich das sagen soll. Irgendwie bin ich mit dem Ganzen aufgewachsen, das ist immer schon da gewesen.

Trotz großer biografischer Unterschiede wird immer wieder betont, wie schwierig es war, sich tatsächlich mit der donauschwäbischen Herkunft zu beschäftigen. Die Rede ist von Puzzleteilen, von einem Luftraum, einer Nebelwand, von einer Art Benommenheit oder einer irreal erscheinenden Märchenwelt, die mühsam geerdet werden musste.

Aber da war vielleicht irgend so eine, so eine unsichtbare Wand, die die Auseinandersetzung verhindert hat.

Auch früher war das Zurücksehen und Zurückgehen innerhalb der Familie schwierig. Das war wie ein unüberbrückbarer Luftraum.

Das waren nur Bruchstücke. Da eine Anekdote, da eine Geschichte. Ich habe immer nur so Fetzen aufgeschnappt.

In der Reflexion als Erwachsener taucht immer wieder das Bild des Puzzles auf.

Alles ist wie ein riesengroßes Puzzle.

Die Geschichte meiner Eltern ist in meiner Kindheit nur bruchstückhaft erzählt worden. Ich weiß vieles erst aus Recherchen aus jüngster Zeit, aus Andeutungen oder über Umwege. Ich habe das zusammengesetzt, es ist wie ein Puzzle.

Den „Luftraum" überwinden

Die meisten Interviewpartner*innen setzten sich erst in späteren Jahren mit ihrer Herkunft auseinander. Sie gingen also daran, die Teile eines Puzzles zusammenzufügen, die Nebelwand zu durchdringen und den Luftraum zu überwinden.

Ich habe diesen Luftraum Schritt für Schritt betreten und überwunden.

Viele meinten damals: „Lass das doch, die Zukunft ist wichtig, lass doch die Vergangenheit, du musst leben." Und ich habe gesagt: „Ja, ich möchte leben, aber dazu muss ich wissen, was damals war."

Der Anlass dafür kann eine emotionale Erschütterung sein.

Der Anlass für mich, mich intensiver mit der Familiengeschichte auseinanderzusetzen, war der plötzliche Tod meiner Mama, die 64-jährig verstorben ist. [...] Der Tod meiner Mama hat in mir ein Erdbeben ausgelöst

.

Überwiegend fand diese Auseinandersetzung „spät" statt – wobei „spät" von allen ähnlich erlebt wurde, egal ob man 40 oder fast 60 Jahre alt war. Manchmal beinhaltet dies auch ein bedauerndes „zu spät".

Es ist zu vermuten, dass sich in dieser typischen Annäherungsform, mühsam einen Nebel oder eine Blindheit überwinden zu müssen, um die Herkunft zu verstehen, zwei Kräfte gegenüberstehen: Einerseits die Kraft der Verdrängung, die alles vermeiden möchte, was mit Schwere, Unausgesprochenem und dem potenziell traumatischen Hintergrund der familiären Vertreibungserfahrungen zu tun hat. Das Opfer-Täter-Thema kann dabei auch eine Rolle spielen. Andererseits die Kraft der Sinnstiftung und des Wunsches nach Kontinuität, nach Überwindung von Sprachlosigkeit und nach Verstehen der eigenen Wurzeln.

Alle meine Interviewpartner*innen haben sich dem mühsamen Weg des Verstehen-Wollens durchwegs gestellt – auch jene, die sich laut ihrer Selbsteinschätzung zunächst gar nicht für geeignet fanden, an dieser Befragung teilzunehmen.

Reisen nach „unten", Reisen nach „dahom"

Die Verbindung zur alten Heimat

Reisen in die frühere Heimat der Eltern wurden von den meisten Interviewpartner*innen als Bereicherung und zusätzliche Möglichkeit der Bewältigung eines biografischen Bruchs erlebt – für die Eltern und Großeltern, aber auch für sich selbst.

Das Märchen bekommt eine Erdung

Berichtet wird von Gefühlen von Vertrautheit und einer Anbindung an die Familienvergangenheit in ihren schönen und traurigen Aspekten.

Es war nicht fremd. Ich fühlte mich geborgen.

Meine Brüder und ich waren 2006 das erste Mal unten und für mich war das so, wie wenn ein Märchen eine Erdung kriegt. Zu sehen, wie sie gewohnt haben, wie das Haus ausgeschaut hat. Das war so und so schaut alles aus. Die Erkenntnis: Das ist ein Platz, ein Ort, da kann man hinfahren, das ist ja nur fünf Stunden entfernt. Da kann man ins Haus reingehen, den Garten anschauen. Wir hatten das Glück, dass das möglich war.

Im Nachhinein kann ich sagen: Für mich war das „unten" lange wie eine Geschichte, eine Märchenwelt, wo man nicht hinfahren kann. Da konnte man ja auch lange Zeit wirklich nicht hinfahren. Es hieß: Das ist zu gefährlich. Das ist so wie: Es ist da und es ist doch nicht da. Für mich war das ein unglaublicher Zuwachs und ganz wichtig zu merken: Das ist Teil dieser Welt! Da gibt es eine Erdung.

Es waren nur gute Gefühle da, sogar das Traurig-Sein war ein gutes Gefühl. Einfach wirklich die Fakten bedenken, nachspüren, dass von heute auf morgen ein Ort kein Ort mehr ist und für mich jetzt wieder einer wird in einem anderen Rahmen. Und es war … nicht fremd. […] Langsam konnte ich durch diese Reise auch die Spaltung in mir überwinden. Ich fand für mich heraus: Es hat diesen Ort wirklich gegeben. Und was die Eltern erzählt haben, ist wahr. Dass sie ins Kino gegangen sind zum Beispiel. Das Kino ist jetzt ein Hotel, aber ich habe gewusst, da ist es gewesen. Mein Vater hat damals beim Meindl den Kaffee gekauft – und dann hat es an dem Platz immer noch einen Meindl gegeben. So bin ich halt herumgegangen.

Es war beeindruckend für mich. Mein Vater hat immer positiv von seiner Jugendzeit erzählt. Sie hatten einen Bauernhof mit Pferden, Schafen, Schweinen. Das habe ich 2008 großteils noch gesehen, das Haus ist noch gestanden. Im Jahr 2012 war im hinteren Teil schon ein Mehrparteienhaus hineingebaut und jetzt habe ich über Google Earth gesehen, dass mehrere solcher Häuser dort stehen und das alte Haus vorn weggerissen worden ist. Jetzt ist schon eine gewisse Wehmut dabei, aber sonst habe ich das immer positiv gesehen.

Da kommen meine Eltern her, da gehöre ich auch hin, das ist ein Teil von mir

Neben der Möglichkeit einer „Erdung" der als märchenhaft erlebten Geschichten berichten einige Personen auch, dass sie durch eine Reise mehr Verständnis für die Eltern aufbringen und einen besseren Bezug zu deren Herkunft herstellen konnten.

Als ich das erste Mal unten war, war es gleich so schön, die Straßen, dann haben überall die Akazien geblüht, da bist du durch eine weiße Wand durchgefahren, also so schön. Ich habe meine Mutter dann verstanden wegen „dahom". Als Junger versteht man das ja nicht.

Interessant war für mich, als wir im Jahr 1990 mit den Eltern hinuntergefahren sind. Das war gut, da bin ich sehr, sehr froh, dass wir das gemacht haben. Wirklich zu sehen, wo die Eltern herstammen, auch das Provinzielle dieser Orte, das ist tiefste Provinz eigentlich. Was hätten sie unten überhaupt für Möglichkeiten gehabt? Es war beeindruckend, den Schulweg meiner Mutter mit ihr gemeinsam zu gehen und auch zu erleben, wie bewegt sie war. Wir konnten das Elternhaus meines Vaters betreten. Diese Dinge haben mich interessiert.

Ja, ich bin mehrmals hinuntergefahren. Als Kinder waren wir öfter unten, da waren ja noch Verwandte und das Elternhaus, das wir besuchen konnten, es ist ein Teil von mir.

Im Rahmen einer Psychotherapie wurde mir einmal nahegelegt, in die alte Heimat der Eltern zu fahren. Das sei Seelenarbeit, habe ich gehört. Leider wollten die Eltern nicht mitfahren. Aber dann bin ich im Jahr 2007 mit 46 Jahren gemeinsam mit meinem Bruder hinuntergefahren. Als ich zurückgekommen bin, sah ich etwas ganz Besonderes im Gesicht meiner Mutter, ich würde es als „stille Freude" bezeichnen. Sie hat sich erkannt und gesehen gefühlt, so auf die Art: Jetzt siehst du, wo ich herkomme. Es war eine neue Verbindung da, die sich beglückend angefühlt hat.

In vielen besteht der Wunsch, die Heimat der Eltern auch der nachfolgenden dritten Generation nahezubringen.

Meine Kinder würden auch gerne einmal mitfahren. Das Großelternhaus würden sie zwar nicht mehr sehen können, aber Belgrad ist eine interessante Stadt, eine Drehscheibe der Kulturen.

Wenn ich mit meinen Enkelkindern fahre, würde ich ihnen gerne zeigen oder vermitteln: Erstens die Lebensart, einfach, wie man miteinander umgeht. Dann das Haus, die Donau, die Kirche, das Gemeindeamt, das früher das Haus der Großeltern gewesen ist, die Kapelle, da steht ja noch alles, und auf der Kapelle steht unser Name, der Friedhof, da liegen die Toten, das zeige ich ihnen alles. Und die Felder. Den Bauernhof gibt es nicht mehr, aber das Wohnhaus, das Gasthaus, das jetzige Gemeindehaus war Großvaters Haus. Also da ist schon noch einiges zum Anschauen.

Es letztendlich doch noch gut getroffen zu haben scheint ein Aspekt zu sein, der sich heilsam auf die Wunden des Verlusts legen kann.

Vielleicht aber auch deswegen: Es war unterm Strich ein Riesenglück. Wäre man jetzt noch dort, natürlich hätte sich das anders entwickelt ... Tauschen mit der Lebenssituation, die wir 1987 vorgefunden haben, möchte man jedenfalls nicht.

Viele sind ja nie mehr hingefahren, aber wir waren ja dauernd dort. Wir haben gesehen, wie der kommunistische Staat funktioniert, und Tito hin und her.

Wenn bisher noch keine Reise „nach unten" stattgefunden hat, so wird dies meist bedauert.

In Lazarfeld war ich leider selber bisher nicht. Meine Mutter war sicher noch fünf oder sechs Mal dort. Damals, als meine Eltern nach Serbien gefahren sind, hat es mich noch nicht so interessiert. Und als es begonnen hat, mich zu interessieren, war es leider zu spät. Da waren meine Eltern leider schon zu alt.

Mein Vater hat zwei Mal mit seinem Vater den Heimatort besucht. Sie waren gemeinsam auf den Spuren von früher unterwegs. Ich weiß davon, aber erzählt hat er wenig. Ich selbst habe das Bedürfnis, auch hinunterzufahren, nicht. Ich hätte es schön gefunden, einmal mit meinem Vater gemeinsam dorthin zu fahren. Aber ich habe das Gefühl, dass es jetzt zu spät ist, also zu strapaziös. Mein Vater ist schon 84 Jahre alt. Das ist auch schade. Mit ihm gemeinsam hätte es Sinn gemacht, aber allein gar nicht. Ich wäre sehr verloren dort, weil ich gar nichts Näheres weiß.

Neue Bewohner in den ehemaligen Häusern[16]

Die Häuser und Gärten sind teilweise verfallen oder wurden verändert – das bereitet manchen ehemaligen Bewohnern großen Schmerz, den deren Kinder – meine Interviewpartner*innen – wahrnehmen. Allerdings: Ob die Konfrontation mit der Vergangenheit heilsame Züge annehmen kann oder nicht, scheint auch mit der Haltung der neuen Bewohner zusammenhängen. In vielen Fällen stand – symbolisch gesprochen – ein „Willkommen“ an der Haustür.

Und wir dürfen alles. Wir kommen hinein, wir werden gut empfangen, bewirtet, wir dürfen alles anschauen: den Kukuruzspeicher, den Saustall mit den fünf Kojen, wir dürfen alle Stuben anschauen, wir dürfen in den Keller gehen, ich gehe immer ins Gartl, wo meine Oma war und wo diese zwei großen Weinzeilen stehen und links und rechts die Gemüsezeilen, die meine Oma auch bei uns wieder so angelegt hat. Ich durfte Heimaterde aus dem Garten mitnehmen und dann kriegten wir noch Zwetschken. Und beim letzten Mal habe ich die Einladung bekommen, doch einmal eine Woche bei ihnen zu verbringen.

Bei der zweiten Reise nach Keschinzi konnten wir das Elternhaus meines Vaters besichtigen. Von den jetzigen Besitzern wurde Papa dann sogar eingeladen, im Haus zu übernachten – noch einmal nach fast 60 Jahren!

Doch teilweise stießen die Menschen, die sich Zugang zu ihren ehemaligen Wohnhäusern gewünscht haben, auch auf Ablehnung. Dies scheint in Verbindung mit der Angst gestanden zu sein, die ehemaligen Besitzer könnten Ansprüche anmelden – was jedoch in keinem einzigen Fall zutraf.

Einmal war er [der Vater] *allein unten und da wollte er ins Haus hinein, die wollten ihn gar nicht reinlassen, aber da er doch die Sprache spricht, sind sie doch ins Reden gekommen und er hat gesagt, er will ihnen eh nichts wegnehmen, er will nur schauen, wie es war.*

Oft brachte man den Menschen unten – sei es den noch dort lebenden Verwandten, sei es den ehemaligen Bediensteten oder Freunden – etwas mit. Denn im Lauf der Jahre hatten sich die Verhältnisse umgedreht: Aus den ehemals Enteigneten und Besitzlosen waren Vermögende geworden, Besucher aus dem reichen Westen, die Geschenke mitbringen und Unterstützung geben konnten.

Die Mama ist 1963 in die alte Heimat gefahren, das war eine große Aufregung, der Papa wollte nicht mitfahren. Aber es gibt Fotos, wie sich alle freuen, also wir haben Kaffee und alles eingepackt.

In manchen Fällen wechselten die Bewohner der ehemaligen Häuser der Eltern aufgrund von neuerlichen Kriegsereignissen und Fluchtbewegungen mehrmals.

Auch ich war mittlerweile fünf oder sechs Mal unten. Und meine Kinder waren auch schon unten, und mit den Kleinen, den Enkeln, fahre ich auch, damit sie das alles einmal sehen. Mein Onkel hatte mit den neuen Eigentümern Kontakt aufgenommen, das hat gut gepasst. Aber dann war unten auch der Krieg, dann mussten diese wiederum flüchten, dann waren andere dort, das waren Serben, und jetzt sind wieder andere in dem Haus. Als wir das letzte Mal unten waren, da war nur eine Frau da in dem Haus, die den Mann geheiratet hat, dem es jetzt gehört, das ist ein jüngerer Kroate.

In anderen Fällen blieb das Haus durch alle Wirren hindurch im Besitz der Familie.

Wir sind regelmäßig nach unten gefahren. Meine Großmutter war auch mit bei diesen Verwandtenbesuchen. Die Verwandten wohnen ja noch dort, im gleichen Haus. Die Teile sind von der Familie unten geblieben, weil es Mischehen gegeben hat, und die haben es bewohnt.

Eine versöhnte Haltung ohne Besitzansprüche steht den meisten meiner Befragten nahe.

Wir brauchen nichts, wir wollen nichts, aber es ist trotzdem unseres. Aber ohne den Besitzanspruch, ohne dass wer Angst haben muss, dass wir sie draußen haben möchten. […] Ich bin schon fast irritiert, weil ich mit so einer Freude rechnen kann, wenn ich dort hinfahre.

Hin und Her

Die Möglichkeit des Pendelns, eines Hin und Her, ebenso wie das Erlebnis, mit seinen Fragen und Anliegen willkommen zu sein, kann eine integrative Erfahrung sein – auch für die Erlebnisgeneration. Über die verstörende Erfahrung des Heimatverlusts kann sich die tröstliche Vorstellung von zweierlei Heimat legen.

Es war lustig, weil die Großmutter, die oft mit war, hat in Österreich gesagt: „Fahren wir heim." Und auf einmal hat sie auch dort, als wir in ihrem ehemaligen Heimatdorf waren, gesagt: „Fahren wir heim." Wir haben uns angeschaut: Wo ist sie jetzt daheim? Es war beides. Aber eigentlich war sie immer in ihrem Garten daheim.

„Gott sei Dank sind sie weggekommen“

Nicht bei allen stellt sich angesichts der mittlerweile verfallenden Häuser Wehmut, Nostalgie oder Freude über etwas Wiedergefundenes ein.

Im Nachhinein betrachtet und wenn man weiß, was nach dem Krieg dort passiert ist und was die Bevölkerung im Kommunismus unter Tito zu erdulden hatte, relativiert man das Schicksal etwas. Hätte man bleiben wollen? Vielleicht muss man sagen: Dankt dem Schicksal, dass ihr weggekommen seid.

Zwei Tage später haben wir auch das Heimatdorf meiner Mutter angeschaut. Das war eigentlich mit keiner besonderen Emotion von mir verbunden. Ich habe mir das halt angeschaut, irgendwie wie ein Freilichtmuseum.

Als ich dort war, habe ich mir gedacht: Es ist genauso öde, wie ich es befürchtet habe. Als wäre ich in einer alten, verschrobenen Erzählung meiner Eltern gelandet, und ich dachte mir: Gott sein Dank sind sie weggekommen.

Flucht und Vertreibung als Trauma

Der „Traumaschatten" der Elterngeneration

Die Eltern und Großeltern meiner Interviewpartner*innen waren die „Kriegskinder" und gehörten der „Erlebnisgeneration" an, einerseits im Hinblick auf die traumatisierenden Erfahrungen von Enteignung, Flucht, Vertreibung, Inhaftierung und Zwangsarbeit – andererseits auch später, in der „kalten Heimat", von Ausgrenzung, Diskriminierung und Ablehnung.
Eigentlich waren meine Gesprächspartner*innen ja nach ihren eigenen Erlebnissen und Erfahrungen befragt worden waren. Dennoch berichteten fast alle mehr oder weniger ausführlich auch von potenziell traumatischen Erlebnissen ihrer Eltern und Großeltern und darüber, wie schmerzlich es für sie ist, sich diese Vorkommnisse vorzustellen. Das zeigt auf, wie intensiv die Erfahrungen der Eltern in die nächste Generation hineinwirken.
Heute versteht man, dass Trauma meist nicht ein singuläres Ereignis ist, sondern von einem Verlaufsmodell psychischer Traumatisierungen (Adam/Walter, 2012) ausgegangen werden kann. Ob ein Erlebnis eine destruktive Wirkung entfalten kann oder ob es gelingt, die überwältigende Erfahrung zu begreifen und in das Selbst- und Weltbild zu integrieren, hängt nicht allein von dem Ereignis ab, sondern auch mit den biografischen Vorerfahrungen sowie mit der dem Trauma folgenden Unterstützung zusammen.[17]

Folgende Zusammenstellung möchte das Ausmaß der Belastungen der Elterngeneration aufzeigen und einen Eindruck davon geben, was meinen Befragten erzählt worden ist, vielfach erst auf ihr Nachfragen, als sie bereits erwachsen waren. Ob ein Ereignis für die Betroffenen traumatischen Charakter gehabt hat oder nicht, kann und soll allein aus dieser Sequenz natürlich nicht abgeleitet werden.

Fluchtgeschichten

Mein Bruder war sehr krank auf der Flucht. Er war in Kitzbühel im Krankenhaus, da sind sie gestanden im Winter, da hat er Fieber bekommen. Und da hat er im Krankenhaus länger bleiben müssen und es hat geheißen, der Zug fährt weiter ...

Mein Vater wäre auf der Flucht einmal fast verloren gegangen.

Bei der Fähre über die Theiß herrschte totale Hektik. Im Durcheinander der Flucht lagen die Nerven blank bei allen Beteiligten. Obwohl die Fähre noch nicht festgemacht war, hieß es: „Fahrts rauf mit dem Traktor!" Als sich der Traktorlenker weigerte, wurde die Aufforderung mit gezogener Pistole wiederholt.

Aber was meine Tante erzählt hat, wie es denen gegangen ist auf dem ganzen Fluchtweg ... Furchtbare Geschichte.

Ereignisse an der Front

Nach Kriegsende kam er [mein Vater] *in russische Gefangenschaft, wo er bis nach Odessa marschieren musste. In dieser Zeit hat er ganz fürchterliche Dinge erlebt und überlebt. Denn er wurde sehr krank und wäre einmal fast gestorben. Vor lauter Durst hatte er aus eine Wasserlache getrunken und daraufhin Typhus bekommen. Er war sehr geschwächt. Einmal – so hat er es wiederholt erzählt – hat es geregnet, er konnte vor Schwäche nicht mehr mitmarschieren und ist einfach liegengelassen worden. Wenn ihn nicht zufällig ein Berliner Arzt gesehen hätte und auch bemerkt hätte, dass er noch lebt, und wenn er nicht erkannt hätte, dass er Typhus hat und ihm nicht Kohle zu essen gegeben hätte, dann wäre mein Vater dort gestorben. Das waren natürlich sehr eindrückliche Erlebnisse voller Todesnähe. Das hat ihn schon für sein Leben geprägt.*

Ich habe in Erinnerung, dass mein Vater erzählt hat, dass er auf Menschen schießen musste. Da habe ich gefragt: „Ja, hast du jemanden umgebracht?" Da hat er gesagt: „Das weiß ich nicht."

[Mein Vater] *wurde im Dezember 1942 bei Stalingrad schwer verletzt, wo genau, konnte er dann gar nicht sagen, weil sie als Soldaten gar nicht gewusst haben, wo sie hinmarschieren. Anschließend wurde ihm ein Fuß abgenommen. Er hat oft erzählt, wie das zugegangen ist. Eigentlich war er von den Medizinern schon aufgegeben worden. Er hat gesagt, er hat gehört, sie wollten ihn nicht operieren, weil sie die Medikamente und die Narkose und alles für die anderen sparen wollten, die keine hoffnungslosen Fälle waren. Aber er hat drauf bestanden: „Und ihr nehmt mir den Fuß ab, wenn es schon sein muss." Das haben sie dann gemacht. Er hat sich eigentlich selber das Leben gerettet.*

Erfahrungen der unten Gebliebenen: Gewalt, Hungerlager, Zwangsarbeit

Der Großvater meines Vaters ist in Hodschag geblieben. Er hat gesagt: „Ihr könnt mich nicht mehr umpflanzen, das tut nicht gut, was soll ich woanders? Das kann ich nicht mehr." Er wurde dann zu Tode geprügelt, weil er nicht gesagt hat, wo sein Geld versteckt war. Daraufhin ist die Schwester meiner Oma doch noch geflüchtet. Sie hat noch erlebt, wie die Partisanen gekommen sind, und hat gesehen, wie alle Männer versammelt wurden und sie ihr eigenes Grab schaufeln mussten.

Meine Mutter hat dann alles erlebt, was man während eines Kriegs als Frau erleben kann. Ihre Familie und sie sind dann in ein Lager nahe der rumänischen Grenze eingewiesen worden.

Information

Arbeitslager für die deutsche Bevölkerung in Jugoslawien

In der Vojvodina wurden bis Juni 1945 die noch auf dem Gebiet verbliebenen Jugoslawiendeutschen in Lager geschafft. Zu diesem Zeitpunkt waren zwischen 105.000 und 110.000 Menschen in einem der anfänglich 80 Lager oder Ansiedlungen unter spezieller Verwaltung inhaftiert (Portmann, 2016, S. 99). Die Lager Gakowa und Rudolfsgnad, die in den Interviews erwähnt werden, gehören zu den größeren Lagern. Aufgrund der extrem schlechten Lebensbedingungen fanden viele in diesen Lagern den Tod.
Die Konzentration der deutschen Bevölkerung in Lagern stellt ein jugoslawisches Spezifikum dar. Andere Volksgruppen (Siebenbürger Sachsen, Sudetendeutsche, in Rumänien oder Ungarn beheimatete Donauschwaben) waren ebenfalls von dem Entzug der Bürgerrechte, Enteignung und Diskriminierung betroffen, wurden jedoch nicht in Arbeitslagern zusammengefasst (Seewann/Portmann, 2018).

Mein Vater ist in Gakowa gewesen. Dort hat er als Kind gesehen, wie die toten Kinder in der Scheibtruhe weggeführt wurden. Er hat nachgeschaut, wohin die gebracht wurden. Da hat ihn der Aufseher gesehen und hat ihn in das Massengrab hineingestellt, wo er Leichen schlichten musste. Da war er neun. […] Der Wächter wollte ihn nicht herauslassen, weil alle seine Kinder von den Deutschen erschossen wurden und er hätte niemanden, der auf ihn wartet … Aber dann hat er ihn doch rausgeholt und einen Schuss in die Luft abgegeben …

Die Oma und der Opa sind im Jänner 1946 ins Lager nach Gakowa gekommen. Meine Oma ist dort schwerst erkrankt und wäre fast gestorben. Mein Vater ist erst nachher hingekommen und hat den Auftrag gehabt, die Oma zu suchen, und da erzählt er – das war, glaube ich, ein sehr prägendes Ereignis für ihn –, dass er durch die Straßen gegangen ist und überall nach ihr gefragt hat und sie nicht gefunden hat. Sie lag fiebernd in irgendeinem Rohbau, wo er lange nicht hineingeschaut hatte.

Manchmal finden sich keine eigenen Worte für das, was den Eltern widerfahren ist. In einem Interview liest der Befragte lange Passagen aus einem Artikel vor, den seine Mutter verfasst hat. Darunter auch:

Dann kam ich viereinhalb Jahre in ein russisches Kohlenbergwerk. Zum Kohlenbergwerk waren täglich dreieinhalb Kilometer Fußmarsch und natürlich auch zurück zurückzulegen. 1100 Meter mussten wir zu Fuß hinunter unter Tag. In Schichten zu neun Stunden mussten wir beladene Kohlenwagen schieben oder in der Kohlengrube arbeiten, wo die Stollen nur 90 Zentimeter hoch waren. Da ging es nur auf den Knien vorwärts. Russische Gefangene schlugen die Kohle aus der

Wand heraus, unsere Aufgabe war es, sie weiterzubefördern. Als Beleuchtung diente unsere sechs Kilogramm schwere Karbidlampe, die wir die ganze Zeit mit uns trugen. Unsere Verpflegung war karg, wir erhielten Krautsuppe, Suppe mit Kartoffelschalen, später auch mit Hirse. Meine Freundin von zu Hause [...] kam mit mir und wir hatten eine gute Gemeinschaft in der Unterkunft.

Diskriminierungen im Aufnahmeland

Mein Vater hat erzählt, als sie angekommen sind, nach der Dragonerkaserne waren sie auf einem Bauernhof und da sind sie den ganzen Tage gestanden mit ihrem Gepäck, und die wollten sie nicht haben, also richtige Ablehnung. Das ist schon hart. Das ist die volle Härte.

Und [...] im Innviertel haben sie ein Haus gebaut, aber dort [...] Heute könnte man sagen, sie sind gemobbt worden, weil sie Flüchtlinge waren.

Mein Vater hat, bedingt durch die Flucht, erst mit sieben mit der Schule begonnen. Durch den Dialekt hat man gemerkt, dass er nicht von da ist, aber eigentlich trotzdem muttersprachlich deutsch. Aber es war nicht einfach, die Zeit in der Schule ist keine angenehme Erinnerung für ihn, die ersten Jahre in Österreich ... Man hat es erkannt und daher waren schon so Ausgrenzungen im schulischen Kontext, das hat er schon erlebt. Er ist mitten reingeschmissen worden in einen Klassenverband, mitten im Schuljahr, und da er vorher noch nie in der Schule war, war er hinten auch noch, und ja [...] Das sind keine sehr positiven Erinnerungen.

Bei meinem Vater, da weiß ich, da hat es schon geheißen zu den Mädels im Dorf, heiratets keinen Flüchtling [...] Da sind schon Dinge passiert, die waren sehr ausgrenzend.

Ich weiß von anderen, die wirklich sehr unter dem Flüchtling-Sein gelitten haben. Jüngere Kinder haben sich geschämt, wenn eine 50- oder 60-jährige Mutter mit „Kopftichl" in die Schule geht, dem Lehrer eine Gans bringt, und der sagt: „Ich bin doch nicht bestechlich, nimm sie wieder mit!" Da sind Traditionen aufeinandergeprallt und es kam zu großen Missverständnissen und Verletzungen.

Aufarbeitung und integrative Prozesse

Mit dem „Traumaschatten" umgehen

Seelische Verletzungen und Traumata der Eltern werden in der psychologischen Literatur oftmals als „Schatten" (Firus, 2018, Ustorf, 2010) bezeichnet, der sich auf das Leben der Nachkommen legen kann und der das Aufwachsen atmosphärisch prägt.

Da war etwas Schweres. Wie hat sich das bei mir transportiert? Ich weiß nicht, aber ich fühle da irgendwie eine Last, ich kann es nicht begründen, aber da sind schon schlimme Sachen passiert.

Als Kind habe ich mich immer traurig und auch hilflos gefühlt, wenn das alles erzählt wurde.

Ich habe viele Personen als furchtbar alt in Erinnerung. Immer wenn wer gestorben ist, sind die dann ein Jahr in Schwarz gegangen, und da ist doch ständig wer gestorben, also die sind nur in Schwarz gegangen. Ich habe sie so als schwarze Gestalten in Erinnerung, diese Donauschwaben.

Nicht in allen Familien war diese Stimmung vorherrschend. Wenn doch davon berichtet wurde, kommt dem Thema Resilienz und positive Lebensgestaltung eine prägende Rolle zu. Welche Bilder und Zusammenhänge konnten kreiert werden, die sich lindernd über die familiäre Erinnerung an Vertreibung und Verlusterfahrung legten? Aus den Gesprächen lassen sich verschiedene Strategien zur Belastungsverarbeitung herausfiltern. Zusammengefasst lesen sie sich wie eine Anleitung zur Resilienzstärkung für die Nachkommen donauschwäbischer Vertriebener.Grundsätzlich klingt an, dass dieses „Hinschauen" auch ein „Aushalten" bedeutete, das nicht in jeder Lebensphase möglich war – aber letztendlich zu Akzeptanz und Verstehen führte.

Atmosphärisch war da oft so viel Schweres und so viel Leid spürbar, Unausgesprochenes war ständig präsent und die Botschaft war: Das ist zu schwer, da hinzuschauen, sich dem Schmerz zuzuwenden. Das kann auch überfordern und man ist ja auch berechtigt, zu sagen, jetzt nicht. Schade nur, wenn es ein Leben lang so bleibt.

Aber für mich hat das Thema eigentlich erst vor einigen Jahren Bedeutung bekommen, wenn man sich überlegt: Woher kommst du, was war mit deinen Vorfahren? Es hat vieler Jahre bedurft, bis ich mich damit auseinandersetzen konnte.

Bei der Auseinandersetzung mit Vertreibung und Krieg spielen nicht die Ereignisse an sich eine Rolle, sondern wie die Eltern diese Erlebnisse verarbeitet haben. *„Nicht die Erfahrungen an sich, sondern die Interpretation der Eltern ist der Referenzpunkt für die Nachkommen"* (Peters, 2018, S. 41), heißt es in der entsprechenden psychologischen Literatur. Vorangegangene psychische Integrationsleistungen der Eltern und deren psychische Situation haben sich als zentraler Faktor für die Aneignungsprozesse der nächsten Generation herausgestellt. An diese psychische Vorarbeit kann angeschlossen werden. Gelungene Integrationsleistungen der Eltern wurden auch in dieser Befragung von Angehörigen der nächsten Generation als bereichernd und beruhigend erlebt.
Vielfach konnte auf eine zukunftsorientierte, resiliente Haltung innerhalb der Familie zurückgegriffen werden.

Sie haben sehr viel verloren. Man kann sagen: „Das ist mir alles genommen worden." Oder man kann sagen: „Das habe ich alles gehabt."

Meine Großmutter hat einmal erzählt, dass sie in Amerika noch keine Klimaanlage gehabt haben, es war heiß und sie konnten nicht schlafen. Da haben sie sich vor dem Haus auf die Stiege gesetzt, weil das ist ja auch so typisch donauschwäbisch, in Amerika natürlich gar nicht, aber sie haben sich hingesetzt, eingehängt und gesagt: „Geht es uns gut!"

Ich sehe in der Vorgängergeneration eine Kraft, aus allen Situationen etwas zu machen und dabei die Lebensfreude nicht zu verlieren.

Auch wurde der Neuanfang nach Flucht und Vertreibung vor allem von der Elterngeneration durchaus als neue Chance und Aufbruch gewertet.

Meine Eltern haben das gut gemacht. Die waren jung, die haben gesagt, wir haben ein neues Leben, neue Chancen, sie haben sich ja auch wirklich viel aufgebaut.

Der Blickwinkel auf das Gelingen und Kompetenz konnte innerfamiliär helfen, Verluste und aufgezwungene Veränderungen zu bewältigen. Die Befragten äußerten sich durchgängig sehr wertschätzend und achtungsvoll gegenüber der Aufbauleistung ihrer Eltern und Großeltern.

Das ist etwas, worauf ich schon stolz bin. Schon, das ist einfach eine gelungene Lebensgeschichte, wo man sagt, höchst erstaunlich.

Sehr oft wird berichtet, dass es den Eltern gelungen ist, die Opferrolle abzulegen.

Da hat er [mein Vater] *das Ganze nicht nur als individuelles Schicksal gesehen, so „wir als Opfer". Sondern er hat gesehen, dass Flucht ein Phänomen ist, das viele Völker betrifft, als ein weltumspannendes Ereignis.*

Das Überwinden des Opferstatus ermöglicht eine doppelte Perspektive:

Sympathie für die verlorene Welt, aber dennoch Zugewandtheit zum Neuen.

Einige haben auch einen intensiven Prozess der Selbsterfahrung hinter sich oder sind einen eigenen Weg der Selbstreflexion gegangen.

Ich habe eine Familienrekonstruktion gemacht, es war eine neuntägige intensive Selbsterfahrung im Rahmen meiner Ausbildung und ich habe natürlich in beide Richtungen vorher genau recherchiert. Aber ich war dort sehr überrascht, weil die Lehrtherapeuten die Geschichte meines Vaters eher als Schwerpunkt gewählt haben. Das war dann eine sehr intensive Aufstellung der Fluchtgeschichte.

Das Problem der zweiten Generation: Viele machen das weiter, was über die Eltern tradiert wurde. Ich sehe darin nicht die einzige Möglichkeit. Ich habe einen anderen Weg gesucht und bin über einen großen Umweg auf ähnliche Dinge gekommen.

Dadurch kann ein neues Selbstverständnis entstehen.

Durch die Frage nach meiner Herkunft wird mir erstmals bewusst, dass ich Migrant der zweiten Generation bin – spannend! Fühlt sich neu und ungewohnt an.

Eine besondere Bedeutung kommt dem Dialog mit den Eltern oder Großeltern zu. Durch das Bedürfnis, erzählen zu können, auf der einen Seite und dem Wunsch nach Verstehen-Wollen auf der anderen kann ein Band zwischen den Generationen geknüpft werden. Oft ist dieser Prozess von Widerständen durchzogen. Doch wenn es gelingt, mit den Eltern in einen wahrhaften Dialog zu treten, wird das von den Beteiligten als sehr heilsam erlebt.

Ich habe auch meinen Vater viel gefragt. Mir hat er immer alles erzählt, aber wenn ich fort war, hat er den anderen gesagt, dass er nächtelang nicht schlafen kann, weil ich so viel wissen will. Dann habe ich immer gehört, das ist nicht gut für ihn, dass ich ihn so viel frage. Aber immer, wenn ich gekommen bin, hat er wieder angefangen zu erzählen.

Sind die Eltern bereits verstorben, so können auch durch einen posthum geführten Dialog oder durch nachträgliche Rituale Beruhigung, Verständigung und Versöhnung möglich werden.

Zusammen mit dem Buch, das als Ergänzung und Erklärung meines Projekts zu sehen ist, habe ich den Dialog mit meinen Eltern posthum wiederaufgenommen und auf eine für mich sehr produktive Weise abgeschlossen.

Wenn es gelingt, Biografisches in einen größeren Kontext einzubinden, ebnet das den Weg zu innerer Distanzierung und in der Folge einer veränderten Perspektive und der Möglichkeit zu einer neuen Verbindung. Dieser neue Kontext kann gelingen, ...

... wenn durch ein „Reframing" die Vergangenheit neu bewertet wird:

In meiner Ausbildung habe ich gelernt, dass man sich auch einmal umdreht und zurückschaut, nicht immer nach vorn. Und siehe da: Da ist etwas, da habe ich ja vielleicht etwas geerbt oder mitbekommen von meinen Ahnen, eine Fähigkeit, die toll ist.

Eine andere Seite der Großeltern habe ich erst später aufgrund von alten Fotos bemerkt. Der Großvater war immer wieder auf Kur in Bad Gleichenberg und von dort sind die Großeltern regelmäßig nach Slowenien und Kroatien gefahren. Es gibt aus dieser Zeit viele Fotos mit Menschen, von denen ich nicht weiß, wer sie sind, aber sie zeugen von großer Geselligkeit. So wie auf den Fotos habe ich meine Großeltern selten erlebt: ganz viele Menschen, und da sitzen sie beim Wein in Opatija und scheinen gelöst und zufrieden.

Und dann macht das alles Sinn, wenn man versteht, warum man ist, wie man ist.

... wenn eine europäische Perspektive gefunden werden kann:

Ich bin stolz, dass ich bei meinem Vater eine antinationale Einstellung erlebt habe, die ich übernommen habe. Er hat immer gesagt, dass er vier verschiedene Staatsbürgerschaften gehabt hat und dass er immer der gleiche Mensch gewesen ist.

... wenn der schwierige Teil nicht ausgeblendet wird:

Auseinandersetzung in Bezug auf die donauschwäbische Herkunft hat es bei mir daher lange nicht gegeben. Da hat es mich nicht hingezogen. Vor allem die Nazi-Geschichten und das Nicht-Wissen darüber, welche Rolle da eingenommen wurde haben ein großes Unbehagen ausgelöst. Das Bewusstsein, dass Vater und Großmutter in der Folge in Lagern interniert waren, und das Erlebnis von Vertreibung und Neuanfang in bitterer Armut, das habe ich sehr lange nicht im Blick gehabt. Das ist auch jetzt nicht einfach, bringt aber Erleichterung, weil es Teil meiner Prägung ist und weil die Auseinandersetzung damit mir die Möglichkeit bietet, diesen väterlichen Teil besser zu verstehen und wertzuschätzen.

Wie schon dargestellt, kommt auch Reisen „nach unten" vielfach integrative Kraft zu.

Ich habe gedacht: Es gehört uns und es gehört nicht uns. Und es ist egal, weil in ein paar Jahren gehört es sowieso jemand anderem. Wir sind „Durchgeher", weil das alles so flüchtig und vergänglich ist. Aber es gehört eigentlich mir, ich weiß, da ist meine Oma gewesen, es hat eine Wirkung auf mich, die ist faszinierend. Und die Weite, das Land insgesamt, also das macht schon etwas mit mir.

Ich bin aber trotzdem durch diese Sehnsucht, durch den Mangel von etwas Unvollständigen in mir auf die Suche gegangen. Und gefunden habe ich ein Erlebnis, einen überwältigenden Moment, wo ich alles zusammenführen konnte. Meine Omi war wieder bei mir, obwohl sie nicht da war. Die Gerüche waren da, von denen sie immer gesprochen hat, diese Aussicht, dieses Wohltuende, eine Versöhnung. Also es ist so, ich habe ja die Augenfarbe meiner Urgroßmutter, sagt man mir, und ich hatte das Gefühl, ich sehe durch sie, ich sehe das, was sie gesehen hat, was sie als Heimat empfunden hat. Und das, was ich jetzt fühle, ist Heimat durch meine geheilte Seele und ihre Augen. Wir treffen uns nicht mehr in der gelebten Zeit, aber in der von uns beiden erlebten Erinnerung, die wir durch eine Definition von Heimat teilen, die Ort ist und vieles mehr.

Als hilfreich wird es auch angesehen ...

... wenn der ehemalige Flüchtlingsstatus nun Anlass ist, selbst zu helfen:

Trotz allem ist das eine schöne Vorstellung: Meiner Familie ist geholfen worden und jetzt helfe ich auch.

... wenn Tabus und Gebote hinterfragbar sind:

Der donauschwäbische Teil spielt in meiner Identität insofern eine Rolle, als ich jetzt offen damit umgehe. Ich kann das Schweigegebot jetzt überwinden. Ich spreche auch mit meinem Vater offen darüber. Jetzt macht es mir auch nichts mehr aus, wenn ich von anderen doch ein Ressentiment spüre.

... wenn an die lebensfrohen Seiten des donauschwäbischen Erbes angeknüpft werden kann:

Wenn ich etwas suche für meine Kinder oder Enkelkinder – ich habe vier Kinder und sieben Enkelkinder –, dann wäre es eher der erfreuliche Teil, und der ist eigentlich in Ungarn sehr lebendig. Ich habe noch nie in meinem Leben so schöne Feste gefeiert wie in Ungarn.

Die zweite Generation setzt viele Aktivitäten wider die „zweite Vertreibung". Nicht wenige meiner Interviewpartner*innen engagieren sich auch über die familiale Aufarbeitung hinaus „gegen das Vergessen".

Dieser Punkt ist für meinen Vater immer noch so ein Stachel: Es ist so viel passiert, und man lebt unter Leuten, die nichts darüber wissen und auch kein Interesse daran haben. [...] Vor einigen Jahren ergab sich die Gelegenheit, in einem freien Radiosender Radiosendungen zum Thema Donauschwaben zu gestalten. Vorausgegangen waren eine Veranstaltung mit donauschwäbischer Lyrik und Musik und die anschließende Idee, diesen Nachmittag auf CD zu dokumentieren. Zur selben Zeit lief seitens des Vereins ein Projekt, Tonaufnahmen, also Gedichte und Erzählungen von Donauschwaben, die in Oberösterreich leben, zu sammeln, sodass hier etliche Stunden Originalmaterial zur Verfügung stand.

Manche suchen die inzwischen hochbetagten Vertreter*innen der alten Generation auf, um mit ihnen über ihre Geschichte zu sprechen, diese, das Einverständnis dafür vorausgesetzt, auch aufzuzeichnen und für die Nachwelt zu erhalten – und zwar in ihren schönen als auch dunklen Aspekten.

Es ist mir ein Anliegen, der ersten Generation zuzuhören. Oft bin ich wirklich die Erste, die die ganze Geschichte hört, sie nicht ständig unterbricht und sagt: „Dort und da war es bei uns aber so ..." Und man sagt: „Wahnsinn, wie habt ihr das überlebt?" Und grade jetzt, wenn sie ins Sterben kommen, brechen überall die Abwehrmechanismen weg. So viele, die dieses Schicksal hatten und eigentlich nie jemanden, der wirklich, wirklich zuhört. Der sagt: „Was du erlitten hast, das ist unmenschlich." Und sich tief verneigt und sagt: „Ja, das ist dein Schicksal, du hast es getragen, ich muss und kann dir nichts nehmen. Aber: großen Respekt!"

Wird das Schicksal der Eltern- und Großelterngeneration über den familiären Rahmen hinaus von der Gesellschaft wahrgenommen, ist dies heilsam und beruhigend. *„Gesellschaftliche Anerkennungsformen der erlittenen Belastung und des Schadens sind wichtig, um die Weitergabe von Traumata zu bremsen"* (Adam/Walter, 2012, S. 595-596), lautet ein Ergebnis der psychologischen Forschung, das offenbar intuitiv verstanden wurde. Auch von soziologischer Seite wird betont, dass Traumabewältigung nie nur als individueller Prozess gelingen kann.

„Zu den Resilienz- und Schutzfaktoren gehört darüber hinaus auch die gesellschaftliche Anerkennung der Vertreibung als Unrecht und eine adäquate Erinnerungskultur, die das Verlorene benennt und ihm Raum gibt" (Klütsch, 2012, S. 578).

Das Wissen um Traumata der Eltern scheint weniger belastend zu sein, wenn den Eltern eine gewisse Anerkennung und Spiegelung des eigenen Schicksals zugekommen ist – sei es im Familienkreis, sei es im weiteren öffentlichen Rahmen. Mit Nachdruck und Engagement sind viele der Befragten dieser Aufgabe nachgegangen.
Insgesamt wurde in vielen Beispielen gezeigt, wie es gelingen konnte, sich mit familiären Belastungen im Kontext von Flucht und Vertreibung in produktiver Weise auseinanderzusetzen. Folgende Aussage steht abschließend für viele:

Die Turbulenzen rund um das Donauschwäbische beruhigen sich nun etwas und ich sehe alles viel positiver. Früher war da ein extremer Assimilierungsdruck, denn natürlich will man so sein wie alle anderen. Erst jetzt kommt die Rückbesinnung auf die Wurzeln, sie kommt schrittweise.

„Worauf ich stolz bin!“

Über Ressourcen, Dankbarkeit und Stärken

Folgende umfangreiche Zitatensammlung zeigt auf, dass jedem meiner Gesprächspartner*innen der „Dreh“ gelungen ist, von der Wahrnehmung des leidvollen Teils der Familiengeschichte zu einer kompetenz- und ressourcenorientierten Sichtweise zu kommen. Denn befragt, welche Stärken denn aus der donauschwäbischen Herkunft zu ziehen seien und worüber man stolz sei, kommen die Antworten schnell und zahlreich. Aneinandergereiht ergeben diese ein beeindruckendes Panorama von Wertebewusstsein, Kompetenzgefühl und positiver Identifikation mit den Eltern, Großeltern und der donauschwäbischen Herkunft.

Meine Herkunft sehe ich inzwischen auch als Ressource: Ich sehe den weiten Horizont. Es gibt eine Offenheit, ich interessiere mich für andere Kulturen, war immer reisefreudig und abenteuerlustig. Ich glaube, ich habe diese Freude am Aufbruch in meinen Genen.

Es gab in meiner Familie schon diese Rede über diesen Verlust. Aber mehr noch über das Schöne von früher und über das Multikulturelle, das in der Familie weitergetragen worden ist. Die Idee einer multikulturellen Gesellschaft.

Ich stehe zu dem Ganzen. Denn das verbinde ich mit Donauschwaben: den absoluten Familiensinn.

Ich habe es immer sehr bereichernd empfunden, dass ich schon früh eine völlig andere Welt kennenlernen durfte, die doch aber auch meine Welt war. [...] Dadurch habe ich in Österreich die Gastarbeiterwelt nie abgelehnt, es war ein Teil meines Erfahrungshorizonts. Ich habe von klein auf die Erfahrung gemacht: Es gibt eine Welt, die anders tickt als die in Österreich, es gibt eine andere Mentalität, eine andere Sprache. Und doch hat alles auch mit mir zu tun.

Mein Vater hat mir das Interesse und die Liebe zum Multikulturellen mitgegeben.

Ich bin mit guten moralischen Werten aufgewachsen und hatte von Kindheit an einen engen Bezug zur Natur. Ich durfte besondere kulinarische Köstlichkeiten genießen, die meine Großmutter eingebracht hat.

Die Donauschwaben haben so viele Werte. Die schätzen alles so. Jeder wird genommen, wie er ist und was er hat. Darauf bin ich stolz.

Ich empfinde kein Minderwertigkeitsgefühl als Donauschwabe, eher einen gewissen Stolz auf etwas Abweichendes, Besonderes, minimal Anderes. Kern meiner Identität ist vielleicht wirklich diese Minderheitenliebe und das Minderheitengefühl, aber nicht im Sinn eines Minderwertigkeitsgefühls und auch nicht im Sinne eines exklusiven Lebensprogramms. [...] Vielleicht kommt von meiner Herkunft mein Interesse für die Vielfalt der Welt, was natürlich auf andere Weise genauso hätte entstehen können. [...] Vielleicht meine Fähigkeit, Dinge von verschiedenen Warten aus sehen zu können.

Ich bin stolz, wie es meinem Vater gelungen ist, mit diesem Bruch und diesen Traumatisierungen umzugehen, und dass er trotz alledem ein sehr empathischer Mensch geblieben ist. Er hat auch immer Empathie und Hilfsbereitschaft gegenüber anderen Menschen mit Migrationshintergrund gezeigt.

Worauf ich auch stolz bin, ist, wie sich mein Vater durch seine Leistungen beruflich letztendlich in Österreich einen guten Platz erobert hat. Diese Strebsamkeit bewundere ich.

Aber ich sehe viele Stärken durch meine Herkunft. Sie haben gut improvisieren können und das kann ich auch. Bei der Arbeit war ich immer dort am besten, wo etwas Neues aufgebaut oder gerade umstrukturiert worden ist. Da habe ich mich entfalten können, jeder Tag ist improvisiert und ein bissel chaotisch gelaufen. Die Routine hat mich dann nicht mehr so interessiert. Da habe ich meine Stärken: aufnehmen, was als Herausforderung da ist. Wenn es nicht mehr passt, gibt es Veränderung.

Ich bin stolz auf diese Pionierarbeit der Donauschwaben auf dem Balkan, denn sie haben da unten die Sümpfe trockengelegt, sie haben eine riesige Kornkammer des Habsburger Reichs daraus gemacht. [...] Ich empfinde mich selber auch als Pionier, alles, was ich selbst in meinem Leben gemacht habe, waren auch Pioniertaten.

Die Franztaler, das sind alles fleißige Leute, die es alle zu etwas gebracht haben, sich wirtschaftlich integrieren und gut entwickeln konnten.

Also: Trotz Widrigkeiten dranbleiben und weitermachen ...

Unsere Eltern mussten nach dem Krieg hier viel arbeiten und sich die neue Heimat erkämpfen. Diesen Fleiß, den ich gesehen habe, habe ich mir zum Vorbild genommen und möchte das auch meinen Kindern vermitteln. Das Zweite ist der Zusammenhalt, den die donauschwäbische Gemeinschaft gehabt hat.

Das Hinschauen ist auch jetzt nicht einfach, bringt aber Erleichterung, weil es Teil meiner Prägung ist und weil die Auseinandersetzung damit mir die Möglichkeit bietet, diesen väterlichen Teil besser zu verstehen und wertzuschätzen.

Etliche Ideen und Themen, die in den letzten Jahre als „neu" auftauchen – Reparieren statt Wegwerfen, kreative Weiterverwendung von Material, sparsamer Umgang mit Rohstoffen – sind mir durch das gelebte Vorbild seit jeher Selbstverständlichkeiten. Das waren in der alten Heimat wohl lebensnotwendige Kenntnisse und Handlungsweisen, sie waren damit ihrer Zeit voraus. Ich bin froh, das früh mitbekommen zu haben.

Das Kulinarische ...

Auch habe ich ein sehr großes Interesse an alten Kulturen der Welt. Insbesondere daran, dass jeder versucht, in Frieden und Glück zu leben. Schade, dass es allzu oft nicht gelingt. Wo die Stellschrauben für stabilen Frieden sind, das interessiert mich.

Ich erlebe mich selbst als sehr resilienten Menschen, aber ich weiß nicht, wo das herkommt. Resilient bedeutet: aus schwierigen Umständen etwas machen, widerstandsfähig sein, positiv in die Zukunft sehen und trotz schwieriger Umstände nicht verzagen. Ob das etwas mit Donauschwabe-Sein und diesem „den Ersten der Tod, den Zweiten die Not, den Dritten das Brot" zu tun hat, das weiß ich nicht.

Ob meine subjektiv erlebte Sensibilität für Flüchtlingsfragen und Zuwanderung im aktuellen österreichischen Kontext durch die Geschichte meiner Ahnen gefördert wurde oder durch die brasilianische Theologie der Befreiung, die ja hervorhebt, dass sich Jesus in allererster Linie den Deklassierten zugewandt hat und man es ihm nachmachen sollte? Ich weiß es nicht. Woher diese Empathie kommt, kann ich nicht direkt zuordnen.

Was ich nicht missen möchte, ist das Bewusstsein – oder ist es vielleicht auch eine Konstruktion? –, dass meine Vorfahren sich eine Kultur erarbeitet haben, die weitgehend funktionierte. Es gab viele Brüche, aber auch viele Momente von Verständnis. Religion wurde so praktiziert, dass alle gut miteinander leben konnten. Das bewusste Praktizieren von Traditionen als Quelle der Kraft für das Leben, das habe ich sehr stark in mich aufgenommen.

Wenn ich überlege, was ich meinen Kindern näherbringen möchte und worauf ich stolz bin, so ist das ganz einfach die Geschichte meiner Großeltern, Urgroßeltern, Ururgroßeltern. Das Ganze hat sehr klein begonnen und es ist etwas sehr Großes daraus geworden.

Positiv finde ich auch ein gelebtes Staatsverständnis, das auf die Zeit vor dem Ersten Weltkrieg zurückgeht, d. h. dass Vielvölkerstaaten möglich sind, ohne dass unbedingt Gewalt herrschen muss. Es hat relativ gut funktioniert, zwar oft nur in einem Nebeneinander, im Miteinander nur bedingt, aber immerhin! Dieses Bewusstsein finde ich gut: Man muss sich nicht immer an andere andienen, aber man kann sie sehen, akzeptieren, sich mit ihnen auseinandersetzen und sie als Bereicherung verstehen, ohne das Eigene aufzugeben. Darauf würde ich verweisen, wollte ich sagen, donauschwäbische Tradition hätte für mein Leben eine wesentliche Bedeutung.

Ich bin total stolz. Es sind viele Dinge, die ich als stärkend und als Ressource sehe. [...] Diese unglaubliche Stärke dieser Personen, was die gemacht haben, was die gekonnt haben, auch im Geist, was sie hätten können, wenn sie länger gelebt hätten, wie sie dieses wahnsinnige Leid überlebt haben und neu angefangen haben. Das ist eine unglaubliche Lebenskraft und Motivation.

Trotz Widrigkeiten [...] und Verluste haben die Großeltern überall, wo sie waren, zu singen, zu kochen, zu feiern und zu tanzen angefangen. So lebensfroh, so bin ich auch.

Weltoffenheit, multiethnische Offenheit, die Freude am serbischen Kochen.
Das Gesellige, das Miteinander.

Ich bewundere den Mut, den Fleiß und die Treue zu einer Zugehörigkeit.

Ich erlebe es als Ressource, dass ich immer wusste, dass es mehr gibt als nur die österreichische Kultur. Das war erweitert durch meine Erfahrungen auf dem Balkan. Eine Weite ist da. Und das Mitgefühl.

Für mich ist es eine Stärke und ein Privileg, in zwei Dialekten heimisch zu sein.

Der Gedanke, dass man durch die Herkunft auch Ressourcen haben könnte, ist interessant. Ich habe vorher nicht gedacht, dass das der Fall sein könnte. [...] Das ist etwas Schönes gewesen, als ich mir gedacht habe, dieses Kaufmännische, sich was trauen, ein großes Geschäft aufbauen, fleißig, widerstandsfähig, sein – da finde ich mich wieder. Das ist so etwas kontinuierlich Zähes, sich nicht unterkriegen lassen, Rückschläge verdauen, auch Risiken eingehen, das habe ich auch gemacht. Das ist schön gewesen, zu verstehen, dass das alles von wo herkommt.

Mit Blick auf die Ressourcen konnte so die biografische Spurensuche eine sein, die nicht an die Vergangenheit kettet, sondern in die Zukunft führt.

ZUSAMMENFASSUNG UND AUSBLICK

Bausteine für die Zukunft

Kubin, September 2023

Mit diesem Sammelband wird Neuland betreten: Angehörige der zweiten Generation, die zum Zeitpunkt der Interviews zwischen 50 und 74 Jahre alt waren, haben aus ihrer Kindheit und Jugend erzählt und Einblick in ihre damaligen Erfahrungen als Sohn oder Tochter donauschwäbischer Eltern gewährt. Die Gespräche beinhalteten Erinnerungen an früher, aber auch Einschätzungen und Reflexionen aus der Perspektive des Erwachsenen. Jede dieser Narrationen steht für sich und ist in ihrer Art einzigartig und unverwechselbar. Die zweite Generation hat, so könnte man sagen, die Bühne betreten und die „stummen Zonen" hinter sich gelassen.
Die Befragten bilden keine homogene Gruppe. Ihr Aufwachsen unterschied sich in vielerlei Hinsicht – in Bezug auf das Lebensalter der Eltern, die Wohnsituation, den sozialen Hintergrund der Familie, Berührung mit donauschwäbischer Tradition und Sprache, Umgang mit der Vertreibungsgeschichte und vieles mehr.
In Summe ist daher ein Panorama entstanden, das – bleibt man in der Terminologie dieses Buchs – ein „Donauschwabien der Vielfalt" ist.
Vielfältig sind auch die Themen, die immer wieder angesprochen wurden – angeregt und durchaus auch gelenkt durch meinen impliziten Leitfaden und meine Art des Fragens. Einige davon habe ich ausgearbeitet. Durch Zitate aus den Interviews habe ich versucht, die Bandbreite an Einstellungen und Aussagen in Bezug auf das jeweilige Themenfeld zu erfassen. Dabei handelt es sich um spezifische Prägungen in Familie und Gesellschaft als Kind donauschwäbischer Eltern als auch um Themen der Aufarbeitung und letztendlich der ressourcenorientierten Bewältigung einer durch Flucht und Vertreibung geprägten Familiengeschichte. In folgender Zusammenstellung sind zusätzlich einige Themenfelder angeführt, die im Mittelteil dieses Buchs nicht extra ausformuliert sind.
Diese Auswertung war nicht darauf ausgerichtet, individuelle Sinnzusammenhänge zu erkunden und zu vertiefen, sondern ging in die Breite und ist weitgehend deskriptiv. Wenn doch Hypothesen über mögliche psychologische Hintergründe abgeleitet wurden, so beziehen sich diese nicht auf einzelne Personen, sondern verstehen sich als erste Schritte in ein Feld, das in der Psychologie „Gefühlserbschaft" bezeichnet wird. „Gefühlserbschaft" bedeutet in unserem Zusammenhang, den Blick darauf zu richten, wie die spezifischen „donauschwäbischen" Umstände im Leben der Eltern und Großeltern die zweite Generation beeinflusst haben und wie sie mit diesen Erfahrungen umgeht.
Die diesbezüglichen Überlegungen können für Interessierte nützliche Wegweiser für familienbiografische Reflexionen oder sozial-empirische Forschung sein. Ich verstehe sie als Bausteine für Reflexion, Forschung und Dialog. Diese Dialoge – so wird in folgendem Ausblick ebenfalls aufgezeigt – könnten generationenübergreifend geführt werden und auch andere Vertriebenengruppierungen mit einbeziehen.

„Es gibt etwas, das verbindet“

Einige Bausteine für ein Verstehen der donauschwäbischen Gefühlserbschaft

Alle Nachkommen von Donauschwaben sind mit der **Rede von der „alten Heimat“** aufgewachsen. Diese Erzählungen haben bewirkt, dass sie Vorstellungen von einem fernen, oft märchenhaft empfundenen Herkunftsland entwickelt haben, die die Familienlegenden ganz selbstverständlich dominierten. Das sorgte auch für Irritationen: *„Dahom, dahom, was soll das, wir sind doch hier zu Hause!“* Für viele schien es wie ein Ort auf einem anderen Planeten, unerreichbar und fern. Die Erkenntnis, dass man da auch hinfahren kann, erlebten manche als ersten Schritt dazu, diese märchenhaften Legenden und Orte in einen realen Kontext zu setzen.

Reisen nach unten kam daher oft eine integrative Funktion zu. *„Das Märchen bekommt eine Erdung“*, lautet eine Beschreibung, die für viele steht. Die Möglichkeit, gemeinsam mit den Eltern deren ehemaliges Elternhaus zu betreten und die durch Erzählungen vertrauten Orte zu besuchen, beschreiben viele als ein bewegendes Ereignis. Auch schien durch diese Fahrten das Verständnis für die Eltern und Großeltern zu wachsen. Die geteilte Erinnerung bedeutete – so kann man vermuten – auch den Eltern ein Stück Neuverortung und Kontinuität. Das mehrmalige „Hin und Her“ mag erleichtert haben, für Erinnerung und Realität, damals und heute, dort und da immer wieder neue Verbindungen zu finden. Manchmal reagierten die neuen Bewohner abweisend, das ganze Umfeld, das so lange Gegenstand idealisierender Erzählungen war, wirkte letztendlich enttäuschend. In einigen Fällen stand ohnehin ein sachliches Interesse im Vordergrund, vor allem dann, wenn die Eltern bei der Flucht sehr jung gewesen waren und deshalb wenige Kindheitserinnerungen hatten.

Überhaupt kann das **Alter der Eltern und Großeltern beim Ankommen** als ein wesentlicher Faktor für die Art der donauschwäbischen Prägungen für die nächste Generation gesehen werden. Es macht einen Unterschied, ob man die alte Heimat als 65-jähriger Landwirt, als 40-jähriger Facharzt verlassen hat, ob als 20-jährige Lehrerin, als 15-jähriger Schüler oder als dreijähriges Kleinkind. Wie diese Ereignisse verarbeitet wurden, hing stark vom Lebensalter ab. Die Art der Verarbeitung wiederum beeinflusste die Sichtweise der Nachkommenden. Bei den Großeltern wurden die Brüche, die ihnen das Leben zugemutet hatte, oft deutlicher spürbar als bei den Eltern, vor allem wenn diese als junge Erwachsene in ein neues Umfeld gekommen waren, wo der Neuanfang auch als Aufbruch und neue Chance wahrgenommen werden konnte. Bei denen, die als Kinder flüchten mussten, war die Grundkonstellation wieder eine andere: An das Dorf ihrer Kindheit gab es kaum eigenständige Erinnerungen, gleichzeitig aber war

Kenntnis davon vorhanden, manchmal verklärt und als verlorenes Paradies beschworen. Noch der sogenannten „Erlebnisgeneration" zugehörig, wuchsen sie bereits vorwiegend im neuen Umfeld auf. Das wurde sehr unterschiedlich erlebt. *„Ich habe eine Lederhose angezogen und habe mich prima gefühlt!"*, sagte ein beim Ankommen Zehnjähriger, während ein anderer, 1945 bei der Ankunft in Österreich acht Jahre alt, sich erinnert: *„Schrecklich ist diese Kindheit als donauschwäbisches Flüchtlingskind gewesen."*
Den Babys und Kleinkindern, die kurz nach Kriegsende bereits in Österreich geboren wurden, kommt eine eigene Konstellation zu: Vielleicht könnte man von einer „Generation dazwischen" sprechen, wo die Flucht zwar real schon zu einem Ende gekommen war, die Eltern gefühlsmäßig jedoch noch von Orientierungslosigkeit, Entwurzelung und Existenzsorgen geprägt waren und meist auch in prekären Wohnverhältnissen oder Lagern lebten.
Wer über das Bedingungsgeflecht der eigenen Herkunft nachdenken möchte, sollte nicht außer Acht lassen, dass die **soziale Schicht**, der die Familie angehörte, die Sozialisationsbedingungen der Nachfolgegeneration ebenfalls beeinflusste. Bereits in der alten Heimat hatte es klarerweise unterschiedliche Bildungsschichten gegeben: „Herrische" waren jene, die dem Bildungsbürgertum zuzurechnen waren und die bereits unten den Dialekt und die für den Bauernstand typische Tracht abgelegt hatten.
Es hat also schon in der alten Heimat Unterschiede innerhalb der sozialen Gemeinschaft gegeben, jedoch hat man – vielleicht – angesichts des gemeinsamen Vertreibungsschicksals zumindest anfänglich nicht darüber gesprochen, nichtsdestotrotz hat sich dies auf das Aufwachsen der nachkommenden Generation ausgewirkt.
Die Erfahrungen mit der Öffentlichkeit differierten wesentlich je nach dem **Umfeld des Aufwachsens**, je nachdem, ob die Familie in einem donauschwäbisch geprägten Umfeld, in einer „Exilsituation" als einzige Donauschwaben im Ort oder in einem Flüchtlingslager lebte. Interessanterweise bezeichnet jede/r meiner Interviewpartner*innen ihre/seine spezifische Situation als positiv. Man habe *„Glück gehabt"* – das empfinden alle gleich, obwohl die Grundsituationen nicht unterschiedlicher hätten sein können.
Erst im Kontakt mit nicht-donauschwäbischen Nachbarn stellte sich oftmals das Bewusstsein für ein gewisses **Anders-Sein** ein – was je nach individuellem Umstand entweder für Stolz oder für Irritationen sorgte. Dieses subtile Gefühl von Unterschied war oft nicht greifbar und konnte erst in der reflektierenden Rückschau benannt werden.
Anders als die Eltern und Großeltern, die als Flüchtlinge noch direkt von Diskriminierungen betroffen gewesen waren, waren dramatische Fälle von **Ausgrenzungserfahrungen** in der befragten Generation die Ausnahme und standen auch eher indirekt mit der donauschwäbischen Herkunft in Zusammenhang. Trotzdem

bestand bei vielen das Gefühl einer gewissen Gespaltenheit zwischen familiärem und öffentlichem Kontext. Es wird von dem Bestreben berichtet, in der Schule oder in der Nachbarschaft in der Gruppe der Gleichaltrigen nur ja nicht aufzufallen. Teilweise wurde erst in der Rückschau erkannt, wie viel Anstrengung das bedeutet hat.

Manchmal gelang eine Integration der beiden Welten jedoch ohne größere Probleme oder Identitätskrisen. Viele konnten die Spannung ganz gut handhaben. Sie „switchten" zwischen zwei Bereichen: Alles, was donauschwäbisch war, wurde im Rahmen der Familie oder in Vereinszusammenkünften abgehandelt, außerhalb derselben sprach man lieber nicht darüber. Konfliktvermeidung war eine wahrscheinlich gar nicht so seltene Strategie, damit umzugehen. Die vielzitierte Abwendung der jungen Generation von allem, was donauschwäbisch anmutet, sowie das geringe Interesse am Engagement in donauschwäbischen Vereinen mögen auch darin ihre Wurzeln haben.

Das von den Betroffenen zunächst oft wahrgenommene diffuse Gefühl, dass irgendetwas „anders" sei, machte sich unweigerlich an der **Sprache** fest. Das berichten auch jene Personen, die nicht mit dem donauschwäbischen Dialekt, sondern mit der Hochsprache aufgewachsen sind. *„Wir sprechen so ein komisches Deutsch"*, hat es eine Gesprächspartnerin auf den Punkt gebracht.

Die Herkunftsregion der Eltern und Großeltern spielte ebenfalls eine Rolle. **Vom Balkan** zu kommen bedeutete, besondere Speisen und eine spezifische Musik zu lieben und mehrsprachig zu sein, dieser „Background" wurde entweder mit Stolz oder einer gewissen Besorgnis, hoffentlich dadurch nicht als „Jugo" abgestempelt zu werden, angenommen. Erst die spätere Reflexion ermöglichte es, eine europäische Perspektive einzunehmen oder sich im Sinne einer „altösterreichischen" Bezugnahme positiv zum „Balkan-Erbe" zu positionieren. Die Offenheit für andere Ethnien und die Fähigkeit, sich in andere Kulturen hineinzuversetzen, wird als Ressource und als positive Auswirkung des multikulturellen Aufwachsens der Eltern gesehen.

Kam die Rede auf die **donauschwäbische Küche**, so zauberte das meinen Gesprächspartner*innen unweigerlich ein Lächeln ins Gesicht. Niemand musste lange nachdenken, um über mancherlei Köstlichkeit zu berichten. Über das kulinarische Erbe konnten auch jene schwärmen, die ansonsten eine ambivalente Identifikation mit der donauschwäbischen Herkunft hatten. Vielen ist bewusst, dass auch die donauschwäbische Küche Einflüsse anderer Ethnien, speziell des serbischen Umfelds, aufweist.

In den Interviews wurde auch deutlich, dass die **Anbindung der Familie an donauschwäbische Vereine oder Landsmannschaften** sehr unterschiedlich ausgeprägt war. Bestand Kontakt, so wird die Teilhabe in Jugendtanzgrupppen oder Ähnlichem meist positiv erinnert, während ein die Geschichte reflektierender Zugang manchmal das Gefühl von Irritation erzeugte. Auch von einer wahrgenommenen Atmosphäre von Schwere und Vergangenheitsbezogenheit wird berichtet, von der man sich lieber fernhielt. Manche erkannten den Kontakt zu der donauschwäbischen Community erst in späteren Jahren als bereichernde Möglichkeit, sich mit Gleichgesinnten kulturell, kulinarisch oder in Bezug auf Ahnenforschung auszutauschen.

Die biografische Erfahrung von Zwangsmigration in der Familie hat auch Auswirkungen auf die eigene **Einstellung zu Migration**. Alle meine Interviewpartner*innen sind Söhne oder Töchter von Geflüchteten und haben per definitionem „Migrationshintergrund". Interessanterweise wurde dieses Faktum von einigen erst in späteren Jahren wahrgenommen und als Teil des Identitätskonzepts verstanden. Selbst Kind von Flüchtlingen zu sein kann zu einer erhöhten Empathie mit den heutige Flüchtlingen und einer besseren Einfühlung in deren Lebenssituation und Bedürfnisse führen. Obwohl die Unterschiede zwischen den Fluchtbewegungen damals und heute auch thematisiert werden, steht dennoch die Identifikation mit der Situation von Heimatverlust und Heimatsuche im Vordergrund, was oft zu dem Impuls, helfen zu wollen, führt. *„Ich habe so ein menschliches Gefühl"*, hat es in einem Gespräch geheißen. Viele der Befragten berichten von beruflichem oder persönlichem Engagement in der Flüchtlingshilfe.

Die **Annäherung an die Herkunftsthematik** verlief für die meisten Personen nicht geradlinig. Oft war eine „Nebelwand" zu durchbrechen oder eine „Benommenheit" zu überwinden, mit der man sich – vielleicht als Schutzmechanismus – von der doch schwierigen Materie abgeschirmt hat. Auch gab es im Leben der meisten eine Phase, in der sie sich vom Donauschwäbischen abgegrenzt haben, in späteren Jahren versuchten sie jedoch, einen neuen Blick auf alte donauschwäbische Themen zu werfen. Man spricht von „Reichtümern", die man erst im Älterwerden wahrnehmen konnte.

„Ich glaube, der Bruch ist nicht mehr so spürbar", fasste eine Person ihre Entwicklung in Worte und sprach damit für viele. Der **Prozess der inneren Integration**, über den in den Gesprächen auch berichtet wurde, beinhaltet zahlreiche Facetten:

Die biografische Suche ist bei vielen geprägt von Bedürfnis nach Koheränz und Verbindung. Davon zeugt der Weinstock aus Syrmien, der die oberösterreichische Gartenlaube umrankt, das Modell einer Ortschaft in Syrmien, um das sich jährlich die von dort Vertriebenen und ihre Nachkommen versammeln, die Aktivitäten, Kontakte mit donauschwäbischen Vereinen zu knüpfen und einen Austausch zu finden und vieles mehr. Meistens gibt es eine Person in der Familie, die diese Fäden spinnt oder aufnimmt und Kontinuität über Jahrzehnte und Erdteile hinweg anstrebt. Auch die Motivation, die von vielen erwähnte „Nebelwand" zu durchbrechen, kann als Ausdruck dieses Bedürfnisses nach Verbindung und Sinnzusammenhang gesehen werden.

Vielfach berichtet wird von einer positiven, zukunftsorientierten Lebenseinstellung in der Familie, die hilfreich für den Umgang mit der Schwere in der Familienbiografie war. Viele Menschen der Elterngeneration konnten dem Neubeginn – wenn er auch erzwungen war – auch das Gefühl von Chance und Aufbruch abgewinnen, das sie auch ihren Kindern vermittelten.
Auch der Blickwinkel auf das Gelingen und Kompetenz statt der ausschließlichen Perspektive auf den Opferstatus kann innerfamiliär helfen, Verluste und aufgezwungene Veränderungen zu bewältigen. Dabei wurde von mehreren Gesprächspartner*innen im Laufe des Lebens ein „Reframing" vorgenommen: Was früher Anlass für Scham oder Vermeidung war, wird in eine neue Perspektive gestellt, sodass die Qualitäten und Ressourcen der eigenen Familiengeschichte gesehen und gewürdigt und der lebensfrohe Teil der donauschwäbischen Herkunft gelebt werden können.
Reisen nach unten kommt integrative Kraft zu: den ehemals aus ihrer Heimat Vertriebenen, den Eltern und Großeltern, dadurch, dass sie sich der Realität stellten und dadurch eine Verbindung zwischen Erinnerungen und ihrem Leben im Hier und Jetzt schaffen konnten. Die Interviewpartner*innen wiederum berichten, dass sie durch diese Reisen ihre Eltern besser verstehen konnten.
Gelingt ein wahrhafter Dialog mit den Eltern, wird dies von den Befragten als sehr beglückend empfunden. Dennoch sind von beiden Seiten Widerstände zu überwinden, bei denen es um die Vermeidung von emotionalen Erlebnissen mit traumatischer Wirkung gehen könnte. Diese Widerstände sind vielfach so mächtig, dass es oft „zu spät" für ein aufrichtiges, offenes Gespräch ist. Falls die Eltern bereits verstorben sind, können nachträgliche Rituale heilend wirken.
Gelungene psychische Integrationsleistungen der Eltern werden von den Kindern ebenfalls als sehr beglückend empfunden. Haben die Eltern bereits eine zufriedene, mit dem Schicksal ausgesöhnte Haltung erreicht, stellt das auch für die Nachkommen eine Beruhigung und Befriedung dar. Vielfach fordern diese ihre Eltern mit ihren Fragen und dem Wunsch, doch einmal in die alte Heimat zu fahren, noch einmal heraus, ihren Weg der Bewältigung zu ändern. Neue integrative Prozesse werden dadurch initiiert, unterstützt und gefördert.
Die gesellschaftliche Wahrnehmung des Schicksals der Eltern und Großeltern wird durchwegs als heilsam erlebt. In Aktivitäten „wider die zweite Vertreibung" bemühen sich viele Nachkommen engagiert und kreativ darum, diese Anerkennung sowohl des Einzelschicksals als auch der ganzen Volksgruppe zu erreichen. Das Erkennen und die Wertschätzung von **Ressourcen und Stärken**, aber auch die Errungenschaft von **Dankbarkeit und Stolz** sind Ergebnisse dieser Auseinandersetzung. Sie sind Ausdruck eines Weges der inneren Integration und Reifung. Der Blick in die Vergangenheit führt so ich-stärkend in die Zukunft, Herkunft ist kein Defizitmodell mehr, sondern kann zu einem erweiterten Selbstbewusstsein, zu Stolz und Ressourcenorientierung beitragen.

„Es gibt etwas, das weiterführt“

Der Brückenschlag zu anderen Vertriebenen-Gruppen

„Und ich habe auf die Memel geschaut“, hat mir eine Freundin, deren Vater aus Ostpreußen geflüchtet war, kürzlich nach einer Reise in das Herkunftsland ihrer Familie zufrieden berichtet. *„Ich bin einfach dagestanden und habe hinübergesehen. Und es fühlte sich gut an.“* Es lässt sich daraus schließen, dass die auch in den vorliegenden Gesprächen oft beschriebene Atmosphäre von Sehnsucht und Unabgeschlossenheit sowie das Bedürfnis nach Kontext und Kontinuität nichts ist, was allein den Donauschwaben vorbehalten ist. Oder umgekehrt: Würden sich auch Nachkommen von anderen Vertriebenengruppen in dem bisher erstellten Panorama donauschwäbischer Erfahrungen, Themen und Thesen wiederfinden?

Besteht so etwas wie ein „Vertriebenennarrativ“? Ist die „Gefühlserbschaft“ eine ähnliche, einerlei, ob die Eltern Volksdeutsche (also Sudetendeutsche, Donauschwaben, Siebenbürger Sachsen) waren oder aus Ostpreußen oder Schlesien vertrieben wurden? Oder überwiegen die Unterschiede? Überlagern historische und individuelle Bedingungen das gemeinsame Narrativ „Vertreibung“?

Es wird spannend sein, in weiterführenden Forschungen oder im konkreten zwischenmenschlichen Austausch diesen Fragen nachzugehen.

„Es gibt etwas, das bleibt“

Einige Mosaiksteine aus der dritten Generation

Im Erscheinungsjahr dieses Buchs, im Jahr 2024, jähren sich die Ereignisse von Flucht, Vertreibung, Enteignung, Inhaftierung und Neubeginn zum 80. Mal. Auch die Angehörigen der dritten Generation sind mittlerweile erwachsen. Es ist eine interessante Frage, wie sie das Donauschwäbische in ihrem Leben wahrnehmen und wie sie es bewerten. Dazu möchte ich einige unsystematische Beobachtungen beisteuern, die ich während meiner donauschwäbischen Erkundungen der letzten Jahre gemacht habe.

Bei Vernetzungstreffen, an denen ich teilgenommen habe, wurden auch Reiseberichte gezeigt, wo sich ganze Familien mit drei oder sogar vier Generationen auf den Weg machten, um miteinander nach unten zu reisen. *„Es hat eine Bedeutung, aus welcher Landschaft man kommt, welche Erfahrungen die Familie dort machte. Mit dem Wetter, der Erde, den Menschen, dem Schlag“* (Draesner, 2014), heißt es in einem Buch, das die Verbindung zur alten Heimat behandelt. Dies scheinen auch Menschen der dritten Generation zu spüren.

Silke Grabinger hat als Repräsentantin der dritten Generation in diesem Band einen profunden, von Emotion und Reflexion geprägten Beitrag zur Erkundung der donauschwäbischen Gefühlserbschaft vorgelegt. Sie repräsentiert jene Gruppe, die immer noch durch Sehnsucht und dem Wunsch zu verstehen gekennzeichnet ist. Ich weiß von etlichen Angehörigen der Enkelgeneration, die sich bei der für die Matura zu erstellenden Vorwissenschaftlichen Arbeit oder bei Universitätsseminaren mit dem Schicksal ihrer Großeltern, also der „Erlebnisgeneration", auseinandergesetzt haben. Das Bedürfnis nach Wahrnehmung, nach Einordnung der emotionalen Themen in einen größeren Zusammenhang, nach Gerechtigkeit und Aussöhnung ist auch für viele Menschen der dritten Generation lebendig.
Darüber hinaus glaube ich, einen spielerischen Umgang feststellen zu können: Dazu gehören die Überlegung, „Schwowisch für Anfänger" als Online-Kurs anzubieten, die Idee von einem Workshop, um donauschwäbische Trachten zu schneidern; dazu gehören die Trinkflasche und der Autoaufkleber mit dem donauschwäbischen Logo. Beide Artikel wurden von Vertreter*innen der dritten Generation ausgedacht und produziert – und waren bei den Generations-Vernetzungstreffen immer schnell vergriffen.

Jeder der hier angeführten Standpunkte repräsentiert eine Wahrheit zur Gefühlserbschaft der dritten Generation. Und jede Reflexion darüber ist ein neuer Pfad in die Erinnerungslandschaft „Donauschwabien" in all ihrer Vielfalt.

Der letzte Mosaikstein in dieser Reihe ist ein persönlicher:

79 Jahre, nachdem meine Großeltern und Eltern sowohl mütterlicherseits als auch väterlicherseits ihre Heimat verlassen haben, hatte ich die Gelegenheit und das Glück, die Region ihrer Herkunft mit meinen beiden erwachsenen Söhnen zu bereisen. Im September 2023, kurz vor Fertigstellung des vorliegenden Buchs, haben wir uns eine ganze Woche in der Vojvodina aufgehalten. Man mag es glauben oder nicht: Ich wollte all die großen Themen dieses Buchs, die mich so kurz vor Drucklegung natürlich sehr beschäftigten, sowie die Reflexionen dazu hinter mir lassen. Ich wollte auf der vierten Reise in die Heimat meiner Eltern möglichst viel einfach auf mich zukommen lassen und insbesondere das Zusammensein mit meinen Söhnen genießen.
Es war eine besondere Fahrt, mit dem Aufsuchen der ehemaligen Wohnhäuser meiner Eltern in Futok und Kubin und dem Entdecken von Spuren der deutschen Vergangenheit in den Straßendörfern, Kirchen und auf Friedhöfen. Verbunden

war die Spurensuche mit einer kräftigen Verankerung im Hier und Jetzt: mit dem Genießen des urbanen Treibens und abendlichen Cocktails in Novi Sad, den fulminanten Sonnenuntergängen am Kalemegdan in Belgrad, den serbischen Speisen in den verschiedenen Restaurants sowie den Gerüchen, den Ansichten, dem Ambiente, den Menschen und den Begegnungen in der heutigen Vojvodina. Am letzten Abend dann war ich bereit, hinzuhorchen auf das, was meine Söhne – und sie waren sich so einig, dass sie wie mit einer Stimme sprachen – über ihre donauschwäbische Vergangenheit zu sagen hatten. Ihr Resümee ist mein persönlicher Mosaikstein für einen – wie ich es empfinde – versöhnlichen Schluss.

Es gibt etwas, das bleibt

Als in der Maturaklasse einmal gefragt wurde, wer Migrationshintergrund habe, habe ich mich gemeldet und gesagt, dass meine Großeltern Donauschwaben sind. Ich fand das ganz normal. Ich rede darüber. Auch meine Freunde wissen von den Donauschwaben: dass sie einmal hinunter ausgewandert sind und dann vertrieben wurden. Und dass das in unserer Familie auch der Fall war. Sie wissen von den Donauschwaben, weil ich davon erzählt habe. Sie wissen es auch, weil ich erklärt habe, warum ich jetzt ausgerechnet nach Serbien fahre zum Beispiel.

Das ist nicht nichts. Es gibt etwas, das bleibt. Aber es hat keinen Sinn, ständig von etwas zu reden, was 80 Jahre zurück liegt, nur wenige betroffen hat und für uns eh gut ausgegangen ist. Da ist schon etwas, es hat aber nichts mit Leid zu tun. Man kann doch nicht über Generationen hinweg sagen: „Was uns angetan wurde, was wir erlebt haben ..." Ich kann mit dem ganzen Aufarbeitungsthema nichts anfangen, weil es nichts aufzuarbeiten gibt. Ich habe schon bei der Oma nicht erlebt, dass irgendetwas anders wäre. Sie hat nichts erzählt von früher, nicht anders gesprochen oder anders gekocht ... ja, die donauschwäbischen Bratwürste sind das, was für mich donauschwäbisch ist.

Es wäre etwas anderes, wenn wir als Kinder hier in Serbien Verwandte besucht hätten und eigene Erlebnisse und Erinnerungen hätten. So sieht man in Kubin halt das Haus, wo der Opa gelebt hat, das aber umgebaut ist und jetzt ganz anders aussieht, ja, da habe ich auch schon einmal ein Foto davon gesehen. Meinen Großvater habe ich ja leider nicht einmal mehr gekannt. Also berührt ist man davon nicht. Es war interessant, das alles zu erfahren, aber es hat mit mir nichts mehr zu tun. Und mit meinem jetzigen Leben.

Es war allerdings ein schöner Moment, als wir in Futok in der Donau gebadet haben und ich mir gedacht habe, dass das die Oma genau hier auch gemacht hat. Oder als wir das ehemalige Geschäft vom Urgroßvater gefunden haben und da waren noch die Stufen in den Verkaufsraum. Da kann man sich schon etwas vorstellen.

Das Haus der Donauschwaben könnte man vielleicht als Museum gestalten. Die Leute haben doch sicher viele Sachen, die man ausstellen könnte. Dann gäbe es einen Ort in Salzburg, wo man sich über die Donauschwaben infor mieren könnte. Es werden vielleicht nicht viele hinkommen, aber für die, die etwas erfahren möchten, wäre das sicher interessant.

Es stimmt nicht, dass man nichts über die Donauschwaben weiß und sie einfach verschwunden sind. Wir haben in Serbien viele Tafeln und Gedenksteine gesehen. Und wir haben auf Wikipedia viele Informationen gefunden und z. B. auch erfahren, dass es in Floridsdorf in Wien einen Donauschwabenpark gibt. Was bleibt? Vielleicht doch eine Offenheit. Ein Verständnis für Migration?

Robert und Michael Steinlechner,
geb. 1994 und 1997

September 2023 auf den Stufen des ehemaligen Geschäfts ihrer Urgroßeltern in Futok.

„Die Fähigkeit, zu lieben, ein engagiertes Leben zu führen, sich Träume auszumalen und zu erfüllen steht im fortwährenden Dialog mit unserem Vermögen, nach emotionalen Wahrheiten zu suchen, Schmerz auszuhalten und zu trauern. [...] Die nächsten Generationen tragen nicht nur die Verzweiflung der Vergangenheit in sich, sondern auch die Hoffnung, denn allein ihre Existenz ist ein Beweis dafür, dass die Familie überlebt hat und dass eine Zukunft möglich ist" (Atlas, 2023, S. 247 und 250).

Mein – dein – unser Donauschwabien

Nun aber ist es an der Zeit, die Kinder auf dem Titelblatt, die als bisher unbenannte Repräsentant*innen der zweiten Generation in deren emotionale Anliegen hineingeführt haben, vor den Vorhang zu holen.
Auch sie sind inzwischen erwachsen geworden.

Ich danke meinem Bruder Alfred, meinen Cousinen Elke und Dagmar sowie meinen Cousins Thomas und Gerald, dass sie der Veröffentlichung dieser Fotos zugestimmt haben – denn sie sind es, die darauf gemeinsam mit mir abgebildet sind. Das Leben hat uns, die Nachkommen einer donauschwäbischen Familie aus dem Banat, in verschiedene Städte und Länder geführt, aber wir haben untereinander Kontakt gehalten. Doch erst 47 Jahre später sind wir aus München, Regensburg, Salzburg, Aachen und Durham in South Carolina erstmals wieder alle zusammengekommen. Aus Spaß haben wir die Plätze wie auf dem letzten gemeinsamen Foto noch einmal eingenommen. Bei diesem Cousin-Cousinen-Wochenende gab es viel zu besprechen und auszutauschen. Man kann nicht behaupten, dass bei diesem Treffen unsere donauschwäbische Herkunft das Hauptgesprächsthema gewesen ist, ebenso wenig wie uns damals, nebeneinander auf der Sandkiste sitzend, eingefallen wäre, uns durch das Merkmal „Kinder donauschwäbischer Eltern“ zu definieren. Nur: Das waren und sind wir ganz selbstverständlich halt auch.

Für dieses „Selbstverständliche“ konnten auf der Basis der geführten Interviews nun auch relevante und generationsverbindende Themenfelder formuliert werden, auf die sich ein Dialog und ein Austausch beziehen können.

Differenz, Gemeinsamkeit, Vielfalt:

Das Buch ist zu Ende. Das Gespräch kann beginnen.

ANHANG

Endnoten

[1] Unser Donauschwabien. Wie Töchter und Söhne donauschwäbischer Vertriebener ihre Herkunft erleben. Eine Studie zur „Gefühlserbschaft" der zweiten Generation. (2019, unveröffentlicht, gefördert vom Zukunftsfonds der Republik Österreich)

[2] Z. B. Ackrill, 2015; Bovier, 2014; Schmitzer, 2015; Vasak, 2016; Wunn, 2018; Steinlechner-Oberläuter, 2018; Betzendahl, 2005; Friese, 2000; Hopf, 2019.

[3] Zur Begriffsklärung „Generation" in der Geschichte der Sozialwissenschaften siehe als Überblick (Kindler, 2013, S. 17).

[4] Z. B: Bachmann, 2019; Bode, 2013 (2009); Lohre, 2016; Schneider, 2016.

[5] Z. B.: Baden-Württemberg, 1987; Bandes Detlef, 2010; Beer, Flucht und Vertreibung der Deutschen. Voraussetzungen, Verlauf, Folgen, 2011; Beer, Umsiedlung, Flucht und Vertreibung der deutschen Bevölkerung aus Südosteuropa am Ende des 2. Weltkriegs, 2012; Bundesministerium für Vertriebene, 1961; Glas, 2016; Senz, 1994; Glas, 2016; Gauß, 2013.

[6] Zusammenfassung nach Seewann/Portmann, 2018.

[7] Z. B.: Der VLÖ, der Verband der Volksdeutschen Landsmannschaften Österreichs, wurde erst um das Jahr 2015 in Verband der deutschen altösterreichischen Landsmannschaften in Österreich umbenannt. (Ich bedanke mich bei Herrn Dr. Wildmann für diese Recherche.)

[8] Siehe Oltmer, 2016, S. 8, Glas, 2016, Seewann/Portmann, 2018, Beer, 2012.

[9] Diese wird im Ulmer Zentralmuseum der Donauschwaben facettenreich dargestellt und reflektiert

[10] Freud hat seine Wortschöpfung offenbar genau zwei Mal verwendet (Sigmund Freud, 1912-13/1974, Sigmund Freud, 1914/1974). Die Literatur bezieht sich seit einer Publikation von Koch-Wagner aus dem Jahr 2001 im Feld von „Transgenerationalität" auf diesen Begriff (Koch-Wagner, 2001).

[11] Z. B. in Schneider, 2015; Meyer-Legrand, 2016; Lohre, 2016; Bachmann 2019; Koch-Wagner, 2001.

[12] Wüstel, 2017; Meyer-Legrand 2016, Reddemann, 2016.

[13] Mit diesem Ausflug in die mögliche Interpretation der Fallvignette eines Einzelnen endet jedoch der Ansatz der Analyse einer Einzelsequenz in diesem Buch auch schon wieder. Denn in den Gesprächen ging es vorrangig einfach darum, zu hören, was Personen der zweiten Generation über ihre Herkunft sagen, dann in einem zweiten Schritt um das Aufspüren jener Faktoren, die die Ausgestaltung der Identität der Donauschwaben der zweiten Generation mit beeinflusst haben, nicht jedoch um die Analyse der Gefühlserbschaften einzelner Gesprächspartner*innen. Dies hätte auch einer völlig anderen methodologischen Ausrichtung bedurft.

[14] „Von der Puszta will ich träumen ...
Donauschwäbische Gedichte und Geschichten" –
Vierteilige Radioserie von Angela Flam und Günther Gessert.
4 Sendungen im CBA (Cultural Broadcast Archive):
https://cba.fro.at/392517
https://cba.fro.at/392515
https://cba.fro.at/392511
https://cba.fro.at/392505

[15] In einer neuen Veröffentlichung wird betont, dass der Balkan am besten als eine Weltregion zu begreifen ist, die nicht durch die Geografie, sondern durch eine gemeinsame Historie bestimmt wird (GEO-Epoche, 2023, S. 20).

[16] In dem Buch „In den Häusern der anderen" (von Karolina Kuszyk, 2022) zeigt die Autorin am Beispiel Polen einfühlsam und geschichtskundig auf, was es für die – meist auch aus einem Zwangsmigrationskontext kommenden – neuen Bewohner bedeutet hat, in von Deutschen verlassenen Häusern neuen Wohnraum und neues Leben zu finden – eine ungewohnte und interessante neue Perspektive.

[17] Für extrem Traumatisierte, deren Kernerfahrung im Aufgeben und der Akzeptanz von Tod und Vernichtung besteht, gilt allerdings, dass die prämorbide Persönlichkeit für das Ausmaß der Traumafolgen fast ohne Bedeutung ist (Krystal, 1978).

Glossar

Bizikl	Fahrrad
dahom	Bezeichnung für die alte Heimat, je nach dialektaler Ausprägung wurde auch „drhom“, „daheim“ oder „unten“ verwendet.
Krumbira	Donauschwäbisch für „Kartoffel“.
Ota	Donauschwäbischer Ausdruck für Opa, Großvater. Oft wird auch „Otata“ verwendet.
Pekmes	Kroatisch für Marmelade.
Pitta	Die Schreibweise für das gleiche Produkt ist nicht einheitlich. In manchen Rezeptbüchern (Urosevic, 2005, S. 153-158) findet sich die Schreibweise „Pitta“, z. B. bei „Nuß Pitta“ oder „Topfen Pitta“. In anderen (Waigand, 1956) spricht man von Nuß-Bite, Apfelbite, Weihnachtsbite und Fleisch-Bite. Auch die Schreibweise „Pita“ findet sich.
Salasch	auch Sallasch; außerhalb des Ortsgebiets liegender Meierhof.
Sataraš	Kroatischer Gemüseeintopf aus Paprika, Tomaten, Zwiebeln und Kräutern, ähnlich dem ungarischen Letscho.
Sarma	Bei Sarma handelt es sich um mit faschiertem Fleisch und Reis gefüllte Sauerkrautblätter, die in Sauerkraut gekocht und mit Sauerrahm angerichtet werden.
Schwowisch	Bezeichnet den donauschwäbischen Dialekt; manchmal auch schwobisch, schwäbisch.
Tata	Donauschwäbischer Ausdruck für Papa, Vater; auch „Tati“.
Ulmer Schachteln	Zillen oder Plätten, mit denen ab Mitte des 18. Jahrhunderts die deutschen Kolonisten in drei großen Schwabenzügen entlang der Donau ins damalige Ungarn fuhren, wurden ab Mitte des 19. Jahrhunderts „Ulmer Schachteln“ genannt. Ulm war jener Hafen an der Donau, von dem die meisten Schiffe in Richtung Osten aufbrachen (Hauke, 2014, S. 45-64).

Ortsverzeichnis

Deutsch	*Serbisch/Kroatisch/Rumänisch*	*jeztiger Staat*
Herkunftsorte der Eltern und Großeltern der Befragten		
Batschka Palanka	Bačka Palanka	Serbien
	Donja Motičina	Kroatien
Filipowa	Bački Gračac	Serbien
Franztal/Semlin	Zemun/Belgrad	Serbien
Futok	Futog	Serbien
Görrach	Gorjani	Kroatien
Hodschag	Odžaci	Serbien
Keschinzi	Kešinci	Kroatien
Kubin	Kovin	Serbien
Laschkafeld	Čeminac	Kroatien
Lazarfeld	Lazarevo	Serbien
Lowas	Lovas	Kroatien
Merschowitz	Mrzović	Kroatien
Mitrowitz	Sremska Mitrovica	Serbien
Neuburg an der Bega	Uivar	Rumänien
Perjamosch	Periam	Rumänien
Putinci	Putinci	Serbien
Stanischitsch	Stanišić	Serbien
Tschanad	Cenad	Rumänien
Werschetz	Vršac	Serbien
Wukowar	Vukovar	Kroatien
Andere Ortschaften, die im Buch erwähnt werden		
Gaumarkt/Gakowa	Gakovo	Serbien
Neusatz	Novi Sad	Serbien
Rudolfsgnad	Knićanin	Serbien
	Smederevo	Serbien
Temeswar	Timişoara	Rumänien
Werbaß	Vrbas	Serbien

Literaturverzeichnis

Adam, H. J. (2012). Last und Kraft beschädigter Eltern – Wie Flüchtlingskinder im Exil gesund wachsen können. Praxis der Kinderpsychologie und -psychiatrie, S. 584-607.

Atlas, C. (2023). Emotionales Erbe. Eine Therapeutin, ihre Fälle und die Überwindung familiärer Traumata. Köln: DuMont.

Bachmann, M. (2019). „Du weißt ja gar nicht, wie gut du es hast." Von einer, die ausbrach, das Leben zu lieben. München: Droemer-Knaur.

Baer, U., Frick-Baer, G. (2015). Kriegserbe in der Seele. Was Kindern und Enkeln der Kriegsgeneration wirklich hilft. Weinheim: Beltz.

Bandes, D. (2010). Lexikon der Vertreibungen. Deportation, Zwangsaussiedlung und ethnische
Säuberung im Europa des 20. Jahrhunderts. Wien: Böhlau.

Baumgart, A. (2015). „Schlag drein, dass noch ihre Enkel und Urenkel zittern". In Schneider, M., Nebelkinder. Kriegsenkel treten aus dem Traumaschatten der Geschichte (S. 86-93). Berlin: Europa.

Becker, D. (2006). Die Erfindung des Traumas – verflochtene Geschichten. Freiburg: Edition Freitag.

Beer, M. (2011). Flucht und Vertreibung der Deutschen. Voraussetzungen, Verlauf, Folgen. München: C. H. Beck.

Beer, M. (2012). Die Vertreibung der Deutschen. Ursachen, Ablauf, Folgen. In Beer, M., Flucht und Vertreibung. Europa zwischen 1939 und 1948. (S. 24-65). Hamburg: Ellert und Richter.

Beer, M. (2016). Flucht und Vertreibung aus Jugoslawien in vergleichender Perspektive. In Glas, C., Kossert, A., Vom „Verschwinden" der deutschsprachigen Minderheiten. (S. 1137-149). Ulm, Novi Sad: DZM.

Behrens, S. (2015). Nirgends und nie gut genug – Kriegsenkel und ihre Selbstzweifel. In Schneider, M., Nebelkinder. Kriegsenkel treten aus dem Traumaschatten der Geschichte (S. 250-268). Berlin: Europa.

Bettelheim, B. (1977). Erziehung zum Überleben. Frankfurt: Fischer.

Bode, S. (2004). Die vergessene Generation. Die Kriegskinder brechen ihr Schweigen. Stuttgart: Klett-Cotta.

Bode, S. (2009). Kriegsenkel. Die Erben der vergessenen Generation. Stuttgart: Klett-Cotta.

Bovier, R. (2014). Heimat ist das, wovon die anderen reden. Kindheitserinnerungen einer Vertriebenen der zweiten Generation. Göttingen: Wallstein.

Draesner, U. (2014). Sieben Sprünge vom Rand der Welt. Penguin Books.

Firus, C. (2018). Der lange Schatten der Kindheit. Seelische Verletzungen und Traumata überwinden. Ostfildern: Patmos.

Freud, S. (1914/1974). Sigmund Freud Studienausgabe, Band IV. In S. Freud, Zur Psychologie des Gymnasiasten (S. 235-240). Frankfurt: S. Fischer.

Friese, A. v. (2000). Der lange Abschied. Psychische Spätfolgen für die 2. Generation deutscher Vertriebener. Gießen: edition psycho-sozial.

Gauck, J. (ZEIT 22. Juni 2015). Die Leiden der Anderen. S. 8.

Gauß, K.-M. (30. 04. 2013). Das kurze Glück der Donauschwaben. abgerufen von www.bpb.de.

GEO-Epoche (2023). Der Balkan. Die Geschichte Südosteuropas. Hamburg: Gruner+Jahr.

Glas, C., Kossert, A. (2016). Vom „Verschwinden" der deutschen Minderheiten. Ulm, Novi Sad: Donauschwäbisches Zentrummuseum Ulm.

Haibl, L. M. (2020). Identität in Bruchstücken – Donauschwaben in Kroatien. Hamburg: Verlag Dr. Kovac.

Harms, L. (2017). Trauma und Resilienz. Symptome verstehen, Heilung fördern. Paderborn: Junfermann Verlag.

Hondrich, C. (2011). Vererbte Wunden. Traumata des Zweiten Weltkriegs – die Folgen für Famiie, Gesellschaft und Kultur. Lengerich: Pabst Science Publishers.

Hopf, H. (2014). Die Psychoanalyse des Jungen. Stuttgart: Klett-Cotta.

Hopf, H. (2019). Flüchtlingskinder gestern und heute. Stuttgart: Klett-Cotta.

Kellerhoff, S. F. (17. August 2017). Ein kleiner Sieg führte in die Katastrophe. Die Welt, www.welt.de.

Klütsch, V. (August 2012). Die mehrgenerationale Weitergabe von Traumatisierungen – empirische und familiendynamische Perspektiven. Praxis der Kinderpsychologie und -psychiatrie, S. 564-583.

Koch-Wagner, G. (2001). Gefühlserbschaften aus Kriegs- und Nazizeit. Aachen: Shaker-Verlag.

Kossert, A. (2008). Kalte Heimat. Die Geschichte der deutschen Vertriebenen nach 1945. München: Siedler-Verlag.

Kossert, A. (2014). „Wir können alles. Außer Hochdeutsch!" Reflexionen zum Mythos der schnellen Integration der Flüchtlinge und Vertriebenen in Nachkriegsdeutschland. In Beer, M., Migration und Mythen (S. 65-76). Ulm: Süddeutsche Verlagsgesellschaft.

Kuszyk, K. (2022). In den Häusern der Anderen. Spuren deutscher Vergangenheit in Westpolen. Berlin: Ch. Links Verlag.

Lehmkuhl, U. E. (2012). Transgenerationale Psychotraumatologie. Göttingen: Vandenhoeck & Ruprecht.

Lind, H. (2022). Das letzte Versprechen. Roman nach einer wahren Geschichte. München: Droehmer-Knaur.

Lingrön, H. (2014). Transgenerationale Weitergabe von Flucht- und Vertreibungserfahrungen. Roßwein 2014: Fakultät Soziale Arbeit, Bacherlorarbeit.

Lohre, M. (2016). Das Erbe der Kriegsenkel. Was das Schweigen der Eltern mit uns macht. Gütersloh: Güterloher Verlagshaus.

Lorenz-Rogler, G. (2015). Vom Kriegsenkel zum aktiven Gestalter der Gesellschaft. In Schneider, M., Nebelkinder. Kriegsenkel treten aus dem Schatten der Geschichte (S. 211-226). Berlin: Europa.

Machunze, E. (1977). Vom Rechtlosen zum Gleichberechtigten. Die Flüchtlings- und Vertriebenenfrage im Wiener Parlament. Bd.III. Die VII. Gesetzgebungsperiode (1953-1956). Salzburg: Donauschwäbisches Kulturzentrum.

Meyer-Legrand, I. (2016). Die Kraft der Kriegsenkel. Wie Kriegsenkel heute ihr biografisches Erbe anerkennen und nutzen. Berlin: Europa-Verlag.

Mitscherlich, A. u. M. (1967). Die Unfähigkeit zu trauern. Grundlagen kollektiven Verhaltens. München: Piper.

Mlodoch, K. (2017). Gewalt, Flucht – Trauma? Grundlagen und Kontroversen der psychologischen Traumaforschunhg. Göttingen: Vandenhoeck & Ruprecht.

Oberläuter, B. (1979). Das zweite Dach. Eine Zwischenbilanz über Barackennot und Siedlerwillen 1945-1965. Salzburg: Donauschwäbisches Kulturzentrum.

Oltmer, J. (2014). Migration als historischer Normalfall. In Beer, M. (Hg.), Migration und Mythen. Ulm: Süddeutsche Verlagsgesellschaft.

Oltmer, J. (2016). Migration vom 19. bis zum 21. Jahrhundert. Berlin/Boston: Walter de Gruyter.

Pauls-Reize, G. M. (2015). Wege aus dem Keller der Seele. In Schneider, M., Nebelkinder. Kriegsenkel treten aus dem Traumaschatten der Geschichte (S. 272-284). Berlin: Europa.

Peters, M. (2018). Das Trauma von Flucht und Vertreibung. Psychotherapie älterer Menschen und der nachfolgenden Generationen. Stuttgart: Klett-Cotta.

Portmann, M. (2016). Die donauschwäbische Bevölkerung in der Vojvodina: Flucht, Internierung und Aussiedlungspolitik (1944-1954). In Glas, C., Kossert, A., Vom „Verschwinden" der

deutschen Minderheiten. (S. 96-106). Ulm, Novi Sad: Donauschwäbisches Zentralmuseum.
Reddemann, L. (2016). Kriegskinder und Kriegsenkel in der Psychotherapie. Stuttgart: Klett-Cotta.
Scheuringer, B. (1984). Soziokulturelle Eingliederung der Donauschwaben in Österreich. In Denkschrift – 40 Jahre Donauschwaben in Österreich (S. 88-89). Salzburg.

Schmitzer, U. (2015). Die gestohlene Erinnerung. Wien: edition atelier.

Schneider, M. (2015). Ein Generation im Dazwischen: Warum die Babyboomer eine Aufgabe haben und sich immer noch unterschätzen. In Schneider, M.,Nebelkinder. Kriegsenkel treten aus dem Traumaschatten der Geschichte (S. 144-156). Berlin: Europa.

Schneider, M. (2015). Nebelkinder. Kriegsenkel treten aus dem Traumaschatten ihrer Geschichte. Berlin: Europa Verlag.

Seewann/Portmann. (2018). Donauschwaben. Deutsche Siedler in Südosteuropa. Potsdam: Deutsches Kulturforum östliches Europa.

Senfft, A. (2015). Lasten der Vergangenheit – Chancen für die Zukunft. In Schneider, M., Nebelkinder. Kriegsenkel treten aus dem Traumaschatten der Geschichte (S. 108-124). Berlin: Europa-Verlag.

Steinlechner-Oberläuter, D. (2018). Mein Donauschwabien. Wie ich nicht aufhören konnte, über meine Herkunft nachzudenken. Salzburg: Edition Tandem.

Surminski, A. (2012). Flucht und Vertreibung. Europa zwischen 1939 und 1948. Hamburg: Ellert & Richter.

Surminski, A. (2012). Schweigen ist keine Antwort. In Beer, M., FLucht und Vertreibung. Europa zwischen 1939 und 1948. (S. 6-23). Hamburg : Ellert & Richter.

Thiel, A. (2017). Dekapitation. Salzburg: Edition Tandem.

Thiel, J. F. (2012). Fremd – Zu Hause. Eine donauschwäbische Kindheit 1932- 1947. Wien Böhlau.

Ustorf, A.-E. (2010). Wir Kinder der Kriegskinder. Die Generation im Schatten des Zweiten Weltkriegs. Freiburg: Herder Spektrum.

Vasak, G. (2016). Den Dritten das Brot. Wien: Septime Verlag.

Weinberg, D. (2005). Traumatherapie mit Kindern. Stuttgart: Klett-Cotta.

Wunn, A. (2018). Mutters Flucht. Auf den Spuren einer verlorenen Heimat. Berlin:Ullstein.

Wüstel, J.-M. (2017). Traumakinder. Warum der Krieg immer noch in unseren Seelen wirkt. Köln: Bastei-Lübbe.

Zimmermann, D. (2012). Migration und Trauma. Pädagogisches Verstehen und Handeln in der Arbeit mit jungen Flüchtlingen. Gießen: Psychosozial-Verlag.

Dank

Das Buch gäbe es nicht ohne meine Gesprächspartner*innen. Ich bedanke mich für die Offenheit, mit der sie mir begegnet sind und auch für ihren Vertrauensvorschuss. Als „work in progress“ hat es verschiedene Konzeptionen der Gestaltung gegeben. Dadurch sind etliche Schleifen an Fragen und Rückfragen notwendig geworden, die mit großer Geduld beantwortet worden sind.

Der Entstehungsprozess dieses Buchs hat sechs Jahre umfasst. In diesem Zeitraum haben mich viele Menschen durch Diskussionen, kritische Lektüre und freundschaftliche Ermutigung begleitet.
Besonders in der Erinnerung ist mir der „Workshop“, den meine Freundin Michaela Erkl-Zoffmann kurzentschlossen mit mir durchgeführt hat, als in der letzten Phase des Buchprojekts mein Qualitätsanspruch mit einem realistischen Zeitplan nicht kompatibel erschien. Danke für die Struktur eines Zeitplans und für die gleichzeitige Ermutigung, meinen Weg als Autorin zu gehen.
„We had a dream“ heißt das Gemälde, das meine Freundin Dores Beckord-Datterl als Hommage an das Donauschwabenthema gemalt hat. Ich bedanke mich herzlich, dass ich dieses Bild abdrucken durfte und vor allem, dass mein Traum von diesem Buch immer wieder Eingang in unsere Gespräche gefunden hat.
Michael Schickerling hat mir den Weg aufgezeigt, wie aus einer wissenschaftlichen Studie ein leserfreundliches Buch mit meiner Handschrift entstehen kann. Er hat mir geholfen, die schwierige Balance zwischen Respekt vor der Autorenschaft meiner Befragten und eigener Gestaltungsfreiheit zu verstehen und zu meistern.
Ein herzliches Dankeschön geht an Renate Köhler für die Feinarbeit des Korrektorats der Interviewtexte und für die ermutigenden Rückmeldungen.
Ich bedanke mich bei Andrea Thiel, die zum Schluss noch mit an Bord gekommen ist und die mit bewundernswerter Konsequenz, Genauigkeit und Empathie das Gesamtkorrektorat durchgeführt hat und mir auch bei Fragen der Gestaltung und der Struktur hilfreich zur Seite stand.
Katharina Eckschlager hatte tolle Ideen für das Layout, die das Buch so farbig und frisch gemacht haben, wie es nun den Leser*innen in Händen liegt.
Volker Toth hat den Entstehungsprozess des Buches all die Jahre begleitet. Ich danke ihm für seine sehr große verlegerische Geduld und für die kreative Zusammenarbeit.

Der Zukunftsfonds der Republik Österreich und das Donauschwäbischen Kulturzentrum Salzburg haben durch ihre finanzielle Unterstützung die Veröffentlichung des Buchs in der vorliegenden Form ermöglicht, wofür ich herzlich danke.

Dorothea Steinlechner-Oberläuter

geboren 1959 in Salzburg; Studium der Psychologie in Salzburg und Wien; lebt und arbeitet als Schulpsychologin und Psychotherapeutin für Kinder und Jugendliche in Salzburg.

Zahlreiche Veröffentlichungen zu entwicklungspsychologischen und sozialpsychologischen Themen in Fachbüchern und Zeitschriften.
In der EDITION TANDEM erschienen

2012 „Also gut, Kleiner Herr" , Kinderbuch
2018 Mein Donauschwabien – Wie ich nicht aufhören konnte, über meine Herkunft nachzudenken
2020 2. Auflage
2021 Rudolf Ekstein, Psychoanalytiker – Pädagoge – Philosoph Biographische Einblicke und theoretische Grundkonzepte

Dorothea Steinlechner-Oberläuter
Vielfältiges Donauschwabien
Wie die zweite Generation ihre Herkunft erlebt – Gespräche und Reflexionen

Fotos: Dorothea Steinlechner-Oberläuter und Privatarchive
Karte: Katharina Eckschlager und Volker Toth
Lektorat: Andrea Thiel
Gestaltung: Katharina Eckschlager und Volker Toth
Druck: Florjančič tisk, Maribor

ISBN 978-3-902932-70-9

www.edition-tandem.at

Gedruckt mit Unterstützung von:
Land und Stadt Salzburg, Zukunftsfonds der Republik Österreich,
Bundesministerium Kunst, Kultur, Öffentlicher Dienst und Sport,
Donauschwäbisches Kulturzentrum Salzburg

Stimmen zum Buch

„Ihr Buch ist eine sehr gelungene Darstellung, die auf ihren ganz persönlichen, biografischen Bezügen ruht, gleichzeitig aber den aktuellen Stand der wissenschaftlichen Erkenntnisse miteinbezieht."

Christian Glass, Leiter des Donauschwäbischen Zentralmuseums, Ulm

„Dorothea Steinlechner-Oberläuter begab sich für ihr Buch ‚Mein Donauschwabien' auf die Suche nach der verlorenen Geschichte ihrer Familie, die sich von einem persönlich durchgestandenen Drama weitet zu einer historisch abgesicherten Studie über die Donauschwaben in Österreich."

Anton Thuswaldner, Salzburger Nachrichten vom 18. 9. 2018

„Mit Deinem Buch hast Du mir geholfen, die Geschichte auch meiner Familie differenzierter zu betrachten und besser nachzuvollziehen. Es ist auch schön zu merken, mit eigenen Gefühlen nicht alleine zu sein! [...] Du hast für mich Licht ins Dunkel gebracht, und jetzt ist es einfacher, darüber nachzudenken und auch darüber zu sprechen!"

S. M. München

„Ich staune, wie geschickt Dorothea Steinlechner die komplizierte Geschichte dieser kleinen Volksgruppe darzulegen und wie bewegend sie von ihren Eltern und Großeltern zu erzählen weiß. Es ist die Recherche einer Tochter, die tief in die Geschichte zurückführt und ganz aus der Gegenwart der selbstreflexiven Autorin kommt."

Karl-Markus Gauß, Autor und Literaturkritiker

Slowakei
UNGARISCHES
MITTELGEBIRGE
Österreich
Slowenien
SCHWÄBISCHE
TÜRKEI
Donau
Fünfkirchen
(Pécs)
Agram
(Zagreb)
Laschkafeld
(Čeminac)
Drau
SLAWONIEN
Donja Motičina
Görach
(Gorjani)
Keschinzi
(Kešinci)
Merschowitz
(Mrzović)
Lowas
(Lovas)
Kroatien
Save
Bosnien-Herzegowina